ALLE ZEIT WACH
1842

Peter R. Gerke

Neue Kommunikationsnetze

Prinzipien, Einrichtungen, Systeme

Mit 153 Abbildungen

Springer-Verlag
Berlin Heidelberg New York 1982

Dipl.-Ing. **Peter R. Gerke**
Siemens Aktiengesellschaft, Bereich Kommunikationstechnik,
Zentrallaboratorium, München
Lehrbeauftragter an der Universität Karlsruhe

CIP-Kurztitelaufnahme der Deutschen Bibliothek
Gerke, Peter R.:
Neue Kommunikationsnetze : Prinzipien, Einrichtungen,
Systeme / Peter R. Gerke. – Berlin ; Heidelberg ;
New York : Springer, 1982.

ISBN-13:978-3-642-93207-6 e-ISBN-13:978-3-642-93206-9
DOI: 10.1007/978-3-642-93206-9

Softcover reprint of the hardcover 1st edition 1982

2362/3020-543210

Vorwort

Die Nachrichtentechnik ist in den letzten 20 Jahren zu einer nahezu unübersehbaren Disziplin geworden. War es vor 20 bis 30 Jahren für den Einzelnen noch möglich, das Gebiet der Telekommunikation mit einigem Detailgrad ganz zu überblicken, so ist heute eine solche Gesamtübersicht kaum noch an der Oberfläche möglich. Durch die stürmische Entwicklung der Halbleitertechnologie befindet sich die Telekommunikation in einer Phase explosiver Ausweitung, die ein technisches Konzept von heute bereits in wenigen Jahren veraltet erscheinen läßt.

Hat es einen Sinn, in dieser Zeit ein Buch über die Telekommunikation zu schreiben? Ich glaube ja, denn gewisse Prinzipien werden auch in Zukunft gültig bleiben. Vielleicht ist es auch möglich, in einer zunehmend technikfeindlichen Umwelt Verständnis für eine Ingenieurwissenschaft zu wecken, die friedliche Ziele hat, die das Leben angenehmer machen will und die dem Träger des Geistigen, der Information, mehr Geltung verschaffen möchte. Freilich, auch Information läßt sich mißbrauchen. Aber welche unserer Errungenschaften sind dagegen gefeit?

Hier wird der Versuch unternommen, einen verhältnismäßig breiten Bereich der Telekommunikation nicht mit dem Anspruch auf Vollständigkeit und damit auf begrenztem Raum zwangsläufig an der Oberfläche zu behandeln, sondern anhand von repräsentativen Beispielen etwas mehr auf einzelne Details einzugehen. Damit soll dem Lesenden das Verständnis interessanter Aufgaben ermöglicht werden, mit denen sich z. B. die Nachbarn am Arbeitsplatz beschäftigen. Ein solches Verstehen kann vielleicht auch die Einarbeit in ein neues Arbeitsgebiet erleichtern.

Das Buch wendet sich also an Fachleute, die sich über Nachbargebiete informieren wollen. Es soll aber auch Studierende technischer Disziplinen an ein hochinteressantes und hochbedeutendes Fachgebiet heranführen, in dem Innovation und Tatkraft auch in den nächsten Jahrzehnten noch ein ergiebiges Betätigungsfeld finden werden.

Herzlichen Dank Herrn Dipl.-Ing. P. Härle, SEL Stuttgart, und meinen Münchner Fachkollegen, die mit hilfreicher Kritik zum Werden des Buchs beigetragen haben. Darüber hinaus sei dem Hause Siemens für freundliche Unterstützung gedankt.

Gräfelfing, im Mai 1982 Peter R. Gerke

Inhaltsverzeichnis

Einleitung

Die Telekommunikation ist ein altes Anliegen der Menschheit. Der Fall Trojas wurde über Signalfeuer von Berggipfel zu Berggipfel weitergemeldet – vor dreitausend Jahren. Feuer, Rauch, Schall und Signalflaggen waren einige tausend Jahre lang die einzigen Träger der Telekommunikation, gewissermaßen sehr alte Kommunikationsnetze.

Das Zeitalter neuzeitlicher Telekommunikation begann 1833 mit dem Telegrafen von Gauß und Weber. Erstmals wurde der elektrische Strom auf drahtgebundenen Übertragungswegen als Kommunikationsträger ausgenutzt. Der geringe Bandbreitebedarf und die damit verbundene hohe Reichweite verhalfen dem Telegrafen zum Erfolg, so daß bereits 1875 in Deutschland ein Leitungsnetz von 170 000 km Länge verlegt war, über das 14 Millionen Telegramme übertragen wurden. Dennoch blieb der Telegraf auf die Amtsstuben beschränkt, seine „Benutzeroberfläche" erforderte spezielle Ausbildung. Der Grundstein für eine Telekommunikation von Privat zu Privat wurde 1861 (Philipp Reis) und 1876 (Elisha Gray und Graham Bell) mit der Erfindung des Fern-Sprechers/Hörers gelegt. Durch Erfindungen von Edison, Berliner, Hughes, Blake (Kohlemikrofon) und Werner Siemens (Fernhörer) wurde das Prinzip so weit verbessert, daß erste öffentliche Fernsprechämter entstanden: Die Weltpremiere war 1878 in New Haven (Connecticut), Deutschland folgte 1881 in Berlin mit anfangs acht Teilnehmern und im damals deutschen Mühlhausen mit 74 Teilnehmern. Freilich übernahm seinerzeit das „Fräulein vom Amt" die Vermittlung, es gab noch keinen automatischen Verbindungsaufbau.

Die Keimzelle der Automatik war auch hier menschliche Unzulänglichkeit. Almon B. Strowger, ein Begräbnisunternehmer, ärgerte sich – angeblich – über das Fräulein vom Amt, das damals noch zahlreiche soziale Funktionen innehatte, u. a. auch die der Auskunft in Notsituationen. Bei Trauerfällen kam Strowger regelmäßig zu kurz, weil sein Konkurrent offensichtlich die besseren Beziehungen zu den Damen vom Fernsprechamt pflegte. So erfand Strowger den nach ihm benannten Schrittschaltwähler mit zwei Bewegungsrichtungen, der in zahlreichen Varianten und Verbesserungen über Dezennien hinweg einer der Eckpfeiler automatischer Vermittlungssysteme war und natürlich auch – wie beabsichtigt – wesentlich zur Verdrängung menschlicher Vermittlungskraft beitrug. Das war angesichts des steigenden Verkehrsvolumens eine Notwendigkeit!

Zwischen 1892 und 1899 entstanden erste Selbstwählämter in den USA; die erste öffentliche automatische Fernsprechvermittlung Deutschlands und auch Europas wurde 1908 mit 900 Teilnehmern in Hildesheim eingeschaltet. Bereits 1913 führte man in Deutschland – neben der Übermittlung von 64 Millionen Telegrammen – 2,5 Milliarden hand- und automatisch vermittelte Telefongespräche, eine erstaunlich hohe Zahl angesichts des Vergleichswertes von 16 Milliarden Gesprächen aus dem Jahre 1977 für die Bundesrepublik Deutschland. 1923 wurde ein erster Schritt zur automatischen Fernwahl getan: In der Netzgruppe Weilheim (Oberbayern) konnte man erstmals in der Welt automatisch über die Grenzen des eigenen Ortsnetzes hinaus selbst Verbindungen aufbauen, wobei – als hauptsächliche Schwierigkeit und Errungenschaft – die Gesprächsgebühren selbsttätig nach Entfernung und Gesprächsdauer erfaßt und auf die Teilnehmerzähler verrechnet wurden. 1933 begann in Deutschland der Aufbau eines öffentlichen, automatischen Fernschreibnetzes, das mittlerweile (1981) weltweit mehr als 1,3 Millionen Anschlüsse erreicht.

Nach Überwindung der Weltkriegsfolgen wurde in den 50er Jahren die deutsche Landesfernwahl eingeführt und anschließend in den 60er Jahren die internationale Selbstwahl für den Fernsprechverkehr ausgebaut. Mit diesen Errungenschaften schienen unsere beiden großen öffentlichen Netze für Individual-Kommunikation, das Fernsprechnetz und das Fernschreib(Telex)-Netz, am Ende ihrer Entwicklung angelangt zu sein und alle Wünsche zu befriedigen.

Parallel dazu erfolgte der Ausbau der Massen-Verteilnetze für Ton- und Fernsehrundfunk, nach dessen Abschluß 98% der Bevölkerung in der Bundesrepublik Deutschland drei Fernsehprogramme mit ausreichender Feldstärke über den „Äther“ empfangen können. Es verbleiben jedoch kleinere Bereiche, die aufgrund der örtlichen Ausbreitungsverhältnisse in der herkömmlichen Weise nicht ausreichend zu versorgen sind. Dazu gehören auch zunehmend Versorgungslücken, die durch Hochhausabschattungen in den Städten entstehen. Hier kann durch Gemeinschaftsantennenanlagen – günstig aufgestellte Empfangsantennen mit anschließendem Breitbandkabel-Verteilnetz – Abhilfe geschaffen werden [E.1.–E.4,1.1, 1.2].

So stellt sich für den Außenstehenden auch heute noch – am Beginn der 80er Jahre – die Situation dar. Man brauchte also eigentlich nicht über neue Kommunikationsnetze nachzudenken und Bücher zu schreiben. Die „Insider“ aber wissen um aufregende Entwicklungen: In den 60er Jahren begannen der Transistor und später die großintegrierten Halbleiterschaltkreise ihren Siegeszug, der die Datenverarbeitung zum dominierenden Wirtschaftsfaktor machte und nun auch die Technik unserer Telekommunikationsnetze revolutioniert. Datenverarbeitung, Datenfernverarbeitung, das dadurch geprägte moderne Büro und daran anschließend das künftige Heim stellen neue Anforderungen an unsere Kommunikationsnetze. Dies wird heute erst vereinzelt sichtbar, *noch* dominieren die bestehenden Netze mit dem gewaltigen Übergewicht ihrer jahrzehntelangen Existenz. In den 80er und 90er Jahren unseres Jahrhunderts aber müssen die Weichen zum Aufbau *neuer* Kommunikationsnetze gestellt werden, die den Anforderungen auch des beginnenden neuen Jahrtausends noch genügen sollen. Um Netze dieser Art geht es in den folgenden Ausführungen.

1 Die Vielfalt der Telekommunikationssysteme

1.1 Aufgaben und Funktionen der Telekommunikationssysteme

Kommunikation führt zum Austausch von Gedanken und Erfahrungen, mittels Kommunikation wird Wissen weitergegeben und damit zum Grundstock neuen Wissens. Kommunikation ist also der Katalysator menschlicher Intelligenz, mit dem die Menschheit ihren Weg aus den Höhlen der grauen Vorzeit finden konnte, der freilich auch in die Hochhäuser und Slums heutiger Riesenmetropolen geführt hat. Allerdings darf man es nicht der Kommunikation anlasten, wenn mit dem Wissen nicht auch die Weisheit Schritt hielt!

Kommunikation findet zwischen Menschen statt, aber das nicht allein. Menschen kommunizieren auch mit Maschinen, indem sie diese „bedienen" und damit Arbeitsvorgänge auslösen, die vom Menschen – aus welchen Gründen auch immer – nicht ausgeführt werden können oder sollen. Schließlich müssen Maschinen auch untereinander kommunizieren, wenn sie in Arbeitsprozessen über mehrere Stationen hinweg eingesetzt werden. Diese Kommunikationsbeziehungen sind in Bild 1.1 oben symbolisch dargestellt.

Wenn der unmittelbare Kontakt – akustischer, optischer oder taktiler Art – wegen zu großer Entfernung der Kommunikationspartner nicht mehr möglich ist, setzt die „Telekommunikation" ein. Noch nicht sehr technische Formen der Telekommunikation sind z. B. der mit der Post versandte Brief – individuell zwischen Partnern ausgetauscht oder aber auch als Drucksache an einen bestimmten Kreis verteilt – und das Buch, mit dem der Autor seine Gedanken einem – hoffentlich – breiten Leserkreis anbietet.

Diese unterschiedlichen Prinzipien – und noch einige mehr – findet man auch bei der technischen Telekommunikation wieder, von der hinfort die Rede sein soll. Zahlenmäßig von größter Bedeutung und dem Erfolgsautor vergleichbar ist die *Breitenkommunikation* (Verteilkommunikation), das *Verteilen* von Programmen (Fernsehen, Hörfunk). Demgegenüber steht die *Individualkommunikation,* die dem Wunsch des Menschen nach *zweiseitigem* Gedankenaustausch (*Dialog*) oder *individuellem* Informationsangebot Rechnung trägt. Deutlich ist der Trend, sich durch Auswahlmöglichkeit unter verschiedenen Programmen vom Diktat einer zu starren Breitenkommunikation in Richtung zur Individualkommunikation zu bewegen. Ähnliche Kommunikationsverhältnisse bestehen bei Maschinen: Neben der Individualkommunikation zwischen zwei Maschinen gibt es auch das „Rundsenden" (Broadcast) zu mehreren Maschinen, z. B.

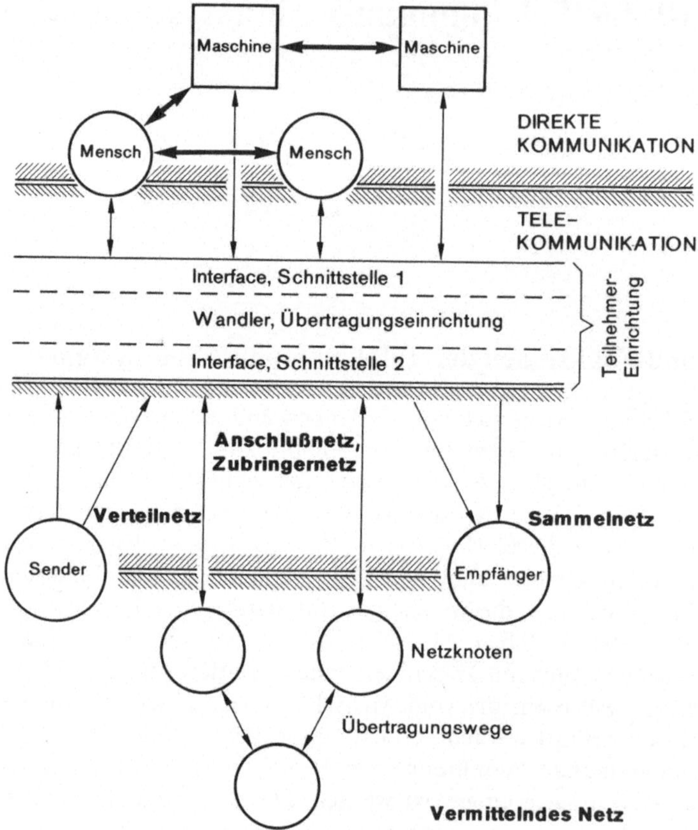

Bild 1.1. Das System der Telekommunikation

um ein Schriftstück über einen größeren Verteiler mittels „Fernschreiben" abzusetzen.

Ein weiteres Merkmal unterschiedlicher Telekommunikationsformen ist die Richtung des Informationsflusses. Es sind zu unterscheiden *wechselseitige* und *einseitige* Kommunikationsbeziehungen. Wechselseitige Kommunikationsbeziehungen sind im allgemeinen die Domäne der Individualkommunikation (das „Ferngespräch"). Einseitige Kommunikationsbeziehungen *vom* Sender *zum* Empfänger liegen bei der „klassischen" Programmverteilung vor, allerdings zeigt es sich, daß damit die Kommunikationsbedürfnisse nicht voll befriedigt werden können (Abschnitt 9.3.3). Dazwischen gibt es Übergangsformen wie das *Sammeln* von Informationen (Datenerfassung): Eindeutig ist der Informationsübertrag von einer „Quelle" (z. B. Zähler für Wasserverbrauch in einem Haushalt) zu einer „Senke" (Erfassung des Verbrauchs durch das Wasserwerk) gerichtet, allerdings ist es zuvor notwendig, die Quelle zur Sendung aufzufordern.

Zusammengefaßt: Eine erste grobe Unterteilung der Telekommunikationsformen läßt sich in folgender Weise vornehmen:

- Individualkommunikation, Breitenkommunikation;
- Dialog (Austausch von Informationen), Sammeln, Verteilen von Informationen;
- wechselseitige, einseitige Kommunikation.

Es leuchtet ein, daß so verschiedene Telekommunikationsformen auch verschiedenartige Aufgaben an Telekommunikationssysteme stellen. Bild 1.1 zeigt anschließend an den Bereich „direkter Kommunikation" die daraus resultierenden Grundfunktionen der „Telekommunikation":

Vom Benutzer (Mensch, Maschine) her kommend ist eine erste Schnittstelle (Interface) von großer, häufig entscheidender Bedeutung. Diese Schnittstelle 1 ist die „Visitenkarte" des Telekommunikationssystems gegenüber dem Benutzer. Ein- und Ausgabemittel sowie Verständigungsprozeduren mit dem System müssen vom Benutzer akzeptiert werden. Es kann sich hierbei sowohl um Drehknöpfe oder Tasten eines technischen Gerätes als auch um die zugehörige Bedienungsvorschrift handeln. Aber auch für den Anschluß von Maschinen an das Telekommunikationssystem ist eine Anschlußschnittstelle der Kategorie 1 notwendig. Auf Benutzer- und Anschlußschnittstellen wird später noch ausführlich eingegangen (Kapitel 9 und 5).

Nach der Schnittstelle 1 folgt ein Bereich, der technische Anpassungsfunktionen wahrzunehmen hat. Hier geht es z. B. darum, ein gesprochenes Wort mittels eines „Wandlers" (Mikrofon) in fernübertragbare elektrische Signale umzuformen oder umgekehrt solche Signale über einen Lautsprecher in Schallwellen umzuwandeln. Beim „Fernschreiber" wird in diesem Bereich der Tastenanschlag in ein elektrisches Signal umgesetzt oder aber das ankommende elektrische Signal über ein Druckwerk sichtbar gemacht. Schließlich werden die von einer Maschine zu sendenden Zeichen in der Übertragungseinrichtung in eine zur Fernübertragung geeignete Form gebracht und umgekehrt.

Schnittstelle 2 enthält die Einrichtungen zum unmittelbaren Anschluß an das Fernübertragungssystem. Sie muß die hierfür verabredeten „Konventionen" einhalten, um einwandfreie Informationsübermittlung und Sicherheit gegen die Störung von dritten Telekommunikationsteilnehmern zu gewährleisten. Es kann sich dabei z. B. um eine Empfangsantenne oder um die Anschlußschaltung eines Telefons handeln.

Die beschriebenen drei Komponenten werden zusammenfassend als Teilnehmereinrichtung bezeichnet. Die Teilnehmereinrichtungen stellen im allgemeinen einen beträchtlichen Aufwandsanteil am gesamten Telekommunikationssystem dar, sie sind sorgfältig zu optimieren und ständig an neueste Technologien und neue Nutzungsmöglichkeiten anzupassen. Selbstverständlich kann aber der Park vorhandener Endeinrichtungen nicht ständig durch neueste Entwicklungen ersetzt werden. Für das Telekommunikationssystem entsteht daraus die Forderung nach der Zusammenarbeit mit Endeinrichtungen verschiedener Generationen.

Schnittstelle 2 (Bild 1.1) übernimmt den Übergang in das weiterführende, der Nachrichtenübermittlung dienende Netz. Dort ergeben sich aus der oben erwähnten Klassifizierung der Telekommunikationsformen in „Dialog, Sammeln und Verteilen von Informationen" typische Anforderungen und damit auch typische Ausprägungen des Netzes. Das *vermittelnde Netz* ermöglicht die Individualkommunikation, die einseitig oder wechselseitig gerichtet sein kann. Weiterhin gibt es ein *Verteilnetz* vom Sender zum Empfänger beim Telekommunikations*teilnehmer* und ein *Sammelnetz* vom Teilnehmer zum Empfänger. Eine wichtige Teilkomponente dieser Netze ist das *Anschlußnetz* oder *Zubringernetz,* das die Verbindung zu den zahlreichen Teilnehmern herstellt. Eine interessante, in Abschnitt 8.5 noch zu diskutierende Frage ist die, ob ein gemeinsames Anschlußnetz für vermittelndes Netz, Verteilnetz und Sammelnetz gefunden werden kann und zweckmäßig ist.

Das Anschlußnetz ist heute jedoch noch weitgehend getrennt ausgeführt. Für das Verteilnetz gibt es mit dem „Äther" eine billige, wenn auch nicht sehr vollkommene Anschlußmöglichkeit. Es können nur wenige Programme verteilt werden, oder aber die Übertragungsqualität läßt zu wünschen übrig. Für das vermittelnde Netz und das Sammelnetz ist im allgemeinen ein drahtgebundenes, relativ teures Anschlußnetz eingerichtet worden, das allerdings auch bei weitem nicht alle Ansprüche erfüllt. Dies gilt insbesondere für die verfügbare Übertragungskapazität. Eine Aussage zum Aufwand: 45% der Gesamtkosten des Fernsprechnetzes (einschließlich der angeschlossenen Telefonapparate) liegen im Teilnehmer-Anschlußnetz [1.1]!

Nach dem Anschlußnetz bleibt noch das vermittelnde Netz zu erläutern. Dieses besteht aus *Netzknoten,* die einen wesentlichen Teil der „Netzintelligenz" enthalten und für die Übermittlung der Nachrichten an die gewünschten Partner sorgen. Weiterhin gibt es *Übertragungswege,* die die Netzknoten miteinander verbinden. Aufgabe des vermittelnden Netzes ist es, die Kommunikationswünsche auf die vorhandenen Übertragungswege zu konzentrieren und in der gewünschten Zielrichtung weiterzuleiten.

Das in dieser Weise beschriebene Telekommunikationssystem dient Menschen und Maschinen in mehr oder weniger vollkommener Weise in den Situationen täglicher Kommunikationsbedürfnisse. Diese Situationen sind beim Menschen naturgemäß besonders vielfältig. Tabelle 1.1 versucht eine Klassifizierung mit Angabe von Beispielen. Sicher ist der Mensch keineswegs ständig bereit, Kommunikationswünsche entgegenzunehmen. Dennoch zeigen z. B. die über Verteilnetze ausgestrahlten „Reiserufe" in der Urlaubszeit, daß sich der „mobile Mensch" sogar im privaten Bereich nicht ganz der Telekommunikation entziehen kann. Telekommunikationssysteme sollten diesen Bedürfnissen

Tabelle 1.1. Benutzersituationen

Mensch	Ortsfest		Mobil	
	am Standort	auswärts	mit	ohne
			Transportmittel	
privat	Heim	Ferienheim	Auto	Wanderung
beruflich	Büro	Hotel	Flugzeug	

des Menschen in optimaler Weise Rechnung tragen. Hier zeigt sich jedoch sehr deutlich, daß Anforderungen und wirtschaftliche Lösungen über den „Teufelskreis“ des Bedarfs miteinander verkoppelt sind. Technisch sind heute oder in absehbarer Zukunft alle Anforderungen erfüllbar. Wirtschaftliche Lösungen sind jedoch nur möglich, wenn ein entsprechend breiter Bedarf für hohe Stückzahlen sorgt. Dieses Thema wird in Abschnitt 9 nochmals aufgegriffen.

1.2 Beispiele bestehender Telekommunikationsdienste und -netze

Zwei vorläufige Festlegungen vorweg: Unter einem *Dienst* (service) werden standardisierte Kommunikationsleistungen eines Netzes für die Benutzer verstanden. *Öffentliche* Dienste werden nutzerorientiert definiert und sind jedem Interessenten gegen festgelegte Gebührensätze zugänglich. Nutzer eines öffentlichen Dienstes können über Teilnehmerverzeichnisse untereinander auffindbar gemacht werden (Näheres in Abschnitt 9.2).

Es gibt bereits heute eine beachtliche Reihe von Diensten und Netzen [1.1]. Beispiele sind:

a) Ton- und Fernsehrundfunk

Die Vollversorgung ist praktisch erreicht. In Diskussion ist ein erweitertes Programmangebot durch Kabel- oder Satellitenfernsehen (Abschnitte 8.4, 8.5 und 9.3.3).

b) Fernsprechnetz

Dies ist das weitestverbreitete Netz für Individualkommunikation, das weltweit ständig weiter wächst. Man unterscheidet *Hauptanschlüsse* mit *unmittelbar* zugeordnetem Zugang zum Fernsprechnetz und *Sprechstellen* mit Zugang zum öffentlichen Fernsprechnetz. Sprechstellen sind also Hauptanschlüsse und zusätzlich Anschlüsse z. B. an Nebenstellenanlagen, die das öffentliche Fernsprechnetz erreichen können.

Es gab 1978 weltweit über 400 Millionen Sprechstellen und knapp 300 Millionen Hauptanschlüsse [1.2]. In der Bundesrepublik Deutschland wurde Mitte 1980 der 20millionste Hauptanschluß eingerichtet.

c) Telex- oder Fernschreibnetz

Auch dieses Netz ist weltweit verbreitet, allerdings mit einer etwa 200fach geringeren Anschlußzahl als das Fernsprechnetz.

d) Datendienste

Zahlreiche neue Netze für Datenverkehr entstehen derzeit. Die Zahl der Datenanschlüsse wächst z.Z. mit etwa 30% pro Jahr. Ein noch hoher Anteil des Datenverkehrs wird über das Fernsprechnetz abgewickelt. Eine Reihe von Ländern verfügt mittlerweile über spezielle, öffentliche Datennetze. In der Bundesrepublik Deutschland wurden Telexnetz und Datennetz zum „Integrierten Fernschreib- und Datennetz“ (IDN) zusammengefaßt (Abschnitt 8.2).

e) Bilddienste

Ein kleines, hochwertiges Spezialnetz dient der Übermittlung von Pressebildern mit Hilfe der „Bildtelegrafie". Darüber hinaus wurde mit *Telefax* ein allgemeiner, öffentlicher Dienst eingerichtet, bei dem mittels standardisierter Faksimilegeräte die Bildübertragung im Fernsprechnetz erfolgt (Auflösung 3,8 Linien/mm).

Für *Bewegtbildkommunikation* gibt es aus Kostengründen bisher nur Versuchsnetze. Ein Ansatz der US-amerikanischen Betriebsgesellschaft AT & T, ein öffentliches Bildfernsprechnetz einzurichten, scheiterte zunächst am geringen Bedarf.

f) Funkdienste

Funkdienste machen den „mobilen Menschen" erreichbar (Tabelle 1.1). Hier gibt es den *öffentlichen, beweglichen Landfunkdienst* (öbL) mit Funkfernsprechanschlüssen und festen Landfunkstellen sowie Überleitvermittlungen zum ortsfesten Fernsprechnetz. Eine nur einseitig gerichtete Kommunikation ermöglicht der *europäische Funkrufdienst* (Eurocall): Von Sprechstellen des öffentlichen Fernsprechnetzes aus können Codesignale zu beweglichen Teilnehmern – auch mit tragbaren Rufempfängern – gesendet werden. Es gibt bis zu vier unterschiedliche Zeichen, die mit verabredeten Bedeutungen unterlegt werden können, z. B. mit der Aufforderung zum telefonischen Rückruf bei bestimmten Anschlüssen (Abschnitt 8.6).

Neben dem öffentlichen gibt es auch einen nicht öffentlichen beweglichen Landfunkdienst, z. B. für Polizei, Taxiruf usw. Außerdem sind Seefunk, Flugfunk und Rheinfunk als weitere Funkdienste zu nennen.

g) Dienstnetze

Diese Netze sind spezieller Nutzung im öffentlichen Interesse vorbehalten. Hierzu zählen die Netze der Deutschen Bundesbahn und der Elektrizitätsversorgungsunternehmen (EVU).

h) Privatnetze

Auch diese Netze werden von speziellen Gruppen genutzt. Es gibt Privatnetze für Banken, Reisebüros, große Industrieunternehmen u.a.m. Die rechtliche Situation dieser Netze ist unterschiedlich in den verschiedenen Ländern (Abschnitt 8.1.3).

Diese unvollständige Aufzählung möge einen ersten Eindruck von der Vielfalt der Telekommunikationsdienste und Telekommunikationsnetze vermitteln. Auf einige der hier angesprochenen Telekommunikationsmöglichkeiten wird – wie bereits angemerkt – vertiefend in den Abschnitten 8 und 9 eingegangen.

1.3 Überblick über die Netzparameter

Mehrfach ist nun schon auf die Vielfalt der Telekommunikation hingewiesen worden. Ein ganz wesentlicher weiterer Parameter aber wurde bisher nicht

Tabelle 1.2. Bandbreiten und Bitraten

	Bandbreite	Bitrate	
Telex	120 Hz	<50 bit/s	
		⋮	
Daten, Text, Festbild	3400 Hz	(9600) bit/s	
⋮		⋮	
		48 kbit/s	
Fernsprechen	3400 Hz	64 kbit/s	
Daten, Festbild			
⋮			
HiFi-Ton	2×16 kHz	2×ca. 400 kbit/s	
Daten			
⋮			
Bewegtbild (Fernsehen)	5 MHz	ca. 70 Mbit/s	
Daten, Bild			
⋮			

behandelt, nämlich die für einen bestimmten Telekommunikationsdienst benötigte Übermittlungsbandbreite. Tabelle 1.2 gibt einen Überblick über die heute realisierten Bandbreiten verschiedener Dienste. Dabei besteht eine gewisse Relation zwischen Bandbreite und zu übertragender Bitrate, auf die später noch eingegangen wird.

Es leuchtet ein, daß der für einen Dienst zu treibende Aufwand mit der *Bandbreite* wächst. So ist die für Bewegtbildübertragung (Fernsehnorm) erforderliche Bandbreite mehr als 1000mal größer als die des Fernsprechkanals. Dies ist einer der Gründe dafür, daß es heute noch kein öffentliches Bildfernsprechnetz gibt! Noch deutlicher werden die unterschiedlichen Anforderungen im *Bitratenbereich* der rechten Spalte: Die geforderten Werte erstrecken sich über 6 Zehnerpotenzen, wobei das „Fernsprechen" gerade in der Mitte liegt.

Die bisher besprochenen Telekommunikationsparameter lassen sich in der Tabelle 1.3 in Form einer Matrix verdichten. Die Felder der Tabelle werden durch Dienstbeispiele erläutert, so daß sich eine ausführliche Beschreibung erübrigt. Ein Hinweis zur Breitenkommunikation: Hierunter werden ganz allgemein Kommunikationsformen verstanden, die nicht die Exklusivität der Individualkommunikation wahren, bei der also auch Nichtbeteiligte an einem Dialog teilhaben können. Dies ist z. B. bei Autobahnnotrufsäulen der Fall.

Nun sind keineswegs alle Netzparameter mit dieser Matrix beschrieben. Weitere Einflußgrößen sind:

Tabelle 1.3. Einige wichtige Netzparameter

Bandbreite ↓		Kommunikationsart			
		Individualkommunikation		Breitenkommunikation	
		Kommunikationsrichtung			
		wechselseitig	einseitig	wechselseitig	einseitig
Ortsfest	breit	Bild-fernsprechen			Rundfunk
	mittel	Fernsprechen	Weckdienst	Autobahn-notruf	Fernsprech-ansagen
	schmal	Fernschrei-ben (Telex)			
Mobil	breit				Rundfunk
	mittel	öffentlicher beweglicher Landfunk			
	schmal		Europäischer Funkrufdienst (Eurocall)		

a) Verbreitung: Große und kleine Netze werden unterschiedlich strukturiert. So enthalten kleine Netze wesentlich weniger Netzknoten als große Netze, woraus sich u. a. Konsequenzen für Verbindungsaufbau- und Abbauzeiten ergeben.

b) Zentrale oder verteilte Vermittlung (Abschnitt 3.5).

c) Netzform (Stern, Baum, Ring; Abschnitt 3.6).

d) Netzebene (Anschlußnetz, Ortsnetz, Fernnetz). Auf die Bedeutung des Anschlußnetzes wurde bereits hingewiesen.

e) Darstellung des Nutzsignals (analoge oder digitale Signaldarstellung; Abschnitt 2.1).

f) Multiplexbildung (Kanal- oder Nachrichten- oder Paketmultiplex; Abschnitt 2.3).

g) Durchschalte- oder Teilstreckennetz. Dies wird im Zusammenhang mit f) betrachtet (Abschnitt 3.3).

h) Einheitliche oder unterschiedliche Kanalkapazitäten (Abschnitt 4.5).

i) Übertragungsmedium (Abschnitt 2.2).

k) Spezialnetz oder Universalnetz. Wichtiger Gesichtspunkt zur Gestaltung künftiger Kommunikationsnetze (Abschnitt 8.1).

l) Dedicated oder Standard-Interface (Abschnitt 9.2).

m) Netzträgerschaft (Privatnetz, „Carrier“, Verwaltung). Dies ist ein eminent politisches Thema (Abschnitt 9.2).

Die hier zunächst nur als „Schlagwörter“ ohne nähere Erläuterung in den Raum gestellten Begriffe verstärken den Eindruck der technischen und politischen Vielfalt unserer Telekommunikationssysteme. Aufgabenstellung dieses Buches ist es, die Bedeutung dieser Parameter an exemplarischen Beispielen zu erläutern. Bewußt wird dabei – ermüdende – Vollständigkeit nicht angestrebt!

Hierfür müssen zunächst die für einen Überblick relevanten *Prinzipien* der Übertragungs- und Vermittlungstechnik vorgestellt werden. Sodann liegt ein Schwerpunkt auf den mit *Netzknoten* und *Netzintelligenz* zusammenhängenden Problemen. *Vermittlungssysteme* und *Telekommunikationsnetze* sind anschließend Gegenstand exemplarischer Beispiele. Schließlich wird auf die mit der *Nutzung* der Telekommunikation zusammenhängenden Probleme eingegangen.

2 Übermittlungsprinzipien

2.1 Signaldarstellung

Die Quellen und Senken der Telekommunikation sind Menschen und Maschinen. Der Mensch ist seiner Natur nach eine „Quelle“ oder „Senke“ *analoger Signale.* Die relevanten Parameter dieser Signale sind Amplitude und Frequenz in einem Wertekontinuum; sie sind unmittelbar in analoge elektrische Signale umsetzbar (Bild 2.1 a). Als Signalparameter können aber auch Phase, Pulsdauer usw. zur kontinuierlichen Modulation von Trägern verwendet werden. Demgegenüber erzeugen und empfangen Maschinen im allgemeinen *digitale Signale.* Parameter dieser Signale sind Bitmuster und Bitrate (Bild 2.1 b). Je höher die Bitrate ist, desto mehr Daten können in einem vorgegebenen Zeitabschnitt übertragen werden (in Bild 2.1 b rechts). Bitrate für digitale Signale und

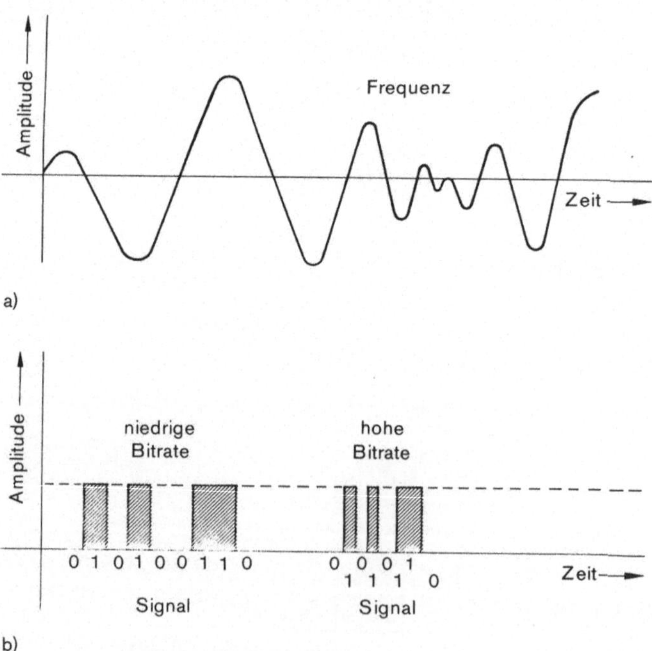

Bild 2.1. Erscheinungsformen von Signalen. **a**) analoge Signale; **b**) digitale Signale

Bandbreite für analoge Signale sind ein Maß für die verfügbare oder benötigte Transportkapazität und damit für den Qualitätsanspruch einer Kommunikationsform. Das macht Tabelle 1.2 deutlich.

Entsprechend diesen beiden prinzipiellen Signaldarstellungen gibt es Netze für die Übertragung analoger und solche für die Übertragung digitaler Signale. Das in Abschnitt 1.2 erwähnte Fernsprechnetz ist – derzeit noch – ein *analoges Netz,* d. h. es überträgt analoge Signale, während das Integrierte Fernschreib- und Datennetz IDN für die Übertragung digitaler Signale damit zu den *digitalen Netzen* zählt.

Nun ist es allerdings auch möglich, digitale Nachrichten im analogen Netz und umgekehrt analoge Nachrichten im digitalen Netz zu übertragen. So wird z. B. das weit verbreitete analoge Fernsprechnetz auch gern für die Datenübertragung genutzt, wie in Abschnitt 1.2 bereits erwähnt. Hierzu ist es erforderlich, digitale Nachrichten in eine im analogen Netz übertragbare Form umzusetzen. Dies geschieht mit Hilfe des sog. *Modems* (Modulator-Demodulator).

Es gibt verschiedene Funktionsprinzipien für Modems. Bild 2.2 zeigt das Prinzip des *Parallel-Modems* [2.1]. Die digitalen Signale werden in einen Frequenzcode umgesetzt. Mit einer Gruppe von vier Frequenzen lassen sich vier Zeichenbedeutungen darstellen, wenn jeweils nur eine Frequenz ausgesendet wird. Kombiniert man diese Gruppe mit einer weiteren Vierergruppe, in der ebenfalls jeweils nur eine Frequenz ausgesendet wird, so erhöht sich die Zahl der darstellbaren Zeichen auf 16, mit einer dritten Vierergruppe auf 64. Alle Signalfrequenzen liegen im Sprachband zwischen 920 und 1960 Hz.

Wie man sieht, lassen sich mit dem Grundprinzip verschiedene Übertragungsmoden realisieren. Vorgegeben ist eine Umtastgeschwindigkeit von 40 Kombinationen/s. Es muß sichergestellt werden, daß zwei aufeinanderfolgende Kombinationen aufgelöst werden können. Das wird im ersten Fall (15 Zeichen mit Gruppe A und C) durch eine auf jede Nutzkombination folgende Ruhekombination A4/C4 erreicht. Im zweiten Beispiel (63 Zeichen mit Gruppen A, B, C) wird die Zahl der Zeichenbedeutungen durch Hinzunahme der dritten Gruppe erhöht, die Ruhekombination ist durch A4/B4/C4 gekennzeichnet. Im dritten Fall wird die Übertragungsgeschwindigkeit erhöht, die Auflösung aufeinanderfolgender Zeichen geschieht durch einen Takt, der durch abwechselndes Senden der Frequenzen B2 und B3 erzeugt wird. Schließlich wird im letzten Beispiel die Zahl der Zeichenbedeutungen wesentlich erhöht, indem jeweils zwei Kombinationen aus den Gruppen A und C zu einem Zeichen zusammengesetzt werden.

Ein anderes Modem-Prinzip – den *Serien-Modem* [2.2] – erläutert Bild 2.3. Es handelt sich um eine „vierwertige Phasendifferenzmodulation", die bei einer Trägerfrequenz von 1800 Hz eine Übertragungsgeschwindigkeit von 2400 bit/s erlaubt. Die Information liegt in der Weite des Phasensprungs des Trägersignals zu den durch den Schrittakt von 1200 Bd oder Hz gekennzeichneten Zeitpunkten. Es gibt vier mögliche Phasensprünge; jeder der vier Werte wird mit einer *Dibit*-Bedeutung belegt, d. h., je 2 bit werden zu einem Dibit zusammengefaßt. In Bild 2.3 ist ein Beispiel für die Zuordnung der Bedeutungen angegeben (Alternative B nach CCITT). Im Empfänger wird der Träger im Schrittakt abgetastet, um die Differenz der Trägerphasen zwischen aufeinander-

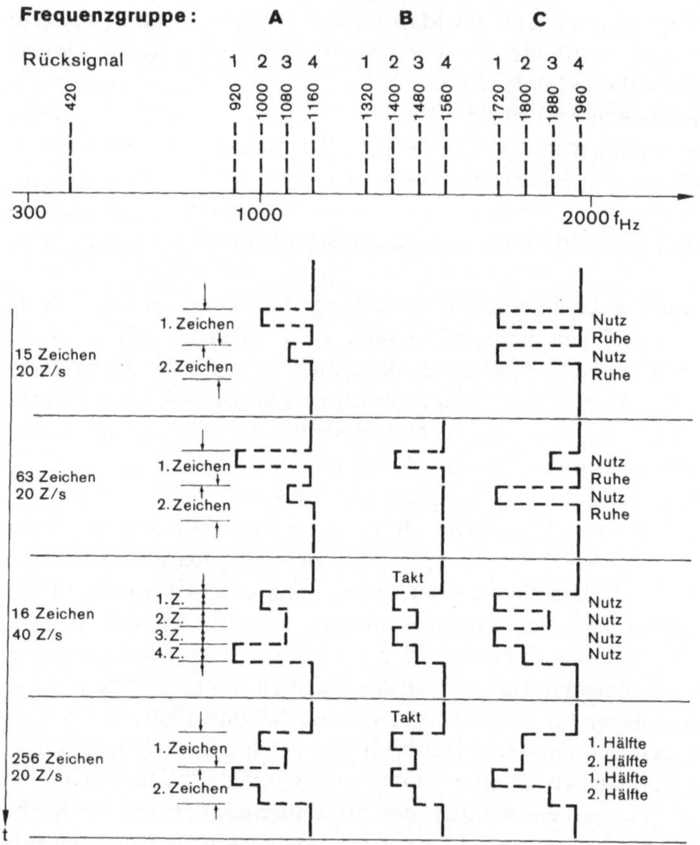

Bild 2.2. Modulationsverfahren zur Signalumsetzung (1): Prinzip des Parallel-Modems. Umtastgeschwindigkeit 40 Kombinationen/s

folgenden Abtastungen bestimmen zu können. Hierzu muß der Schrittakt zusätzlich übertragen werden. Dies geschieht durch Amplitudenmodulation des Trägers, Amplitudenmaximum bedeutet Schrittakt.

Mit diesen Beispielen wurde die Übertragung digitaler Signale in analogen Netzen erläutert. Von größerer Bedeutung wird in Zukunft aber die Übertragung analoger Signale in digitalen Netzen sein. Es besteht nämlich weltweit der Trend, das analoge Fernsprechnetz zu digitalisieren. Ein wesentlicher Grund hierfür liegt in der hohen Wirtschaftlichkeit digitaler Netze, denen die Fortschritte der Halbleitertechnologie voll zugute kommen. Darüber hinaus sind digitale Übertragungsstrecken weniger störempfindlich als analoge. Dadurch ist es möglich, Leitungen mehrfach auszunützen, die bei analoger Übertragung nur einfach zu belegen sind (Abschnitt 2.3). Ferner sind digitale Netze unter bestimmten Bedingungen geeignet, mehrere Dienste (Kommunikationsformen) aufzunehmen, sie werden damit zu „dienstintegrierten Netzen“. Hierüber wird noch ausführlich zu sprechen sein (Abschnitte 8.1.1 und 8.3).

Für die Übertragung in digitalen Netzen müssen analoge Signale digitalisiert werden. Zur Digitalisierung des analogen Fernsprechsignals ist das Verfahren der *Pulscodemodulation* (PCM) [2.3] standardisiert worden. Es wird mit Bild 2.4 erläutert:

Nach dem *Abtasttheorem* (Shannon) kann ein Signal aus Abtastproben wieder rekonstruiert werden, wenn man die *Abtastfrequenz* f_T mehr als doppelt so hoch wie die höchste noch zu rekonstruierende Frequenz f_B wählt:

$$f_T > 2 f_B .$$

Im Falle des Fernsprechens ist $f_B = 3{,}4$ kHz, f_T wird international auf 8 kHz festgelegt.

In Bild 2.4 sind die Abtastzeitpunkte mit t_n, t_{n+1}, t_{n+2}, ... gekennzeichnet. Die zu diesen Zeitpunkten erkannten Abtastwerte des Fernsprechsignals werden *quantisiert,* indem man das Kontinuum der möglichen Abtastwerte in Fächer einteilt. Im Modell des Bildes 2.4 sind 2×8 Fächer vorgesehen. Dem abgetasteten Augenblickswert ordnet man die Nummer des Faches zu, in das er hineinfällt. So erhält z. B. der Abtastwert zum Zeitpunkt t_{n+2} die Bezeichnung „+7". Als letzter Schritt wird dieser Wert binär *codiert,* im betrachteten Beispiel mit „1110".

Eine sog. *Quantisierungsverzerrung* ergibt sich aus der Unschärfe bei der Rekonstruktion der Abtastwerte, da man deren Lage jeweils in der Mitte der Fächer annimmt. Die Abweichung von der wahren Lage ist in Bild 2.4 als Quantisierungsfehler eingetragen.

In der Praxis entspricht eine Codierung mit 4 bit, wie im Modell gezeigt, nicht den Qualitätsansprüchen des Fernsprechens. Vielmehr wird eine 8-bit-Codierung gewählt, das bedeutet 256 Fächer für ±128 Amplitudenstufen. Die 8-bit-Codierung erlaubt eine 14malige Umsetzung von analoger in digitale Signaldarstellung und umgekehrt, ohne daß das Quantisierungsgeräusch festgesetzte

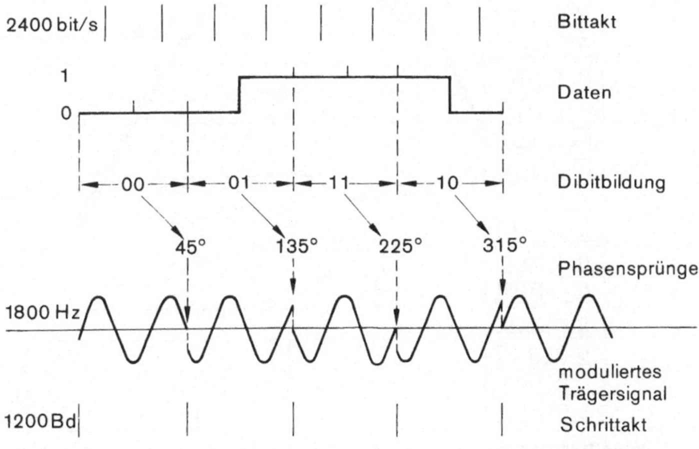

Bild 2.3. Modulationsverfahren zur Signalumsetzung (2): Prinzip eines Serien-Modems nach CCITT, V. 26, Alternative B

Grenzen überschreitet. Mit 8 kHz Abtastfrequenz und 8 bit Codierung je Abtastwert ergibt sich die Bitrate des Standard-Fernsprechkanals zu 64 kbit/s (Tabelle 1.2).

Allerdings reichen zweimal 128 gleich große Quantisierungsstufen für ausreichende Sprachqualität immer noch nicht aus. Es leuchtet ein, daß die Fächer für kleine Amplituden feiner unterteilt sein müssen als die für große Amplituden. Deshalb wird die Fachgröße abhängig von der Amplitudenhöhe mittels einer *Kompressor-Kennlinie* festgelegt.

Bild 2.5 zeigt den positiven Teil der sog. *13-Segment-Kennlinie,* mit der nach CCITT die logarithmische Kennlinie des sog. *A-Gesetzes* angenähert wird [2.4]. Mit dieser Codierungskennlinie wird das Quantisierungsgeräusch über den gesamten Amplitudenbereich hinweg optimiert.

Für die PCM-Codierung ist eine Aussteuerungsgrenze von +3,14 dBm am Punkt des relativen Pegels Null festgelegt worden. Bei 600 Ω Abschlußwiderstand an diesem Punkt ist die zugehörige Spannung $U_{eff} = 1{,}11$ V, der Spitzenwert beträgt 1,57 V. Man teilt nun den Bereich bis zu diesem Wert in 2048 gleich große Stufen, je Stufe ist also eine Auflösung von etwa 0,76 mV nötig (Abszisse).

Diesen 2048 linearen Abszissenwerten werden auf der Ordinate 128 komprimierte Werte zugeordnet und mit 8-bit-PCM-Codeworten bezeichnet. Die vier höchstwertigen Binärstellen sind an der Ordinate für acht „Großfächer" angegeben. Innerhalb jedes Großfachs wird eine Feineinteilung in 16 Stufen vorgenommen. Die Zuordnung von 128 Ordinatenwerten zu 2048 Abszissenwerten wird durch die abgebildete 13-Segment-Kennlinie beschrieben. Die 13 Segmente ergeben sich bei Ergänzung der abgebildeten Kennlinie durch ihren negativen Zweig.

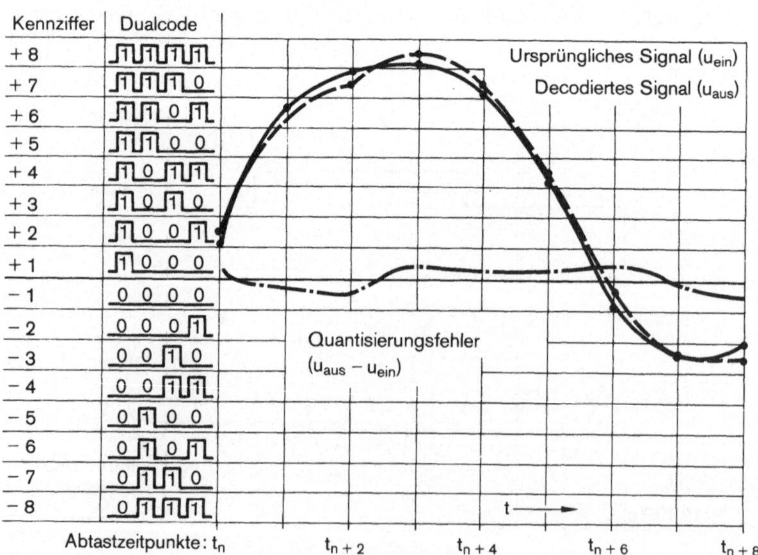

Bild 2.4. Modulationsverfahren zur Signalumsetzung (3): Prinzip der Pulscodemodulation

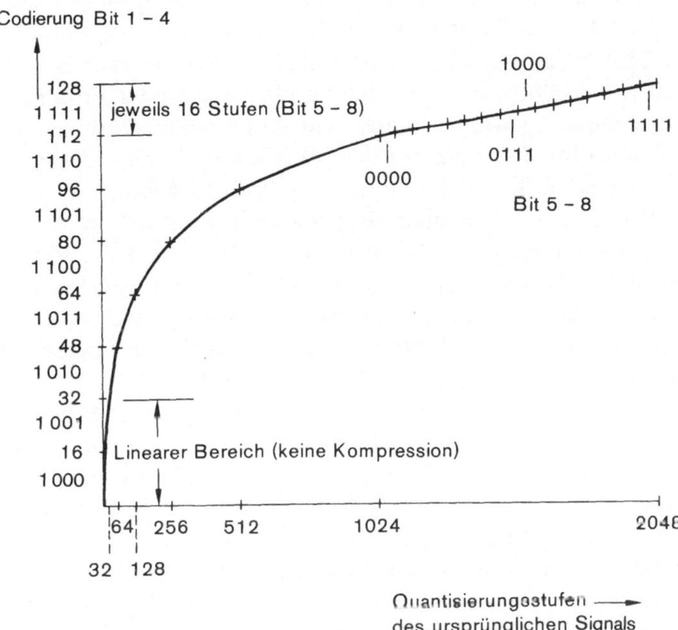

Bild 2.5. Positive Werte der 13-Segment-Kompressor-Kennlinie (Annäherung an das „A-Gesetz")

Das hier erläuterte A-Gesetz wird in den PCM-Systemen der meisten Länder angewendet. In USA und Japan erfolgt statt dessen die Kompression nach dem μ-Gesetz mit Hilfe einer *15-Segment-Kennlinie.* In einem weltweiten PCM-Netz müssen also die PCM-Codeworte beim Übergang zwischen „A-Ländern" und „μ-Ländern" umgerechnet werden.

Die für die Digitalübertragung notwendige Bandbreite ist je nach Modulationsverfahren stark unterschiedlich. Im Serienmodem nach Bild 2.3 sind 3100 Hz für die Übertragung von 2400 bit/s nötig. Werden 64 kbit/s im analogen Fernsprechnetz übertragen, so erfordert dies eine *Primärgruppe* mit 48 kHz (Abschnitt 2.3). Allgemein liegt der Bandbreitenbedarf für die Digitalübertragung im analogen Netz zwischen etwa 10 und 0,5 Hz/(bit/s).

2.2 Übertragungsmedien

Kommunikationssignale werden praktisch ausnahmslos mit Hilfe der elektromagnetischen Welle, terrestrisch oder über Satelliten, leitergebunden oder über Funk bzw. Richtfunk übertragen. Die Übertragungsmedien unterscheiden sich in der übertragbaren Frequenzbandbreite. Es ist wohl nützlich, sich die vorkommenden Frequenzbänder und die zugehörigen, über die Lichtgeschwindigkeit mit diesen verknüpften Wellenbereiche in einer Tabelle vor Augen zu halten (Tabelle 2.1), um einen besseren Vergleich zu ermöglichen.

Das einfachste und billigste Übertragungsmedium ist nach wie vor die Kupfer- (oder Bronze-)Doppelader [2.5], entweder als Freileitung oder im Kabel geführt. Es gibt niederpaarige Kabel mit z. B. 50 Paaren und hochpaarige Kabel mit z. B. 2000 Paaren. Je nach zu überbrückender Entfernung wird der Aderndurchmesser gewählt; üblich sind Kupferleiter-Durchmesser zwischen 0,4 und 1,4 mm. Im Ortsnetz werden Durchmesser bis 1,2 mm verwendet, im anschließenden Bezirksnetz solche von 0,9 bis 1,4 mm.

Mittels einer systematischen *Verseilung* im Kabel wird für Gleichheit der Kopplungen zwischen den Paaren und Symmetrie der Paare gegen Erde gesorgt (*symmetrisches Kabel*). Bild 2.6a zeigt die sog. Sternviererverseilung für zwei Paare I und II. Eingesetzt werden symmetrische Kabel hauptsächlich für Niederfrequenz(NF)-Übertragung, aber auch für Trägerfrequenz- und Digitalsysteme (Tabellen 2.3 und 2.4, Abschnitt 2.3).

Eine weitere Kategorie terrestrischer Übertragungsmedien sind die Koaxialkabel (Koax-Kabel), bei denen ein Außenleiter einen Innenleiter umschließt. Damit schirmen diese Kabel „sich selbst" ab, insbesondere bei höheren Frequenzen. Außerhalb des Außenleiters gibt es kein magnetisches Feld und damit auch keine Nebensprechkopplung zu benachbarten Koax-Kabeln. Geeignet sind diese Kabel für hohe Frequenzen und breite Frequenzbänder. Die Innenleiter- und Außenleiterdurchmesser sind je nach Anwendungsfall verschieden (Tabellen 2.3 und 2.4). Bild 2.6b zeigt die sog. 2,6/9,5-mm-CCITT-Tube.

Bild 2.6c stellt mit dem *Lichtwellenleiter* ein relativ junges, neues Übertragungsmedium vor, von dem man einen ausgedehnten Einsatz für „Breitbandkommunikation" erwartet [2.6]. Der Lichtwellenleiter besteht aus einem zylindrischen Kern und einem diesen umschließenden Mantel, beide aus Quarzglas. Die Maßangaben gelten nach CCITT, Empfehlung G.651. Der Lichtstrahl wird

Tabelle 2.1. Frequenzbänder und Wellenbereiche. (Zum Vergleich: sichtbares Licht ca. 400 ... 800 nm)

Frequenzband	Wellenbereich	Bezeichnung
0,3 ... 3 kHz	1000 ... 100 km	NF
30 ... 300 kHz	10 ... 1 km	Kilometerwellen (Langwellen)
300 ... 3000 kHz	1000 ... 100 m	Hektometerwellen (Mittelwellen)
3 ... 30 MHz	100 ... 10 m	Dekameterwellen (Kurzwellen)
30 ... 300 MHz	10 ... 1 m	VHF
300 ... 3000 MHz	1 ... 0,1 m	UHF
3 ... 30 GHz	10 ... 1 cm	Zentimeterwellen
30 ... 300 GHz	10 ... 1 mm	Millimeterwellen
30 ... 300 THz	10 ... 1 µm	
300 ... 3000 THz	1000 ... 100 nm	

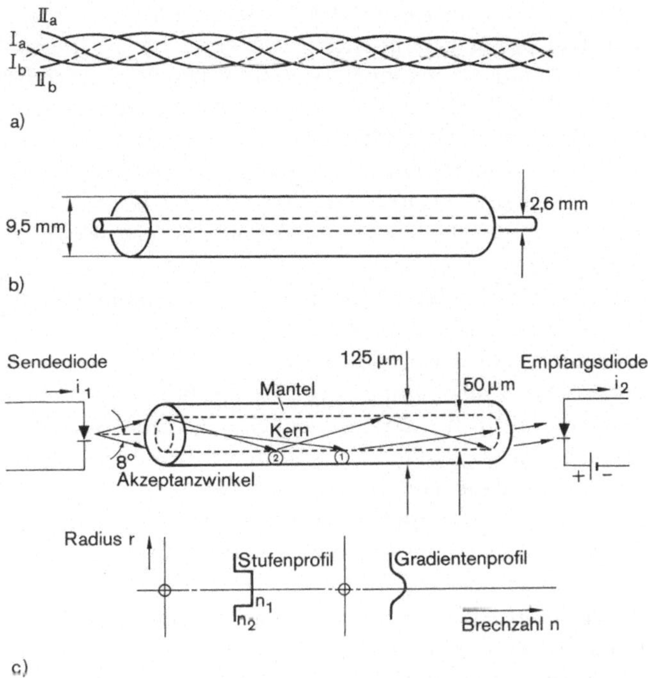

Bild 2.6. Medien für leitergebundene Übertragung. **a**) symmetrische Doppeladern in „Sternviererverseilung"; **b**) Koaxialkabel nach CCITT; **c**) Beispiel für Lichtwellenleiter

im Kern mit hohem Brechungsindex n_1 geführt, er erfährt Totalreflexion an der Übergangsschicht zum Mantel mit dem etwas geringeren Brechungsindex n_2. Dies gilt für ein *Stufenprofil* des Brechungsindex, im Bild 2.6c links unten gezeigt.

Wie man an den eingezeichneten Lichtstrahlen ① und ② sieht, legen diese unterschiedliche Weglängen im Lichtwellenleiter zurück. Dieser *Dispersion* genannte Effekt führt zur Verbreiterung eines am Eingang der Übertragungsstrecke eingekoppelten Lichtimpulses und damit zur Begrenzung der übertragbaren Bandbreite. Der Effekt läßt sich praktisch ausgleichen durch Verwendung eines *Gradientenprofils* (Bild 2.6c, rechts unten), das für eine kontinuierliche Ablenkung der Lichtstrahlen sorgt. Da bei kleinerer Brechzahl die Lichtgeschwindigkeit ansteigt, wirkt das Gradientenprofil der Dispersion entgegen. Dispersionsfrei ist auch die *Monomode-Faser.* Deren Kern hat nur einen Durchmesser von wenigen µm (z. B. 3 µm), so daß sich nur *ein* Ausbreitungsmode einstellen kann.

Beim Einsatz des Lichtwellenleiters muß am Anfang und am Ende der Strecke eine *elektro-optische Wandlung* vorgenommen werden. Für die Wandlung aus der elektrischen in die optische Signaldarstellung werden *Sendedioden* verwendet: einfache *LED* (Light Emitting Diodes) oder auch *LD* (Laser Diodes). Aus der räumlichen Anordnung ergibt sich, daß nur der innerhalb des

Akzeptanzwinkels von etwa 8° ausgestrahlte Lichtanteil genutzt werden kann. Bei dem besser gebündelten Licht der Laserdiode kann ein größerer Teil der Sendeleistung eingekoppelt werden, was sich in einer Erhöhung der Reichweite äußert (Bild 2.13). Für den Empfang werden zur optisch-elektrischen Wandlung *Fotodioden* oder die empfindlicheren Lawinen-Fotodioden eingesetzt.

Das Interessante am Lichtwellenleiter sind seine Übertragungseigenschaften. Man hat heute Dämpfungswerte von 2,5 bis 5 dB/km bei 800 nm optischer Wellenlänge (Tabelle 2.1) erreicht; dies ist eine Frage der Reinheit des Glases. Bei größeren Wellenlängen sind noch bessere Werte möglich: 0,5 bis 1 dB/km bei 1300 nm. Leider gibt es noch keine kommerziell einsetzbaren Sende- und kaum Empfangsdioden für diesen Wellenbereich.

Ein weiterer Dispersionseffekt stört und begrenzt die übertragbare Bandbreite: die *Materialdispersion.* Die Ausbreitungsgeschwindigkeit des Lichts ist unterschiedlich für unterschiedliche optische Wellenlängen. Auch in dieser Hinsicht ist die LD der LED überlegen, weil sie mit kleinerer optischer Bandbreite sendet (Bild 2.13).

Die elektrischen Signale, die über den Lichtwellenleiter übertragen werden sollen, modulieren den optischen Träger. Wegen der Nichtlinearitäten in Sende- und Empfangsdioden sind digitale Modulationsverfahren am günstigsten (Abschnitt 2.1). Aber auch Frequenzmodulation (FM), Phasenmodulation (PM) sowie Pulsmodulationsverfahren (Pulsfrequenzmodulation, Pulspositionsmodulation) sind anwendbar, insbesondere wenn es sich nur um *einen* Übertragungsabschnitt handelt (Abschnitt 8.5). Die auf diese Weise übertragbaren Bandbreiten bzw. Bitraten sind vom Verstärkerabstand abhängig; sie betragen beim Stufenprofil einige 10 MHz/km, beim Gradientenprofil 1 GHz/km und bei Monomode-Faser wenige GHz/km.

Aus diesen Eigenschaften ergibt sich eine Überlegenheit des Lichtwellenleiters gegenüber Kupferleitern insbesondere bei hohen und höchsten Bandbreiten: geringere und konstante Dämpfung innerhalb des Nutzfrequenzbereichs, damit höhere Verstärkerabstände. Darüber hinaus gibt es kein Nebensprechen zwischen benachbarten Lichtwellenleitern, keine elektromagnetischen Störfelder, keine Materialengpässe (Quarz!). Lichtwellenleiter sind leicht und flexibel handhabbar.

Neben diesen leitergebundenen Übertragungswegen gibt es solche, die die Luft oder den „Äther" (ether, Abschnitt 8.2.3) als Übertragungsmedium nutzen. Aus alter Zeit hat sich noch der Begriff „Funk" für diese Übertragungsverfahren erhalten. An dieser Stelle sollen Richtfunk und Satellitenfunk behandelt werden.

Die Komponenten der Funkübertragung sind Antennen, zwischen denen Signale ausgetauscht werden. Dabei gibt es verschiedene Ausbreitungswege der elektromagnetischen Wellen, wie Bild 2.7 a zeigt: z. B. direkte optische Sicht, Reflexion am Boden oder an atmosphärischen Schichten. Bei *Richtfunk* spielt praktisch nur die direkte Übertragung bei optischer Sicht eine Rolle, deshalb ist das Verfahren sehr sicher [2.7]. Allerdings lassen sich in einem *Funkfeld* dabei nur Abstände von 40 bis 50 km erreichen, größere Entfernungen werden mit Hilfe von *Relaisstellen* überbrückt. Für „Schmalbandsysteme" wird der Frequenzbereich unter 2 GHz ausgenützt, der Einsatzschwerpunkt liegt aber im Bereich zwischen 2 und 8 GHz. Oberhalb 10 GHz wird das Übertragungsverfahren durch Absorption bei starkem Regen unsicherer.

Richtfunkwege und Kabelwege ergänzen sich gegenseitig. Fallweise ist Richtfunk gegenüber Kabelwegen vorzuziehen, etwa wenn geographische Hindernisse überbrückt werden müssen, wenn rasche Installation notwendig ist oder wenn aus Sicherheitsgründen eine unabhängige zweite Trasse eingerichtet werden muß.

Ähnliche Argumente gelten für den *Satellitenfunk*. Nach den ersten umlaufenden Satelliten sind heute für die Telekommunikation nur noch geostationäre Satelliten von Bedeutung, die im Erdabstand von ca. 36 000 km nahezu ortsfest über dem Äquator stehen. Die stationäre Position hat neben vielen Vorteilen freilich auch einen wichtigen Nachteil, nämlich die Laufzeit elektrischer Signale ‚hin- und zurück" von ca. 250 ms. Dies gilt für *eine* Übertragungsrichtung (Bild 2.7 b). Bezieht man die entgegengesetzte Übertragungsrichtung mit ein, so ergibt sich ein *round trip delay* von etwa 500 ms. Diese Verzögerungszeiten beginnen für einen Sprachdialog störend zu werden, weshalb Fernsprechverbindungen nur über *einen* Satellitenabschnitt geführt werden dürfen.

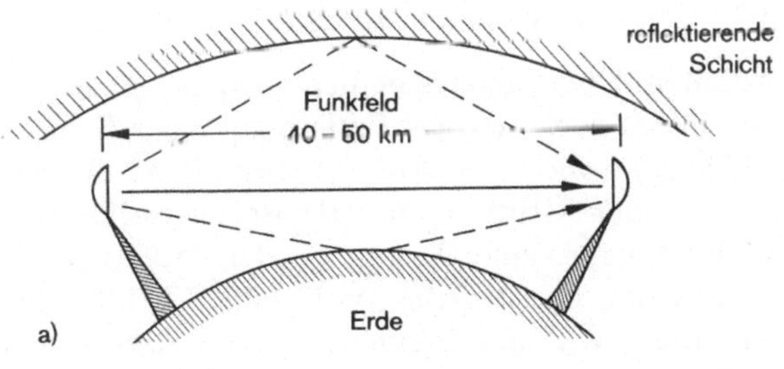

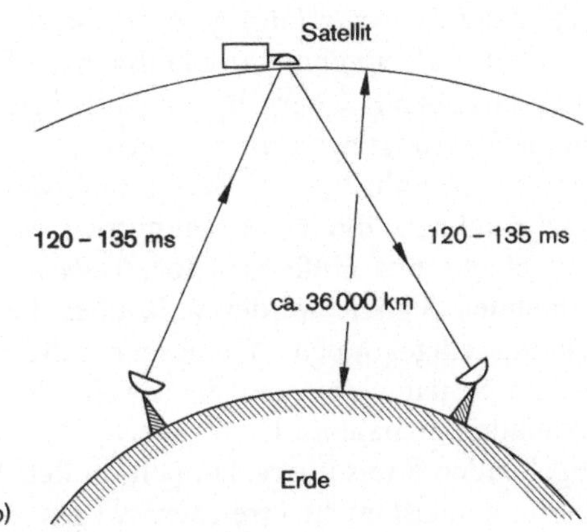

Bild 2.7. Funkübertragung.
a) Prinzip des Richtfunks;
b) Satellitenübertragung

An Bord eines Satelliten befinden sich *Transponder,* welche die Signale der Erdstation empfangen, verstärken und in einem gegenüber dem Empfangsfrequenzband nach unten versetzten Frequenzband wieder zur Erde aussenden. Die verwendeten Trägerfrequenzen liegen im GHz-Bereich (Tabelle 2.1), und zwar heute zumeist im 4/6-GHz-Band (aufwärts 5,925 bis 6,425 GHz, abwärts 3,7 bis 4,2 GHz). Die Nutzfrequenz-Bandbreite beträgt einige 10 MHz bis 500 MHz. Neuentwicklungen benutzen das 12/14-GHz-Band, für die Zukunft wird die Nutzung des 20/30-GHz-Bandes erwartet, das eine Nutzbandbreite von 3,5 GHz ermöglicht und mit kleinen Bodenantennen auskommt [2.8].

In dicht besiedelten Gebieten wie z. B. Europa können Satelliten das terrestrische Netz unterstützen. Zu einem wichtigen Kommunikationsmedium wird der Satellit für interkontinentale Verbindungen, hier bietet er die bisher einzige Möglichkeit für Breitband-Weitestverbindungen, also die Direktübertragung von Fernsehprogrammen. Weitere wesentliche Einsatzfälle ergeben sich für große, z. T. schwach besiedelte Regionen oder schwierige geographische Verhältnisse (Kanada, USA, Indonesien usw.).

2.3 Die Mehrfachausnützung der Übertragungswege

2.3.1 Allgemeine Gesichtspunkte

Auf allen Übertragungsmedien werden die zu übertragenden Signale gedämpft, sie müssen nach gewisser Entfernung – der *Feldlänge* (Verstärkerfeldlänge, Funkfeldlänge) – wieder verstärkt werden (Bild 2.8). Verstärker wirken im allgemeinen nur in einer Richtung, deshalb ist bei wechselseitig gerichteten (Voll-Duplex-) Verbindungen eine Trennung der Übertragungsrichtungen notwendig. Zur Erläuterung der Begriffe: Voll-duplex heißt „gleichzeitig wechselseitig gerichtet“, wie es z. B. in Fernsprechverbindungen technisch realisiert ist; halb-duplex heißt „abwechselnd wechselseitig gerichtet“; simplex bedeutet „einseitig gerichtet“.

Innerhalb des Ortsnetzes ist meist keine Verstärkung notwendig. Deshalb werden dort aus Ersparnisgründen in der Regel beide Übertragungsrichtungen auf zwei Adern (*zweidrähtig*) geführt. Das ist u. a. in Hinblick auf den hohen Kostenanteil des Teilnehmeranschlußnetzes (Abschnitt 1.1) zweckmäßig.

Wenigstens beim Übergang in das verstärkende Weitverkehrsnetz aber müssen die Übertragungsrichtungen getrennt werden; im Weitverkehrsnetz ist also die *vierdrähtige* Führung der Verbindungswege notwendig. Sinngemäß werden auch im Funknetz die Übertragungsrichtungen getrennt. Die Richtungstrennung geschieht mit Hilfe von sog. *Gabeln* (Bild 2.9). Die unten von rechts ankommenden Signale werden z. B. über die Mittenanzapfung einer Übertragerwicklung eingekoppelt. Wenn der Scheinwiderstand der Nachbildung N genau dem Scheinwiderstand der Zweidrahtleitung entspricht, heben sich die ankommenden Signale im Übertrager auf, es wird kein ankommendes Signal in den abgehenden Kreis übergekoppelt. In der Praxis läßt sich eine vollkommene Nachbildung meist nicht erreichen; wegen der nur endlich hohen Nachbildfehlerdämpfung gelangt ein Bruchteil des ankommenden Signals in den abgehenden Zweig, wird dort verstärkt und über die ebenfalls unvollkommene Gabel am anderen Ende wieder in den ankommenden Zweig übertragen. Damit wird also ein Rückkopplungskreis geschlossen, der durch eine sorgfältige Dämpfungsplanung der Vierdrahtkreise entschärft werden muß.

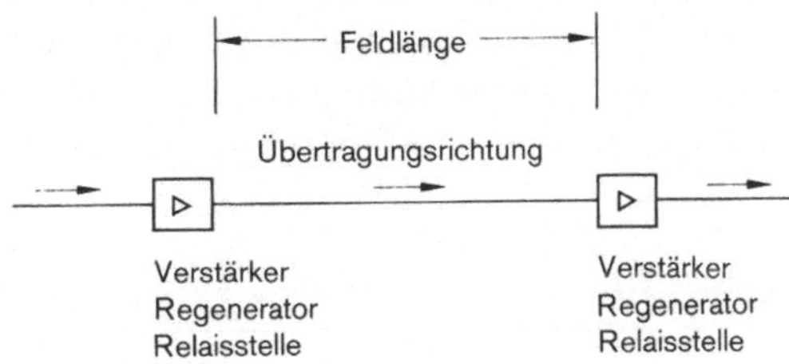

Bild 2.8. Verstärkung auf Übertragungswegen

Verstärker (für analoge Signale), *Regeneratoren* (für digitale Signale) und Relaisstellen (für Funksignale) bedeuten Aufwand. Auch die Übertragungswege selbst sind über weite Entfernungen aufwendig. Es ist deshalb notwendig, Übertragungswege und verstärkende Einrichtungen im Weitverkehrsnetz nicht allein für eine Verbindung, sondern für viele Verbindungen gleichzeitig auszunützen. Damit erhöht sich allerdings auch der Bandbreitebedarf für Übertragungsmedium und Verstärker. Oder anders formuliert: Je breiterbandig ein Übertragungsmedium ist, desto mehr Verbindungen lassen sich über dieses gleichzeitig abwickeln, desto wirtschaftlicher kann es – unter bestimmten Voraussetzungen – bezogen auf *eine* Verbindung werden.

Für die Mehrfachausnützung der Übertragungswege gibt es im wesentlichen zwei Prinzipien: die *Frequenzteilung* (das *Frequenzmultiplex*) und die *Zeitteilung* (das *Zeitmultiplex*). Ferner kann man unterscheiden, ob innerhalb dieser Prinzipien ein Kanal konstanter Übertragungskapazität für die Dauer einer Verbindung *starr* zugeteilt wird (*Kanalmultiplex*) oder ob Übertragungskapazität nur bei Bedarf zur Übertragung einer Nachricht oder des Teils einer Nachricht *dynamisch* zur Verfügung gestellt wird (*Nachrichtenmultiplex*). Am Beispiel der Fernsprechverbindung lassen sich starre und dynamische Zuteilung von Übertragungskapazität erläutern. Im Regelfall wird ein Fernsprechkanal für die Dauer einer Verbindung fest zugeteilt, unabhängig davon, ob gesprochen oder geschwiegen wird. Es ist aber auch möglich – und dies wird auf teueren

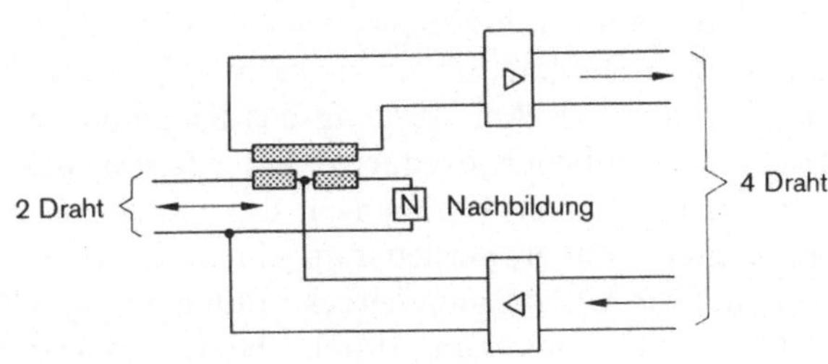

Bild 2.9. Trennung der Übertragungsrichtungen durch „Gabeln“

interkontinentalen Verbindungswegen auch so gehandhabt –, Übertragungskapazität nur dann zuzuteilen, wenn tatsächlich gesprochen wird. Im speziellen Fall der Sprachübertragung wird dies Time Assignment Speech Interpolation (TASI) genannt (Abschnitt 2.3.4).

Tabelle 2.2 stellt die verschiedenen Prinzipien in Form einer Matrix dar. Innerhalb des Kanalmultiplexes bestehen die standardisierten Hierarchien, die anschließend erläutert werden. Kanäle des Kanalmultiplexes können im Nachrichtenmultiplex dynamisch zugeteilt werden. Eine andere Möglichkeit besteht darin, die gesamte verfügbare Kapazität des Übertragungsmediums dynamisch und kurzzeitig für die Übertragung *einer* Nachricht zur Verfügung zu stellen.

Tabelle 2.2. Mehrfachausnützung von Übertragungswegen

	Kanalmultiplex	Nachrichtenmultiplex	
Frequenzmultiplex	TF-Hierarchie, starre Kanalzuteilung	dynamische Kanal-Zuteilung	volle Bandbreite
Zeitmultiplex	ZM-Hierarchie, starre Kanalzuteilung	dynamische Kanal-Zuteilung	volle Bitrate

2.3.2 Mehrfachausnützung durch Frequenzmultiplex

Grundlage des Frequenzmultiplex ist die *Frequenzumsetzung:* Frequenzbänder werden aus ihrer ursprünglichen Lage in andere Lagen umgesetzt und „übereinandergeschichtet". Das ist technisch nicht durch Superposition, also durch lineare Schaltkreise, lösbar, vielmehr sind nichtlineare Schaltungen – *Modulatoren* – erforderlich, um Multiplikationen ausführen zu können.

Das Prinzip macht die einfache trigonometrische Umformung des Bildes 2.10 klar: Aus dem Produkt der Frequenzen Ω und ω entstehen die Differenzfrequenz $\Omega - \omega$ und die Summenfrequenz $\Omega + \omega$. Diese Beziehung gilt natürlich nicht nur für Einzelfrequenzen, sondern auch für ganze Frequenzbänder. Im Bild ist an einem einfachen Beispiel die Funktion der Frequenzumsetzung gezeigt. Das Frequenzband ω – z. B. ein Sprachband von 3,4 kHz Breite – soll als ganzes in seiner Frequenzlage verschoben werden. Das Dreiecksymbol bei ① deutet an, daß sich das Frequenzband ω in der *Regellage* befindet, d. h. die im Band niedrigeren Frequenzen liegen auch an niedrigerer Position. ω wird mit ① dem Ringmodulator zugeführt, desgleichen mit ② die höher liegende *Trägerfrequenz* Ω. Am Ausgang des Ringmodulators entstehen mit ③ nur die beiden verschobenen Frequenzbänder $\Omega + \omega$ und $\Omega - \omega$, letzteres in *Kehrlage,* d. h. die niedrigeren Frequenzen des Bandes ω liegen an höheren Positionen. Die beiden Bänder werden nun einem Tiefpaß zugeführt, der nur das Band $\Omega - \omega$ auf die Übertragungsstrecke durchläßt ④. (Parallel dazu können weitere Bänder ω mit Umsetzung durch andere Trägerfrequenzen Ω in benachbarten

Frequenzlagen übertragen werden.) Am Empfangsort wird das Band $\Omega - \omega$ zusammen mit derselben Trägerfrequenz Ω wie am Sendeort ⑤ wieder einem Ringmodulator zugeführt, am Ausgang des Ringmodulators entstehen die Frequenzbänder $2\,\Omega - \omega$ und ω ⑥. Diese Bänder werden abermals einem Tiefpaß zugeführt, an dessen Ausgang das Frequenzband ω wieder in der ursprünglichen Lage erscheint.

Das Prinzip der Frequenzumsetzung kann in vielfältiger Weise angewendet werden, um Trägerfrequenz-Hierarchien aufzubauen [2.5]. Eine sorgfältige Planung führt zu „Frequenzplänen", die diesen Aufbau wirtschaftlich optimieren.

Bausteine der *Trägerfrequenz (TF)-Technik* sind die *TF-Gruppen.* Alle TF-Systeme basieren auf der CCITT-Grund-*Primärgruppe.* Diese faßt 12 Fernsprechkanäle mit je 4-kHz-Bandbedarf zu einer Einheit in der Lage von 60 bis 108 kHz zusammen. Das kann auf verschiedene Weise geschehen, wobei wirtschaftliche Gesichtspunkte eine Rolle spielen [2.9]. Ein Beispiel hierfür ist die Bildung der Primärgruppe aus vier *Vorgruppen,* die je drei Sprachkanäle umfassen.

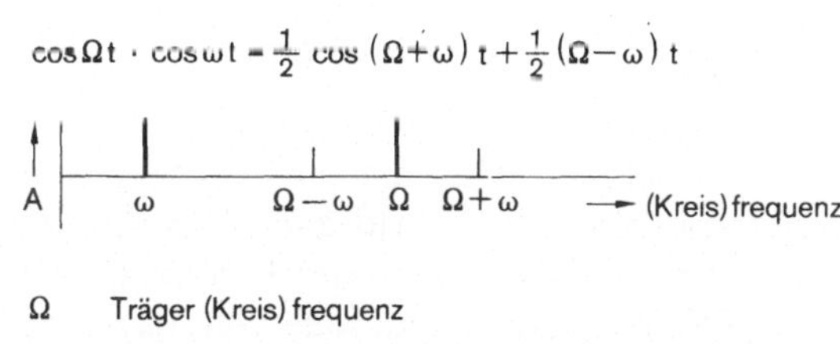

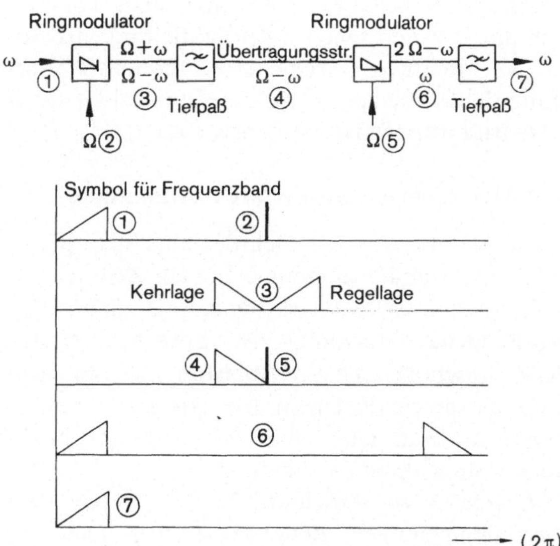

Bild 2.10. Prinzip der Frequenzumsetzung

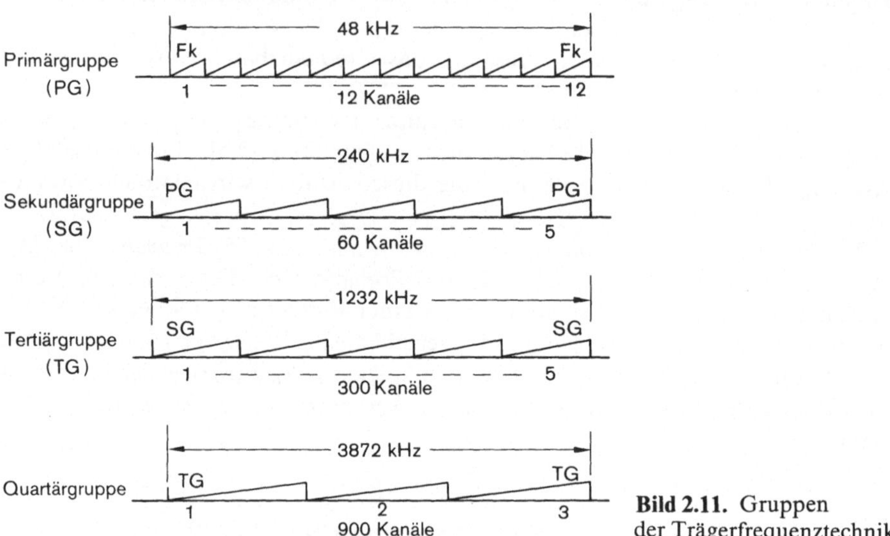

Bild 2.11. Gruppen der Trägerfrequenztechnik

Bild 2.11 skizziert, wie sich die verschiedenen, hierarchisch abgestuften TF-Gruppen aufeinander aufstocken. Das Dreiecksymbol kennzeichnet – wie bereits erwähnt – ein bestimmtes Frequenzband, wie z. B. das des Fernsprechkanals (FK) mit einer Bandbreite von 4 kHz, oder auch das der Tertiärgruppe (TG) mit einer Bandbreite von 1232 kHz. In Tabelle 2.3 ist die Bezeichnung der zugehörigen Übertragungssysteme mit verwendeten Kabeltypen und Verstärkerabständen angegeben. Z bedeutet Zweidraht, V Vierdraht, die Zahlenangabe beschreibt die Kanalzahl. Wie man sieht, kann eine Primärgruppe (12 Kanäle) noch auf symmetrischen Zweidrahtleitungen betrieben werden, wobei für Hin- und Rückrichtung verschiedene Frequenzbänder verwendet werden. Das System mit der derzeit höchsten Kanalzahl (Bezeichnung: V 10 800) wird aus 12 Quartärgruppen zusammengesetzt.

2.3.3 Mehrfachausnützung durch Zeitmultiplex

Ein zweites Prinzip zur Mehrfachausnützung von Übertragungswegen, dessen Bedeutung ständig zunimmt, ist das *Zeitmultiplex.* Wichtigste Vertreter zeitmultiplexer Übertragungssysteme sind *digitale* Systeme. Hierin liegt auch die ursprüngliche Bedeutung der Sprachcodierung durch Pulscodemodulation (PCM, Abschnitt 2.1): Die Abtastung der Sprachsignale mit einer Frequenz von 8 kHz entsprechend einem Abtastintervall von 125 µs läßt genügend Zeit, in diesem Intervall eine mehr oder weniger große Zahl weiterer Abtastwerte anderer Sprechkreise zu übertragen.

Sinngemäß zu Abschnitt 2.3.2 ist auch eine Hierarchie zeitmultiplexer Übertragungssysteme definiert worden. Die Basis hierfür bildet das PCM-

Tabelle 2.3. Trägerfrequenzhierarchie

System	Kabel	Frequenzbereich	Verstärkerabstand
Z 12	symmetr.	6 ... 54 kHz 60 ... 108 kHz	ca. 30 km
V 60	symmetr.	12 ... 252 kHz	18 km
V 120	symmetr.	12 ... 552 kHz	18 km
V 300	Klein-Koax 1,2/4,4 mm	60 ... 1300 kHz	6 ... 8 km
V 960	Koax	0,06 ... 4,028 MHz	9 km
V 2700	Koax	12 MHz	ca. 4,5 km
V 10800	Koax	60 MHz	ca. 1,6 km

Grundsystem (Primärsystem) [2.10], das in Bild 2.12 vorgestellt wird. In dem durch das Intervall von 125 µs begrenzten *Rahmen* sind im Primärsystem 32 Kanäle (z. B. Europa) bzw. 24 Kanäle (USA und Japan) untergebracht. Wenigstens einer dieser Kanäle wird für interne (house-keeping-)Zwecke gebraucht: Kanal 0 im europäischen Fall abwechselnd für das *Rahmenkennungswort,* das den Nullpunkt für die Zählweise der Kanäle bezeichnet, und für das *Meldewort,* in dem Alarmmeldungen übertragen werden. Ein zweiter Kanal, nämlich Nr. 16, wird für die Signalisierung zwischen Netzknoten verwendet (Abschnitt 5.2).

In jedem Kanal sind innerhalb eines Rahmens 8 bit enthalten, mit denen ein Abtastwert in der bereits beschriebenen Weise für PCM codiert wird. 32 Kanäle mit je 8 bit ergeben 256 bit je Rahmen, die in 125 µs übertragen werden. Das führt zu der Rate von 2,048 Mbit/s für das (z. B. europäische) Grundsystem. Eine Kanaldauer beträgt etwa 4 µs, eine Bitzeit 0,5 µs. Zum Vergleich die Kenndaten des US-amerikanischen Systems, das u. a. auch in Japan eingesetzt

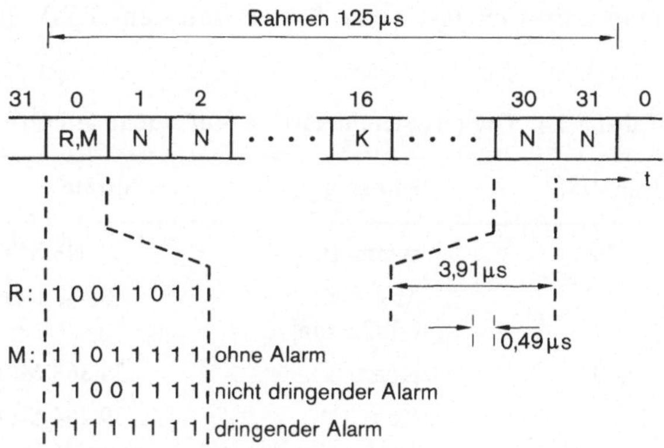

Bild 2.12. PCM-Grundsystem (Primärsystem). R Rahmenkennungswort, M Meldewort, N Nutzinformation, K vermittlungstechnische Kennzeichen

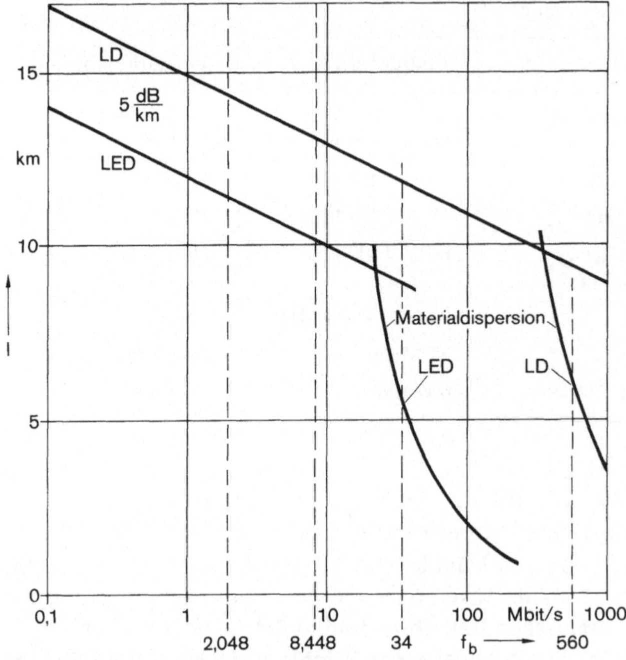

Sendeleistungen: LD+3dBm; LED−12dBm
opt. Bandbreite: LD 2nm; LED 35nm

Bild 2.13. Feldlängen für die Übertragung binärer Signale mit Lichtwellenleitern

wird: Das Grundsystem enthält 24 Kanäle bei einer Gesamtbitrate von 1,544 Mbit/s.

Auf dem Grundsystem läßt sich eine Digitalsystem-Hierarchie aufbauen [2.11]. Tabelle 2.4 enthält die interessierenden Daten der europäischen Hierarchie. Realisiert oder in Realisierung sind Systeme bis 565 Mbit/s. Vergleicht man dieses letztgenannte System mit dem TF-V 10 800-System, so erkennt man

Tabelle 2.4. Digitalsystemhierarchie (aufbauend auf Grundsystem 2,048 Mbit/s)

Kanalzahl	Kabel	Bitrate	Verstärkerabstand
30	symmetr.	2,048 Mbit/s	ca. 1,8 km
120	Mikro-Koax 0,7/2,9 mm	8,448 Mbit/s	ca. 4 km
480	Koax	34,368 Mbit/s	ca. 9 km
1920	Koax	139,264 Mbit/s	ca. 4,5 km
7680	Koax	565 Mbit/s	ca. 1,6 km
15360	Koax	1,2 Gbit/s	ca. 1,6 km

bei gleichem Verstärkerabstand die wirtschaftliche Überlegenheit des höherkanaligen TF-Systems. Diese Verhältnisse werden sich erst mit der Realisierung des 1,2-Gbit/s-Systems ändern.

Die angegebenen Verstärker- bzw. Regeneratorabstände beziehen sich auf „Kupferkabel". Für Richtfunk gelten Funkfeldlängen von 40 bis 50 km [2.12]. Interessant und aufschlußreich sind die Streckenlängen bei Verwendung von Lichtwellenleitern [2.6]: Bild 2.13 weist im Vergleich zu Tabelle 2.4 wesentlich größere Regeneratorabstände aus (Abschnitt 2.2)!

2.3.4 Mehrfachausnützung durch Nachrichtenmultiplex

In Tabelle 2.2 wird dem Kanalmultiplex das *Nachrichtenmultiplex* gegenübergestellt. Es ist dadurch gekennzeichnet, daß Übertragungskapazität nur kurzzeitig zur Übertragung einer Nachricht oder eines Nachrichten*paketes* zur Verfügung gestellt wird, also nur dann, wenn tatsächlich Nutzinformation vorliegt. Man spricht hierbei auch von einem *dynamischen Multiplexen.*

Das Nachrichtenmultiplex ist anwendbar auf analoge und digitale Signalübertragung. Dabei kann nach Tabelle 2.2 entweder Kanalkapazität oder aber die gesamte Übertragungskapazität des Übertragungsmediums kurzzeitig vergeben werden.

Ein Beispiel für das dynamische Multiplexen von Sprache im analogen Netz ist die bereits erwähnte *Time Assignment Speech Interpolation* (TASI) [2.13]. Das

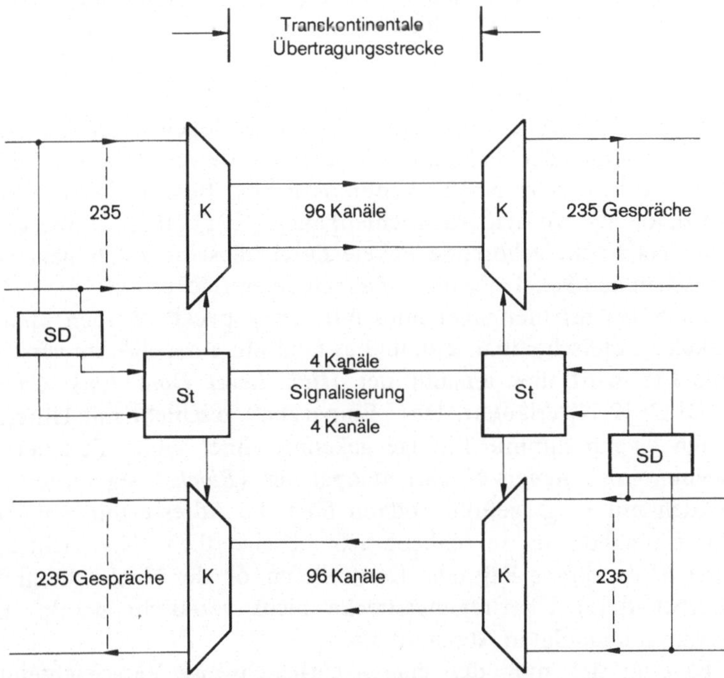

Bild 2.14. Time Assignment Speech Interpolation (TASI). K „dynamische" Konzentrationsstufe, SD Sprachdetektor, St Steuerung

Verfahren wird z. B. auf transatlantischen Kabeln, also auf teuren Übertragungswegen angewandt. Bild 2.14 erläutert das Prinzip. 235 doppelt gerichtete Sprachverbindungen werden über die dynamischen Konzentrationsstufen K auf 96 Kanäle konzentriert, indem die Verbindung nur in den jeweiligen Sprechphasen in der einen oder anderen Richtung durchgeschaltet wird. Sprachdetektoren SD erkennen den Beginn der Sprechphasen und melden diesen der Steuerung St, die daraufhin für die dynamische Zuteilung eines Kanals sorgt. Der jeweils zugeteilte Kanal wird der gegenüberliegenden Steuerung über eigene Signalisierungskanäle mitgeteilt, damit der betreffende Kanal auch in der Gegenstelle zugeteilt werden kann.

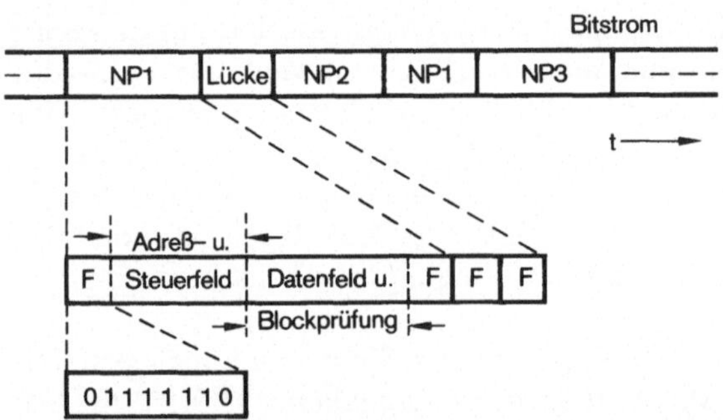

Bild 2.15. Nachrichten/Paketmultiplex (dynamisches Multiplex) für digitale Signale. NP Nachricht/Paket; F Flag, Blockbegrenzung

Wesentlich weiter verbreitet als im analogen Netz ist das Prinzip des Nachrichten- oder Paketmultiplexens im digitalen Netz. Bild 2.15 skizziert dieses Prinzip. In einem kontinuierlichen Bitstrom – z. B. zwischen zwei Netzknoten – werden Nachrichtenpakete NP1, NP2, ... übertragen, wobei zu *einer* Nachricht gehörende Pakete durch dieselbe Ziffer gekennzeichnet sind. Zwischen den Paketen treten im allgemeinen Lücken auf.

Jedes Nachrichtenpaket muß nun „eingepackt" werden, d. h. von anderen Paketen unterscheidbar sein, und es muß mit einer *Adresse* versehen werden. In Bild 2.15 wird dies anhand der *High Level Data Link Control Procedure* (HDLC) [2.14] erläutert. Das „Einpacken" geschieht mit Hilfe sog. *Flags,* die durch eine bestimmte Bitfolge gekennzeichnet sind. Mit einer Flag wird der Beginn eines neuen Nachrichtenpaketes (*Blocks*) signalisiert, auch Lücken werden mit Flags gefüllt. Sodann folgt die Adresse mit einigen notwendigen Zusatzangaben, daran schließt sich die eigentliche Nachricht an (Datenfeld). Eine *Blockprüfung* läßt eine Kontrolle zu, ob der Nachrichteninhalt durch die (störbehaftete) Übertragungsstrecke nicht verfälscht wurde. Eine genauere Beschreibung folgt in Abschnitt 5.4.

Es zeigt sich nun, daß eine nachrichtenweise Verschachtelung bei langen Nachrichten zu einer Beeinträchtigung der Übertragungsverhältnisse führt. Bild 2.16a deutet an, wie lang die Nachrichten N2 und N3 auf Übertragung

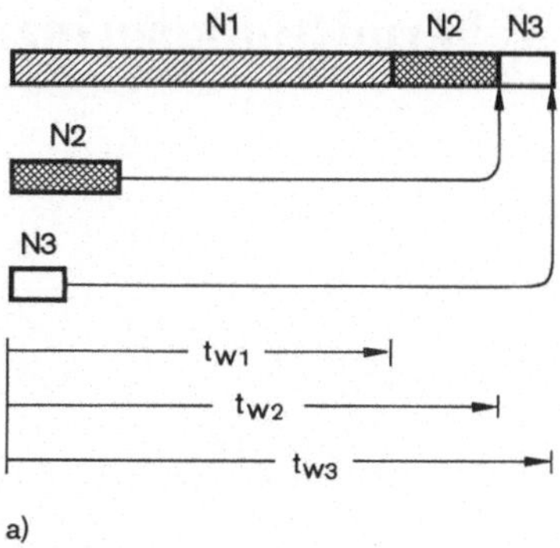

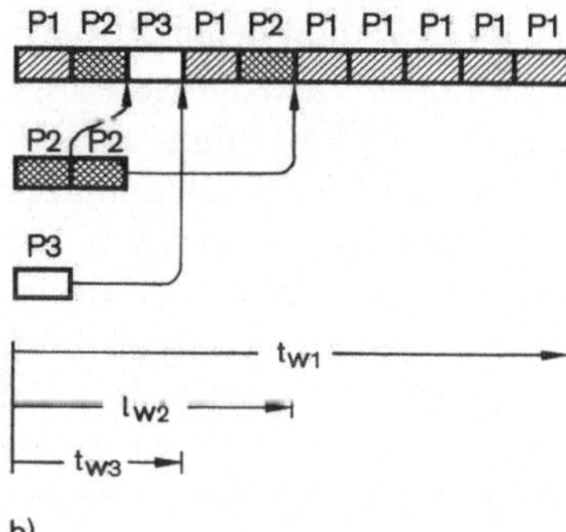

Bild 2.16. Wirkungsweise der paketweisen Übertragung. **a**) nachrichtenweise Übertragung, N Nachricht, t_W Wartezeit bis zum Eintreffen der Nachricht; **b**) paketweise Übertragung, P Nachrichtenpaket

warten müssen, wenn zuvor eine lange Nachricht N1 übertragen wird. Deshalb ist man allgemein zur Übermittlung kürzerer *Pakete* übergegangen, die kurze Nachrichten vollständig, lange Nachrichten aber nur in Teilen enthalten. Damit werden lange Nachrichten unterbrechbar, die Wartezeitverhältnisse verbessern sich und werden „gerechter" (Bild 2.16 b). Es ist somit sinnvoll, ein *Paketmultiplex* anstelle eines Nachrichtenmultiplex einzuführen.

3 Vermittlungsprinzipien

3.1 Die „Integration“ von Übertragungs- und Vermittlungstechnik

Die Vermittlungstechnik soll es ermöglichen, individuelle Verbindungswünsche zu erfüllen. Demzufolge muß sie *Einzelkanäle* vermitteln, – in den Netzknoten des Bildes 3.1 als dünne Linien angedeutet.

Aus den *heutigen* Anschlußnetzen (Bild 1.1) werden meist Einzelkanäle an die vermittelnden Netzknoten herangeführt (Bild 3.1 a, links), desgleichen findet man eine Einzelkanalführung auch sehr häufig auf den Übertragungswegen zwischen den Knoten des Ortsnetzes und im Nahverkehrsbereich. Im Weitverkehrsnetz aber werden die Übertragungswege durch Multiplexbildung mehrfach ausgenutzt, wie im vorigen Abschnitt beschrieben. Sehr verbreitet ist heute das Trägerfrequenzprinzip (Frequenzmultiplex), in wachsendem Umfang wird aber auch das Zeitmultiplexprinzip eingeführt.

Für die Behandlung der Multiplexübertragungssysteme im Netzknoten – der ja Einzelkanäle vermitteln soll – gibt es zwei Möglichkeiten: Umsetzung der Einzelkanäle aus dem Multiplexsystem in Einzelanschlüsse (Bild 3.1 b) oder unmittelbare Vermittlung der Einzelkanäle aus dem Multiplexanschluß heraus. Im zweiten Fall spricht man von einer *Integration* von Übertragungs- und Vermittlungstechnik oder von einem *integrierten Netz* (Bild 3.1 c).

Entsprechend den beiden kanalorientierten Multiplexverfahren *Frequenzmultiplex* und *Zeitmultiplex* müßte es also auch zwei Arten integrierter Netze geben. In der Praxis hat sich aber ein integriertes Netz auf Frequenzmultiplexbasis wegen der zu teuren Vermittlungstechnik nicht eingeführt. Wohl aber entsteht derzeit ein integriertes Netz auf der Basis des Zeitmultiplex digitaler Kanäle, bezeichnet als *integriertes Digitalnetz* (Integrated Digital Network) IDN. Diese international gebräuchliche Abkürzung darf nicht verwechselt werden mit der des deutschen integrierten Fernschreib- und Datennetzes IDN!

Die Vorteile der Integration im Digitalnetz liegen auf der Hand: Die Umsetzungen von Multiplex-digital auf Einzelkanal-analog und wieder zurück entfallen, damit wird Aufwand gespart und zusätzliches Quantisierungsgeräusch (Abschnitt 2.1) vermieden. Der Übergang von digitaler auf analoge Signaldarstellung im Netzknoten ist meist notwendig, wenn *herkömmliche* Vermittlungen verwendet werden. Auf Vermittlungsprinzipien, die dagegen für das integrierte Digitalnetz geeignet sind, wird in Abschnitt 4 eingegangen. – Bleibt noch die Frage zu klären, wie *Einzelkanäle* aus dem Anschlußnetz an den Netzknoten

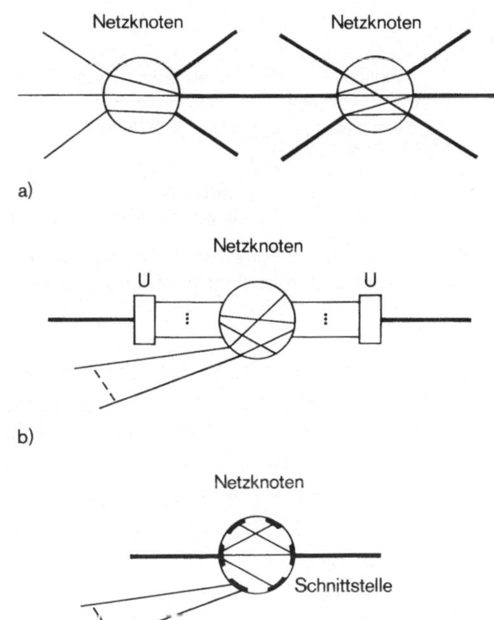

Bild 3.1. Integration von Übertragungs- und Vermittlungstechnik. **a)** Aufgabenstellung: Einzelkanalvermittlung; **b)** nichtintegriertes Netz; **c)** integriertes Netz. U Umsetzung, —— Einzelkanal, ━━ Multiplexsystem

angeschlossen werden. Diese lassen sich z. B. zu geeigneten Multiplex-Schnittstellen zusammenfassen (Abschnitt 7). – Im Paketmultiplex ist es übrigens nicht üblich, von einer Integration von Übertragungs- und Vermittlungstechnik zu sprechen.

3.2 Verlust- und Wartebetrieb

Aus *Kanalmultiplex* einerseits und *Paket-* oder *Nachrichtenmultiplex* andererseits ergeben sich wichtige Konsequenzen für Vermittlungstechnik und Netzoptimierung. Zum besseren Verständnis sollen einige Grundbegriffe der Verkehrsabwicklung erläutert werden [2.5]. Bild 3.2 zeigt im Mittelpunkt den Netzknoten, an den *Zubringer*kanäle ein Verkehrs*angebot* A heranführen. Das Verkehrsangebot wird vermittelt und über *Abnehmer* weitergeleitet, wobei sich eine *Belastung* Y der weiterführenden Kanäle ergibt. Gesamtangebot A und Gesamtbelastung Y sind *dann* nicht gleich, wenn infolge zu hohen Angebots ein *Verlust* B eintritt.

Aufgabenstellung für die Netzoptimierung ist es, einerseits durch hohe Belastung der Abnehmer für gute Ausnützung und damit Wirtschaftlichkeit der Übertragungswege zu sorgen, andererseits dem Benutzer eine akzeptable Kommunikationsqualität anzubieten, wobei darunter z. B. die Reduzierung der *Verlustfälle* auf ein tolerables Maß verstanden wird.

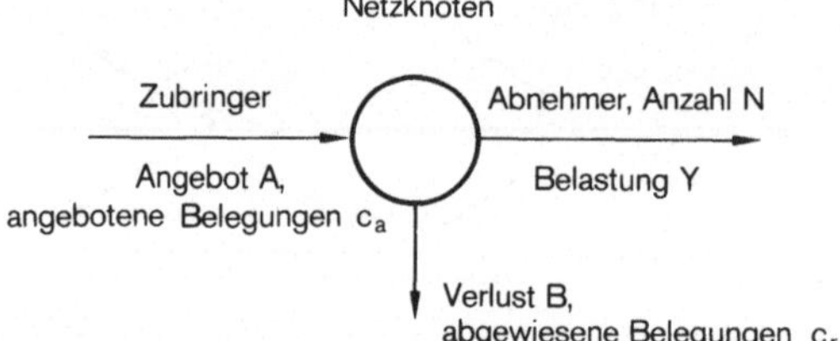

Bild 3.2. Aufgabenstellung für die Netzoptimierung. Gefordert werden hohe Ausnützung der Abnehmer und hohe Kommunikationsgüte

Mit Hilfe mathematisch statistischer Betrachtungen lassen sich quantifizierbare Aussagen zur Netzoptimierung gewinnen. Dies für die Netzknoten begonnen zu haben ist das Verdienst des dänischen Mathematikers A. K. Erlang, der von 1878 bis 1929 lebte [3.1], und dem zu Ehren eine wichtige verkehrstheoretische Größe mit Erlang (Erl) benannt wurde. Diese Größe ist der *Verkehrswert* als Maß für die Ausnützung von Leitungen, Bedienungsplätzen, Steuerungen usw.

Zur Erläuterung zwei Beispiele: Eine Leitung oder ein Kanal sei mit 0,6 Erl belastet. Dann bedeutet dies, daß die Leitung 60% einer Bezugszeit belegt ist. Als Bezugszeit wird meist die *Hauptverkehrsstunde* (HVSt) gewählt; die betrachtete Leitung wird also 36 Minuten in der HVSt genutzt. – Ein *Bündel* von 100 Leitungen oder Kanälen sei mit 80 Erl belastet. Dann ist *im Mittel* jede Leitung (Kanal) mit 0,8 Erl belastet, oder aber im Mittel sind in jedem Augenblick 80 Leitungen (Kanäle) belegt. Auch diese Aussage wird gewöhnlich auf die HVSt bezogen.

Die nun schon mehrfach erwähnte Hauptverkehrsstunde wird durch Messung nach einer bestimmten Vorschrift [3.2] ermittelt. Die in der Hauptverkehrsstunde gemessenen Verkehrswerte sind bei Bezug auf die HVSt *Mittelwerte* und keine Spitzenwerte!

Wie bereits erwähnt, spricht man von einem Verlust B, wenn die Belastung Y kleiner als das Angebot A ist (Bild 3.2). Gründe für den Verlust können darin liegen, daß nicht genügend viele Abnehmerkanäle zur Verfügung stehen, oder/und daß der Vermittlungsknoten nicht durchlässig genug ist, um alle freien Abnehmerkanäle zu erreichen (wegen begrenzter Erreichbarkeit oder/und innerer Blockierung, Abschnitt 4). Der Verlust B wird meist in Prozent als Verhältnis von abgewiesenen *Belegungsversuchen* (Anrufen) c_r zu angebotenen Belegungsversuchen c_a definiert:

$$B = c_r / c_a .$$

Zwischen Belastung Y und Angebot A besteht somit folgender Zusammenhang:

$$Y = A\,(1 - B).$$

Den Verlust B kann man theoretisch verschwinden lassen, wenn man bei einem Besetztfall die Verbindung nicht gleich auslöst, sondern auf das Freiwerden der belegten Komponente – z. B. eines Übertragungsweges – wartet. Dieses Warteprinzip wird im Fernsprechnetz im allgemeinen nicht angewendet, weil es dort zu einem aufwendigen Netzkonzept führt. Es kann jedoch unter Umständen mit Vorteil bei Text- und Datenverkehr genutzt werden, wenn nicht auf einen *unmittelbaren* Dialog zwischen den Kommunikationspartnern Wert gelegt wird. In diesem Fall wird die Nachricht oder das Nachrichtenpaket im Netzknoten zwischengespeichert, bis wieder eine freie Leitung oder ein freier Kanal zur Verfügung steht. Hier liegt die Begrenzung in der zumutbaren Wartezeit t_w für den Benutzer.

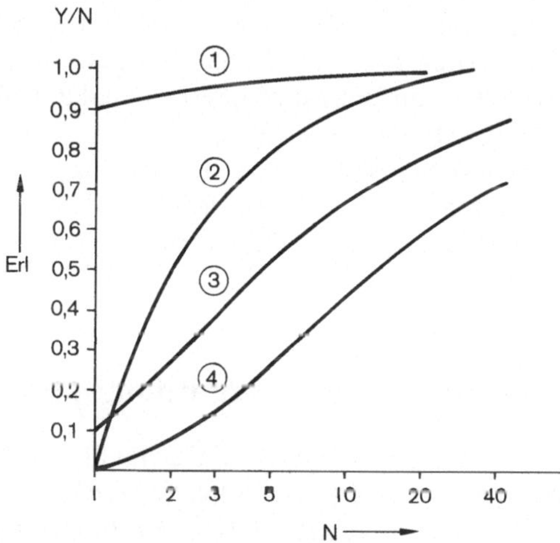

Bild 3.3. Einfluß von Wartebetrieb und Verlustbetrieb auf die mögliche Belastung einer Abnehmerleitung. ① $t_w/t_m = 10$, ② $t_w/t_m = 1$, ③ $B = 10\%$, ④ $B = 1\%$. t_w mittlere Wartedauer der Wartenden, t_m mittlere Belegungsdauer (bei exponentiell verteilten Belegungsdauern), B Verlust, N Anzahl der Abnehmer, Y mögliche Belastung des Abnehmerbündels, $k = N$ volle Erreichbarkeit, unendlich viele Verkehrsquellen

Häufig wird die Wartezeit t_w auf die mittlere Belegungszeit t_m bezogen, die für die Übertragung der Nachricht notwendig ist. Damit wird Bild 3.3 verständlich, in dem die erreichbaren Auslastungen bei *Verlustbetrieb* und bei *Wartebetrieb* einander gegenübergestellt sind [3.3].

Mit N ist auf der Abszisse die Anzahl der weiterführenden Kanäle oder Leitungen aufgetragen (Bild 3.2). Auf der Ordinate ist die erzielbare Auslastung Y/N je Kanal angegeben, die möglichst hoch sein sollte. Kurven ④ und ③ gelten unter bestimmten Voraussetzungen für verschiedene zumutbare *Verluste.* $B = 10\%$ bedeutet z. B. „einen Besetztfall" bei im Mittel jedem „zehnten Verbindungsversuch". Die Kurven ② und ① zeigen mögliche Auslastungen für verschiedene zumutbare Wartezeiten. Ist man z. B. bereit, bei einer Übertragungszeit von 1 min auf die Übertragung 10 min zu warten, so gilt Kurve ①. Eindrucksvoll ist der Gewinn an Auslastung und damit an Wirtschaftlichkeit bei Fall ① gegenüber Fall ④ bei kleinen Kanalzahlen!

Welche Schlußfolgerungen sind zu ziehen? Man erkennt, daß den übertragungstechnischen Multiplexprinzipien *Kanalmultiplex* und *Paketmultiplex* ebensolche Vermittlungsprinzipien *Kanalvermittlung* (auch *Durchschaltevermittlung, circuit switching*) für Verlustbetrieb und *Paketvermittlung* (*packet switching*) für Wartebetrieb zuzuordnen sind. Ein großer Vorteil der Paketvermittlung liegt in der besseren Auslastung der Übertragungsstrecken. Dies gilt insbesondere in relativ kleinen Netzen mit wenigen Übertragungskanälen zwischen den Netzknoten oder für einzelne Anschlußkanäle.

Dagegen ist in großen Netzen mit starken Übertragungsbündeln zwischen den Netzknoten der Unterschied von Wartebetrieb und Verlustbetrieb weniger signifikant. Darüber hinaus stören insbesondere beim Fernsprechen größere Wartezeiten für Nachrichten den gewohnten Dialog („Real time"-Forderung). So sollen im Fernsprechnetz Signallaufzeiten und damit auch Wartezeiten geringer als 400 ms sein [3.4].

Es besteht also folgender Trend: Das große Fernsprechnetz bleibt dem Prinzip der Kanalvermittlung vorbehalten, kleinere Netze ohne „Real time"-Forderungen können das Paketvermittlungsprinzip evtl. mit Vorteil in Anspruch nehmen.

3.3 Grundlegende Vermittlungsprinzipien

Die beiden grundlegend unterschiedlichen Prinzipien *Kanalvermittlung* (Durchschaltevermittlung) und *Paketvermittlung* sollen nun in einem „ersten Durchgang" näher erläutert werden. Mit Bild 3.4 wird ein Vergleich versucht:

Bei der Kanalvermittlung ist der Netzknoten einem Durchgangsbahnhof vergleichbar, der von Zügen über ein Weichensystem auf getrennten Wegen durchfahren wird. Die Weichenstellung bereitet den Weg vor; für die Dauer der Weichenstellung wird der Gleisabschnitt gegen anderweitige Benutzung gesperrt; die eigentliche Nutzungszeit durch den durchfahrenden Zug ist geringer als die Gesamtzeit, während der der Gleisabschnitt für den Zug reserviert wird. Und schließlich: Mehrere Züge können den Bahnhof gleichzeitig passieren. Die Kanalvermittlung verhält sich ähnlich gegenüber den zu vermittelnden Nachrichten: Viele Nachrichtenwege können gleichzeitig über den Netzknoten geschaltet werden, wobei es keine Rolle spielt, ob Nachrichten übertragen werden oder nicht. Die verschiedenen Nachrichtenwege werden getrennt und unabhängig voneinander geführt.

Für die Paketvermittlung gibt es keine so realistische Parallele. Vorstellbar ist ein Güterbahnhof, der mit einer schnelldrehenden Drehscheibe ausgerüstet ist, über die einzelne Wagen auf verschiedene Gleise verteilt werden (Bild 3.4 b). Aus einem Laufzettel an jedem Wagen kann auf das gewünschte Zielgleis geschlossen werden. Die Drehscheibe entspricht der Paketvermittlung, die Wagen gleichen den einzelnen zu vermittelnden Paketen.

Bild 3.5 übersetzt die Bahnhofsvergleiche in technische Konfigurationen. Die Kanalvermittlung besteht aus einer *Koppeleinrichtung,* die dem „Weichensystem" des Bildes 3.4 a entspricht, und einer *Steuerung,* deren wichtigste Aufgabe

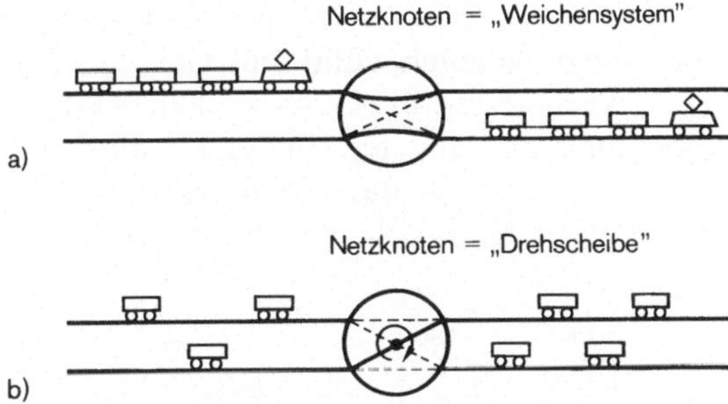

Bild 3.4. Vermittlungsprinzipien im Vergleich. **a)** „Kanalvermittlung“; **b)** „(Nachrichten)/ Paketvermittlung“

– ähnlich dem „Stellwerk“ – die Einstellung und Auslösung der Verbindungswege in der Koppeleinrichtung ist. Ein- und Ausgangskreise schließen die Verbindungswege an der Vermittlung ab und sorgen dafür, daß die Verbindung betreffende Steuerungsinformationen der Steuerung zugeführt und von dort weitergegeben werden.

Die Paketvermittlung bzw. auch die Nachrichtenvermittlung besteht aus einem Netzknotenrechnersystem, das die Funktionen von Drehscheibe und Steuerung zugleich übernimmt. Angegliedert kann ein Speicher sein, der Pakete und insbesondere Nachrichten länger aufzuheben gestattet. Diese Speicherfunktion wurde bisher noch nicht erläutert, sie ist ein wesentlicher Bestandteil der Nachrichtenvermittlung (*message switch*) und erlaubt die Realisierung einer Reihe von wichtigen Leistungsmerkmalen (Abschnitt 6.1). Abschließende Ein- und Ausgangskreise sind auch in der Paket- oder Nachrichtenvermittlung notwendig (Bild 3.5 b).

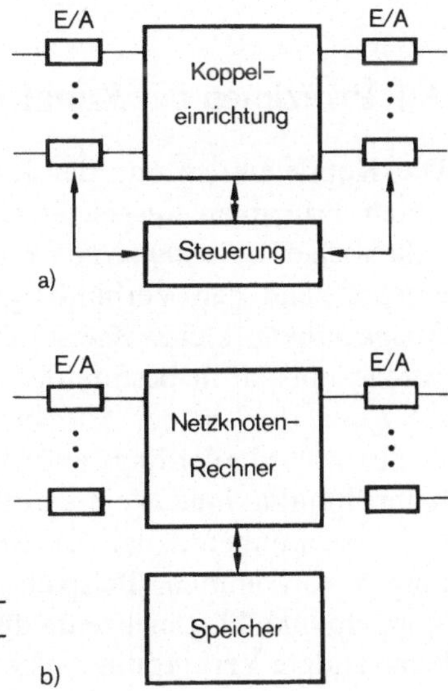

Bild 3.5. Vermittlungsprinzipien (1). **a)** Kanalvermittlung; **b)** Nachrichten/Paketvermittlung. E/A: Ein/Ausgangskreis

Die Nachrichtennetze lassen sich entsprechend dem Vermittlungsprinzip der Netzknoten einteilen (Bild 3.6). Im *Durchschaltenetz* besteht eine durchgehende Verbindung über Durchschalte-(Kanal-)Vermittlungen von einer Endeinrichtung zur anderen Endeinrichtung. Die Nachrichtenübermittlung verzögert sich lediglich durch elektrische Laufzeiten (diese Aussage bedarf noch geringfügiger Korrektur, Abschnitt 4.4). Im *Teilstreckennetz* werden die Nach-

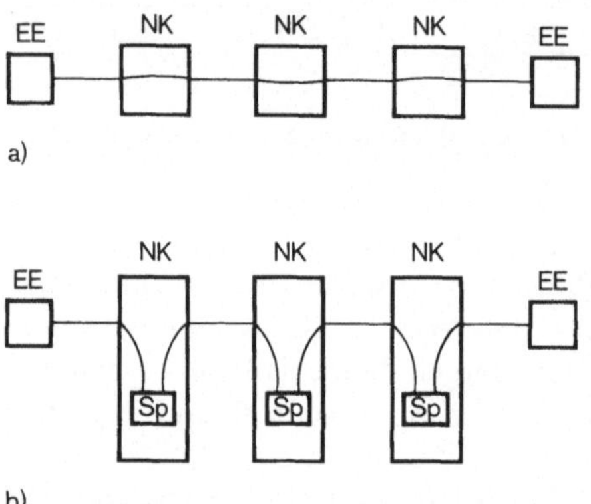

Bild 3.6. Zugehörige Netze. **a)** Durchschaltenetz; **b)** Teilstreckennetz. EE Endeinrichtung, NK Netzknoten, Sp Speicher

richten – im allgemeinen in Pakete unterteilt – von Netzknoten (Paketvermittlung, Nachrichtenvermittlung) zu Netzknoten weitergereicht, wobei eine mehr oder weniger kurzfristige Zwischenspeicherung erfolgt. Die Übertragungszeiten sind – insbesondere bei Durchlauf mehrerer Knoten – länger als im Durchschaltenetz [3.5].

3.4 Prinzipien der Kanalvermittlung

Die Koppeleinrichtung der Kanalvermittlung (Bild 3.5 a) kann nach verschiedenen Prinzipien ausgelegt werden. Bild 3.7 a deutet die Funktionsweise des „klassischen" *Raummultiplex* (space division) an: Von Eingängen e können entsprechend den Verbindungswünschen Ausgänge a über durchzuschaltende *Koppelpunkte* (kleine Kreise) erreicht werden. Die Anschlußseiten der Koppelpunkte müssen in bestimmter Weise parallel geschaltet werden (Vielfach), um die *Erreichbarkeit* der Ausgänge von beliebigen Eingängen aus sicherzustellen. Dadurch wird allerdings auch bei jeder Verbindung über die durchgeschalteten Koppelpunkte hinaus eine größere Anzahl von Koppelpunkten für andere Verbindungen unbenutzbar. Die Steuerung muß dafür sorgen, daß keine Fehlschaltungen vorkommen. Beispiel: Eine Verbindung von e_2 nach a_2 benutzt den Koppelpunkt 22, gleichzeitig dürfen auch die Koppelpunkte 12, 21, 23 und 32 in keine andere Verbindung mehr einbezogen werden (Bild 3.7 a).

Beim Zeitmultiplex (time division) gibt es in ähnlicher Weise Konfigurationen von Koppelpunkten, die allerdings elektronisch arbeiten. Wieder wird von dem Abtasttheorem (Abschnitt 2.1) Gebrauch gemacht: Es genügt z. B. für die Sprachübertragung, den Vermittlungsweg nur alle 125 µs für die Übertragung einer Abtastprobe durchzuschalten. In der Zwischenzeit können sogar Teile desselben Verbindungsweges für die Durchschaltung anderer Verbindun-

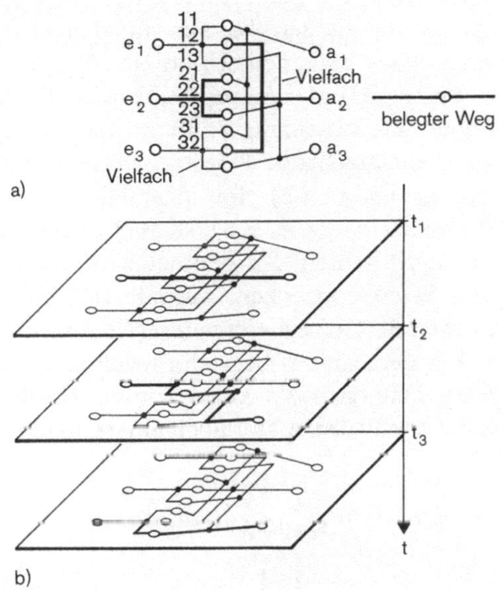

Bild 3.7. Raum- und Zeitmultiplexvermittlung. **a**) Raummultiplex (space division); **b**) Zeitmultiplex (time division). ○ Koppelpunkt

gen verwendet werden. Bild 3.7 b erläutert dies für drei verschiedene Zeitpunkte t_1, t_2 und t_3. Zu jedem Zeitpunkt werden identische Komponenten benutzt: Eingang e_2 zu Zeitpunkten t_1 und t_2, Ausgang a_3 zu Zeitpunkten t_2 und t_3. Der in Bild 3.7 a gesperrte Koppelpunkt 23 ist in Bild 3.7 b zur Zeit t_2 verwendbar. Die Durchschaltekonfiguration wechselt von Zeitpunkt zu Zeitpunkt. Vorteil des Zeitmultiplexprinzips ist es, daß durch diese Mehrfachausnützung der „Hardware"-Aufwand der Koppeleinrichtung verringert werden kann: Es sind weniger Leitungen und Koppelpunkte notwendig als in einer von der Leistungsfähigkeit her vergleichbaren Raummultiplex-Koppeleinrichtung.

Wie bereits erwähnt gibt es als weiteres Koppelprinzip das *Frequenzmultiplex*, das aber wegen zu hohen Filteraufwandes bisher nur in Sonderfällen realisiert wurde (Abschnitt 3.1).

Wenn auch heute praktisch alle Vermittlungen nach dem Raummultiplexprinzip arbeiten, so ist für die Zukunft eine starke Hinwendung zum Zeitmultiplexprinzip zu erwarten. Hiervon sind wahrscheinlich nur die künftigen Breitbandkoppeleinrichtungen auszunehmen.

3.5 Zentrale und dezentrale Vermittlung

Diese Begriffe werden durch das Modell in Bild 3.8 erläutert. Die *zentrale Vermittlung* ist das geläufige Prinzip, bei dem Koppeleinrichtung und Netzintelligenz in Netzknoten zentralisiert sind. Kanalzuteilung und Auswahlprozeß finden im Netzknoten statt (Bild 3.8 a). Die Teilnehmer sind sternförmig über individuelle Kanäle an den Netzknoten angeschlossen. Jedem Teilnehmer steht die Übertragungskapazität eines Anschlußkanals zur Verfügung. Individuelle Anschlußleitungen können für beliebig viele Teilnehmer bis zu ca. 10 km Entfernung eingerichtet werden.

Bei dezentraler Vermittlung wird der Auswahlprozeß zum Teilnehmer verlagert. Voraussetzung dafür ist, daß eine genügend große Anzahl von Kanälen bzw. entsprechende Übertragungskapazität an jeder Teilnehmerstation zugreifbar ist (Bild 3.8 b). Im allgemeinen wird ein Übertragungsmedium höherer Kapazität wie z. B. Koax-Kabel (Abschnitt 2.2) verwendet, das von allen Teilnehmern gemeinsam genutzt wird. Das Prinzip ähnelt übrigens der Nutzung von Satellitenstrecken, weshalb sich ein wesentlicher Vertreter dieser Gattung „Ethernet“ (Äthernetz) nennt (Abschnitt 8.2.3).

Ein dezentraler Auswahlprozeß setzt entsprechende Koordinierung zwischen allen Teilnehmerstationen voraus. Hierfür gibt es verschiedene Möglichkeiten, auf die teilweise später noch eingegangen wird.

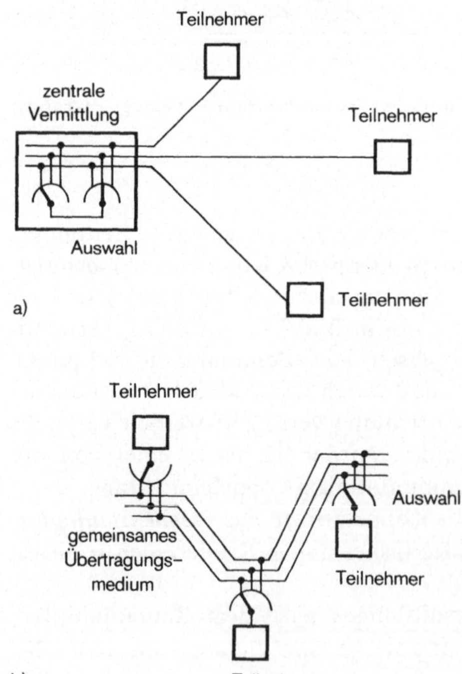

Bild 3.8. Vermittlungsprinzipien (2). **a)** zentrale Vermittlung; **b)** dezentrale Vermittlung

Das Prinzip der dezentralen Vermittlung eignet sich für nicht zu große Teilnehmerzahlen und kleinere Entfernungen (ca. 1 km), es sei denn, es handelt sich um Satellitenstrecken. Durch die Dezentralisierung des Vermittlungsprozesses steigt der Aufwand in der Station. Aber nicht alle Leistungsmerkmale moderner Netzknoten lassen sich dezentralisieren, so daß also zentrale Komponenten auch bei diesem Netzkonzept bestehen bleiben.

Vorschläge für die Anwendung der dezentralen Vermittlung gibt es bei einem Breitbandkonzept [3.6]. In großer Zahl findet sich die dezentrale Vermittlung neuerdings bei sog. *local computer networks* (Abschnitt 8.2.3), auch Anwendungen bei Satellitennetzen und mobilen Funknetzen sind bekannt (Abschnitte 8.4 und 8.6).

3.6 Netztopologien

Mit dem Netzparameter „zentrale oder dezentrale Vermittlung“ sind topologische Gesichtspunkte angesprochen worden, die in Bild 3.9 erweitert werden. Die

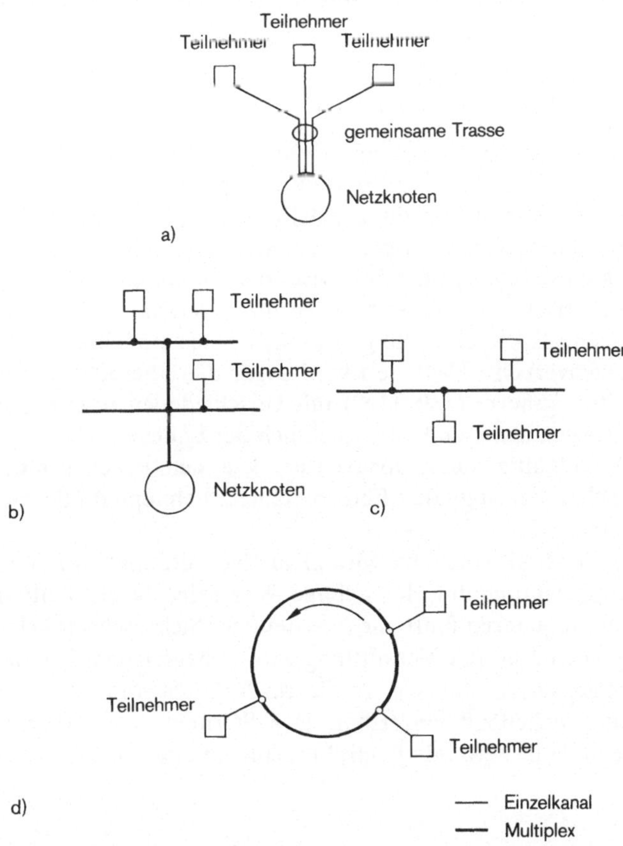

Bild 3.9. Beispiele für Netzformen. **a)** Sternnetz; **b)** Baumnetz; **c)** „Bus“; **d)** Ringnetz

dort vorgestellten Beispiele zeigen eine Auswahl möglicher Topologien. Das *Sternnetz* (Bild 3.9a) ist im Zusammenhang mit „zentraler Vermittlung“ weit verbreitet. Einbezogen in das Sternnetz ist die Möglichkeit, die individuellen Teilnehmerkanäle auf einer gemeinsamen Trasse im Kanalmultiplex zu führen.

Das *Baumnetz* (Bild 3.9b) wird häufig für die Programmverteilung von einem zentralen Knoten aus verwendet (Kabelfernsehen). Es ist auch für dezentrale Vermittlung oder dezentrale Verkehrskonzentration geeignet. Dezentrale Vermittlung ist gleichfalls im *Busnetz* oder *Ringnetz* (Bilder 3.9c und d, [3.7]) bei den erwähnten „local computer networks“ anwendbar. Der Bus kann in einem örtlich begrenzten Bereich – z. B. über 500 m – ohne Verstärker als passives und damit sehr zuverlässiges Übertragungsmedium eingesetzt werden. Im geschlossenen Ring läßt sich ein – durch eingefügte Verstärker – einseitig gerichtetes Übertragungsmedium für doppelt gerichtete Verkehrsbeziehungen zwischen den Stationen ausnutzen. In Abschnitt 8.2.3 werden einige weitere Gesichtspunkte hierzu behandelt.

Andere Topologien wie *Maschen-* und *Gitternetze* führen wegen der möglichen Umweglenkung zu störungsunempfindlichen, aber auch aufwendigen Netzstrukturen, die für Sonderanwendungen interessant sind.

3.7 Trends

Eine vorläufige, in Abschnitt 8 noch zu vertiefende Bewertung der in Abschnitt 3 vorgestellten Netz- und Vermittlungsprinzipien führt zu folgenden Aussagen:

a) Die Kanalvermittlung behält ihre Bedeutung für das weitverbreitete Fernsprechnetz. Das Fernsprechnetz wird im Laufe der nächsten Jahrzehnte weltweit digitalisiert werden, damit wird auch die digitale Zeitmultiplexvermittlung zum vorherrschenden Vermittlungsprinzip werden.

b) Die Paketvermittlung gewinnt zunächst noch an Bedeutung mit steigendem Datenverkehr. Diskutiert wird sogar die Übernahme von Sprache in Paketvermittlungsnetze (z. B. [3.8]) mit verschiedenen übertragungstechnischen Konsequenzen, insbesondere hinsichtlich der Laufzeit.

c) Endgültig bleibt abzuwarten, wie sich Paketvermittlungsnetze neben dem wachsenden digitalen Fernsprechnetz behaupten oder ausdehnen können (Abschnitt 8.3).

d) Für Breitbandnetze wird „Kanalvermittlung“ in Form einer Raummultiplex-Koppeleinrichtung der richtige Weg sein, da ein Zeitmultiplex zu sehr hohen Taktfrequenzen führt, die (aus heutiger Sicht) schwer beherrschbar erscheinen.

e) Die dezentrale Vermittlung wird in begrenztem Umfang, z. B. für „in house“-Netze, interessant sein. In diesem Rahmen sind auch Netzformen wie Bus und Ring vorteilhaft einsetzbar. Das Sternnetz wird aber seine überragende Bedeutung in Verbindung mit Fernsprechnetzen behalten.

4 Koppeleinrichtungen

4.1 Vorbemerkung

Nach dem Überblick über wesentliche Netzparameter in den vorangegangenen Abschnitten beginnt nun eine vertiefende Betrachtung wichtiger Komponenten der Netzknoten. Eine der Hauptaufgaben der Vermittlungstechnik ist das *Koppeln* von Eingängen mit Ausgängen. In der Kanal- oder Durchschaltevermittlung wird diese Aufgabe von der *Koppeleinrichtung* mit anteiligen Steuerungsfunktionen wahrgenommen (Bild 3.5). Auf wichtige Ausführungsformen wird nachfolgend eingegangen, wobei wiederum auf Vollständigkeit der Varianten verzichtet werden muß.

Die Grundaufgabe der Koppeleinrichtung erläutert Bild 4.1: Teilnehmer 1 bis *m* sind wahlweise mit *Verbindungssätzen* 1 bis *n* zu verbinden. Die Verbindungssätze übernehmen verschiedene vermittlungstechnische Funktionen, die für die Dauer einer Verbindung, ggf. auch kürzer, notwendig sind. Beispielsweise bildet ein „abgehender Verbindungssatz" den Abschluß einer zu einer anderen Vermittlungsstelle weiterführenden Leitung. Seine Aufgaben sind u. a. die Versorgung des *rufenden Teilnehmers* – der die Verbindung aufbaut – mit Mikrofonstrom (*Speisung*) und die Weitergabe der Wahlinformation zur Auswahl des Kommunikationspartners in der anderen Vermittlungsstelle. Ein weiteres Beispiel ist der „Signalisierungssatz", der zur Aufnahme der Wahlinformation des rufenden Teilnehmers angeschaltet wird.

Verbindungen können aufgebaut werden von Teilnehmer zu Verbindungssatz bzw. umgekehrt und von Verbindungssatz zu Verbindungssatz, wenn es sich um eine *Durchgangsverbindung* (ankommende Leitung zu abgehender Leitung) handelt.

Koppeleinrichtungen werden in bestimmter Weise strukturiert und meist aus einheitlichen Grundbausteinen aufgebaut. Die Kategorie von Vermittlungssystemen, die wegen ihrer großen Verbreitung heute praktisch noch die Technik repräsentiert, verwendet als Grundbausteine *elektromechanische* Bauteile – also metallische Kontakte – zur Durchschaltung der Verbindungswege, die elektromagnetisch gesteuert werden. Freilich werden hierfür in neuen Systemen Prinzipien eingesetzt, die der Elektronik schon recht nahe kommen. Immerhin schalten solche elektromechanischen Bauteile nicht schnell genug, um das Zeitmultiplexprinzip realisieren zu können. Die weitaus überwiegende Zahl heutiger Vermittlungen arbeitet also nach dem Raummultiplexprinzip.

Setzt man elektronische Komponenten als Grundbausteine ein, steht einem neben dem Raummultiplex- auch das Zeitmultiplex-Prinzip offen. Wie bereits erwähnt, wird der Trend in Zukunft zu einer Bevorzugung des Zeitmultiplexprinzips führen. Entsprechend diesem „natürlichen Gang der Entwicklung" werden nachfolgend zunächst alle wesentlichen Prinzipien anhand des heute beherrschenden Raummultiplex erläutert. Anschließend wird auf signifikante Änderungen beim Übergang zum Zeitmultiplex hingewiesen.

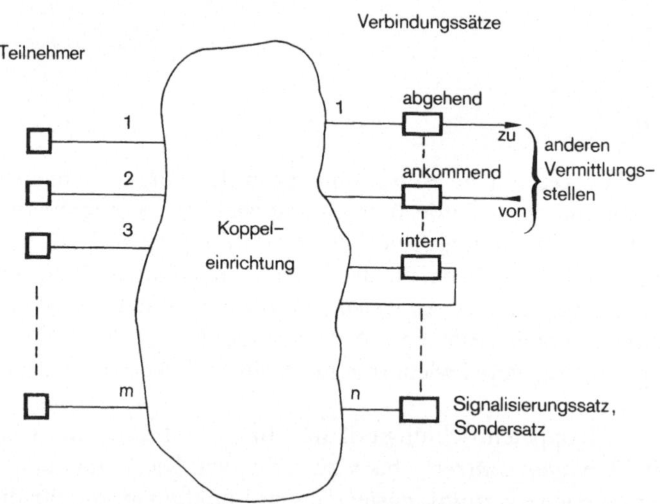

Bild 4.1. Grundaufgabe einer Koppeleinrichtung

Wesentliche Prinzipien in Koppeleinrichtungen müssen zu folgenden Fragen erörtert werden:

- Wie wird die Koppeleinrichtung strukturiert?
- Wie wird ein Weg durch die Koppeleinrichtung gesucht?
- Wie wird der Weg eingestellt und ausgelöst?

4.2 Raummultiplex-Koppeleinrichtungen

4.2.1 Grundbausteine

Elemente der Grundbausteine sind *Koppelpunkte.* Sie können eine Verbindung zwischen zwei Leitungen wahlweise herstellen. Die Leitungen sind im allgemeinen mehr*adrig,* dementsprechend sind auch die Koppelpunkte mehr*kontaktig* ausgeführt. Die Durchschaltung der Leitungen über Koppelpunkte geschieht also gewissermaßen in mehreren „Ebenen" (Bild 4.2). Die Ebenen werden mit Buchstaben a, b, c, ... benannt. Als *Koppelelement* wird der einem Koppelpunkt zugehörige einzelne Kontakt bezeichnet.

Häufig werden elektromechanische Koppelpunkte zu funktionalen und konstruktiven Einheiten – eben den „Grundbausteinen" – zusammengefaßt. In der

Typologie dieser Grundbausteine sollen *Wähler* und *Koppler* unterschieden werden (Bild 4.2). Wähler sind durch *einen* Eingang und *viele* Ausgänge gekennzeichnet, Koppler weisen etwa gleich viele Eingänge wie Ausgänge auf.

Wähler und Koppler wirken sich unterschiedlich auf Koppeleinrichtungen und deren Steuerung aus. Obgleich Wähler in bestehenden Koppeleinrichtungen außerordentlich verbreitet sind, haben sie für neue Koppeleinrichtungen keine Bedeutung mehr. Sie sollen mit ihren Auswirkungen deshalb an dieser Stelle nicht weiter behandelt werden.

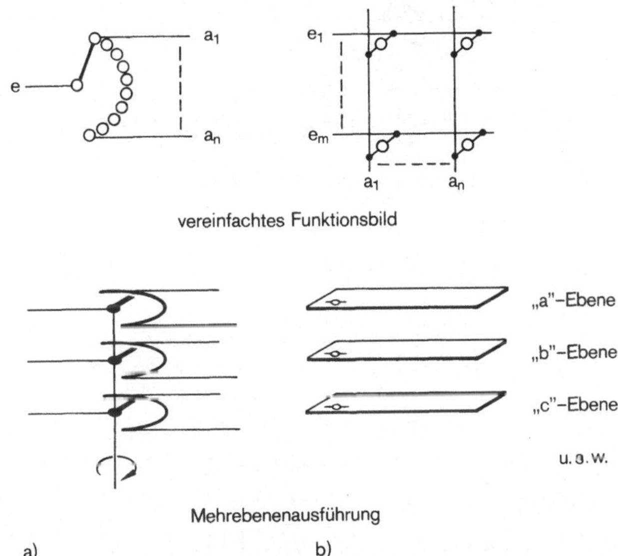

Bild 4.2. Grundbausteine einer Koppeleinrichtung. **a**) Wähler; **b**) Koppler. ○ Koppelpunkt

Koppler sind mit der matrizenartigen Anordnung der Koppelpunkte sowohl für elektromechanische als auch für elektronische Koppelprinzipien geeignet. Sie schalten mit Zeiten im Millisekunden- oder Mikrosekundenbereich durch, mehrere Verbindungen können gleichzeitig über einen Koppler geführt werden. Bild 4.3 zeigt als Beispiel einen elektromechanischen Einzelkoppelpunkt [4.1], aus dem ein Koppler zusammengesetzt werden kann.

Koppelpunkte können nach der Betätigung entweder durch ständige Zufuhr elektrischer Energie oder durch magnetische Haftwirkung im Durchschaltezustand *gehalten* werden. Im ersten Fall (Bild 4.3 a) ist neben der „Anwerfwicklung" A des Koppelpunktes häufig noch eine davon getrennte „Haltewicklung" H erforderlich. Zur Durchschaltung des Nutzsignals und zur Steuerung werden drei bis vier Kontaktebenen benötigt, wie später noch gezeigt wird. Im zweiten Fall reicht *eine* gemeinsam für das Anwerfen und Abwerfen verwendete Wicklung aus, es genügen zwei Kontaktebenen allein für das Durchschalten des Nutzsignals.

In Bild 4.3 c ist schematisch an einem Beispiel gezeigt, wie eine magnetische Haftwirkung zustande kommt. In diesem Fall wird das Prinzip der *Flußumsteuerung* angewendet. Bei offenem Kontakt K (links) besteht durch den Luftspalt ein hoher magnetischer Widerstand im mittleren Magnetkreis. Der vom Dauermagneten M im linken Schenkel erzeugte Fluß wird zum großen Teil über den rechts liegenden magnetischen Nebenschluß N geleitet. Wird mit Hilfe

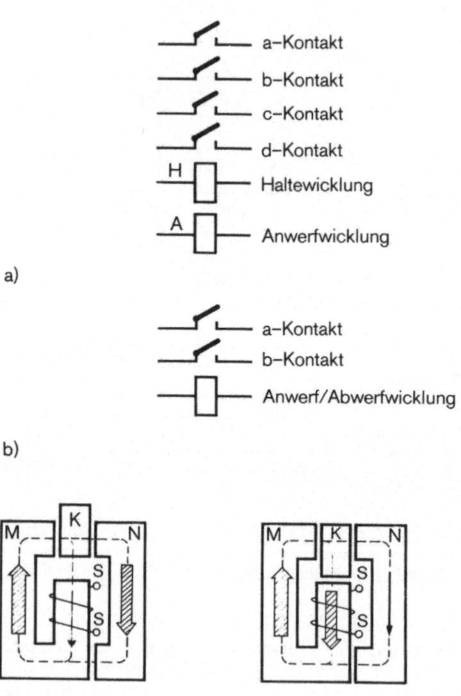

Bild 4.3. Beispiel für elektromechanische Koppelelemente. **a**) elektrisch haltendes Koppelelement; **b**) magnetisch haltendes Koppelelement; **c**) Haftwirkung durch Flußumsteuerung. M Dauermagnet, N magnetischer Nebenschluß, K beweglicher Kontakt, S Spule

der Spule S im mittleren Schenkel ein Fluß erzwungen, der zum Schließen des Kontaktes führt (rechtes Bild), so verringert sich der Luftspalt so weit, daß fortan der Fluß des Dauermagneten über den mittleren Schenkel geleitet wird, weil nunmehr der Nebenschluß N im Vergleich den höheren magnetischen Widerstand aufweist. Damit bleibt der Kontakt ohne Energiezufuhr geschlossen, bis durch einen Impuls umgekehrter Polarität über die Spule das Öffnen des Kontaktes wiederum erzwungen wird.

Es gibt zahlreiche weitere Ausführungsformen von Koppel-Grundbausteinen, von denen einige z. B. in [4.2–4.4] beschrieben sind. Da diese Bausteine in großer Zahl in den Koppeleinrichtungen auftreten, hat man durchweg viel Mühe und Einfallsreichtum auf deren wirtschaftliche Optimierung verwendet.

4.2.2 Koppelanordnungen

Während die *Koppeleinrichtung* die Gesamtheit der materiellen Grundbausteine und der zugehörigen Steuerungsschaltkreise umfaßt, beschreibt die *Koppelanordnung* das topologische Konzept der Koppeleinrichtung zur zeitweiligen Verbindung von Zubringer- und Abnehmerkanälen. Hierfür genügt es, nur *eine* dem Nutzinformationstransport vorbehaltene Ebene der Koppeleinrichtung darzustellen, beispielsweise die a-Ebene (Bild 4.2).

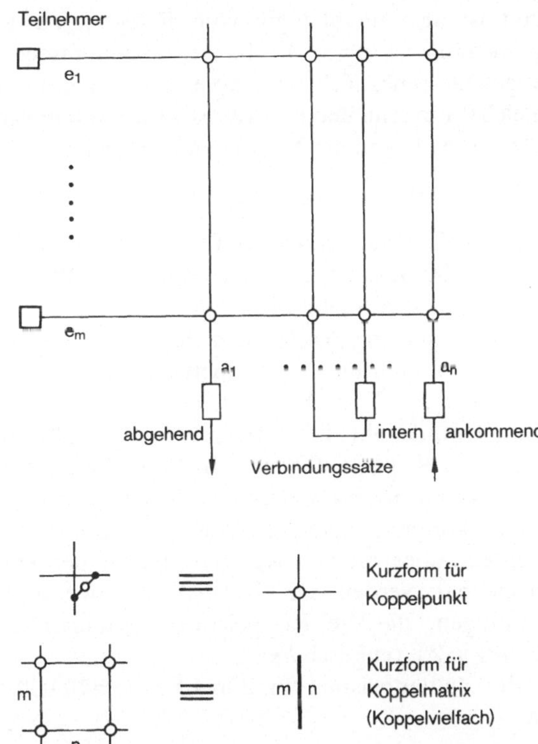

Bild 4.4. Realisierung von Koppeleinrichtungen (1)

Aufgabe ist es, Koppelanordnungen so zu dimensionieren, daß sie bei Verlustbetrieb in der Hauptverkehrsstunde eine vorgegebene Verkehrsgüte einhalten (Abschnitt 3.2). Beispielsweise soll der Verlust *B ein* Prozent nicht überschreiten. Zusatzbedingung bei dieser Vorgabe ist die wirtschaftliche Optimierung der Koppeleinrichtung.

An Beispielen soll dies näher erläutert werden. Bild 4.4 zeigt eine einfache Realisierung der in Bild 4.1 dargestellten Koppeleinrichtung. Die Koppelanordnung besteht aus einer einzigen Koppelmatrix aus $m \cdot n$ Koppelpunkten, an deren einer Seite die Teilnehmer und an deren anderer Seite die Verbindungssätze angeschlossen sind. Für die Darstellung der Koppelpunkte wurde die im Bild erläuterte Kurzform gewählt. Aus Gründen der Übersichtlichkeit hat man darüber hinaus für gesamte Matrizen dieser Art eine Kurzdarstellung festgelegt, die darunter erklärt ist: Ein senkrechter Balken repräsentiert die Matrix, Ein- und Ausgangszahlen werden links und rechts an den Balken angeschrieben. Eine solche Matrix wird *Koppelvielfach* genannt. Diese Kurzdarstellung wird hinfort ausschließlich verwendet.

Die Eigenschaften des Koppelvielfachs von Bild 4.4 sind genauer zu betrachten: Die Anordnung realisiert *volle Erreichbarkeit* (k) bei beliebigem Belegungszustand, d. h. jeder Eingang e kann jederzeit jeden Ausgang a erreichen (Abschnitt 3.2). Es treten keine *inneren Blockierungen* auf, die volle Erreichbarkeit ist also unabhängig vom Belegungszustand gewährleistet. Die Koppelpunktzahl ist $z = m \cdot n$. Es sei angenommen, daß nur maximal 10% aller angeschlossenen Teilnehmer gleichzeitig kommunizieren. Dann muß n wenigstens gleich 0,1 m sein, und es wird $z = 0{,}1\ \mathrm{m}^2$. Interessant und in gewisser Weise ein Maß für den Aufwand der Koppelanordnung ist die Koppelpunktzahl je Teilnehmer

$$z/m = 0{,}1\ \mathrm{m}.$$

Für 10 000 angeschlossene Teilnehmer – ein durchaus üblicher Wert – wird $z/m = 1000$. Das ist eine sehr hohe Zahl! Praktisch vorkommende Werte liegen bei 10 bis 20 Koppelpunkten pro Teilnehmer bzw. entsprechend höher bei hoch ausgelasteten angeschlossenen Verbindungsleitungen.

Offenbar dürfen die Koppelvielfache nicht so groß gewählt werden. Wenn man weniger Teilnehmer an einem Koppelvielfach anschließen will, um die Koppelpunktzahl zu verringern, so erhält man eine größere Anzahl von kleineren Koppelvielfachen. In Bild 4.5 a ist die Gesamtzahl der m Teilnehmer auf x kleine Koppelvielfache aufgeteilt worden. Damit alle Teilnehmer miteinander kommunizieren können, muß nun eine zweite *Koppelstufe* eingeführt werden, über die die Koppelvielfache der ersten Koppelstufe untereinander erreichbar werden. Die Koppelstufen werden mit A, B, ... bezeichnet. Die Leitungen, die die Koppelstufen miteinander verbinden, heißen *Zwischenleitungen* ZL (englisch *link*).

Ein Zahlenbeispiel für Bild 4.5 a: $m = 10\,000$, $x = 100$, $n = 1000$, $k = 10$. Dann ist

$$z = m\,k + k\,x\,n = 100\,000 + 1\,000\,000,$$

$$z/m = 10 + 100.$$

Man erkennt einen immer noch hohen Koppelpunktanteil in der B-Stufe. Selbstverständlich läßt sich auch die B-Stufe in kleinere Koppelvielfache unterteilen. Man erhält die Anordnung von Bild 4.5 b:

$$z = m\,k + x\,n = 100\,000 + 100\,000,$$

$$z/m = 10 + 10.$$

Die Zwischenleitungsverdrahtung ist so geführt, daß ganz regelmäßig zwischen jedem Koppelvielfach der A-Stufe und jedem der B-Stufe nur *eine* Zwischenleitung verläuft. Zwischenleitungsanordnungen dieser Art werden sehr häufig verwendet.

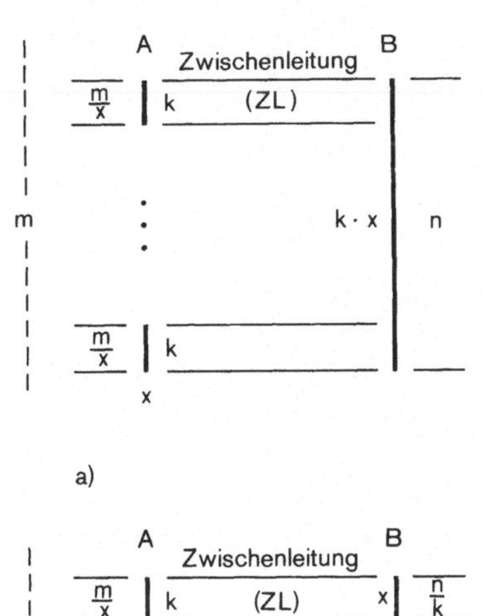

a)

A
Zwischenleitung
B
(ZL)
m/x
k
x
n/k
m
n
x
k

b)

Bild 4.5. Realisierung von Koppeleinrichtungen (2). **a**) zweistufige Koppelanordnung; **b**) verbesserte zweistufige Koppelanordnung

Die Koppelanordnung nach Bild 4.5 b hat wichtige Eigenschaften:

- Die Koppelpunktzahl ist gering.
- Nach wie vor besteht volle Erreichbarkeit der Ausgänge, aber nur noch im verkehrsfreien Zustand (volle *Leerlauferreichbarkeit*).
- Bei Verkehr können *innere Blockierungen* auftreten.

Den Vorgang der inneren Blockierung erläutert Bild 4.6. Da zwischen den Koppelvielfachen der A- und B-Stufe nur jeweils eine Zwischenleitung verläuft, kann der Ausgang a_j nicht mehr vom Eingang e_i erreicht werden, wenn bereits die Verbindung $e_1 - a_1$ besteht. Wohl aber ist a_j noch von e_k aus erreichbar.

Innere Blockierungen müssen so gering gehalten werden, daß bei Belastung mit dem Verkehr der Hauptverkehrsstunde der *Gesamtverlust* einen vorgegebenen Wert nicht überschreitet, wie eingangs erwähnt. Der Gesamtverlust ergibt sich im abgehenden Verkehr aus der Dimensionierung des Abnehmerbündels und der Einbuße an Erreichbarkeit durch innere Blockierungen. Der letztgenannte Einfluß sollte gegenüber dem ersten untergeordnete Bedeutung haben! Im ankommenden Verkehr ist der Verlust im allgemeinen durch die innere Blockierung vorgegeben, wenn man die „Teilnehmer-Besetzt-Fälle“ außer acht läßt.

Auf der anderen Seite soll der Aufwand der Koppeleinrichtung gering sein. Die Minimierung der Koppelpunktzahl ist dafür nicht das alleinige Kriterium.

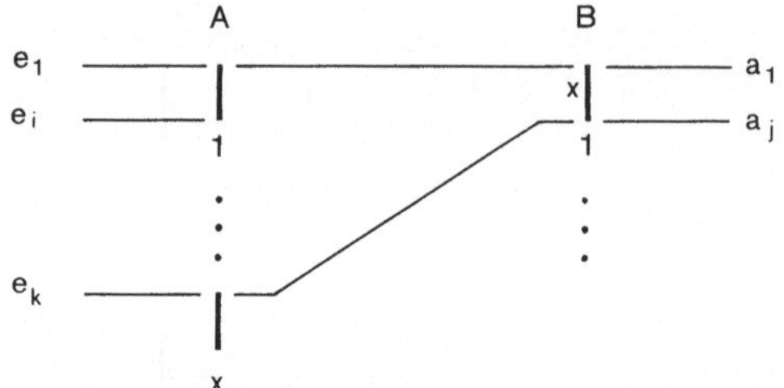

Bild 4.6. Innere Blockierung e_i/a_j

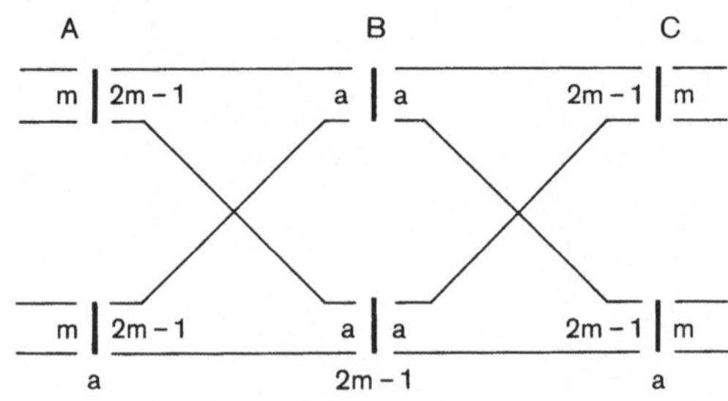

Bild 4.7. Dreistufige Clossche Koppelanordnung

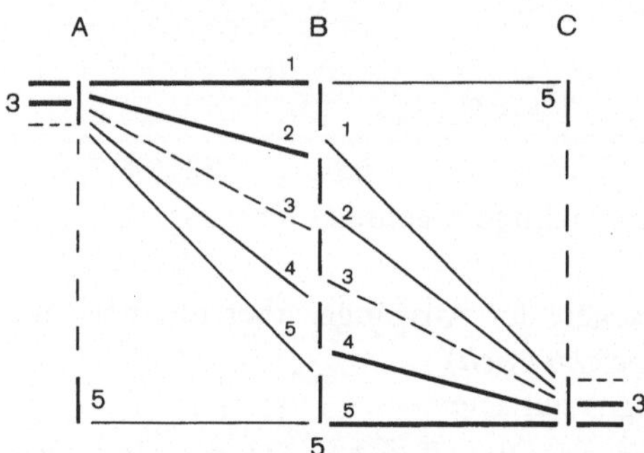

Bild 4.8. Zur Funktionsweise der Closschen Koppelanordnung. —— bereits bestehende Verbindung, - - - neue Verbindung

Zwar lassen sich durch Verkleinerung der Koppelvielfache und Vergrößerung der Koppelstufenzahl bis zu einem gewissen Grad noch kleinere Koppelpunktzahlen je Teilnehmer erreichen, jedoch wächst damit die Zahl der Zwischenleitungen an, die auch Aufwand bedeuten.

Übrigens lassen sich nach Clos [4.5] auch *mehrstufige* Koppelanordnungen *ohne* innere Blockierungen ausführen. Bild 4.7 zeigt eine solche Anordnung mit Erläuterung der Funktionsweise in Bild 4.8. Es handelt sich um eine dreistufige Gruppierung mit der vorerwähnten regelmäßigen Zwischenleitungsverdrahtung („kanonische Verdrahtung"), bei der zwischen Koppelvielfachen verschiedener Stufen jeweils nur eine Zwischenleitung verläuft. Der „Trick" besteht darin, bei Anschluß von m Eingängen bzw. Ausgängen an einem Koppelvielfach der A- oder C-Stufe insgesamt $2m - 1$ Koppelvielfache B vorzusehen. Bild 4.8

erläutert das Prinzip für $m = 3$. Die Zahl der Koppelvielfache B ist dann also gleich 5. Betrachtet wird eine neu aufzubauende Verbindung von links oben nach rechts unten (gestrichelt). Im ungünstigsten Fall bestehen im Koppelvielfach links oben und rechts unten schon zwei Verbindungen, die bereits Wegemöglichkeiten über vier Koppelvielfache B ausgeschöpft haben (stark ausgezogen). Es bleibt aber ein fünftes Koppelvielfach B, im Beispiel Nr. 3, für die neue Verbindung noch verfügbar.

Tabelle 4.1. Koppelpunktaufwand für Clossche Koppelanordnungen

Eingangs/ Ausgangszahl N	Stufenzahl $s = 1$	$s = 3$	$s = 5$
100	10000	5700	6092
200	40000	16370	16017
500	250000	65582	56685
1000	1000000	186737	146300
2000	4000000	530656	375651
5000	25000000	2106320	1298858

Clossche Koppelanordnungen sparen gegenüber einstufigen großen Koppelmatrizen Aufwand ein. Dies zeigt Tabelle 4.1. Als Beispiel sei die Eingangs- bzw. Ausgangszahl $N = 200$ herausgegriffen. Auf den Eingang bezogen ergeben sich bei einer Stufe ($s = 1$) 200, bei drei Stufen ($s = 3$) 82 und bei fünf Stufen ($s = 5$) 80 Koppelpunkte (eine 5stufige Koppelanordnung erhält man, wenn man die Koppelvielfache der B-Stufe wiederum in Clossche Koppelanordnungen auflöst). Man kann jedoch noch z. T. erheblich an Koppelpunkten sparen – insbesondere bei kleinen Verkehrswerten auf der Eingangsleitung, wie es bei Teilnehmeranschlüssen der Fall ist – wenn man geringfügige Verluste zuläßt.

Eine solche in der Praxis vorkommende Koppelanordnung mit sechs Stufen zeigt Bild 4.9 [4.4]. Sie hat folgende Eigenschaften: Zwischen irgendeinem Eingang (links) und irgendeinem Ausgang (rechts) bestehen 64 unterschiedliche Wegemöglichkeiten (siehe Graph der möglichen Wege, unten). Die Eingangs- bzw. Ausgangszahl kann abhängig vom Verkehrswert der Eingänge verschieden gewählt werden. Nimmt man vier Eingänge (Ausgänge) je Koppelvielfach A (F) an, so ergeben sich bei dem gezeigten Vollausbau $2^{12} = 4096$ Eingänge und ebensoviele Ausgänge. Die Zahl der Koppelpunkte in der A-Stufe beträgt $2^{15} = 32\,768$, dasselbe gilt für die F-Stufe. In der B- und E-Stufe gibt es je $2^{16} = 65\,536$ Koppelpunkte. C- und D-Stufe enthalten je $2^{15} = 32\,768$ Koppelpunkte. Die Gesamtzahl der Koppelpunkte ist also $2^{18} = 262\,144$. Auf ein Eingangs- und Ausgangspaar entfallen damit $2^6 = 64$ Koppelpunkte, bezogen auf einen einzelnen Eingang oder Ausgang sind es 32 Koppelpunkte.

Eine weitere Eigenschaft, die sich aus der Regelmäßigkeit der Zwischenleitungsanordnung ergibt, ist für die in Abschnitt 4.2.3 zu erläuternde *Wegsuche*

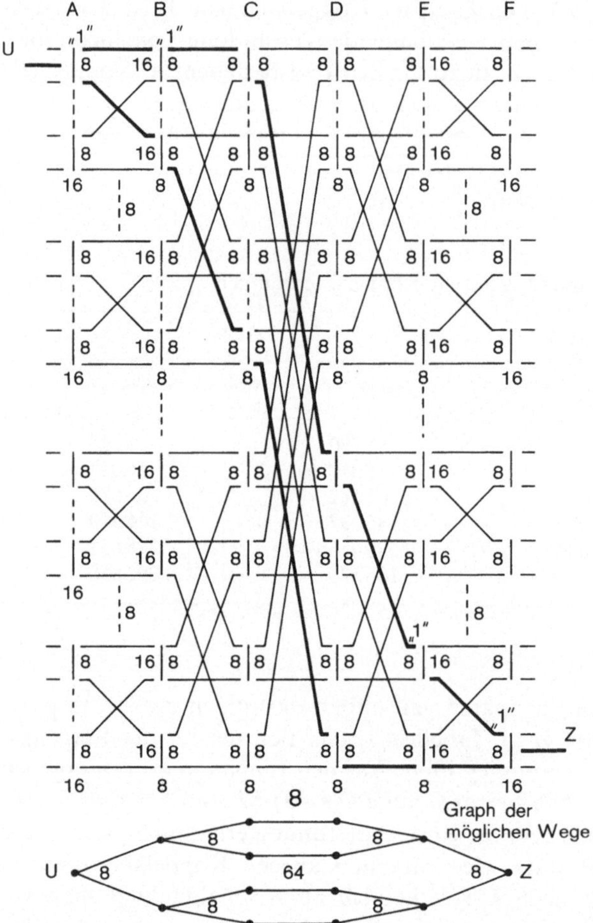

Bild 4.9. Beispiel einer 6stufigen Koppelanordung. U Ursprung, Z Ziel

von Bedeutung: Die Ordnungszahlen der in einem Weg enthaltenen Zwischenleitungen AB and FE bzw. BC und ED sind gleich (in Bild 4.9 stark ausgezogen und als Beispiel mit „1" gekennzeichnet).

Für die folgenden Betrachtungen ist diese 6stufige Koppelanordnung schon recht kompliziert. Zur Vereinfachung – um die Prinzipien klarer herausarbeiten zu können – wird eine Modell-Koppelanordnung nach Bild 4.10 entworfen. Es handelt sich um eine 3stufige Koppelanordnung mit 200 Eingängen und 200 Ausgängen mit insgesamt 9600 Koppelpunkten (das sind 48 Koppelpunkte je Eingangs- bzw. Ausgangspaar). Die Koppelanordnung ist verlustbehaftet und spart dadurch Koppelpunkte ein gegenüber der entsprechenden Closschen Anordnung mit 16 370 Koppelpunkten (81 je Eingangs-/Ausgangspaar) nach Tabelle 4.1. Zwischen einem Ursprung und einem Ziel stehen 12 verschiedene Wege zur Verfügung.

Zunächst ist nach dem Verlust der Modellkoppelanordnung zu fragen. Abhängig vom Verbindungsfall gibt es verschiedene Verlustarten, was im nächsten Abschnitt erläutert wird. Hier sei vorweggenommen, daß es sich um den *Punkt-Punkt*-Verlust handeln möge, der zwischen einem vorgegebenen Eingang und einem vorgegegebenen Ausgang auftritt.

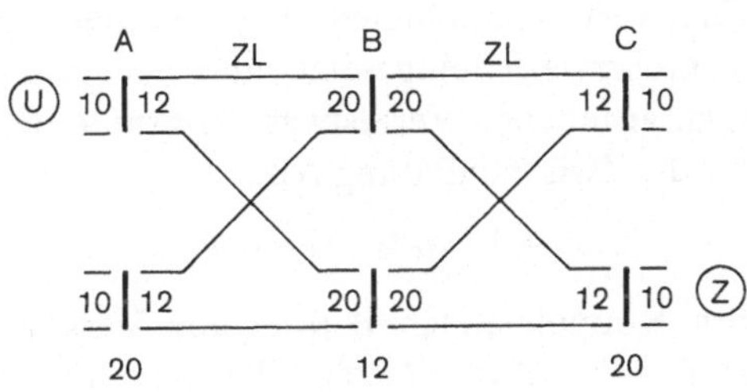

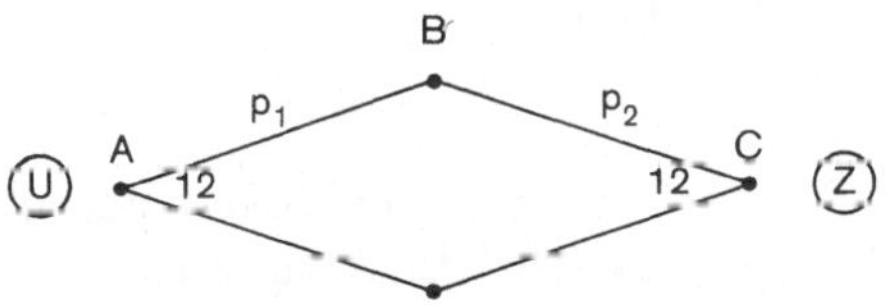

Bild 4.10. 3stufige Modellkoppelanordnung. U Ursprung, Z Ziel

Graph der möglichen Wege

Für den „Anwender" gibt es verschiedene Methoden zur Verlustbestimmung:

a) Ablesen aus Tabellen oder Kurvenblättern, – ein dem planenden Ingenieur adäquates Verfahren, das allerdings die Existenz solcher Tabellen und Kurvenblätter voraussetzt. Dies ist aber keineswegs immer der Fall! (Tabellen und Kurvenblätter werden durch Berechnung, Abschätzung oder Simulation erstellt!)
b) Abschätzung.
c) Simulation auf Datenverarbeitungsanlagen.
d) Exakte Berechnung in besonderen, einfachen Fällen.

Die Modell-Koppelanordnung wurde so ausgewählt, daß mehrere Verfahren möglich sind.

Zunächst zur Verlustbestimmung nach Tabellen [4.6, 4.7]: Hierbei wird der Verlust nicht ermittelt, sondern vorgegeben, z. B. zu 1%. Aus dem vorgegebenen Verlust wird die zulässige Eingangsbelastung bestimmt; bei der vorliegenden Modell-Koppelanordnung darf sie 0,56 Erl nicht überschreiten.

Für die Abschätzung des Verlustes hat z. B. Lee eine Näherung angegeben [4.8]. Sie läßt sich an dem Wegegraphen von Bild 4.10 verfolgen: Die Wahrscheinlichkeit p dafür, daß eine Zwischenleitung (ZL) belegt ist, ist gleich der Verkehrsbelastung p dieser ZL. Dann ist die Gegenwahrscheinlichkeit dafür, daß diese Leitung frei ist: $1-p$. Die Wahrscheinlichkeit, daß zwei aufeinanderfolgende ZL zwischen Ursprung und Ziel frei sind, ist $(1-p_1)$ $(1-p_2)$. Die

Gegenwahrscheinlichkeit, daß dieser Leitungszug unbenutzbar ist, weil entweder ZL AB oder ZL BC oder beide ZL belegt sind, ist $1-(1-p_1)(1-p_2)$. Die Wahrscheinlichkeit dafür, alle diese a (mit $a=12$) Leitungszüge unbenutzbar zu finden, ist gleich dem Verlust B:

$$B=[1-(1-p_1)(1-p_2)]^a.$$

Für den betrachteten Fall werden nun die durch Tabelle bestimmten Verkehrswerte eingesetzt, um die Abweichung des geschätzten Verlustwertes vom gegebenen Verlustwert zu prüfen. Bei gleichmäßiger Verteilung ergibt sich für die Zwischenleitung AB:

$$p_1=10\cdot 0{,}56/12=0{,}466.$$

Ein Koppelvielfach B trägt den Verkehr von 20 ZL AB, der sich wieder auf 20 ZL BC aufteilt. Also gilt bei gleichmäßiger Verteilung:

$$p_2=p_1=0{,}466.$$

Mit $a=12$ wird

$$B=[1-(1-0{,}466)^2]^{12}=1{,}6\%.$$

Nun zum dritten Verfahren, der Simulation: Eine im Hause Siemens durchgeführte Untersuchung ergab bei Vorgabe der aus der Tabelle entnommenen Eingangsbelastungen einen Verlust von 1,4%.

Der Unterschied der Werte ist hier verhältnismäßig gering. Den genauesten Wert dürfte wohl die Simulation liefern.

4.2.3 Wegsuche

Die Aufgaben der Wegsuche sind nun zu präzisieren (Bild 4.11): An der Koppeleinrichtung sind einerseits Teilnehmer, andererseits *Bündel* angeschlossen. Unter einem Bündel versteht man eine Anzahl von Leitungen (Kanälen), die im Netz denselben Ursprung und dasselbe Ziel haben. So wird zwischen zwei miteinander verbundenen Netzknoten stets ein Bündel eingerichtet, weil hier mehrere Verbindungen gleichzeitig bestehen können. Desgleichen gibt es ein Bündel für den Internverkehr innerhalb einer Vermittlungsstelle. Wenn ein Teilnehmer eine Verbindung aufbauen will, so geht diese von einem *Punkt,* dem Anschlußpunkt des Teilnehmers, aus. Zum gewünschten Ziel aber führt ein *Bündel,* – es stellen sich also mehrere abgehende Verbindungswege zur Auswahl, von denen einer belegt werden muß. Dies ist die Aufgabe der *Punkt-Bündel-Wegsuche.*

In umgekehrter Richtung – bei einer ankommenden Verbindung – ist bereits in der vorgeordneten Vermittlungsstelle ein Verbindungsweg ausgewählt worden, der auf einem bestimmten Anschluß*punkt* der Koppeleinrichtung endet. Bei vorgegebenem Zielteilnehmer – also wiederum einem Anschlußpunkt – ist eine *Punkt-Punkt-Wegsuche* erforderlich, für die weniger Wegemöglichkeiten bestehen. Ausnahmefall: der Zielteilnehmer besitzt einen Sammelanschluß, ist also über mehrere Anschlüsse erreichbar.

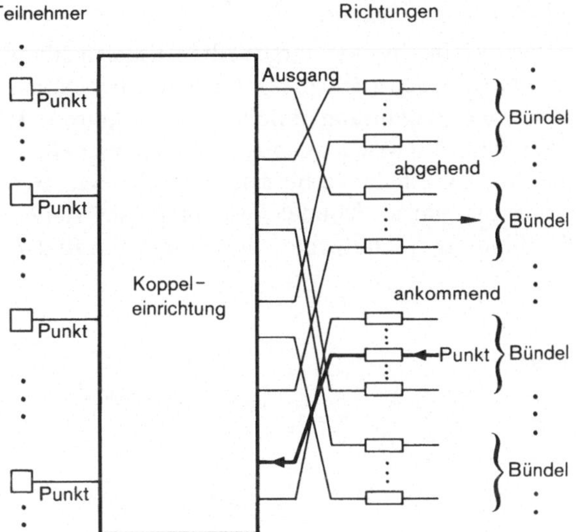

Bild 4.11. Aufgaben der Wegsuche

Das Verfahren der Punkt-Bündel-Wegsuche läßt sich in das der Punkt-Punkt-Wegsuche überführen, indem man in einem getrennten Auswahlprozeß zunächst aus dem Bündel einen Punkt bestimmt und anschließend eine Punkt-Punkt-Wegsuche durchführt. Bringt diese nicht den gewünschten Erfolg, kann der Wegsuchvorgang mit einem anderen Punkt wiederholt werden. Im allgemeinen genügen drei bis vier Versuche, um auf diese Art zu gleichwertigen Ergebnissen wie bei „echter" Punkt-Bündel-Wegsuche zu kommen [4.9].

Die Wegsuche muß einen freien, zusammenhängenden Weg durch die Koppeleinrichtung zwischen Ursprung und gewünschtem Ziel finden und muß anschließend die ausgewählten Komponenten „belegt" schreiben, damit sie nicht mehr in andere Verbindungen einbezogen werden können, was zu Doppelverbindungen führen würde. Beim *Auslösen* der Verbindung nach Ende des Kommunikationsvorgangs sind die belegten Komponenten wieder freizugeben.

Für diese Aufgaben gibt es verschiedene Verfahren, die abhängig vom Typus der Koppelanordnung und von der Art der Koppel-Grundbausteine eingesetzt werden. Bei *stufenweiser Wegsuche* erstreckt sich der Suchvorgang aufeinanderfolgend jeweils nur auf kurze Abschnitte innerhalb der Koppeleinrichtung. Das Verfahren ist sehr weit verbreitet, wird aber in neuen Kommunikationssystemen nicht mehr angewendet. Es soll deshalb hier nicht weiter behandelt werden. Der stufenweisen steht die *weitspannende* oder *bedingte Wegsuche* gegenüber, bei der der Weg in der Koppeleinrichtung vom Ursprung zum Ziel in *einem* zusammenhängenden Prozeß ausgewählt wird.

Weiterhin wird die Wegsuche danach unterschieden, ob sie im *Wegesuchnetz* oder im *Speicher* durchgeführt wird. Die beiden Verfahren werden nachfolgend beschrieben.

Wegsuche im Wegesuchnetz

Über die in Bild 4.2 dargestellten Ebenen hinaus gibt es in jeder Koppelstufe weitere Ebenen (Bild 4.12). Gleiche Ebenen sind von Stufe zu Stufe über eine Zwischenverdrahtung miteinander verknüpft. Die Zwischenverdrahtung kann räumlich in Zwischenkabeln zusammengefaßt werden, die die einzelnen Koppelstufen-Gestelle verbinden. Die Ebenen erstrecken sich also durchgehend über die ganze Koppeleinrichtung, sie stehen aber auch untereinander in Verbindung („senkrechte" Beziehungen in Bild 4.12).

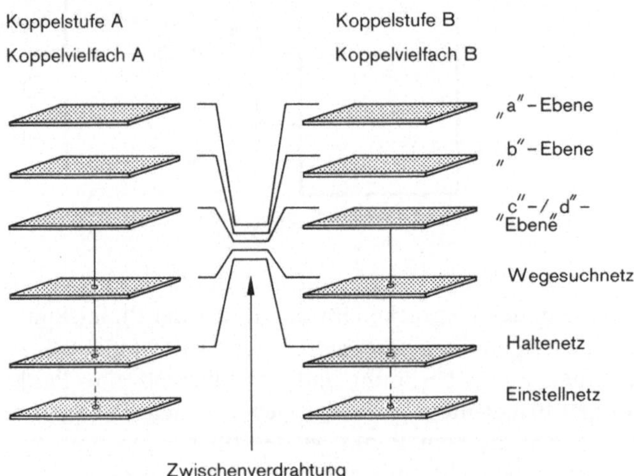

Bild 4.12. Eingliederung des Wegesuchnetzes

Eine dieser Ebenen ist das Wegesuchnetz, sein Prinzip erläutert Bild 4.13. Oben im Bild ist der Ausschnitt einer Koppelanordnung mit Koppelvielfachen und Zwischenleitungen gezeigt. Im darunterliegenden Wegesuchnetz wird das Koppelvielfach in ein ODER-Gatter, die Zwischenleitung in ein UND-Gatter abgebildet. Die Verdrahtung zwischen den Gattern folgt der Verdrahtung zwischen den Koppelvielfachen. Das UND-Gatter wird vom Belegungszustand der darüberliegenden Zwischenleitung beeinflußt, z. B. aus der c- oder d-Ebene oder dem Haltenetz heraus (Bild 4.12). Das UND-Gatter wird bei belegter Zwischenleitung gesperrt. Weitere Eingriffsmöglichkeiten am UND-Gatter bestehen von der Steuerung aus.

Bild 4.14 macht die Funktion des Wegesuchnetzes in vereinfachter Form anhand der Modell-Koppelanordnung von Bild 4.10 verständlich. Das Wegesuchnetz ist an diese Koppelanordnung angeglichen. Es gibt also 20 ODER-Gatter für Koppelvielfache (KV) A, 12 ODER-Gatter für KVB, 20 ODER-Gatter für KVC. Die KVA-ODER-Gatter haben 10 Eingänge, ihre Ausgänge verzweigen sich jeweils auf 12 UND-Gatter, welche die Zwischenleitungen repräsentieren. Sinngemäß finden die übrigen Komponenten der Modell-Koppelanordnung ihr Abbild im Wegesuchnetz.

Es möge nun in einer Punkt-Punkt-Wegsuche ein geeigneter Weg zwischen Ursprung U und Ziel Z gesucht werden. Hierzu wird im Wegesuchnetz sowohl im Ursprungs- wie im Zielpunkt eine *Markierung* „1" angelegt (stark ausgezogen). Die Markierung kann sich im Wegesuchnetz über alle die Zwischenleitungen (UND-Gatter) ausbreiten, die frei sind (die aus einer anderen Ebene eine 1-

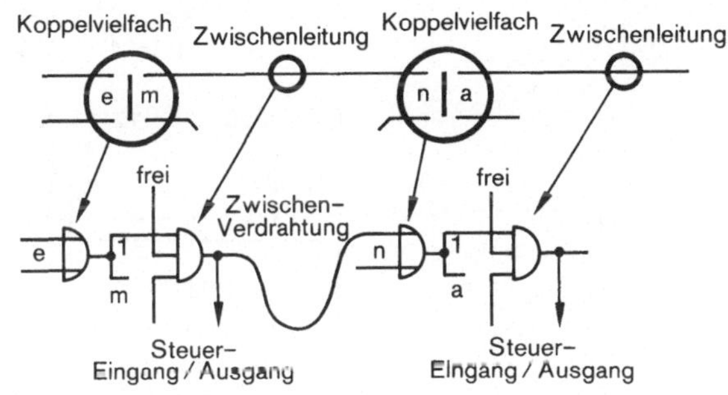

Bild 4.13. Abbildung der Koppelanordnung auf das Wegesuchnetz

Markierung erhalten, stark ausgezogen). Zwischen Koppelstufe B und C wird ein „Suchschnitt" eingelegt. An den zugehörigen Zwischenleitungsgattern BC müssen deshalb *drei* Bedingungen geprüft werden: „Über freien Weg erreichbar von links", „über freien Weg erreichbar von rechts", „eigene Zwischenleitung frei". Gatter, die diese Bedingung erfüllen, stellen sich zur Auswahl. Im Beispiel Bild 4.14 gehört das Gatter 12/20 hierzu, weitere nicht gezeigte Gatter mögen den Bedingungen ebenfalls genügen. Dann muß eine Auswahl zwischen verschiedenen geeigneten Gattern, sprich Wegen, getroffen werden. Dies übernimmt der *Wegsucher.*

Der Wegsucher hat so viele Eingänge, wie Wegemöglichkeiten bestehen, in diesem Beispiel also 12. Es ist also nicht notwendig, für jedes Gatter im „Suchschnitt" einen eigenen Eingang vorzusehen, weil sich die Mehrzahl der Gatter – nämlich die von anderen Zielen her erreichbaren – gar nicht am Auswahlvorgang beteiligen. Dies gilt z. B. für die Gatter 1/1 und 12/1. Also können die Ausgänge der Gatter 1/1 bis 1/20 zusammengefaßt werden ebenso wie auch die Ausgänge der Gatter 12/1 bis 12/20 usw. Im Wegsucher erfolgt nun die Auswahl eines der sich anbietenden Wege; z. B. möge dies der Ausgang 3 sein (Bild 4.14).

Damit ist in diesem einfachen Fall der Wegesuchvorgang bereits beendet. Bei vielstufigen Koppelanordnungen oder „echter" Punkt-Bündel-Wegsuche werden die Funktionen erheblich komplizierter [4.4, 4.10]. Sie bauen aber auf demselben geschilderten Prinzip auf.

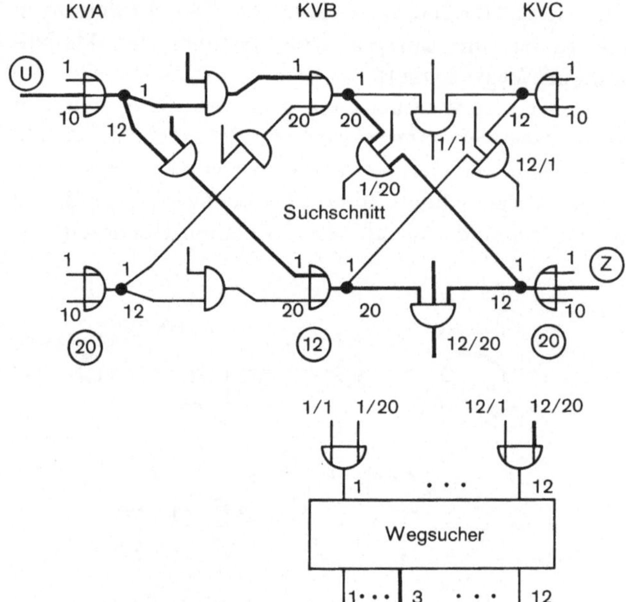

Bild 4.14. Weitspannende Wegsuche im Wegesuchnetz (Modellkoppelanordnung Bild 4.10). — „1"-Markierung, KV Koppelvielfach

Es folgt die Einstellung des Weges (Abschnitt 4.2.4) und damit automatisch verbunden das *Belegtschreiben* der benutzten Wegkomponenten. Deshalb melden sich die belegten Komponenten nach Auslösung der Verbindung auch automatisch wieder frei, ohne weiteres Zutun der Steuerung. Das ist ein wichtiger Vorteil der Wegsuche im Wegesuchnetz! Dies wird später noch deutlicher werden.

Wegsuche im Speicher

In rechnergesteuerten Kommunikationssystemen findet die Wegsuche im allgemeinen „im Speicher" statt. Besser gesagt: Die Belegungszustände der Komponenten – Ausgänge und Zwischenleitungen – sind in einem elektronischen Speicher abgelegt. Die Erläuterung mit Bild 4.15 bezieht sich auf die Modellkoppelanordnung in Bild 4.10.

Jeder Zwischenleitung wird im Speicher (wenigstens) ein Bit zugeordnet, dessen Zustand – z. B. 1 – Auskunft über das „Freisein" der Zwischenleitung gibt. Die Zwischenleitungs-Bits werden koppelvielfachweise geordnet. Die Bits aller von einem Koppelvielfach A oder C ausgehenden Zwischenleitungen stehen in einer Speicherzelle. Für die Wegsuche werden die dem Ursprungs-Koppelvielfach A (hier KVA 1) und dem Ziel-Koppelvielfach C (hier KVC 20) zugeordneten Zellen ausgelesen und in einem Register „untereinander geschrieben". Wie bereits an Bild 4.9 erläutert, liegen in einem Verbindungsweg stets

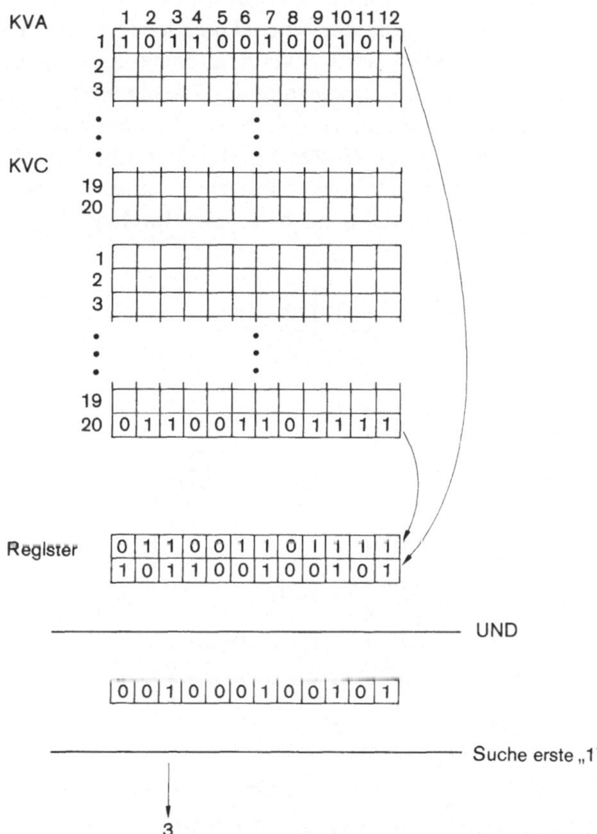

Bild 4.15. Weitspannende Wegsuche im Speicher (Modellkoppelanordnung Bild 4.10)

gleichnamige Zwischenleitungen AB und CB hintereinander, so daß nunmehr eine einfache logische „UNDierung" der stellenrichtig untereinandergeschriebenen Belegungszustände ausweist, welche der Wege – gekennzeichnet durch zwei hintereinander liegende freie Zwischenleitungen – noch verfügbar sind. Anschließend erfolgt mit einem Befehl „suche erste 1 von links" die Auswahl eines Weges, hier im Beispiel des Weges 3.

Im Gegensatz zur „Wegsuche im Wegesuchnetz" sind bei der „Wegsuche im Speicher" eigene Steuerungsabläufe notwendig, um die ausgewählten Wegkomponenten „belegt" zu schreiben (0) und vor allen Dingen auch nach Auslösung der Verbindung wieder in den Freizustand (1) zu versetzen. Für den letztgenannten Vorgang ist ein eigenes „Wegegedächtnis" erforderlich.

Bei „Wegsuche im Speicher" muß die Punkt-Bündel-Wegsuche stets durch eine ggf. mehrfach zu wiederholende Punkt-Punkt-Wegsuche ersetzt werden.

Halten der Verbindung

Das Halten der Verbindung erfordert bei Koppelprinzipien, die hierfür ständige Energiezufuhr benötigen, eine *Halteader* (Abschnitt 4.2.1), die im „Haltenetz" (Bild 4.12) geführt wird. Das Haltenetz kann gleichzeitig unmittelbar oder mittelbar den Belegungszustand der Zwischenleitungen kennzeichnen.

Als Beispiel wird in Bild 4.16 die *Parallel-Halteader* gezeigt [4.11]. (Es gibt daneben eine *Serien-Halteader,* die hier aber nicht näher beschrieben wird.) Dargestellt ist die Halteader innerhalb eines Koppelvielfachs A. Die von links über einen c-Kontakt nach unten durchgeschaltete c-Ader verläuft – bei

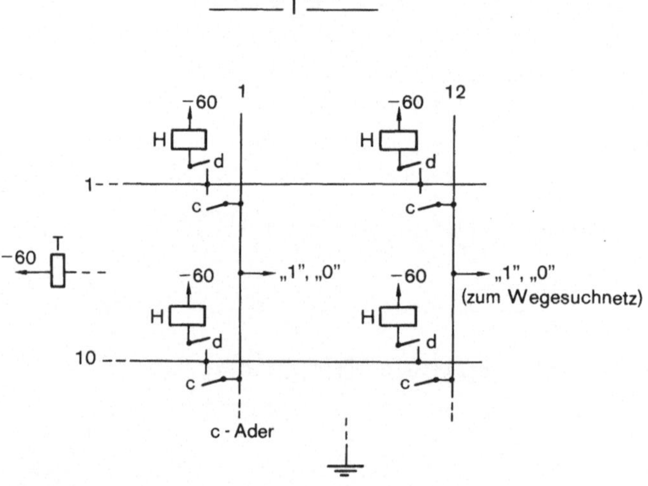

Bild 4.16. Ausführungsvariante „Parallel-Halteader" des Haltenetzes (Modellkoppelanordnung Bild 4.10). H Haltewicklung

Durchschaltung je eines Koppelpunktes in der B-Stufe und C-Stufe – weiter durch die gesamte Koppeleinrichtung (Bild 4.12) und stellt damit gewissermaßen das Gedächtnis für den Verlauf der jeweiligen Verbindung dar. Auf der Seite der Verbindungssätze wird eine „Halte-Erde" für die Dauer der Verbindung an die c-Ader gelegt. Auf der Teilnehmerseite wird das „T-Relais" erregt, das gewisse teilnehmerindividuelle Schaltfunktionen übernimmt, solange die Verbindung besteht. Über d-Kontakte wird die jeweils „zuständige" Koppelpunkt-Haltespule H in der A-, B- und C-Stufe an die geerdete c-Ader gelegt, die damit zur Halteader für die jeweilige Verbindung wird. Außerdem kann von der Halteader der Belegungszustand der Zwischenleitung für das Wegesuchnetz abgenommen werden („Erde" entspricht „0"). Zur Auslösung der Verbindung wird die Halteerde vom Verbindungssatz fortgenommen, so daß alle Komponenten in den Ruhezustand übergehen und wieder „frei" („1") gemeldet werden. – Bei Parallel-Halteader enthält ein Koppelpunkt also 4 Kontakte a bis d.

Bei Koppelpunkten mit „Haftwirkung" (Abschnitt 4.2.1) entfällt ein Haltenetz. Gleichfalls entfallen c/d-Ebene und Wegesuchnetz (Bild 4.12). Diese Vereinfachungen setzen voraus, daß die Wegsuche im Speicher erfolgt. – Der Koppelpunkt benötigt nur die Kontakte a und b.

4.2.4 Die Einstellung des Weges

Koppelpunkte müssen für die Durchschaltung des Weges „angeworfen" werden, worauf „haftende" Koppelpunkte sich für die Dauer der Verbindung selbst halten und „nicht haftende" Koppelpunkte in einen Haltekreis gelegt werden, wie zuvor erläutert. Für diese *Einstellung* des Verbindungsweges gibt es wieder mehrere Verfahren [4.4], von denen die *Matrixansteuerung* näher erläutert werden soll (Bild 4.17).

Die Koppelpunkte mögen mit Anwerfwicklungen A ausgerüstet sein. Die Aufgabe besteht darin, den zahlreichen Koppelpunkten (z. B. über 250 000 bei der Koppelanordnung nach Bild 4.9) die für das Anwerfen individuell benötigte Energie möglichst aufwandsparend zuzuführen.

Bei der Matrixansteuerung wird die Tatsache ausgenutzt, daß eine Anwerfwicklung zwei Anschlüsse hat, daß also ein Anwerfstrom nur fließen kann, wenn über *beide* Anschlüsse ein Stromkreis geschlossen wird. Über Wicklung A m, 1 fließt nur dann ein Strom, wenn Schalter x_m und y_1 geschlossen sind. Die Dioden sind notwendig, um parasitäre Stromkreise bei offenen Schaltern zu verhindern. Wählt man die Matrix quadratisch, so sind nur $2\sqrt{k}$ Leistungsschalter notwendig, um das Anwerfen von k Koppelpunkten zu steuern.

Praktisch wird man meist nicht quadratische Matrizen vorsehen, sondern sich nach den „natürlichen Koordinaten" richten, die sich aus der Topologie der Koppelanordnung ergeben. Hierfür zeigt Bild 4.18 ein Beispiel, das sich wieder an dem Modell des Bildes 4.10 orientiert: Es besteht die Aufgabe, *gleichzeitig* je einen Koppelpunkt in der A-Stufe, in der B-Stufe und in der C-Stufe zu

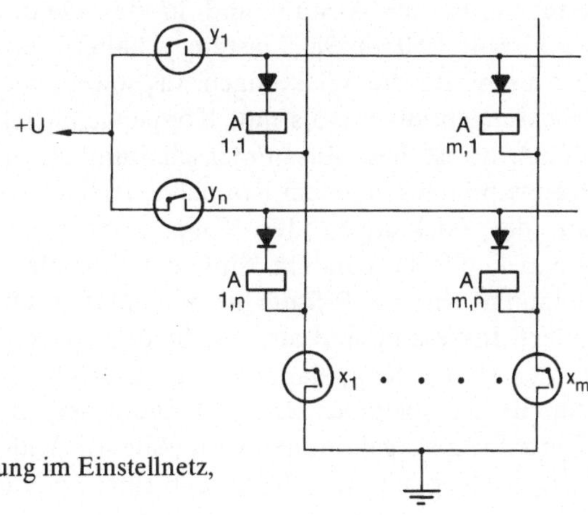

Bild 4.17. Prinzip der Matrixansteuerung im Einstellnetz, A Anwerfwicklung

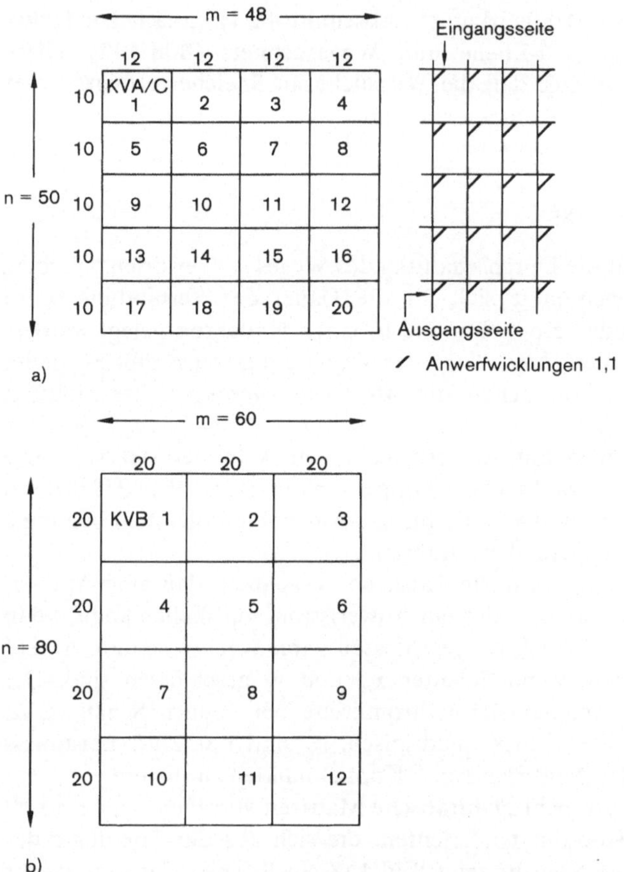

Bild 4.18. Matrizenbildung für die Modellkoppelanordnung Bild 4.10. **a**) Ansteuerung in der A/C-Stufe; **b**) Ansteuerung in der B-Stufe

erregen. In der A-Stufe und in der identischen C-Stufe läßt sich das mit ($m+n=48+50=$) 98 Leistungsschaltern erreichen. Hierzu werden auf der Eingangsseite die Wicklungen aus jeweils vier und auf der Ausgangsseite die Wicklungen aus jeweils fünf Koppelvielfachen zusammengeschaltet. Rechts im Bild 4.18 a ist diese Zusammenschaltung für die Anwerfwicklungen jeweils eines Koppelpunktes in jedem Koppelvielfach angedeutet, beispielsweise möge es sich um die Wicklungen der Koppelpunkte 1,1 an Eingang 1/Ausgang 1 der Koppelvielfache handeln. Sinngemäß werden die Anwerfwicklungen der Koppelpunkte in der B-Stufe in eine Matrix 60×80 mit 140 Leistungsschaltern gelegt. Insgesamt sind also zur Steuerung der 9600 Koppelpunkt-Anwerfspulen in der Modell-Koppelanordnung nach Bild 4.10 336 Leistungsschalter notwendig. Es sei nochmals darauf hingewiesen, daß diese Zusammenschaltung im Einstellnetz vorgenommen wird (Bild 4.12), also nichts mit der Zusammenschaltung der Koppelpunkte in der a/b-Ebene zu tun hat!

4.3 Zusatzgesichtspunkte für Zeitmultiplex-Koppeleinrichtungen

Wie bereits mehrfach erwähnt, nutzt man in Zeitmultiplex-Koppeleinrichtungen das Abtasttheorem aus, um in den Pausen zwischen den Abtastwerten einer Verbindung die Abtastwerte anderer Verbindungen zu übertragen (Abschnitte 2.3.3 und 3.4).

Für Fernsprech-Zeitmultiplex-Koppeleinrichtungen beträgt die Abtastfrequenz $f_A = 8$ kHz, die Abtastperiode damit $T_A = 125$ µs. Diese Zeit kann mit m Zeitkanälen oder *Zeitschlitzen* (time slots) für m Verbindungen belegt werden. Bei Übertragung von amplitudenmodulierten Abtastpulsen (Pulsamplitudenmodulation PAM) sind für m Werte zwischen 50 und 100 erreichbar.

Bild 4.19a zeigt das Funktionsprinzip: Es gibt eine gemeinsame Multiplexleitung (Highway), über welche die Abtastwerte der verschiedenen Verbindungen übertragen werden. Die Abtastschalter S schalten die Teilnehmer einer Verbindung kurzzeitig zusammen, ggf. wird für Externverbindungen ein Verbindungssatz zugeschaltet. Für Internverbindungen sind also keine eigenen Verbindungssätze vorhanden, die zugehörigen Funktionen müssen die Teilnehmersätze dezentral (d. h. je Teilnehmer) übernehmen. Zusätzlich sind übertragungstechnische Komponenten in den Teilnehmersätzen notwendig, wie z. B. Tiefpaßfilter zur Begrenzung der empfangenen Abtastwerte auf das Fernsprechband. In Bild 4.19a ist eine zweidrähtige Version gezeigt, die mit Hilfe des sog. *Resonanzübertrags* [4.4] möglich ist. Auf nähere Erläuterung wird hier verzichtet. Dagegen ist Bild 4.19b eine vierdrähtige Ausführung mit getrennten Highways für Hin- und Rückweg sowie einem zwischengeschalteten zentralen Verstärker. Die Teilnehmersätze müssen in diesem Fall zusätzlich mit Gabeln ausgerüstet werden.

Interessant und wichtig ist die Funktion des sog. *Haltespeichers.* Er sorgt dafür, daß im festen Zyklus (Rahmen) von 125 µs jeweils die einer Verbindung zugeordneten Abtastschalter betätigt werden. Hierzu besitzt der Haltespeicher eine Speicherzelle für jeden der m Zeitschlitze. In diese Zelle werden die Adressen der jeweils für die Dauer einer Verbindung zusammengehörigen Abtastschalter eingetragen. Alle Zellen werden zyklisch im Verlauf von 125 µs einmal aufgerufen. Der Eintrag im Haltespeicher bleibt für die Dauer der Verbindung bestehen. Der Aufruf der Schalter ist auf diese spezielle Weise einfach und ohne Einschaltung zentraler Intelligenz realisiert. Lediglich für den Adresseneintrag am Beginn und das Löschen der Adressen am Ende der Verbindung muß Steuerungsintelligenz wirksam werden. Wegen der Schwierigkeiten, auf dem gemeinsam benutzten Highway ein „Nebensprechen" von einem auf den nächstfolgenden Abtastwert genügend klein zu halten, können nicht mehr als die bereits erwähnten 50 bis 100 Zeitschlitze während 125 µs realisiert werden.

Ein „Highway" wirkt verkehrsmäßig wie ein Koppelvielfach mit n Anschlüssen und m Verbindungsmöglichkeiten (Bild 4.19a unten). Ein solches Koppelvielfach läßt bei „unendlich" vielen Verkehrsquellen und einem vorgegebenen Verlust von 1% ein Angebot von 37,9 Erl ($m = 50$) bzw. 84,1 Erl ($m = 100$) zu [3.3]. Das entspricht bei reinem Internverkehr (zwei Teilnehmer je

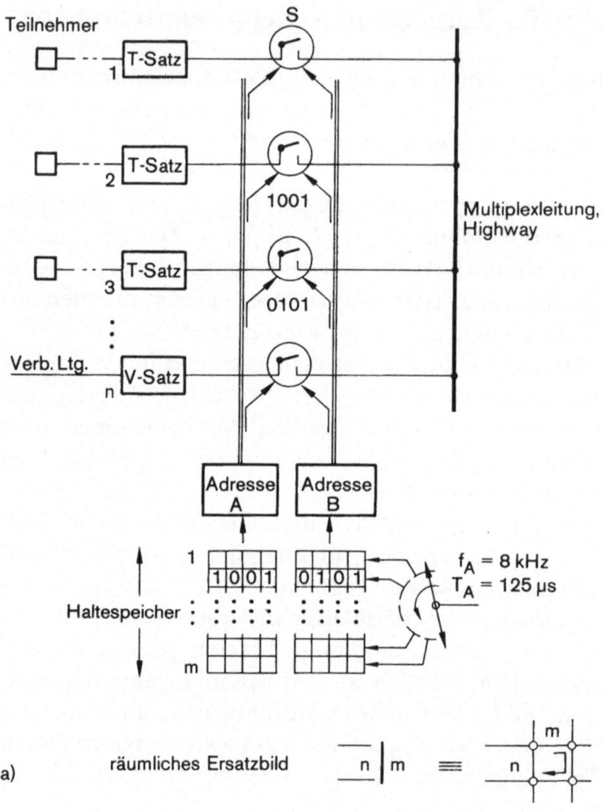

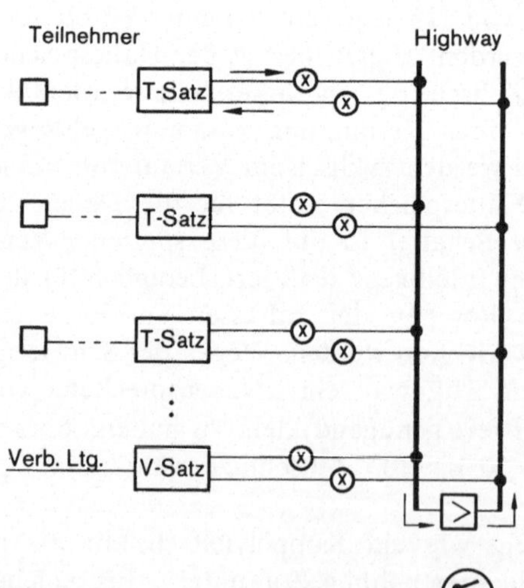

Bild 4.19. Prinzip des Zeitmultiplex-„Koppelvielfachs". **a)** Version für Zweidrahtbetrieb; **b)** Modifikation für Vierdrahtbetrieb. S Abtastschalter, T-Satz Teilnehmersatz, V-Satz Verbindungssatz

Verbindung) und 0,1 Erl Summenverkehr je Teilnehmer 760 bzw. 1680 anschließbaren Teilnehmern.

Für größere Teilnehmerzahlen sind größere Koppelanordnungen nötig, die dann mehrstufig ausgeführt werden müssen (Abschnitt 4.2.2). In Bild 4.20 ist als Beispiel eine dreistufige Anordnung gezeigt. Dabei werden *a* Highways einerseits mit *b* Highways andererseits über ein *Raumlagenvielfach* miteinander verbunden. Das Raumlagenvielfach ist eine Koppelmatrix, in der die Koppelpunkte elektronisch schnell nur für die Dauer eines Zeitschlitzes schalten, symbolische Darstellung in Bild 4.20 b [4.12].

Bild 4.20 c ist ein räumliches Ersatzbild dieser Anordnung. Von jedem Highway führen *m* Leitungen zum Raumlagenvielfach, das aus *m* übereinander-

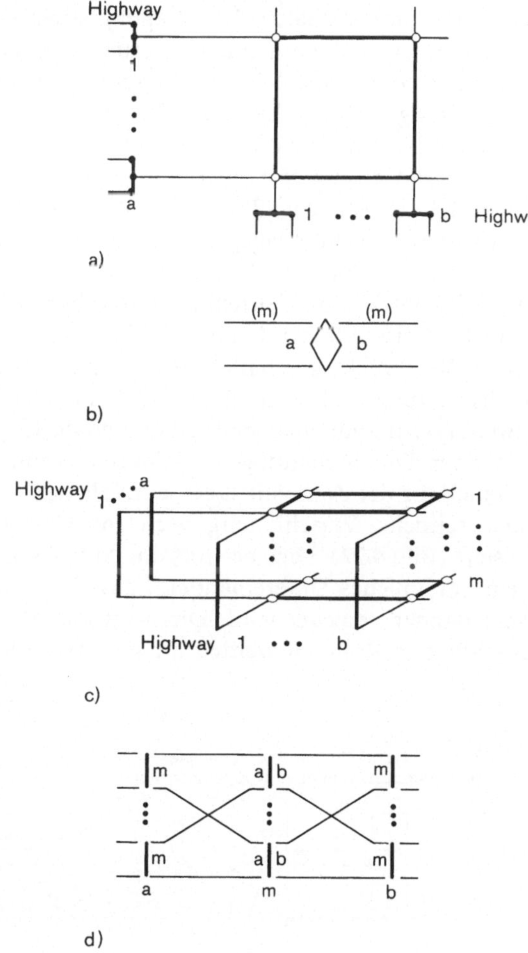

Bild 4.20. Dreistufige Zeitmultiplex-Koppelanordnung. **a**) funktionale Darstellung des „Raumlagenvielfachs"; **b**) symbolische Darstellung; **c**) räumliches Ersatzbild; **d**) symbolische Darstellung des räumlichen Ersatzbildes

liegenden Ebenen besteht. Während im Zeitmultiplex innerhalb eines Rahmens von 125 µs *m* verschiedene Durchschaltekonfigurationen auftreten, bleiben im räumlichen Ersatzbild die auf *m* Ebenen verteilten Konfigurationen für die Dauer der jeweiligen Verbindung bestehen. In Bild 4.20 d ist dieser Sachverhalt in der gewohnten Symbolik dargestellt.

Es versteht sich von selbst, daß in Zeitmultiplex-Koppeleinrichtungen alle Ansteuerkreise zur Einstellung und Auslösung von Verbindungswegen vollelektronisch arbeiten.

4.4 Zusatzgesichtspunkte für digitale Koppeleinrichtungen

Digitale Fernsprech-Koppeleinrichtungen sollen die in Abschnitt 3.1 erwähnte Integration mit digitalen Übertragungsstrecken ermöglichen. Das bedeutet: Zeitschlitze aus ankommenden Übertragungssystemen müssen unmittelbar auf Zeitschlitze in abgehenden Übertragungssystemen umgesetzt werden. Die Aufgabenstellung erläutert Bild 4.21: Beispielsweise soll aus Übertragungssystem I Zeitschlitz Nr. 6 zu Übertragungssystem III vermittelt werden. Dort ist Zeitschlitz Nr. 6 noch frei verfügbar, die Verbindung wird räumlich von System I zu System III, zeitlich von Zeitschlitz Nr. 6 zu Zeitschlitz Nr. 6 durchgeschaltet. Zeitschlitz Nr. 7 werde dagegen zum System IV vermittelt. Dort sind Zeitschlitze Nr. 7 bereits aus System II und Nr. 8 schon anderweitig belegt, so daß zeitlich von Zeitschlitz 7 auf Zeitschlitz 9 durchgeschaltet werden muß. Als letztes Beispiel: Zeitschlitz Nr. 8 im System II muß sogar auf Zeitschlitz Nr. 4 in System IV „zurück"-geschaltet werden. Da es keine negativen Zeiten gibt, ist die Durchschaltung auf Zeitschlitz Nr. 4 des nächstfolgenden 125-µs-Rahmens notwendig. Zusammenfassend: Eine digitale Koppeleinrichtung muß außer der räumlichen Durchschaltung – z. B. mittels Raumlagenvielfachen – eine zeitliche Verschiebung der Zeitschlitzlagen ermöglichen.

Die zeitliche Verschiebung wird im Prinzip durch das *Zeitlagenvielfach* realisiert (Bild 4.22). Dies bewirkt die Auflösung des „zeitlichen Nacheinander" in ein „räumliches Untereinander", aus dem wieder ein wahlweises „zeitliches Nacheinander" erzeugt wird. Die 8-bit-Pakete (*Oktetts*) der ankommenden *m* Zeitschlitze je Rahmen werden im sog. *Wortspeicher* zyklisch auf *m* Speicher-

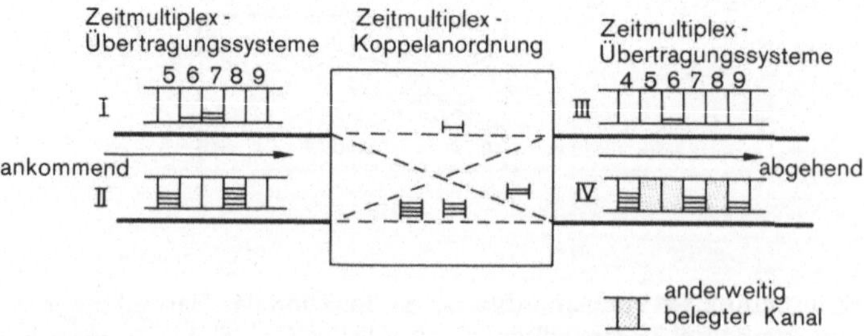

Bild 4.21. Integrationsbedingung: zeitliche Verzögerung

zellen verteilt. Ein solcher Zyklus dauert also 125 µs. Innerhalb von ebenfalls 125 µs werden alle Zellen wieder ausgelesen, allerdings nicht zyklisch sondern adressiert, um die zeitliche Reihenfolge der Oktetts für die Weitersendung in den *m* Zeitschlitzen des abgehenden Übertragungssystems ändern zu können. Wenn man dafür sorgt, daß im Wortspeicher grundsätzlich jeder Lesezyklus vor jedem Schreibzyklus abläuft, kann es dabei nicht zum Überschreiben noch nicht ausgelesener Oktetts kommen. – Bild 4.22 b zeigt das für ein solches Zeitlagenvielfach vorgeschlagene Symbol [4.12] und Bild 4.22 c das räumliche Ersatzbild.

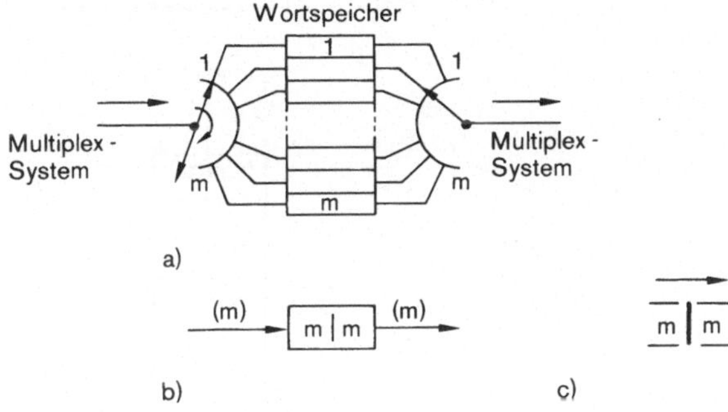

Bild 4.22. Zeitlagenvielfach. **a)** funktionale Darstellung; **b)** Symbol; **c)** räumliches Ersatzbild (Symbol)

Sehr häufig wird nicht – wie im Zeitlagenvielfach – ein Wortspeicher nur für die zeitliche Durchschaltung *eines* Multiplexsystems verwendet, sondern der Wortspeicher steht *mehreren* Multiplexsystemen gemeinsam zur Verfügung. Eine solche Anordnung wird *Kombinationsvielfach* genannt, weil mit diesem nicht allein die zeitliche Verschiebung sondern auch die räumliche Durchschaltung realisiert werden kann, womit sich eine einfache und aufwandarme Durchschaltemöglichkeit ergibt!

Bild 4.23 a erläutert die Funktion des Kombinationsvielfachs an einem räumlichen Ersatzbild: An das Kombinationsvielfach werden *a* Multiplexsysteme L mit je *m* Zeitschlitzen innerhalb eines 125-µs-Rahmens angeschlossen. Der Wortspeicher muß also zur Aufnahme aller in einem Rahmen angelieferten Oktetts $m \cdot a$ Speicherzellen enthalten. Die $m \cdot a$ Oktetts werden aus den ankommenden Multiplexsystemen wiederum zyklisch in die Speicherzellen des Wortspeichers eingeschrieben. Die Darstellungsweise im Bild deutet an, daß zunächst die ersten Zeitschlitze, dann die zweiten Zeitschlitze usw., zuletzt die *m*ten Zeitschlitze aller *a* Multiplexsysteme eingespeichert werden.

Ähnlich wie beim Zeitlagenvielfach beschrieben werden alle $m \cdot a$ Speicherzellen des Wortspeichers innerhalb des Rahmens von 125 µs wieder ausgelesen, wobei jeweils der Lesezyklus vor dem Schreibzyklus erfolgt. Das Auslesen geschieht adressiert und bewirkt den zeitrichtigen Übertrag des jeweiligen Oktetts zum gewünschten abgehenden Multiplexsystem.

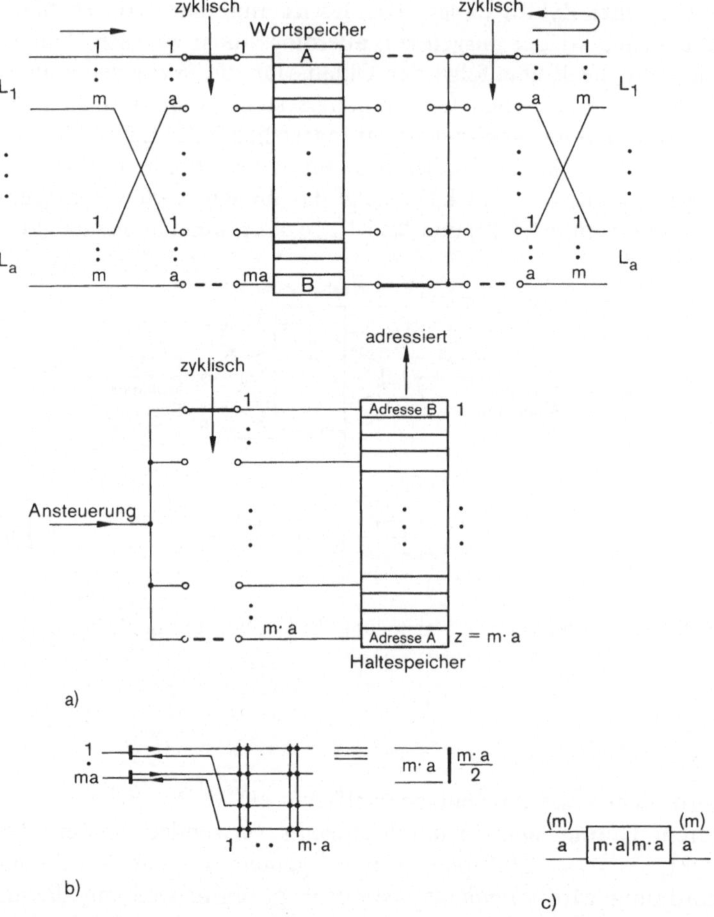

Bild 4.23. Kombinationsvielfach (spezielle Parameter). **a**) funktionale räumliche Darstellung; **b**) räumliche Darstellung; **c**) vorgeschlagenes Symbol

Wie beim Zeitlagenvielfach beschrieben wird das adressierte Auslesen vom zyklisch abgefragten Haltespeicher besorgt, in dem die zugeordneten Adressen für die Dauer einer Verbindung abgespeichert sind.

Beispiel: Zeitschlitz 1 von Multiplexsystem L_1 soll zu Zeitschlitz m von Multiplexsystem L_a und umgekehrt (in einer doppelt gerichteten Verbindung) Zeitschlitz m des Systems L_a zu Zeitschlitz 1 des Systems L_1 durchgeschaltet werden. In der Situation des Bildes 4.23 a („ausgezogene" Position der Drehschalter) wird zunächst die „irgendwann" eingeschriebene Zelle B ausgelesen, das Oktett wird an System L_1, Zeitschlitz 1 weitergegeben. Sodann wird das neu im Zeitschlitz 1 des Systems L_1 angelieferte Oktett in die „irgendwann" vorher ausgelesene Zelle A des Wortspeichers eingeschrieben. Am Ende des Rahmens (also des 125 µs-Zyklus) nehmen die Drehschalter die gestrichelte Position ein. Dann wird zunächst das zuvor in A eingeschriebene Oktett an

System L_a, Zeitschlitz m abgeliefert. Anschließend wird von System L_a das Oktett aus Zeitschlitz m übernommen und in B eingeschrieben. Der nächste Schritt entspricht wieder der ausgezogenen Position der Drehschalter: Zelle B ist tatsächlich voll und Zelle A tatsächlich leer, wie zuvor angenommen!

Das Funktionsbild 4.23 a läßt sich auf die symbolische räumliche Darstellung Bild 4.23 b übersetzen, wobei links die wechselseitig gerichteten Kommunikationsbeziehungen deutlich werden, rechts diese Beziehungen implizit enthalten sind. In dieser Form ist das Kombinationsvielfach verlustfrei! Als Symbol für das Kombinationsvielfach wird die Darstellung Bild 4.23 c in Anlehnung an das Symbol des Zeitlagenvielfachs (Bild 4.22 b) vorgeschlagen.

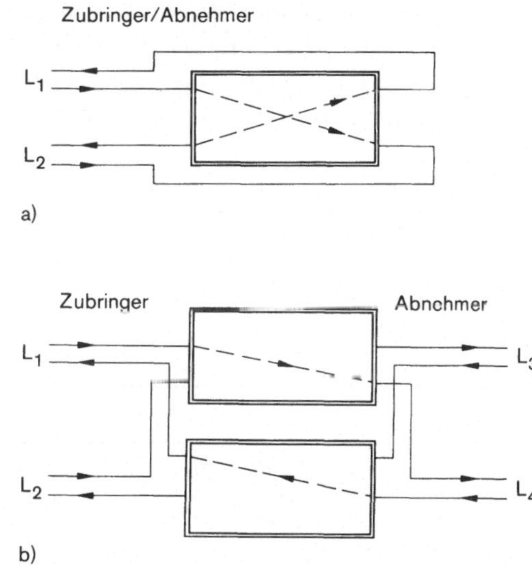

Bild 4.24. „Vierdrähtigkeit" (Duplexbetrieb). **a**) combined switching mode; **b**) separated switching mode

Mit Bild 4.23 wurde bereits ein Lösungsweg für die Realisierung der „Vierdrähtigkeit", d. h. der Vollduplexfähigkeit der Koppeleinrichtung, vorweggenommen. Dies wird mit Bild 4.24 verallgemeinert. Die Duplexfähigkeit kann entweder – wie im Beispiel Bild 4.23 – dadurch erreicht werden, daß die „ankommenden Kommunikationsrichtungen" der Multiplexübertragungssysteme an die eine Seite, die „abgehenden Kommunikationsrichtungen" an die andere Seite der Koppeleinrichtung angeschlossen werden (Bild 4.24 a, „combined switching mode" [4.12]). Im Gegensatz dazu wird in Bild 4.24 b für jede Kommunikationsrichtung eine eigene Koppeleinrichtung vorgesehen, die allerdings beide von einem gemeinsamen Haltespeicher aus gesteuert werden können („separated switching mode" [4.12]). Die Anschlußkapazität ist unter sonst gleichen Bedingungen im Fall b) doppelt so groß wie im Fall a), allerdings ist im Gegensatz zu a) ein Vermitteln zwischen L_1 und L_2 bzw. L_3 und L_4 nicht ohne weiteres möglich, so daß man den „Separated Switching Mode“ nur anwenden kann, wenn gerichtete Verkehrsbeziehungen vorliegen. Das bedeutet: Auf der einen Seite müssen Zubringer, auf der anderen Seite Abnehmer angeschlossen werden! Es sei noch nachgetragen, daß es üblich ist, im Übertragungssystem für jede Kommunikationsrichtung einer Duplexverbindung den gleichen Zeitschlitz zu belegen. Für das Einhalten dieser „Symmetrie“ muß beim Durchschalten von Duplexverbindungen in der Koppeleinrichtung gesorgt werden, wie es auch im Beispiel Bild 4.23 gezeigt wurde.

Es gibt einige weitere Durchschaltevarianten bei digitalen Koppeleinrichtungen. Bild 4.25 a knüpft an das Durchschaltebeispiel des Bildes 4.23 a an und zeigt die Belegung der Wortspeicherzellen A und B für eine Duplexverbindung in Abhängigkeit von der Zeit. A und B sind nie gleichzeitig belegt, so daß man statt dessen mit einer Zelle auskommen könnte. Mit anderen Worten: Der Wortspeicher braucht nur $m \cdot a/2$ Zellen zu umfassen. Statt dessen müssen aber nun – wie Bild 4.25 zeigt – die Wortspeicherzellen sowohl adressiert ausgelesen als auch adressiert eingeschrieben werden. Der Haltespeicher wird also „breiter“.

Bedeutungsvoller noch sind die Varianten der *seriellen* oder *parallelen* Durchschaltung (Bild 4.26). Bei serieller Durchschaltung werden alle 8 bit jedes

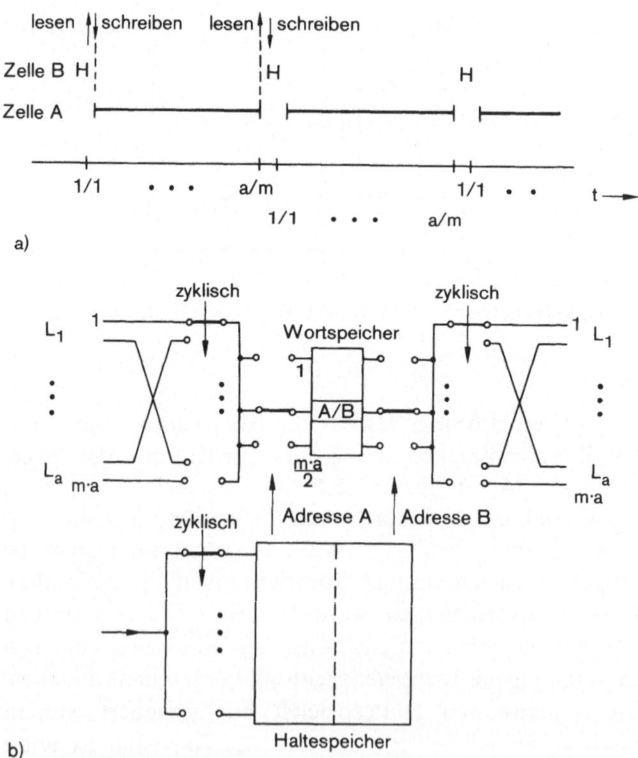

Bild 4.25. Halbierung des Wortspeichers. **a)** Verbindung $1/1$–a/m, Speicherbelegung nach Bild 4.23; **b)** funktionale Darstellung einer modifizierten Anordnung

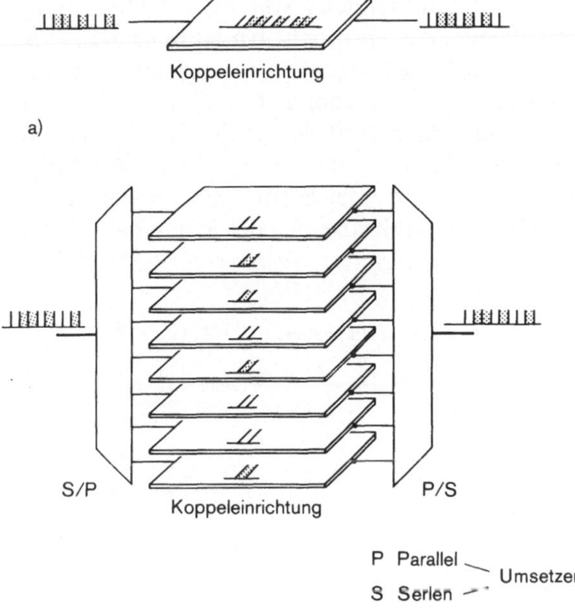

Bild 4.26. Durchschaltemoden. **a**) serielle Durchschaltung; **b**) parallele Durchschaltung

Oktetts nacheinander über die Koppeleinrichtung – oder über Teile davon – durchgeschaltet (Bild 4.26 a), bei paralleler Durchschaltung werden sie dagegen gleichzeitig über 8 parallele Ebenen vermittelt. Alle Ebenen können von denselben Steuerungseinrichtungen bedient werden. Auch Modifizierungen wie „Durchschaltung von Halboktetts" oder „Durchschaltung von Doppeloktetts" sind möglich. Der Vorteil der Paralleldurchschaltung liegt – bei erhöhtem Durchschalteaufwand – in der z. B. achtfach höheren Arbeitsgeschwindigkeit. Damit läßt sich ein so einfaches Prinzip wie das Kombinationsvielfach auch für größere Koppelanordnungen anwenden.

Hierzu folgendes Beispiel: Die Zahl der zu vermittelnden Zeitschlitze ist $z = m \cdot a$ (Bild 4.23). In jedem Zeitschlitz ist bei Paralleldurchschaltung ein Lese- und ein Schreibtakt erforderlich, die Zahl der Takte in einem Zyklus von 125 µs ist deshalb $2m \cdot a$. Die Taktfrequenz (in kHz) der Koppeleinrichtung wird damit zu

$$f_T = 2\,m \cdot a/0{,}125 = 16\,m \cdot a.$$

Schließt man PCM-Grundsysteme mit jeweils 32 Zeitschlitzen (Abschnitt 2.3.3) an die Koppeleinrichtung an, so ist $m = 32$, und die Anzahl der anschließbaren Übertragungssysteme wird mit f_T in MHz

$$a \approx 2\,f_T\,.$$

Bei einer Taktfrequenz von etwa 8 MHz lassen sich also 16 Grundsysteme anschließen, das entspricht bei 30 nutzbaren (Sprech-)Kreisen je Grundsystem einer Anschlußkapazität von insgesamt 480 (Sprech-)Kreisen, aufgeteilt auf Zubringer und Abnehmer. Mit „Tricks" läßt sich bei gegebener Taktfrequenz die Anschlußkapazität weiter erhöhen, z. B. durch die Paralleldurchschaltung von Doppeloktetts oder durch die Verwendung von zwei Wortspeichern, die umschichtig und gleichzeitig geschrieben und gelesen werden. Betont sei nochmals die Verlustfreiheit des Kombinationsvielfachs in dieser Form.

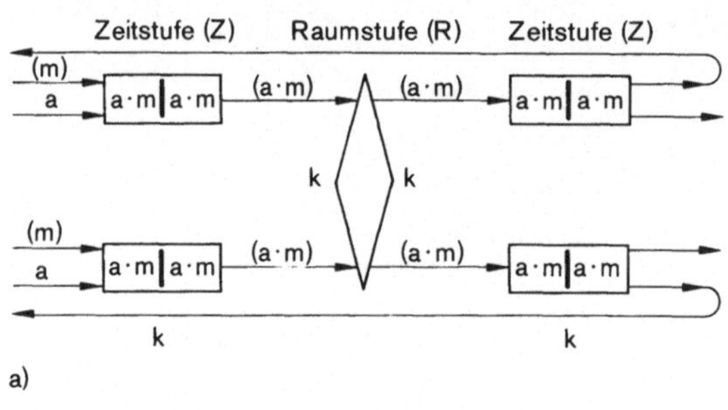

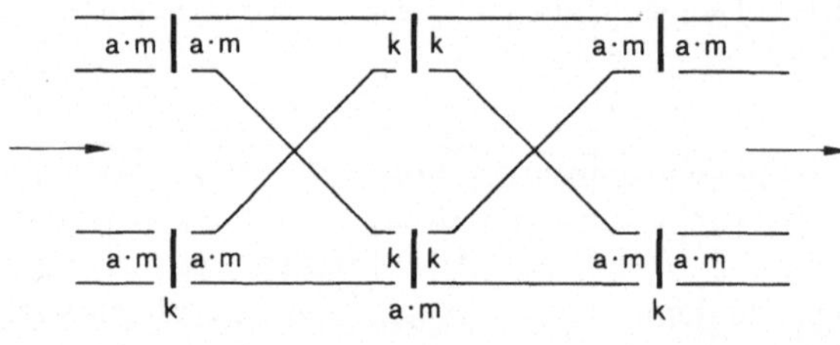

Bild 4.27. Dreistufige Koppelanordnung (Beispiel). **a)** symbolische Darstellung; **b)** räumliches Ersatzbild

Wenn die Anschlußkapazität *eines* Kombinationsvielfachs nicht mehr ausreicht, müssen auch digitale Koppeleinrichtungen mehrstufig ausgeführt werden. Bild 4.27 gibt hierfür ein Beispiel. Ähnlich wie mehrstufige Raummultiplex-Koppelanordnungen aus Koppelstufen zusammengesetzt sind, bestehen digitale Zeitmultiplex-Koppelanordnungen aus *Zeitstufen* und *Raumstufen* oder aus *Zeitstufen* allein. Als „Zeitstufe" wird die Gesamtheit der „untereinanderliegenden" Zeitlagenvielfache oder Kombinationsvielfache bezeichnet, sinngemäß nennt sich „Raumstufe" die Gesamtheit der zusammengehörigen Raumlagenvielfache. Die Aufeinanderfolge von Zeit- und Raumstufen kann in verschiedenen Systemkonzepten unterschiedlich sein. In Kapitel 7 werden weitere Beispiele besprochen.

4.5 Zusatzgesichtspunkte für die Durchschaltung verschiedener Bitraten

Die zuvor beschriebene digitale Fernsprech-Zeitmultiplex-Koppeleinrichtung ist dadurch gekennzeichnet, daß sie einheitlich nur Bitraten von 64 kbit/s entsprechend dem digitalen Fernsprechkanal (Abschnitt 2.1) vermittelt. Es gibt allerdings eine Reihe digitaler Kommunikationsformen – Text und Daten –, die mit kleineren Bitraten auskommen und bisher in eigenen Netzen geführt werden [4.13, 4.14] (Abschnitt 1.2, Tabelle 1.2). Wenn man alle Bitraten in einem gemeinsamen Netz vermitteln will, kann man entweder alle kleineren Bitraten auf die einheitliche Bitrate von – in diesem Fall – 64 kbit/s aufpolstern (Abschnitt 8.3), oder man muß ein Vermittlungskonzept wählen, das unterschiedliche Bitraten durchzuschalten gestattet. Dieser Weg soll hier näher betrachtet werden.

Ein wesentliches Kennzeichen der digitalen Fernsprechvermittlung sind die Haltespeicher, die einfach, leistungsfähig und koordiniert alle Gatter der Koppeleinrichtung steuern. Kann das Prinzip für die Durchschaltung verschiedener Bitraten beibehalten werden?

Mittels Haltespeicher können höhere Bitraten als die „Grundbitrate", für die er ausgelegt ist, durch mehrfachen Eintrag der Adressen und damit mehrfaches Ansteuern derselben Gatter innerhalb eines Rahmens vermittelt werden. Auf diese Weise lassen sich ganzzahlige Vielfache der Grundbitrate durchschalten. Jedoch stehen die zu vermittelnden Bitraten im allgemeinen nicht in einem ganzzahligen Verhältnis zueinander. Das stört jedoch dann nicht sehr, wenn die Durchschaltebitrate höher als notwendig ist. Dann muß von Zeit zu Zeit eine „Leerinformation" übertragen werden.

Ein Konzept dieser Art ist in Bild 4.28 angedeutet. Es sollen Bitraten zwischen 50 bit/s und 64 kbit/s durchgeschaltet werden. Dann ist die Grundbitrate 50 bit/s, auf die der Haltespeicher auszulegen ist. Der Wortspeicher wird 10 bit breit gewählt, um Worte verschiedener Länge vermitteln zu können und ggf. eine Kennung „Leerinformation" mitzugeben. Der Haltespeicher ist z. B. $z = 2048$ Zeilen „lang", die zugehörige Rahmendauer sei 128 ms. Vermittelt werden sollen Bitraten von 50 bit/s, 600 bit/s und 64 kbit/s. Dann ergeben sich folgende Verhältnisse:

a) 50 bit/s (Grundbitrate). Ein Wort besteht aus 5 bit. Startschritt und Stopschritt werden am Ausgang neu generiert und brauchen nicht übertragen zu werden. 6,7 Worte (Zeichen)/s sind zu transportieren, die Übertragung eines Wortes soll also wenigstens alle 150 ms möglich sein. Mit einer Rahmendauer von 128 ms ist diese Bedingung erfüllt. Der Haltespeicher läßt 2048 mit verschiedenen 50-bit/s-Verbindungen belegte Zeitschlitze zu (rechts in Bild 4.28).

b) 600 bit/s. Die Nutzbits werden z. B. in Sechsergruppen transportiert (alternativ ist auch der Transport in Achtergruppen möglich) und müssen zusätzlich eine Kennung darüber mitführen (1 bit), ob es sich um Signalisierungsinformation handelt (Teil des „Envelopes"). Das Synchronisierbit (zweiter Teil des „Envelopes") wird wiederum am Ausgang zugesetzt. 100 Worte (Zeichen) je Sekunde sind zu übertragen. Teilt man hierzu die Rahmendauer von 128 ms in 16 Teile, so findet alle 8 ms ein Übertrag statt. Jede Verbindung muß also 16fach in den Haltespeicher eingetragen werden, damit sind 128 verschiedene 600-bit/s-Verbindungen möglich (Mitte in Bild 4.28).

c) 64 kbit/s. Alle 125 μs muß – wie bekannt – ein Oktett übertragen werden. Hierzu ist die Rahmendauer von 128 ms durch 1024 zu teilen, d. h., *eine*

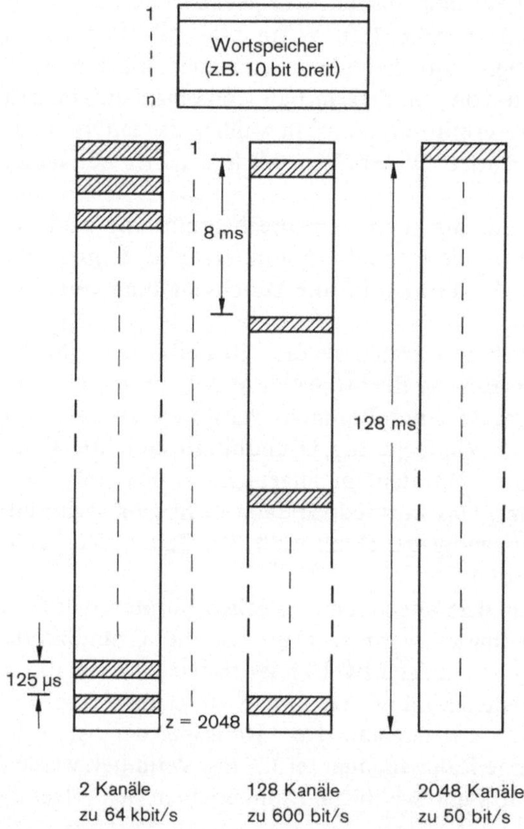

Bild 4.28. Fiktive Haltespeicherbelegung für die Durchschaltung unterschiedlicher Bitraten (Durchschaltung von 10-bit-Zeichen)

64 kbit/s-Verbindung wird 1024mal in den Haltespeicher eingetragen, es können überhaupt nur 2 64-kbit/s-Verbindungen vermittelt werden (links in Bild 4.28).

Mit anderen Worten: Das Haltespeicherprinzip ist in dieser Form für die Durchschaltung niedrigerer Bitraten als 64 kbit/s nicht geeignet. In der Praxis sind die Verhältnisse umgekehrt: Der Massenverkehr „Fernsprechen" beansprucht die bei weitem größte Durchschaltekapazität, die übrigen Bitraten stellen einen wesentlich geringeren Anteil des Verkehrsaufkommens. Mit – in diesem Beispiel – 1024 Haltespeicherzellen für *einen* Fernsprechkanal ist der Aufwand für den „Massenverkehr" viel zu groß!

Man muß also das einfache, aber starre Prinzip des zentralen Haltespeichers zugunsten intelligenter dezentraler Lösungen verlassen. In Bild 4.29 a ist eine Dezentralisierung des Haltespeichers je Kanal oder Kanalgruppe angenommen. Dadurch ist eine Linearisierung des Aufwandes und eine Anpassung an die tatsächliche Beschaltung der Koppeleinrichtung möglich. Die dezentrale Intelligenz sorgt dafür, daß die Benutzung des zentralen Wortspeichers nur zu den durch eine zentrale Instanz zugewiesenen Zeitpunkten erfolgt. Hierzu muß die dezentrale Intelligenz aber auf die Benutzungszeitpunkte aufsynchronisiert werden. Deshalb werden die jeweiligen Positionen zentraler Zähler (z. B. Zähler 1 und 2) den dezentralen Intelligenzen zugeführt.

In Bild 4.29 b ist das Beispiel eines Durchschaltezeitplans für unterschiedliche Kanalbitraten angegeben. Der Gesamtrahmen, nach dessen Ablauf sich die Durchschaltekonfigurationen zyklisch wiederholen, erstreckt sich z. B. über 128 ms, um die in Bild 4.28 angenommenen Kanalbitraten vermitteln zu können. Es gibt eine große Anzahl von Fernsprechkanälen, die alle 125 µs vermittelt werden müssen. Jeder Fernsprechkanal belegt damit einen durchgehenden, senkrechten Streifen, der einer Kanalzeit von 125 µs/1024 = 0,124 µs entspricht. Wenn man einen senkrechten Streifen für 50-bit/s-Kanäle reserviert, so kann man in diesem bis zu 1024 verschiedene dieser Kanäle unterbringen (zwei Kanäle sind angedeutet). Ein für 600-bit/s-Kanäle reservierter Streifen erlaubt die Übertragung von 1024/16 = 64 dieser Kanäle.

Der in Bild 4.29 a noch zentral vorhandene Wortspeicher laßt sich – wenn ohnehin dezentrale Intelligenz eingesetzt wird – ebenfalls dezentralisieren. Formal erhält man damit Koppelanordnungen nach dem Z-(R)-Z Prinzip. Ein weiterer Schritt zu größerer Flexibilität zur Durchschaltung unterschiedlicher Bitraten kann z. B. durch Verlassen des Prinzips der „äquidistanten Durchschaltung" zugunsten einer „bedarfsweisen Durchschaltung" gemacht werden. Bild 4.29 c deutet dieses Prinzip an: Nach Empfang einer Nachrichteneinheit (z. B. eines Zeichens) wird vom dezentralen Kanalprozessor der zentrale Highway (Bus) angefordert, die Zuteilung erfolgt unter Berücksichtigung gleichzeitiger Anforderungen von verschiedenen Kanalprozessoren. Der Zeichendurchsatz muß bei vorgegebener Anschlußkapazität groß genug sein, um die angeschlossenen Sprachkanäle in weniger als 125 µs durchschalten zu können. Unter diesen Umständen läßt sich das Prinzip sowohl für kanalorientierte (also quasi-„äquidistante") als auch für paketorientierte Durchschaltung verwenden.

Bild 4.29 d erläutert einige im einzelnen notwendige Durchschaltefunktionen. Auf die Anforderung A der Highwaynutzung erfolgt die Zuteilung a für den ankommenden Kanal. Damit kann die Zieladresse Z zum Buszuteiler übertragen werden, der mit z die Anschaltung des gewünschten Ziels besorgt. Mit N wird die Nutzinformation übertragen, die Herkunftsadresse H sorgt für die richtige Einsortierung der Nutzinformation in den in Zielrichtung abgehenden Bitstrom.

Selbstverständlich gibt es noch andere Prinzipien der Durchschaltung unterschiedlicher Bitraten, z. B. [4.15–4.17]. Letzten Endes muß aber abgewogen

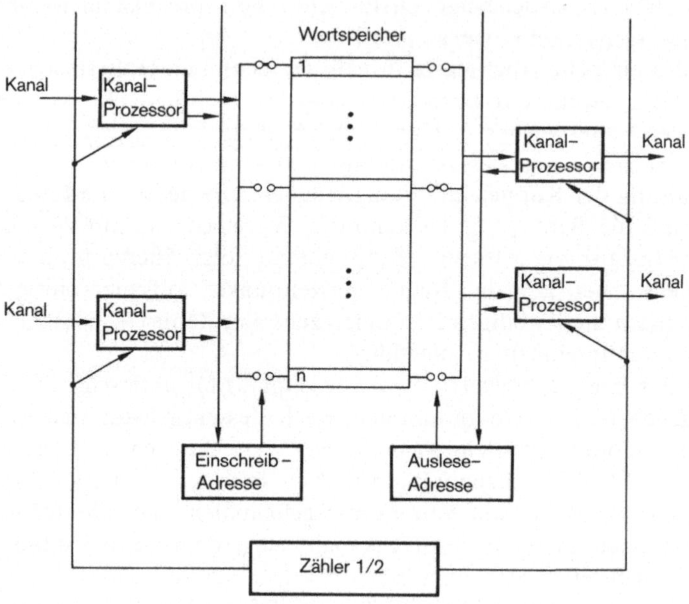

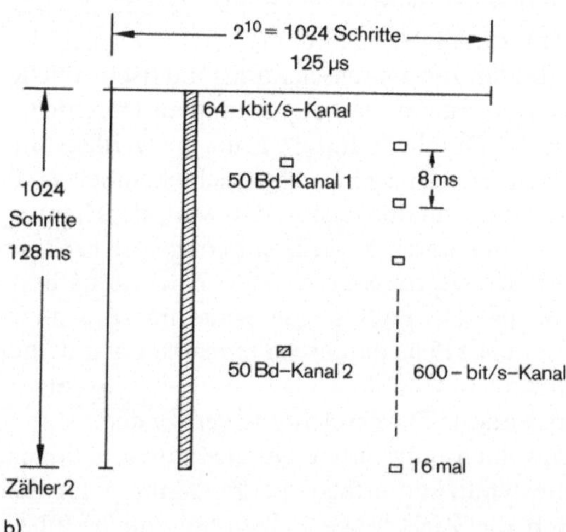

Bild 4.29. Prinzipien der Durchschaltung unterschiedlicher Bitraten. **a**) Dezentralisierung des Haltespeichers; **b**) Durchschaltezeitplan für unterschiedliche Kanalbitraten; **c**) Dezentralisierung auch des Wortspeichers (Z-R-Z), Übergang auf das „on demand"-Prinzip; **d**) Belegung des Parallel-Busses. A Anforderung, a Anschaltung der Anforderung, Z Zieladresse, z Anschaltung des Zieles, N Nutzzeichen, H Herkunftsadresse, q Quittung, Rückstellen, x Anschaltegatter

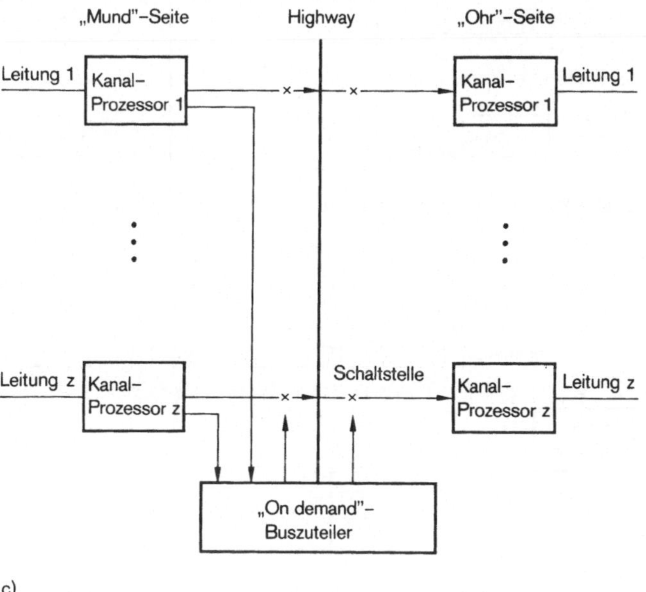

c)

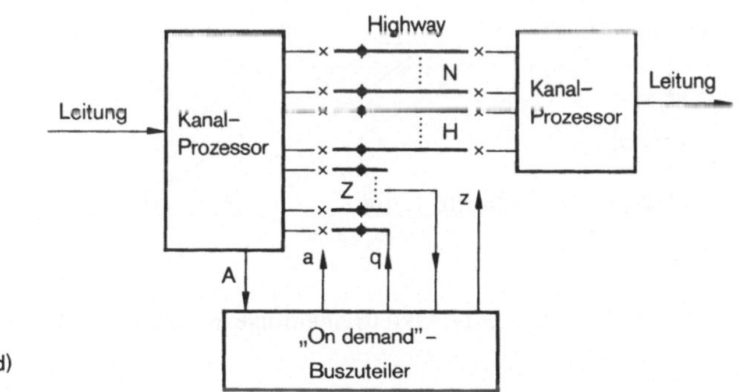

d)

werden, ob die durch derartige Prinzipien verursachte Komplizierung – und damit Verteuerung – der Durchschaltung angesichts des überwiegenden Verkehrsaufkommen durch Fernsprechkanäle gerechtfertigt ist. Alternativ ist zu erwägen, ob man für unterschiedliche Bitraten nicht getrennte Koppeleinrichtungen vorsehen sollte oder ob man nicht grundsätzlich alle kleineren Bitraten gemäß Bild 4.30 auf 64 kbit/s aufpolstert (*padding*) (Abschnitt 8.3).

Es bleibt noch die Aufgabe, Kanäle *höherer* Bitrate als 64 kbit/s zu vermitteln. Auch hierfür sind selbstverständlich spezielle, getrennte Koppeleinrichtungen möglich. Wenn es sich jedoch um relativ seltene Anwendungen nicht zu hoher Bitrate handelt, kann eine Koppelanordnung mit der Grundbitrate von 64 kbit/s in einfacher Weise auch Vielfache von 64 kbit/s übertragen, wenn man – wie schon besprochen – diese Verbindungen mehrfach in die Haltespeicher einträgt. Verzichtet man dabei – etwa um mehr Verbindungsmöglichkeiten

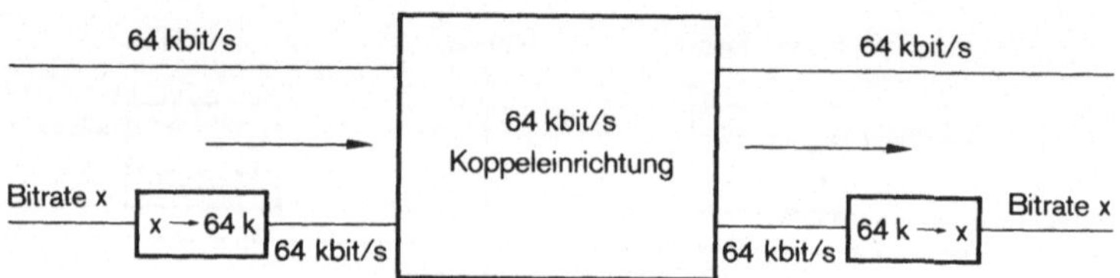

Bild 4.30. „Aufpolstern" auf die Einheitsbitrate 64 kbit/s

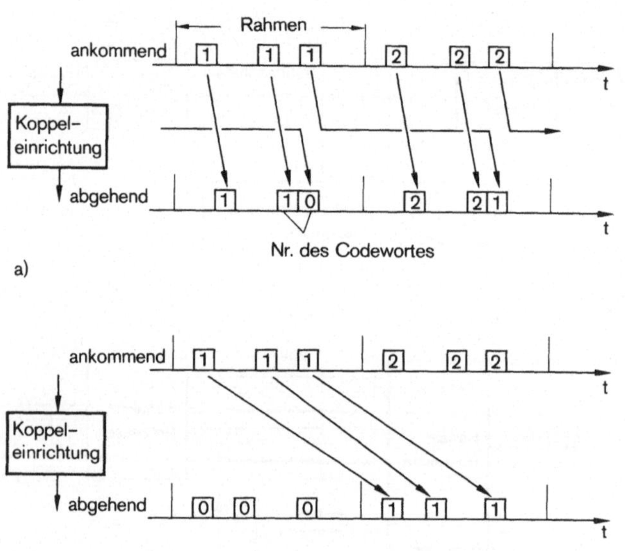

Bild 4.31. Verletzung der Oktettreihenfolge. **a)** falsche Reihenfolge; **b)** richtige Reihenfolge

ausnützen zu können – auf eine äquidistante Durchschaltung aller zusammengehörigen Kanäle, so kann das in Bild 4.31 gezeigte Problem auftreten: Die Reihenfolge der Kanäle läßt sich beibehalten, dennoch kann die ursprüngliche Oktettreihenfolge gestört werden. In Bild 4.31 ist angenommen, daß Abtastwerte eines für 192 kbit/s codierten hochwertigen Signals übertragen werden. Es gehören also jeweils 24 bit, die auf drei aufeinanderfolgende 64-kbit/s-Kanäle verteilt sind, zu einem Codewort. In Bild 4.31 a werden zusammengehörige Codeworte in der Oktettreihenfolge gestört. Das läßt sich vermeiden, wenn man z. B. grundsätzlich alle Kanäle in den jeweils *folgenden* Rahmen vermittelt (Bild 4.31 b im Gegensatz zu Bild 4.31 a, wo – soweit möglich – Kanäle auch in denselben Rahmen vermittelt werden). Dies hat allerdings auch den Nachteil einer Erhöhung der mittleren Durchschalteverzögerung für *alle* Kanäle zur Folge [4.18].

4.6 Weitere Maßnahmen für digitale Koppeleinrichtungen

Mit diesen grundsätzlichen Betrachtungen sind bei weitem nicht alle Probleme digitaler Koppeleinrichtungen angesprochen. Nicht behandelt sind Maßnahmen zur Aufsynchronisierung auf den ankommenden Bitstrom, Taktgewinnung [2.3], Zusatzmaßnahmen für die Realisierung von Konferenzverbindungen, digitaler Dämpfung, A/μ-Codeumsetzungen (Abschnitt 2.1) u.a.m. *Eine* wichtige Aufgabe soll jedoch noch etwas ausführlicher erörtert werden: Die Taktsynchronisierung in einem integrierten digitalen Netz (z. B. [4.19]).

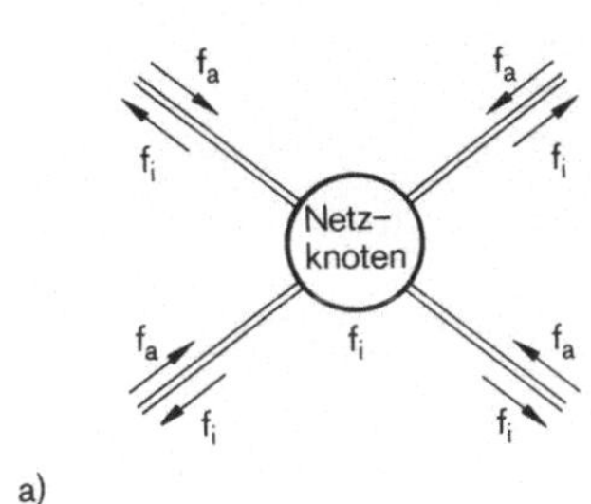

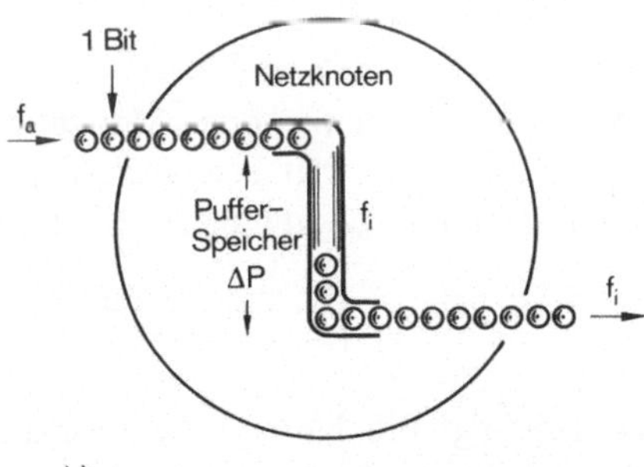

Bild 4.32. Digitalnetzsynchronisierung. **a**) Aufgabenstellung; **b**) Wirkung des „Eingangspuffers". f_i interne/abgehende Taktfrequenz. f_a ankommende Taktfrequenz

Die Problematik erläutert Bild 4.32. An einem digitalen Netzknoten kommen Bitströme von anderen Netzknoten mit einer Taktfrequenz f_a an, die vom jeweils sendenden Netzknoten bestimmt wird. Der betrachtete Netzknoten aber läuft mit einer internen Taktfrequenz f_i, die er auch den Bitströmen zu anderen Netzknoten mitgibt. Wenn nun $f_a \neq f_i$ ist, kommt es im Netzknoten entweder zu einem „Bitstau" oder zu einem „Bitmangel". Will man einen kontinuierlichen Bitstrom über den Netzknoten aufrechterhalten, muß man im ersten Fall ab und zu Nutzbits „wegwerfen", im zweiten Fall Blindbits einfügen. In beiden Fällen wird die Nutzinformation durch *Schlupf* (Slip) verfälscht. Wenn dies nicht zu häufig auftritt, kann es toleriert werden.

Was heißt nun „häufig"? Bild 4.32b zeigt symbolisch, wie man durch Eingangspufferspeicher die Schlupfhäufigkeit beeinflussen kann. Je länger das puffernde senkrechte Rohr ist, desto seltener ist ein Schlupf, verursacht durch

„Vollaufen" oder „Leerlaufen" des Rohrs durch unterschiedliche Zufuhrgeschwindigkeit von „Bitkugeln". Allerdings werden im Schlupffall um so mehr Bits verfälscht, je länger das Rohr ist.

Überschuß oder Mangel an Bits ΔP im Netzknoten läßt sich beschreiben durch

$$\Delta P = \int_{t_1}^{t_2} [v_a(t) - v_i(t)] \, dt.$$

Dabei ist v_a die Bitrate des ankommenden, v_i die Bitrate des abgehenden Bitstroms. Für den betrachteten kurzen Zeitraum $\Delta t = t_2 - t_1$ möge $v_a - v_i$ konstant sein. Dann ist

$$\Delta P = (v_a - v_i)\,\Delta t.$$

Nun entspricht die Bitratenabweichung der Frequenzabweichung:

$$\frac{v_a - v_i}{v_a} = \frac{f_a - f_i}{f_a}.$$

Führt man ferner die für die Übertragung *eines* Bits erforderliche Zeit (*eine* Bitzeit) t_0 ein, so ist $t_0 = 1/v_a$, und es wird

$$\Delta P = \frac{f_a - f_i}{f_a}\,\frac{1}{t_0}\,\Delta t.$$

Wird ein Überschuß oder Mangel an Bits im Pufferspeicher der Länge ΔP bit aufgefangen, so tritt erst nach der Zeit Δt ein Schlupf auf. Vorausgesetzt ist „schlagartiges" Leeren oder Füllen der Pufferspeichers im Schlupffall:

$$\Delta t = t_0 \frac{1}{(f_a - f_i)/f_a}\,\Delta P,$$

Nun erfolgt die Netzsynchronisierung auf der Basis des 2,048-Mbit/s-Grundsystems; in diesem System ist

$$t_0 = \frac{1}{2{,}048 \cdot 10^6}\,\mathrm{s} \approx 0{,}5 \cdot 10^{-6}\,\mathrm{s}.$$

Die Frequenzabweichung $(f_a - f_i)/f_a$ sei zu 10^{-7} angenommen. Wird nur ein Pufferplatz für ein Bit vorgesehen ($\Delta P = 1$), so wird die Zeit, nach der ein Schlupf auftritt,

$$\Delta t_1 = t_0 \frac{1}{(f_a - f_i)/f_a}\,\mathrm{s} = 5\,\mathrm{s}.$$

Der Schlupf läuft nun gleichmäßig über alle 256 bit eines Rahmens hinweg (bei Annahme linearer Verhältnisse über einen kurzen Zeitraum). Das heißt, in dem 8-bit-PCM-Wort eines Fernsprechkanals entsteht für die Dauer von $5 \cdot 8 = 40$ s alle 5 s ein störendes Geräusch, anschließend kommt der folgende Kanal in die „Störzone" – und so fort – bis schließlich nach $31 \cdot 40\,\mathrm{s} = 1240\,\mathrm{s}$ (20 min) wieder die Störung des erstgenannten Kanals beginnt.

Für den Kommunikationsablauf ist es besser, wenn eine einzige Störung gleichzeitig für alle 32 Kanäle des Grundsystems auftritt. Hierzu wählt man $\Delta P = 256$, d. h., *ein* Rahmen wird zwischengepuffert [4.20]:

$$\Delta t_{256} = 0{,}5 \cdot 10^{-6} \cdot 10^{7} \cdot 256 \text{ s} = 21 \text{ min.}$$

Alle 21 min werden also alle Kanäle gleichzeitig von einem Schlupf betroffen. Für den einzelnen Kanal bedeutet das die Verfälschung *eines* Oktetts innerhalb von 21 min, während im erstgenannten Beispiel in derselben Zeit acht Oktetts verfälscht wurden.

Eine Weiterführung des Prinzips durch Zwischenpufferung *mehrerer* Rahmen bringt mehr Nachteile als Vorteile: Es werden durch Schlupf entsprechend viele Oktetts eines Kanals gestört, der Aufwand wächst, und vor allem wird die Laufzeit der Nachrichten über den Netzknoten erhöht.

Verbessert man die Genauigkeit der Taktgeneratoren mit Hilfe von Atomuhren auf Werte von $(f_a - f_i)/f_a \approx 10^{-11}$, so werden die Schlupfabstände wesentlich größer: Bei $\Delta P = 1$ (also nur ein Pufferplatz) wird $\Delta t_1 \approx 14$ h, bei $\Delta P = 256$ (Pufferung eines Rahmens) ist $\Delta t_{256} \approx 5$ Monate. Man spricht hierbei von *plesiochronem* Betrieb.

Es gibt aber auch Synchronisierverfahren, bei denen zumindest theoretisch kein Schlupf auftritt. Hierzu gehört die *gegenseitige* (mutual) *Synchronisierung*, bei der aus dem Mittel der Taktfrequenzen der ankommenden Bitströme die interne und damit die abgehende Taktfrequenz gebildet wird (Bild 4.32 a):

$$f_i = \frac{1}{n} \sum_{j=1}^{n} f_{aj}.$$

Beim „*Master-slave*“-*Verfahren* steuert ein hochgenauer, zentraler Muttergenerator die Tochtergeneratoren in den Netzknoten. Hier müssen die Probleme der Verteilung des Taktes und der Sicherheit beherrscht werden.

5 Signalisierung, Schnittstellen und Protokolle

5.1 Das Problem der Verständigung

„Wohlauf, lasset uns herniederfahren und ihre Sprache daselbst verwirren, daß keiner des anderen Sprache verstehe!" [5.1]. Mit dem Turmbau zu Babel kamen nicht nur die Verständigungsschwierigkeiten zwischen Menschen, sondern neuerdings auch zwischen Maschinen auf uns!

Überall, wo Maschinen miteinander kommunizieren, tauchen die Begriffe „Kompatibilität", „Schnittstellen" und „Protokolle" auf. Von *Kompatibilität* spricht man, wenn Komponenten eines Systems mit Komponenten eines anderen Systems zusammenarbeiten können. *Schnittstellen* (oder Nahtstellen, Interfaces) sind Trennstellen zwischen Systemkomponenten. Schnittstellen müssen verabredet (standardisiert) sein, wenn durch sie gekoppelte Systemkomponenten zusammenarbeiten sollen. *Protokolle* beschreiben Syntax und Semantik der Verständigungsmittel zwischen den Komponenten.

Die wichtigsten Schnittstellen der Telekommunikation zeigt Bild 5.1 (vgl. auch Bild 1.1). Der Mensch ist über die *Benutzerschnittstelle* S_1 mit dem System verbunden. S_1 sollte weltweit einheitlich sein, damit der Reisende überall in gleicher Weise z. B. telefonieren kann. Identisches gilt für die *Maschinenschnittstelle* S_1 (Bild 5.1): Eine Endeinrichtung soll in jedem Land der Erde anschließbar sein und sich mit gleichartigen Endeinrichtungen in jedem andern Land verständigen können.

Demgegenüber können die Schnittstellen S_2 zu den Nachrichtennetzen von Netz zu Netz und von Land zu Land variieren. Aber auch solche Varianten sollten nach Möglichkeit eingeschränkt werden, weil sie unterschiedliche Geräte, kleinere Stückzahlen, Erschwernisse in Betrieb und Wartung bedeuten.

Das offensichtliche Ideal, über Schnittstelle S_1 von jedem Anschluß mit jedem beliebigen anderen Anschluß am Netz kommunizieren zu können, wird allerdings nicht immer eingehalten. (Hierauf wird in Abschnitt 9.2 näher eingegangen.) Insbesondere ist die Kommunikation zwischen Maschinen ein schwieriges technisches und organisatorisches Problem. Ein wichtiger Schritt zur Problemlösung ist eine internationale Absprache, das Problem nach einheitlichen Gesichtspunkten zu strukturieren. Man hat ein OSI (Open Systems Interconnection)-*Architekturmodell* entworfen [5.2], das in erster Linie auf Paketvermittlungsnetze zugeschnitten ist und die Komplexität der Verständigung in verschiedene Ebenen gliedert. Der Versuch, dieses Modell allgemein auf alle Kommunikations- und Verarbeitungsprobleme anzuwenden, wird häufig gemacht und wirkt manchmal etwas „gezwungen". Ein solcher Versuch, die Architektur am Beispiel der Sprachkommunikation zu erläutern, sei hier verziehen (siehe unten)!

Prozeduren und Inhalte des Nachrichtenaustauschs werden auf die in Bild 5.2 angegebenen Ebenen (layers) aufgeteilt. Gleichnamige Ebenen auf der „A-Seite" und auf der „B-Seite" werden über ebenenspezifische Protokolle – sprich Kommunikationsregeln – miteinander verbunden. Diese gestrichelt gezeichneten Kommunikationsbeziehungen können allerdings nicht unmittelbar wirksam werden, sondern sie müssen auf darunterliegenden Ebenen aufsetzen, bis schließlich über die unterste Ebene die eigentliche „physikalische" Verbindung hergestellt wird [5.3].

Da uns Telekommunizierenden das Fernsprechen am geläufigsten ist, soll am Beispiel des Fernsprechnetzes die Ebenenstruktur erläutert werden (Bild 5.2a).

In einem Durchschaltenetz (Abschnitt 3.3), wie es das Fernsprechnetz ist, fallen im allgemeinen die Ebenen 1 bis 3 zusammen. In diesen Ebenen wird die phsyikalische Verbindung zwischen den beteiligten Anschlüssen am Netz hergestellt und auch wieder ausgelöst. Dafür sind einzuhaltende Regeln (Protokolle) formuliert und zu beachten. Beispielsweise gehört hierzu das Aussenden des Rufstroms zum gerufenen Teilnehmer (B) und das Verständnis des Gerufenen, auf dieses Signal hin den Hörer abzunehmen.

In der Ebene 4 vergewissert man sich u. a., ob der Nachrichten-„Transport" (die Mitteilung) den richtigen Teilnehmer erreicht. Das geschieht durch das Melden des Teilnehmers, durch das Erkennen der Stimme, oder ähnliches. In Ebene 5 wird der Kommunikationsprozeß stärker eingegrenzt, indem man z. B.

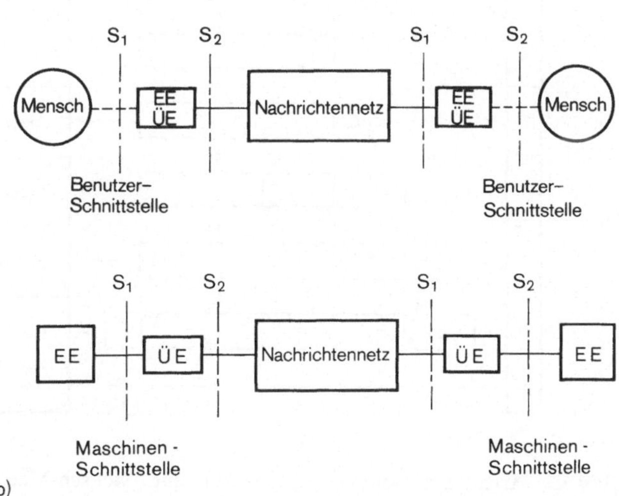

Bild 5.1. Schnittstellen der Telekommunikation. **a**) Schnittstellen bei Mensch-Mensch-Telekommunikation; **b**) Schnittstellen bei Maschine-Maschine-Telekommunikation. S_1 Standardschnittstelle, S_2 netzspezifische Schnittstelle, EE Endeinrichtung, ÜE Übertragungseinrichtung

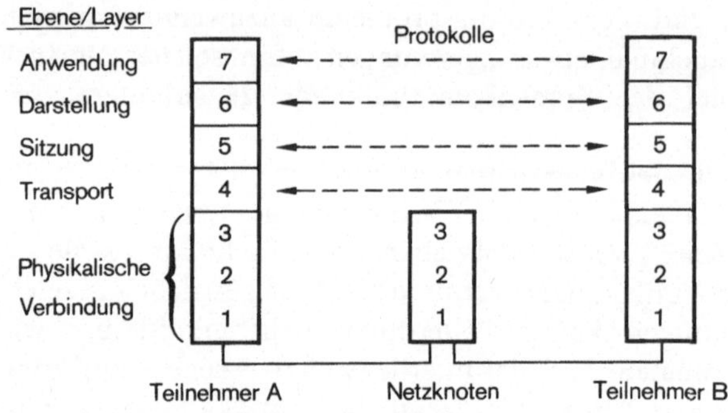

a)

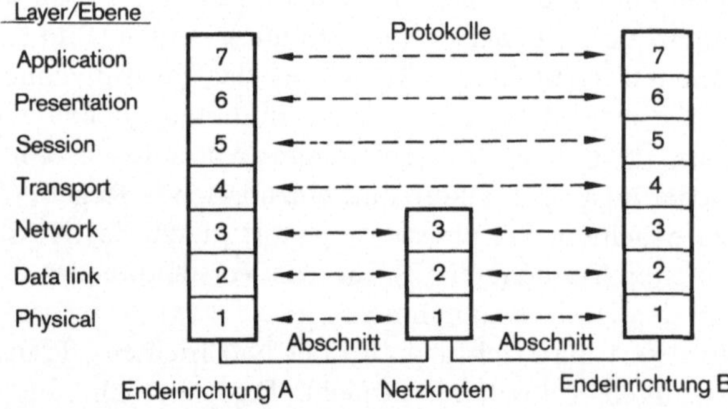

b)

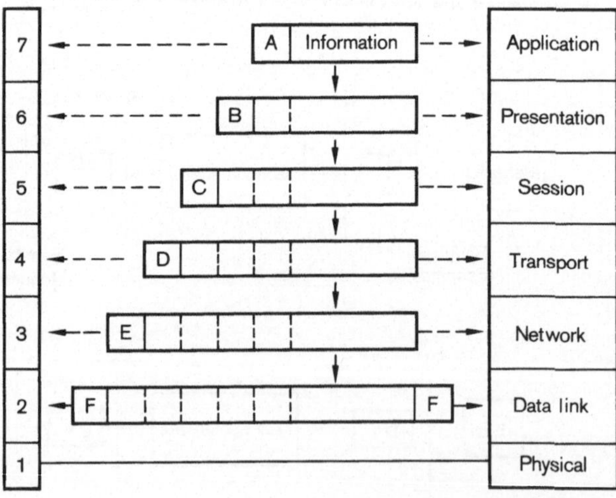

c)

Bild 5.2. Architekturmodelle. **a**) Modell der Mensch-Mensch-Telekommunikation im Durchschaltenetz; **b**) Modell der Maschine-Maschine-Telekommunikation im Teilstrecken-(Paketvermittlungs-)Netz; **c**) Prinzip der ebenenweisen Verpackung der Information. A Angaben zum Anwenderprozeß, B Angaben zur Datenstruktur, C Angaben zur Kopplung der Anwenderprozesse, D Angaben zum end-to-end-Transport, E Angaben zum Verbindungsziel, F Angaben zum abschnittweisen Transport

veranlaßt, den bei B als Besucher aus USA anwesenden Gast zur „Sitzung“ ans Telefon zu holen. In der Ebene 6 einigt man sich auf die zu verwendende Sprache (Sprach-„Darstellung“ deutsch oder englisch), in Ebene 7 schließlich auf die zu behandelnde „Anwendung“ (Wetter, Geschäftsvorfall usw.). Dann schließt sich der eigentliche semantische Gedankenaustausch an, der selbstverständlich auf allen vorhergehenden Ebenen aufbaut: Es wird weiterhin Englisch gesprochen, die beteiligten Personen bleiben dieselben, die aufgebaute Verbindung bleibt bestehen, bis irgendwelche Änderungen verabredet werden.

Was in der menschlichen Verständigung völlig oder nahezu problemlos erscheint, macht in der Kommunikation zwischen den wesentlich unflexibleren Maschinen erhebliche Schwierigkeiten. Für die Maschinenkommunikation sind „bis auf das Bit“ genaue Absprachen zwischen den Partnern notwendig, was insbesondere dann schwierig ist, wenn es sich bei den Partnern um Produkte verschiedener Hersteller handelt.

Das Architekturmodell der Maschinenkommunikation (Bild 5.2b) enthält auf der untersten Ebene (physical layer) die elektrisch-physikalischen Funktionen des Transports von Bitströmen zwischen Endeinrichtung und Netzknoten bzw. zwischen Netzknoten untereinander. Die zugehörigen Protokolle beschreiben z. B. Übertragungsverfahren, Zahl der Leitungen, Kennzeichnung von Zuständen oder Bits. In den Protokollen der 2. Ebene (data link layer) werden die *auf diesem Abschnitt* auszutauschenden logischen Prozeduren des Datentransports verabredet, also Formate, Fehlersicherung, Wiederholung von Nachrichten im Störungsfall usw. Die Funktionen der 3. Ebene (network layer) stellen den netzweiten Transport vom Ursprungsanschluß zum Zielanschluß sicher: Lenkung von paketierten Nachrichten von Abschnitt zu Abschnitt bis zum Ziel im Paketvermittlungsnetz bzw. Aufbau eines vom Ursprung bis zum Ziel durchgehenden Weges im Durchschaltenetz.

Die Funktionen der 4. Ebene (transport layer) bewirken den Nachrichtentransport als ganzes: Es müssen Transportsteuerung von Ursprung A zum Ziel B, Unterteilung der Nachricht in Pakete (fragmentation), Wiederzusammensetzen der Nachricht aus Paketen (reassembly), Kontrolle der richtigen Paketreihenfolge (Sequenz) und Identifikation des Empfängers in Protokollen festgelegt werden. In der Ebene 5 (session layer) wird die Verbindung zu dem gewünschten Anwenderprozeß in der Ziel-DVA hergestellt, verbunden mit der Bereitstellung der notwendigen Betriebsmittel, z. B. für einen Teilnehmer oder die Ursprungs-DVA. Die Ebene 6 (presentation layer) sorgt über ihre Protokolle für einheitliche Strukturierung, Formatierung und Darstellung der Daten der Teilnehmer. Mit den Protokollen der Ebene 7 (application layer) schließlich werden die Art der Nachrichten und weitere Einzelheiten des Dialogs festgelegt, also z. B. „file transfer“ oder „remote job entry“.

Bild 5.2c erläutert das Prinzip der ebenenweisen „Verpackung“ der Nachrichten. Die eigentliche Information erhält in jeder Ebene absteigend Zusätze, die als Parameter die Funktionen der jeweiligen Ebene steuern. Der Verpackungsvorgang wird am Empfangsort ebenenweise von unten nach oben wieder rückgängig gemacht. Wie Bilder 5.2a und b zeigen, sind die Ebenen 1 bis 3 zwischen Teilnehmern und Netz festzulegen, während die darüberliegenden

Ebenen zwischen den Teilnehmern verabredet werden müssen. Will man das zuvor erwähnte „Ideal“ einer Kommunikation „von jedem zu jedem“ realisieren, darf man allerdings solche Verabredungen nicht Teilnehmer- oder Herstellergruppen überlassen, sondern es müssen nationale oder internationale Standards festgelegt werden (Abschnitt 9.2).

5.2 Prinzipien der Signalisierung

Die Notwendigkeit, in den Ebenen 1 bis 3 für die ordnungsgemäße Lenkung des Nachrichtenaustausches über das Netz hinweg zu sorgen, spricht (nach dem „Koppeln“, Abschnitt 4) eine zweite Hauptaufgabe der Vermittlungstechnik an: die *Signalisierung.* Sie dient dem Austausch von Steuerungsnachrichten im Netz und mit den Teilnehmern; unter vielen anderen *Kennzeichen* gehört auch das vorher erwähnte Aussenden des Rufstroms zu dieser Signalisierung.

Die bisher benutzten oder bekannt gewordenen Signalisierungsverfahren zeichnen sich durch außerordentliche Vielfalt aus. In einem Versuch zur Systematisierung werden zwei Verfahrensgruppen unterschieden: die *kanalgebundene* Signalisierung und die Signalisierung auf *zentralem Zeichenkanal.* Bild 5.3 erläutert die Unterschiede: Die kanalgebundene Signalisierung ist dem Nutzkanal fest zugeordnet, sie wird also auch auf demselben Weg wie der Nutzkanal geführt. Demgegenüber besteht beim zentralen Zeichenkanal keine

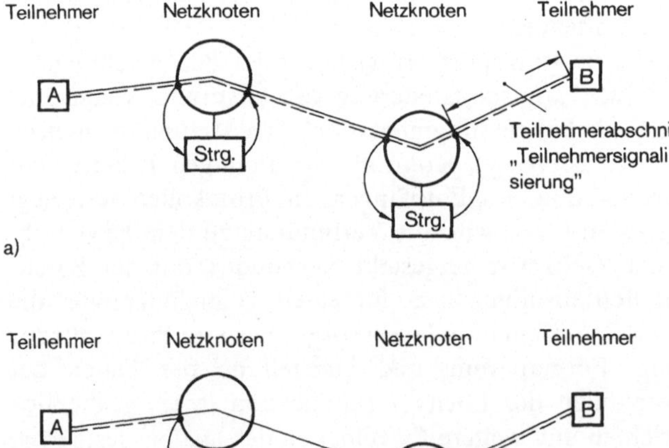

Bild 5.3. Grundformen der Signalisierung. **a**) kanalgebundene Signalisierung; **b**) Signalisierung auf zentralem Zeichenkanal. — Nutzweg, ---- Signalisierungsweg, Strg. Steuerung

feste Bindung an den Nutzkanal und seine Wegeführung: Auf dem zentralen Zeichenkanal (für viele Nutzkanäle) übertragene Signalisierungsnachrichten werden durch Adressenzusatz dem jeweiligen Nutzkanal zugeordnet. Wie das Bild zeigt, wird der zentrale Zeichenkanal hauptsächlich zwischen Netzknoten eingesetzt, er kann aber in besonderen Fällen – z. B. bei einer großen Nebenstellenanlage – auch zwischen Netzknoten und Teilnehmer verwendet werden.

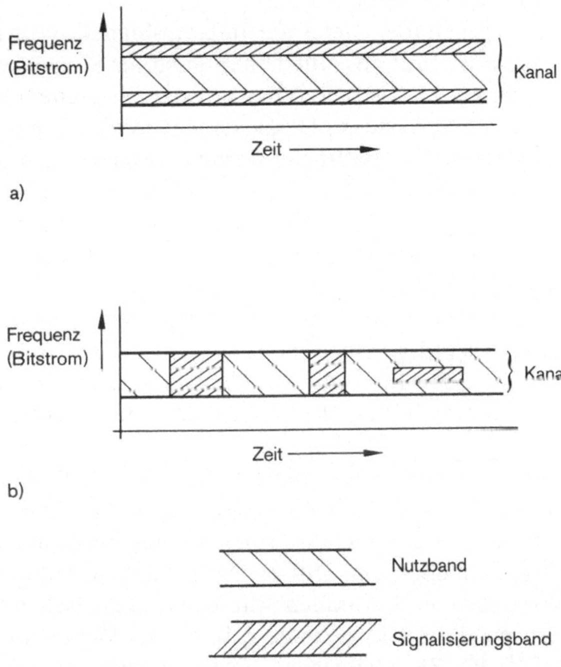

Bild 5.4. Varianten der kanalgebundenen Signalisierung. **a**) Außerbandsignalisierung; **b**) Imbandsignalisierung

Mittels kanalgebundener Signalisierung lassen sich im Prinzip schnelle Signalisierungsverfahren realisieren, bei denen die Signalisierungsnachricht in fester zeitlicher Relation zur Nutznachricht steht. Vorteilhaft ist auch, daß mit der Übertragung der Signalisierungsnachrichten auf dem Weg der Nutznachrichten gleichzeitig ein Prüfvorgang verbunden ist: Bei defektem Weg kann die Verbindung nicht aufgebaut werden, oder die Vermittlung kann nach der Fehlererkennung unmittelbar einen anderen Weg auswählen. Nachteilig ist u. a. die Notwendigkeit, von einer zentralisierten Steuerung aus zu vielen dezentralen Kanälen zugreifen zu müssen. Das bedeutet Aufwand!

Innerhalb der kanalgebundenen Signalisierung gibt es wieder zahlreiche Varianten. Wichtige Unterkategorien sind die *Außerband-Signalisierung* und die *Imband-Signalisierung* (Bild 5.4). Bei Außerband-Signalisierung können sich Nutznachricht und Signalisierungsnachricht nicht wechselseitig beeinflussen, allerdings wird man für die Signalisierungsnachrichten naturgemäß wesentlich weniger Übertragungskapazität als für die Nutznachrichten zur Verfügung stellen (Bild 5.4a). Das Repertoire der übertragbaren Steuerungsnachrichten ist deshalb häufig gering, es beschränkt sich als sog. *Leitungszeichen* z. B. darauf, das Auslösekennzeichen weiterzugeben. Beim digitalen 64-kbit/s-Kanal könnte – als fiktives erläuterndes Beispiel – ein Bit aus jedem Oktett für Signalisierungszwecke verwendet werden, so daß sich die verfügbare Nutzbitrate auf 56 kbit/s reduzieren würde.

Demgegenüber bietet die Imband-Signalisierung (Bild 5.4b) den Vorteil, die ganze Kapazität des Nutzkanals auch für Signalisierungsnachrichten verwenden zu können. Das ist allerdings kritisch bei „zeitempfindlichen" Nutznachrichten, wie es die Sprache ist. Denn Sprache muß in „real time" mit möglichst geringen Verzögerungen übertragen werden. Deshalb wird die Imband-Signalisierung im Fernsprechnetz in Form von sog. *Registerzeichen* meist nur für den Verbindungsaufbau vor der eigentlichen Kommunikationsphase angewendet. Diese Einschränkungen entfallen aber für die Datenübertragung. Kurzzeitige Verzögerungen durch Einblenden von Signalisierungszeichen stören dort im allgemeinen nicht, allerdings müssen Signalisierungs-Bitgruppen als solche gekennzeichnet werden. Dazu teilt man den Gesamt-Bitstrom in Gruppen von 6 oder 8 Bit ein, jede Bitgruppe erhält zwei zusätzliche Bits zur Synchronisierung und zur Kennzeichnung des Informationsinhalts (Nutzsignal oder Signalisierung) der Bitgruppe („Envelope").

Ein wichtiger Anwendungsfall der kanalgebundenen Signalisierung, Imband und Außerband, ist die *Teilnehmersignalisierung* auf dem Teilnehmerabschnitt (Bild 5.3). Diese Signalisierung war im Fernsprechnetz bisher wenig leistungsfähig: Schließen und Öffnen der Teilnehmerleitungsschleife, Wahlimpulse, Ruf, Hörzeichen und Ansagen waren die „klassischen" Teilnehmerkennzeichen im Fernsprechnetz. In neuerer Zeit kamen Mehrfrequenz-Signalisierungsverfahren (MFV) für Registerzeichen hinzu, die mit der Auswahl von je einer Frequenz aus zwei Frequenzgruppen zu je vier Frequenzen (Bereich von 697 bis 941 Hz und von 1209 bis 1633 Hz) jeweils eins aus 16 möglichen Kennzeichen vom Teilnehmer zum Netzknoten zu übertragen gestatten (Bild 2.2). Der mögliche Zeichenvorrat wird sich mit der Digitalisierung des Fernsprechnetzes und der Übertragung digitaler Fernsprechsignale auf der Teilnehmeranschlußleitung aber weiter wesentlich vergrößern (Abschnitt 8.3).

Die Teilnehmersignalisierung im Datenverkehr muß von vornherein über ein größeres Repertoire von Zeichen- oder Wortbedeutungen verfügen, weil alle für den Menschen möglichen akustischen Zeichen (Hörzeichen, Ansagen, Meldungen) sinngemäß in die „Maschinensprache" übersetzt werden müssen. Hierauf wird in den Abschnitten 5.3 und 5.4 näher eingegangen.

Nun noch einige allgemeine Aussagen zum zentralen Zeichenkanal: Auch auf dem zentralen Zeichenkanal läßt sich von vornherein ein großes Zeichenrepertoire realisieren. (Näheres hierzu wird in Abschnitt 5.5 an Beispielen erläutert.) Er verknüpft die Steuerungseinrichtungen der Netzknoten miteinander, eine Umsetzung auf Einzelkanäle – verbunden mit dem notwendigen Zugriff auf dezentrale Einrichtungen – ist aber im allgemeinen für den Teilnehmerabschnitt

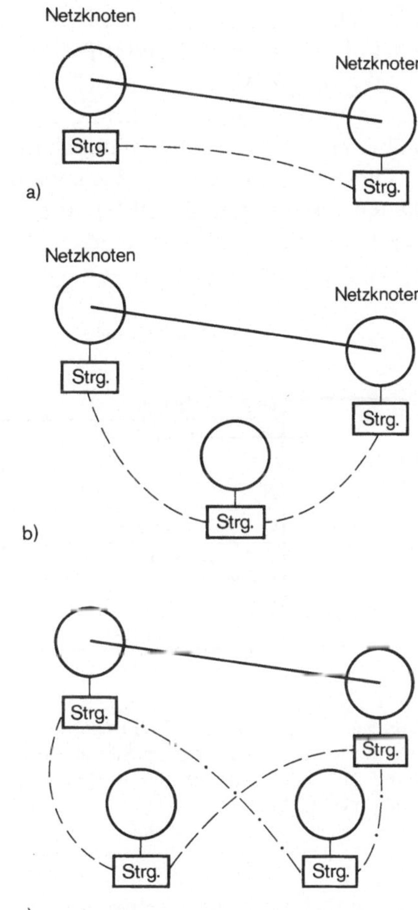

Bild 5.5. Varianten der Zeichengabe auf zentralem Zeichenkanal. **a**) assoziierter Zeichenkanal; **b**) quasi-assoziierter Zeichenkanal; **c**) nichtassoziierter Zeichenkanal. —— Nutzkanal, – – – zentraler Zeichenkanal, –·–·– alternativer zentraler Zeichenkanal, Strg. Steuerung

nötig (vgl. Bild 5.3 b). Hinsichtlich der Trassenführung unterscheidet man den *assoziierten* Betrieb (Nutzkanäle und zugehöriger Zeichenkanal auf derselben Trasse, Bild 5.5 a), den *quasiassoziierten* Zeichenkanal (Nutzkanäle und Zeichenkanal auf verschiedenen Trassen, aber in gleichbleibender Zuordnung, Bild 5.5 b) und den *nichtassoziierten* oder dissoziierten Betrieb, bei dem die Zuordnung der Zeichenkanaltrasse zu den Nutzkanälen wechseln kann. Im Extremfall wird ein eigenständiges „Datennetz“ für die Zeichengabe eingerichtet, hierauf wird in Abschnitt 5.6 eingegangen.

5.3 Die Schnittstelle X.21

Wie im Abschnitt 5.1 erwähnt, besteht die Notwendigkeit der Standardisierung der „Maschinenschnittstelle“ S_1 (Bild 5.1 b) zumindest für die Ebenen 1 bis 3 (Bild 5.2 b), um über das Netz Verbindungen auf- und abbauen oder Pakete an die richtige Adresse schicken zu können. In diesem Zusammenhang sind vom CCITT (Comité Consultatif International Télégraphique et Téléphonique) eine größere Anzahl von Schnittstellen standardisiert worden. Als Beispiele sollen in diesem und dem folgenden Abschnitt zwei relativ neue Schnittstellen näher betrachtet werden, nämlich die Schnittstellen X.21 [5.4] und X.25 [2.14].

Diese Schnittstellen sind – entsprechend den Bildern 5.1 und 5.6 – zwischen Datenendeinrichtung (DEE) und Datenübertragungseinrichtung (DÜE) definiert. Dementsprechend wird auch der Datenaustausch zwischen Endeinrich-

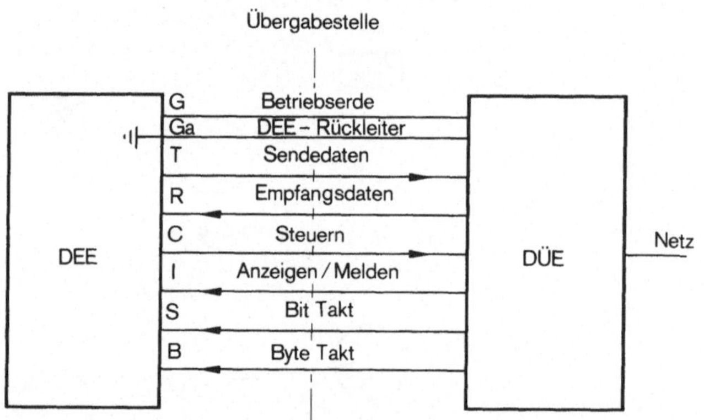

Bild 5.6. „Physikalische" Schnittstelle X.21. DEE Datenendeinrichtung, DÜE Datenübertragungseinrichtung. t und r Signale auf Leitungen T und R; AUS andauernder Binärzustand „1"; EIN andauernder Binärzustand „0"; EIN, AUS auf Leitungen C und I („Control" und „Indication")

tung und Übertragungseinrichtung festgelegt, wobei man sich aber vor Augen halten muß, daß hinter der Übertragungseinrichtung das Netz und der Kommunikationspartner stehen!

Die Schnittstelle X.21 gilt für Endeinrichtungen im Synchronbetrieb, d. h., die Endeinrichtung wird aus dem Netz getaktet (Benutzerklassen 3 bis 7 nach CCITT-Empfehlung X.1) [4.14]. Sie wird für Verbindungen in öffentlichen Wählnetzen oder über fest geschaltete Mietleitungen angewendet.

Bild 5.6 zeigt die „physikalische" Ausprägung der Schnittstelle – in der Sprache des Architekturmodells (Abschnitt 5.1) also „Ebene 1". Es gibt Leitungen für die gerichtete Übertragung der Daten (T und R entsprechend „transmit" und „receive"), für gerichtete Steuerungsinformationen (C und I entsprechend „control" und „indication"), für die Taktversorgung (S und fallweise B) und für die Erdung (G und Ga). Leitung S liefert den Bittakt (Schrittakt) aus dem Netz, der Bytetakt kennzeichnet den Beginn eines Oktetts. Der Bytetakt wird nur dann gebraucht, wenn in der Position der Bits innerhalb eines übertragenen Oktetts eine Bedeutung liegt. Dies ist z. B. der Fall bei der Übertragung von PCM-Worten (an sich über X.21 nicht üblich!) oder bei der Zeitmultiplexausnützung des Bitstroms (Empfehlung X.22). Die elektrischen

Eigenschaften der Schnittstellenleitungen sind in anderen Empfehlungen festgehalten (X.26 und X.27).

Die auf den – mit großen Buchstaben bezeichneten – Leitungen übertragenen Informationen werden durch entsprechende kleine Buchstaben gekennzeichnet. So sind „t" die Sendedaten zur DÜE, sie bestehen aus beliebigen Bitmustern einschließlich „Dauer-1" und „Dauer-0". Das gleiche gilt für die Empfangsdaten „r" in der Gegenrichtung. Die Steuerungsinformation „c" und „i" kennzeichnen Zustände, wie noch näher erläutert wird. Die Kennzeichnung erfolgt durch AUS (Dauer-1) und EIN (Dauer-0).

In der Empfehlung X.21 werden nun alle etwa 25 möglichen Schnittstellenzustände nebst Zustandsübergängen verbal und mit Hilfe von Diagrammen beschrieben. Einige Beispiele:

- „DEE bereit". Die DEE kennzeichnet ihre Bereitschaft für eine neue Verbindung durch t = 1 (Dauer-1), c = AUS.
- „DÜE bereit". Die DÜE meldet der DEE ihre Bereitschaft bzw. die Bereitschaft des dahinter liegenden Netzes für eine neue Verbindung durch r = 1, i = AUS. Die vom Netz (z. B. mit Hilfe der Envelope-Technik) über die Anschlußleitung übermittelten Zustände werden von der DÜE in derselben Bedeutung auf die Leitungen R und I umgesetzt. (Die Umkehrung der Umsetzung nimmt die DÜE mit den von der DEE übermittelten Zuständen in Richtung zum Netz vor.)
- „Wählzeichenfolge von der DEE" (nur bei Wählverbindungen). Die Wählzeichen werden mit t gesendet, c = EIN. Die Wählzeichen sind – wie alle Steuerzeichen – dem Internationalen Alphabet No. 5 (IA 5) nach CCITT-Empfehlung V.3 [5.5] entnommen. Vor den Wählzeichen werden zwei oder mehr aufeinanderfolgende Synchronisierzeichen SYN nach IA 5 gesendet. Die Wahl muß innerhalb von 6 s nach Empfang der Wahlaufforderung von der DÜE (vom Netz) begonnen werden, sie soll nach 36 s beendet sein.
- „Senden Daten von der DEE". Mit t = Daten und c = EIN gleicht der Zustand sendeseitig der vorerwähnten Wählzeichenfolge. Ein Unterschied ergibt sich jedoch durch die von der DÜE übermittelten Kennungen mit i = EIN (Bild 5.7).
- Weitere Zustandsbeispiele sind u. a. „Testschleifen" zur Überwachung und Fehlereingrenzung. Auf Einzelheiten wird hier verzichtet.

Um ein Gefühl für den Gesamtzusammenhang zu vermitteln, wird am Beispiel einer erfolgreich hergestellten und dann wieder abgebauten Verbindung die Folge der Signale *an der Schnittstelle der rufenden und auslösenden DEE* in Kurzform beschrieben (Bild 5.7):

- Zustand ①, DEE und DÜE signalisieren ihre Bereitschaft, wie erwähnt.
- Zustand ②, Verbindungsanforderung durch DEE. Steuerleitung C geht auf EIN. Gleichzeitig wechselt die Bitfolge auf Sendeleitung T von Dauer-1 auf Dauer-0.
- Zustand ③, (spätestens nach 3 s) Wahlaufforderung aus dem Netz, wenn dieses aufnahmebereit ist, über DÜE und DEE gegeben durch zunächst zwei

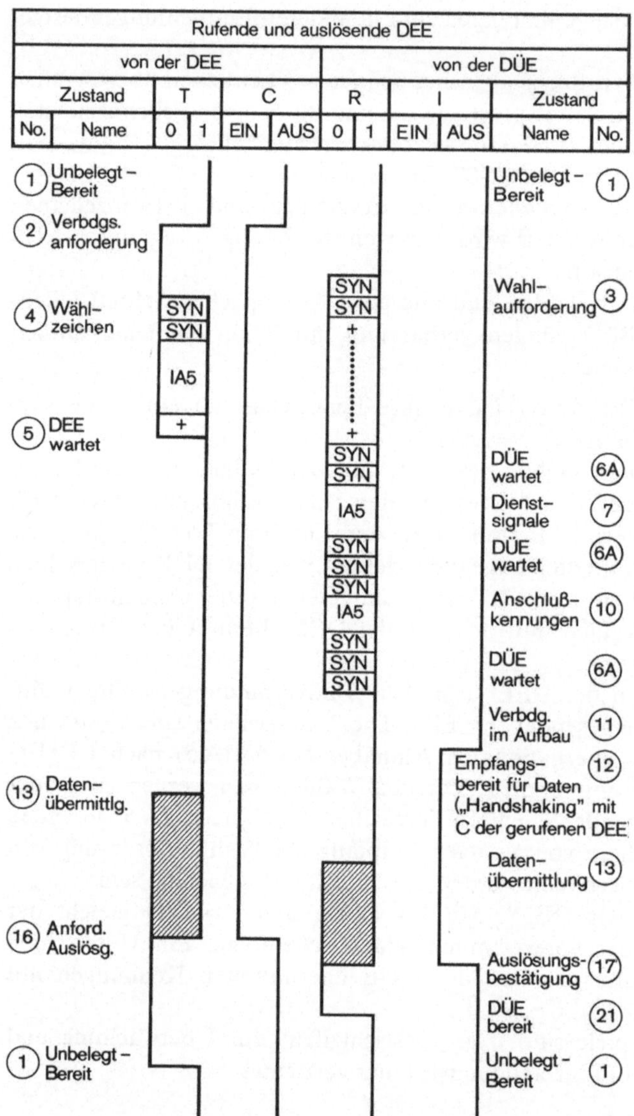

Bild 5.7. Beispiel der Signalfolgen für rufende und auslösende Datenendeinrichtung: erfolgreiche Verbindung X.21

oder mehr SYN-Zeichen (IA 5 Komb. 1/6) und anschließend andauernd „+" (IA 5 Komb. 2/11) auf der Datenleitung R. I bleibt im Zustand AUS.

- Zustand ④, Wählzeichen, eingeleitet durch wenigstens 2mal SYN auf Leitung T, anschließend Wählzeichen nach IA 5, Beginn spätestens 6 s nach Wahlaufforderung, Ende spätestens nach 36 s, Kennzeichnung des Wahlendes durch „+" (Komb. 2/11). Lücken in der Wählzeichenfolge werden durch SYN aufgefüllt. c ist ständig EIN. Die Wählzeichenfolge enthält Angaben über die gewünschten Leistungsmerkmale und die gewünschte Adresse.

- Nach der Wahl geht die DEE in den Zustand ⑤ über: DEE wartet (t = 1).
- Rückmeldung des Wahlendes aus dem Netz: Die DÜE geht damit in Zustand (6A) „DÜE wartet“ über. Das Netz sendet über DÜE eine SYN-Folge (wenigstens zweimal).
- Zustand ⑦, Dienstsignale (IA 5) aus dem Netz geben über den Verbindungszustand Auskunft. Beispiele: „Endstelle gerufen“ (d. h. nunmehr Warten auf Annahme des Rufs), „Nummer besetzt“, „geänderte Rufnummer“. Anschließend wieder:
- Zustand (6A): DÜE wartet.
- Zustand ⑩: DÜE überträgt die aus dem Netz empfangene Anschlußkennung des gerufenen Anschlusses zur DEE. Anschließend wieder Übergang zu
- Zustand (6A): DÜE wartet.
- Zustand ⑪: Verbindung (noch) im Aufbau, Meldung aus dem Netz, gekennzeichnet durch unverändert AUS auf Leitung I, Sendung von SYN wird durch Dauer-1 ersetzt. Es folgt
- Zustand ⑫: Wenn die Verbindung für den Datenaustausch zwischen beiden Endeinrichtungen verfügbar ist, signalisiert DÜE „bereit für Datenaustausch“ durch r = 1, i = EIN. Zeitgrenze: 2 s nach dem Empfang des letzten Dienstsignals durch die DEE bzw. 20 s nach der Wahl durch die DEE. „Handshaking“-Prozedur von DÜE zu DÜE über den durchgeschalteten Verbindungsweg (c = EIN von gerufener DÜE).
- Zustand ⑬: Datenaustausch in Verantwortung der Teilnehmer, z. B. eingeleitet durch Kennungsaustausch. t = Daten, c = EIN, r = Daten, i = EIN.
- Zustand ⑯: Auslösungsanforderung durch DEE mit t = 0, c = AUS.
- Zustand ⑰: Auslösebestätigung durch Netz/DÜE durch r = 0, i = AUS. Anschließend geht das Netz/DÜE über in
- Zustand ㉑: DÜE bereit (DEE noch nicht!), r = 0, i = AUS.
- Wenn die DEE in den Ausgangszustand zurückgegangen ist, tritt wieder Zustand ① ein.

Ähnlich Bild 5.7 gibt es Diagramme für andere Verbindungsfälle und für die Seite der *gerufenen* DEE. In CCITT-Empfehlungen S. 70 wird versucht, das OSI-Architekturmodell (Abschnitt 5.1) nachträglich auch auf die Schnittstelle X.21 anzuwenden. Der Ebene 1 wird dabei – wie bereits erwähnt – die physikalische Ausprägung der Schnittstelle zugewiesen (Bild 5.6). Der Ebene 2 gehört in der Signalisierungsphase der SYN-Zeichenaustausch und die Paritätssicherung der Steuerzeichen an; in der Datenaustauschphase ist die Ebene nicht besetzt, weil sich die X.21-Schnittstelle dann prozedur(protokoll)-transparent verhält. Das gleiche trifft für die Ebene 3 zu, die nur in der Verbindungsaufbau- und Abbauphase mit den zuvor beschriebenen Protokollen belegt wird.

5.4 Die Schnittstelle X.25

Um einiges komplizierter als die eben beschriebene Schnittstelle X.21 ist die Schnittstelle X.25 [2.14], die für Datenstationen im Paketbetrieb gilt (Benutzerklassen 8 bis 11 – 2,4 bis 48 kbit/s – nach CCITT Empfehlung X.1). Wiederum werden (entsprechend Bild 5.1) die Protokolle zwischen DEE und DÜE beschrieben, wobei hinter der DÜE Netz und Kommunikationspartner zu denken sind. Die Schnittstelle X.25 übernimmt in ihrer Struktur das mehrfach erwähnte OSI-Architekturmodell (Bild 5.2) [5.2]. Bisher liegen allgemeine Standards für die Ebenen 1 bis 3 vor, die höheren Ebenen sind vorerst nur für bestimmte Anwendungsfälle standardisiert worden, an der Verallgemeinerung wird gearbeitet [5.6]. Zum „Kennenlernen" möge es genügen, sich auf die Ebenen 1 bis 3 zu beschränken.

Ebene 1

Die Ebene 1 wird vorzugsweise übereinstimmend mit Schnittstelle X.21 realisiert. Das gilt im wesentlichen für die Schnittstellenleitungen (Bild 5.6) und für die Verfügbarkeitszustände („bereit", „nicht bereit"), wie sie auch beim Betrieb der Schnittstelle X.21 an Mietleitungen verwendet werden. Das volle Funktions- und Protokollspektrum der X.21 könnte notwendig sein, wenn eine Verbindung von einer Paket-DEE über ein Durchschaltedatennetz zu einem Übergang in das Paketvermittlungsnetz hergestellt werden soll (bzw. auch umgekehrte Verbindungsrichtung).

Ebene 2

Die Ebene 2 legt die Datenübermittlungsprozeduren (einschließlich Fehlersicherung) zwischen DEE und DÜE fest. Damit gelten diese Prozeduren auch auf dem „Teilnehmerabschnitt" zwischen DÜE und erstem Paketnetzknoten.

Die sog. *Link Access Procedure* (LAP) basiert auf der *High Level Data Control Procedure* (HDLC), die von ISO (International Organization for Standardization) 1976 vorgeschlagen wurde. Es gibt eine ganze Reihe unterschiedlicher Moden oder Betriebsarten der HDLC. Seit 1977 wird zusätzlich und bevorzugt „LAPB" empfohlen (*Asynchronous Balanced Mode* ABM der HDLC).

Der eben erwähnte ABM schließt den Übermittlungsabschnitt beidseitig mit „Hybrid-Stationen" ab, die jeweils eine „Leit-" und eine „Folgesteuerung" enthalten. Jede der beiden Stationen darf zu jedem beliebigen Zeitpunkt mit dem Senden beginnen („balanced"). Eine „unbalanced" Konfiguration ist der *Asynchronous Response Mode* ARM. Eine Station ist mit einer Leitsteuerung, die andere mit einer Folgesteuerung versehen. Die Folgesteuerung wird durch die Leitsteuerung abgefragt. Beide Steuerungen können zu beliebigen Zeitpunkten mit dem Senden beginnen. Von weiteren Modifikationen sei noch der *Normal Response Mode* NRM erwähnt. Es handelt sich ebenfalls um eine „unbalanced" Konfiguration. Nur eine durch die Leitsteuerung dazu aufgeforderte Folgesteuerung darf senden.

Die eigentliche Datenübermittlung geschieht in *Blöcken* (*Rahmen*, „frame"). Es gibt zwei Kategorien von Blöcken, nämlich solche mit und solche ohne Nutzinformation. Bild 5.8 zeigt als Beispiel die Struktur eines Blocks *mit* Informationsfeld.

Block-begrenzung (Flag)	Adressfeld	Steuerfeld (Control)	Informations-feld	Blockprfg.-feld (×)	Block-begrenzung (Flag)
F 01111110	A 8 Bits	C 8 Bits	J N Bits	FCS 16 Bits	F 01111110

Bild 5.8. HDLC-Rahmenstruktur (Rahmen mit Datenfeld)

× frame checking sequence

Die Blöcke werden durch *Flags* begrenzt. Als Flag dient eine verabredete Bitfolge 0111 1110. Zwischen unmittelbar aufeinanderfolgenden Blöcken genügt eine Flag, Pausen zwischen Blöcken werden mit Flags aufgefüllt. Es muß verhindert werden, daß eine Flag durch Nutzinformation vorgetäuscht werden kann. Deshalb wird auf der Seite der sendenden Station immer dann, wenn in der Nutzinformation aufeinanderfolgend 5 Einsen auftreten, eine Null in die Bitfolge eingefügt. Von der empfangenden Station wird eine auf 5 Einsen folgende Null in jedem Fall entfernt.

Im Adreßfeld können zwei Adressen unterschieden werden: A mit der Bitfolge 11000000 und B mit der Bitfolge 10000000. A gilt für Befehle von der DÜE zur DEE (Befehle werden von der Leitsteuerung an die Folgesteuerung erteilt, Antworten von der Folgesteuerung an die Leitsteuerung gegeben) und für Antworten von der DEE an die DÜE, B bezeichnet Befehle von der DEE zur DÜE bzw. Antworten von der DÜE an die DEE (Bild 5.9).

Mit dem Steuerfeld (Bild 5.8) werden drei Typen von Blöcken (Rahmen) unterschieden: I-Rahmen als Informationsrahmen mit Nutzinformation, S-Rahmen mit numerierter Überwachungsfunktion und U-Rahmen mit unnumerierter Steuerungsfunktion. S-Rahmen quittieren I-Rahmen, fordern die Wiederholung von I-Rahmen an oder weisen auf die zeitweilige Unterbrechung der Übertragung von I-Rahmen hin. U-Rahmen führen zusätzliche Steuerungsfunktionen aus, z. B. „gewünschter HDLC-Modus“.

Zeichencodierung und Gruppierung der Bits im Informationsfeld sind frei wählbar, solange mit X.25 nur die untersten drei Ebenen standardisiert werden. Allerdings müssen gewisse Einschränkungen aus den in Ebene 3 zu behandelnden Paketformarten beachtet werden.

Als *Blockprüfzeichenfolge* (Frame Checking Sequence, FCS) werden 16 bit (Kontrollstellen) an das Informationsfeld (bzw. an das Steuerfeld bei fehlender Information) angehängt. Die Prüfzeichenfolge wird nach einer bestimmten Vorschrift auf der Basis „zyklischer Codes“ erzeugt (z. B. [5.7]). Am Empfangsort wird der gesamte Block einschließlich Kontrollstellen derselben Vorschrift unterworfen. Das Ergebnis ist bei fehlerfreier Übertragung eine vorgegebene Bitfolge (hier: 000 111 010 000 1111). Bei Abweichungen wird eine Wiederholung der Nachricht angefordert. Das Verfahren erlaubt das Erkennen mehrfacher Fehler. Auf diese Weise ist abschnittsweise – „unbemerkt“ von den höheren Ebenen – eine wirksame Verringerung der Bitfehlerrate möglich (natürlich kann der durch häufige Wiederholungen auftretende Verzögerungs- und „Verstopfungs“-Effekt letzten Endes doch bemerkt werden).

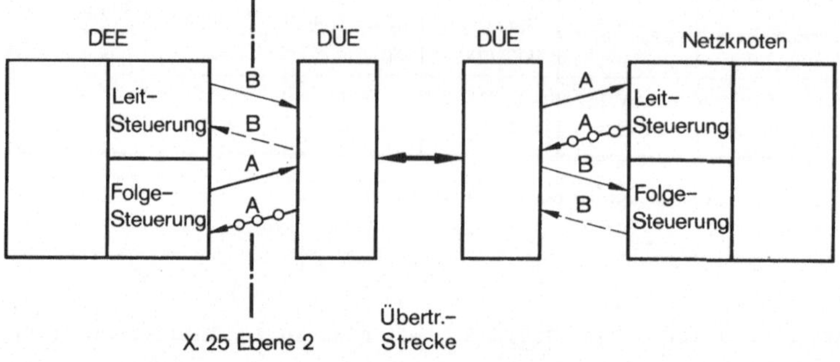

Bild 5.9. Adressierung von HDLC Leit- und Folgesteuerungen. A 11000000, B 10000000

Auf einige interessante Einzelheiten soll noch näher eingegangen werden. Bei Verwendung von Übermittlungsprinzipien, bei denen – aus welchen Gründen auch immer – Netzknoten oder Endeinrichtungen manchmal nicht in der Lage sind, angebotene Bitströme abzunehmen, muß mit Hilfe einer *Flußsteuerung* dafür gesorgt werden, daß in diesen Fällen das Angebot bereits durch die sendende Seite unterbleibt. Damit wird auch die ordnungsgemäße Abwicklung von Wiederholungsvorgängen im Fehlerfall unterstützt.

Hierzu enthält das Steuerfeld bei I-Rahmen u. a. eine Sende- und eine Empfangsfolgenummer (als „Laufnummer"), aus der die Reihenfolge der übertragenen Rahmen (Blöcke) hervorgeht. Mit drei hierfür vorgesehenen Bitstellen durchlaufen die übertragenen Rahmen zyklisch die Ziffern 0 bis 7. S-Rahmen enthalten lediglich eine Empfangsfolgenummer. Es ergibt sich folgender Transportmechanismus: Die aufeinanderfolgend von einer Station zu *sendenden* I-Rahmen werden mit den Sendefolgenummern 0 bis 7 zyklisch durchnumeriert. Alle S-Rahmen und zusätzlich zur Sendefolgenummer alle I-Rahmen enthalten eine Empfangsfolgenummer, die der Gegenstation die *erwartete* Nummer des nächsten zu *empfangenden* Rahmens angibt. Wenn ein Rahmen der Gegenstation von der betrachteten Station fehlerfrei empfangen wird und die Sendefolgenummer dieses Rahmens gleich der von der betrachteten Station zuletzt ausgesendeten Empfangsfolgenummer ist – wenn also die Wirklichkeit der Erwartung entspricht –; dann wird die Empfangsfolgenummer für den nächsten zu sendenden Rahmen um Eins erhöht.

Die Gegenstation erkennt daraufhin aus dem Empfang der neuen Empfangsfolgenummer $N(\mathrm{R})$, daß alle zuvor von ihr gesendeten Rahmen bis zur Sendefolgenummer $N\,(\mathrm{R}) - 1$ richtig empfangen wurden.

Wird von der betrachteten Station ein *fehlerhafter* I-Rahmen empfangen, sendet sie einen S-Rahmen mit der Meldung „REJect" (Wiederholungsanforderung) aus. In diesem S-Rahmen wird außerdem die Empfangsfolgenummer des vermißten fehlerfreien I-Rahmens mitgesendet. Die Gegenstation weiß damit, daß der von ihr gesendete Rahmen mit derselben Sendefolgenummer nicht empfangen wurde und wiederholt diesen Rahmen. Weitere Rahmen, die zur Übermittlung anstehen, können sich an die Wiederholung anschließen.

Eine wichtige Größe ist die Zahl k (*Fenstergröße*) der Rahmen, die gesendet werden dürfen, *ohne* daß eine Bestätigung des Empfangs durch die Gegenstation erforderlich ist. Ist $k=1$, so wird der nächste Rahmen erst ausgesendet, wenn der Empfang des vorhergehenden bestätigt wurde (Compelled-Verfahren). Bei einer Kapazität der Sende- und Empfangsfolgezähler von drei Bitstellen kann $k \leqq 7$ gewählt werden. Der Vorteil eines großen Fensters liegt im höheren Datendurchsatz: Im störungsfreien Betrieb sollte eine kontinuierliche Sende/Empfangsfolge möglich sein. Allerdings ist für das Zwischenspeichern vieler Rahmen ein höherer Aufwand nötig als etwa beim Compelled-Verfahren. Dies hat dagegen den Nachteil des – je nach Laufzeit und Verarbeitungszeit – entsprechend geringeren Datendurchsatzes.

Bild 5.10 macht die Verhältnisse für die beiden genannten Fälle sichtbar. Die betrachtete DEE ist mit ihren gesendeten Folgezählerständen auf der linken Hälfte, mit den empfangenen in der Mitte des Bildes gezeigt. Bei $k=7$ (Bild 5.10a) sendet die DEE aufeinanderfolgend sieben Rahmen aus (N (S)$=1$ bis 7), ohne daß ein bestätigender Rahmen empfangen wird. Die erwartete Empfangsfolgenummer N (R) ist also in dem gewählten Zahlenbeispiel für alle diese gesendeten Rahmen gleich Null.

Unter Berücksichtigung der Laufzeiten und der Verarbeitungszeit in der Gegenstation trifft nun wieder ein „Antwort"-Rahmen der Gegenstation ein, der mit der Sendefolgenummer N (S)$=0$ und der Empfangsfolgenummer N (R)$=1$ empfangen wird. Die empfangene Sendefolgenummer entspricht der erwarteten Sendefolgenummer, somit kann von der betrachteten Station der nächste Rahmen ausgesendet werden mit um eins erhöhter Empfangsfolgenummer, also N (S)$=0$, N (R)$=1$. Weitere Zyklen schließen sich an. Das Beispiel wurde so gewählt, daß keine Wartezeiten auf quittierende Rahmen entstehen.

Demgegenüber wird bei Fenstergröße $k=1$ (Compelled-Betrieb) die Quittierung jedes Rahmens abgewartet, woraus sich in diesem Beispiel ein wesentlich geringerer Datendurchsatz ergibt als im Fall $k=7$ (Bild 5.10b).

Wie bereits erwähnt, gibt es eine Anzahl von *Befehlen* und Antworten oder *Meldungen,* die die Kommunikationsvorgänge in Ebene 2 regeln. Mit REJ wurde bereits ein wichtiger Befehl des „S-Rahmens" angesprochen. *Meldungen* im S-Rahmen sind z. B. „*R*eceive *R*eady" (empfangsbereit) und „*R*eceive *N*ot *R*eady" (nicht empfangsbereit). Im Gegensatz zu den quasistationären Betriebszuständen der Ebene 1 handelt es sich hierbei um eventuell nur kurzdauernde Änderungen des Betriebszustandes, wenn z. B. kein Pufferplatz mehr verfügbar ist. Für weitere Befehle und Meldungen gibt es die „U-Rahmen". Beispiele solcher Befehle und Meldungen sind: „Unterbrechen", „Bestätigung ohne Folgenummer" (zur Bestätigung des Empfangs von U-Rahmen).

Eine weitere interessante Einzelheit der Ebene 2: Wie arbeitet das Sicherungsverfahren? Das Prinzip der Sicherung durch *zyklische Codes* sei an einem einfachen Beispiel (Bild 5.11) [5.7] erläutert. Es werden – nach der Vorschrift eines sog. *Prüfpolynoms* – in sich in bestimmter Weise rückgekoppelte Schieberegister verwendet, die von der Nutznachricht gefüllt werden. Dadurch entsteht ein *Prüfzeichen,* das an die Nutznachricht angehängt wird. Am Empfangsort werden Nutznachricht *und* anhängendes Prüfzeichen einem nach derselben

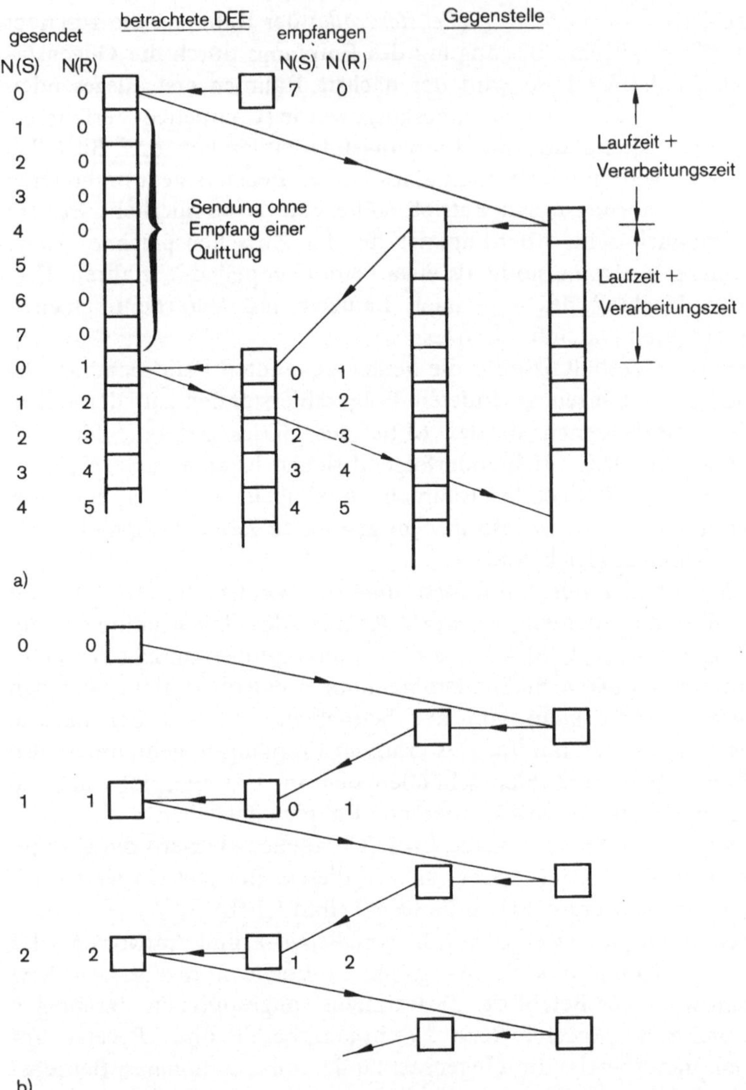

Bild 5.10. „Flußkontrolle“ für HDLC-Rahmen. **a)** $k = 7$ Beispiel für kontinuierliches Senden und Empfangen; **b)** $k = 1$ „Compelled“ Betriebsweise. N(S) Sendelaufnumer, N(R) Empfangslaufnumer, □ Rahmen

Vorschrift rückgekoppelten Schieberegister zugeführt. Bei ungestörtem Empfang steht nach dem Ende des Durchlaufs ein vorgegebenes Bitmuster im Schieberegister.

In Bild 5.11 wird im Modell von einem 3-bit-Prüfzeichen und damit auch von einem dreistufigen Schieberegister ausgegangen (im Gegensatz zu dem für die Schnittstelle X.25 empfohlenen 16stufigen Schieberegister). Das Schieberegister ist in der gezeigten Weise rückgekoppelt, wobei jeder Rückkopplungsknoten als Antivalenzgatter oder modulo-2-Addierglied wirkt. Das heißt: Die Binär-Additionsregeln gelten wie gewohnt, lediglich „1 + 1“ ergibt „0“ ohne Übertrag. In das so strukturierte Schieberegister wird nun die Nutznachricht (z. B. 1001) parallel zum Aussendevorgang eingeschrieben und erzeugt damit das Prüfzeichen, hier 110. Dieses Prüfzeichen wird an die Nutznachricht angehängt (Umlegen des Schalters). Beim Empfang wird die gesamte Nachricht einschließ-

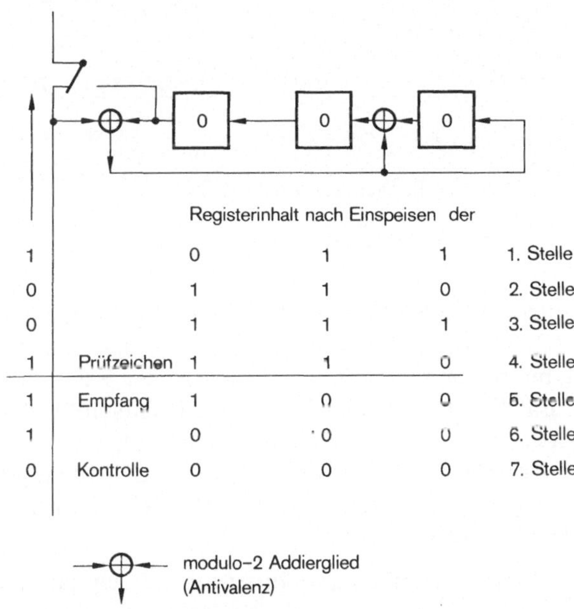

Bild 5.11. Prinzip der Prüfzeichenerzeugung und -auswertung

lich Prüfzeichen dem Schieberegister zugeführt. Bei fehlerfreiem Empfang ergibt sich immer derselbe Wert des Prüfzeichens, im Beispiel 000.

Die größte Länge des Informationsfeldes im HDLC-Rahmen (Bild 5.8) ist abhängig von der in Ebene 3 zu behandelnden Paketlänge. Durch die „Flag“ am Ende des Rahmens erübrigt sich eine Längenangabe!

Ebene 3

Während Ebene 2 nur für den Nachrichtentransport auf dem Abschnitt zwischen Teilnehmer und erstem Paketnetzknoten zuständig ist, sorgt Ebene 3 für den Nachrichtentransport über den ersten Anschlußknoten hinaus von Knoten zu Knoten bis zum Ziel. Die Empfehlung X.25 beschreibt die hierfür nötigen Protokolle an der Teilnehmerschnittstelle.

Bild 5.12 erläutert die Eingliederung in das Ebenenmodell (vgl. auch Bild 5.2c). In der Ebene 3 werden die in Ebene 4 „fragmentierten“ Nutzdaten verpackt. Diese Pakete füllen mit Nutzdaten und Steuerungsanteil die Informationsfelder der I-Rahmen in Ebene 2, die durch Flags F getrennt werden. Der so

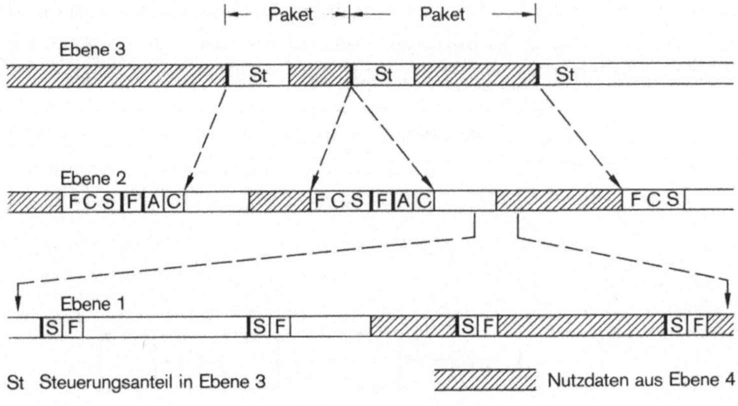

Bild 5.12. Die Ebenen der Schnittstelle X.25

entstandene Bitstrom wird in Ebene 1 nach den Verabredungen der Schnittstelle X.21 übertragen. Bei diesen Verabredungen nicht „sichtbar" ist der eigentliche Übertragungsvorgang, bei dem z. B. der Bitstrom in 6- oder 8-bit-*Envelopes* mit zusätzlichen Kennungsbits S und F eingefüllt wird. Das ist in Bild 5.12 in der Ebene 1 an einem Ausschnitt des Bitstroms der Ebene 2 gezeigt.

Es gibt in der dritten Ebene verschiedene Arten von Paketen, die der Steuerung der Verbindung und dem Nutzinformationstransport dienen. Folgende seien genannt:

- Paket „Verbindungsanforderung". Es enthält auch die Adresse der gerufenen DEE.
- Paket „Ankommender Anruf". Es enthält auch die Adresse der rufenden DEE, außerdem kann zusätzlich die gerufene DEE angegeben werden.
- Paket „Annahme des Anrufes", gesendet zum Netz durch die gerufene DEE, wenn sie dem Anruf zustimmt. Die angerufene DEE wird damit in den Zustand „Datentransfer" versetzt.
- Paket „Verbindung hergestellt", empfangen aus dem Netz von der rufenden DEE, damit also auch Anzeige, daß der „Datentransfer" möglich ist.
- Paket „Auslösungsanforderung" von einer der beteiligten DEE an die DÜE (an das Netz).
- Paket „Auslösungsbestätigung" aus der DÜE (aus dem Netz) an die anfordernde DEE.
- Paket „Auslösungsanzeige" aus dem Netz an die DEE, die die Auslösung nicht angefordert hatte.
- Quittieren von dieser DEE durch Paket „Auslösungsbestätigung".
- Pakete, die die Nutzinformation der Ebene 4 enthalten.
- Pakete, die den Nutzdatenfluß steuern.

Eine dieser Paketarten – das Nutzdatenpaket – soll nun ausführlicher betrachtet werden (Bild 5.13). Der in Bild 5.12 bereits angedeutete Steuerteil St enthält 3×8 bit. Das „Bestimmungskennzeichen" (general format identifier) besteht aus 4 bit und gibt an, um welche Kategorie von Paketen es sich handelt (Pakete für Verbindungsaufbau, Verbindungsabbau, Datenpaketübertragung). „Gruppennummer" (4 bit) und „Einzelnummer des logischen Kanals" erfordern eine Vorbemerkung: Der „logische Kanal" ist gewissermaßen der „Paketaufkleber", mit dessen Hilfe die Pakete durch das Netz geleitet werden. Diese Paketaufkleber werden in der Endeinrichtung und in jedem Netzknoten verwaltet. Die Kennzeichnung des logischen Kanals geschieht mit Gruppen-

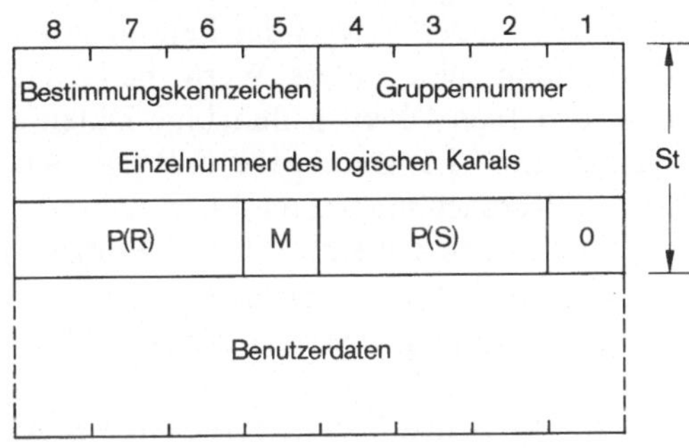

Bild 5.13. Format des Benutzerdatenpakets (Variante mit P = modulo 8)

nummer und Einzelnummer, somit sind theoretisch $2^{12} = 4096$ logische Kanäle auf *einem* Übermittlungsweg unterscheidbar. Praktisch können die Kanäle aber nur in bestimmten Kategorien belegt werden, so daß im Zahlenvolumen Lücken bleiben. Darüber hinaus läßt sich ein Übermittlungsweg natürlich auch nur im Rahmen der zulässigen Erlang-Belastung nutzen. Immerhin erlaubt es die Schnittstelle X.25, auf *einem* Teilnehmeranschluß (z. B. zu einer Datenverarbeitungsanlage) eine Vielzahl von Verbindungen praktisch simultan abzuwickeln. Die Pakete *verschiedener* Verbindungen werden also auf *einem* Teilnehmeranschluß zeitlich verschachtelt übertragen.

Im dritten Oktett an erster Bitstelle findet man eine Kennzeichnung des Pakettyps (packet type identifier), in diesem Fall eine Null, weil es sich um ein Datenpaket handelt. Eine weitere Kennung M (more data) steht auf Position 5. Wenn – wie in diesem Fall – das Bit auf „1" gesetzt ist, so bedeutet das, daß innerhalb der Verbindung in einem (oder mehreren) weiteren Paket(en) noch mehr Daten folgen. Derartig zusammengehörige Pakete können im Netz zu *einem* Paket zusammengesetzt werden.

Auch in Ebene 3 gibt es wiederum eine „Flußkontrolle", die den Durchsatz der Pakete über das Netz hinweg von Abschnitt zu Abschnitt steuert. Diese Steuerung geschieht mit Hilfe der Paket-Sendelaufnummer P(S) und der Paket-Empfangslaufnummer P(R). Für beide stehen je 3 Stellen zur Verfügung, so daß die Zähler zyklisch von 0 bis 7 umlaufen (modulo 8). Die Fenstergröße ist hier durch die Zahl W gekennzeichnet. W ist im allgemeinen gleich zwei, kann aber auch individuell *anders* festgelegt werden. Ist dies der Fall, so wird z. B. der gerufenen DEE der Wert von *W* im Paket „Ankommender Anruf" mitgeteilt. Je größer *W* gewählt wird, desto höher ist – wie bereits für Ebene 2 erläutert – der Datendurchsatz. Die dadurch höhere Nutzung des Netzes kann über „Datendurchsatzklassen" berücksichtigt werden.

Die Flußkontrolle erfolgt durch Vergleich der empfangenen Laufnummer *P* (R) mit der zu sendenden Laufnummer *P* (S), wobei die Zählung in beiden Fällen mit dem Beginn der Datenübertragung bei Null anfängt. Es gibt allerdings auch Übertragungsverfahren ohne Quittung. Hierauf soll jedoch nicht näher eingegangen werden.

Auf den Steuerteil folgt das Feld für die Benutzerdaten. Es kann maximal 128 Oktetts lang sein, andere Werte bedürfen fallweiser Festlegung (wie z. B. 16 oder auch 1024 Oktetts). Beliebige Datenfeldlängen bis zur Maximallänge sind möglich. Eine Längenangabe erübrigt sich, da sich das Ende des Datenfeldes aus der „Verpackung" durch Ebene 2 ergibt (Bild 5.12).

In der Ebene 3 werden dem Benutzer durch das Netz *Dienste* angeboten. Hierzu gehört die sog. *virtuelle Verbindung* (virtual call): Für die Dauer der Verbindung sind sowohl auf der Anschlußschnittstelle (X.25) als auch im Netz (nach der hier nicht besprochenen Empfehlung X.75) die vorerwähnten Nummern der logischen Kanäle (die „Paketaufkleber") fest vergeben. Die Paketfolge bleibt im Netz erhalten, da die Pakete immer auf demselben Weg transportiert werden. Die Übertragungsstrecken werden durch die Verbindung aber nur dann belegt, wenn tatsächlich ein Paket zu übertragen ist. – Eine Dienstvariante ist die „permanente virtuelle Leitung" (permanent virtual circuit), bei der die erwähnten Kanalnummern fest gemietet werden.

Ein weiterer Dienst ist der *Datagrammdienst:* Jedes einzelne Paket enthält die volle Zieladresse und wird unabhängig von anderen Paketen durch das Netz transportiert. Dabei können sich – bedingt durch unterschiedliche Laufzeiten über verschiedene Wege – Pakete zum selben Ziel gegenseitig überholen.

Höhere Ebenen

Wie bereits erwähnt, gibt es bereits Standardisierungen für besondere Anwendungen, z. B. für den sog. *Teletexdienst,* der – auf eine kurze Formel gebracht – das Fernschreiben mit Schreibmaschinenqualität erlaubt [5.8]. An Verallgemeinerungen wird gearbeitet. In den höheren Ebenen ist es aber nicht vermeidbar, die Protokolle auf bestimmte Anwendungskategorien abzustimmen [5.9]. Hier zeigt sich auch öfters die eingangs schon erwähnte Schwierigkeit, alle Anwendungen ebenengerecht in das OSI-Architekturmodell einzugliedern.

Diese Abhandlung von drei Ebenen einer bedeutenden, standardisierten Schnittstelle mag manchem an dieser Stelle etwas zu ausführlich vorkommen. Die Original-Schnittstellenbeschreibung umfaßt allerdings 129 DIN-A4 Schreibmaschinenseiten! Dies beleuchtet die Schwierigkeit des Unterfangens, allgemein verwendbare Protokollregeln für die Verständigung zwischen Maschinen festzulegen. Einen skizzenhaften Eindruck dieser Schwierigkeiten zu vermitteln war das Ziel dieses Abschnitts!

5.5 Der zentrale Zeichenkanal nach dem CCITT-System No. 7

Die Schnittstellen X.21 und X.25 beschreiben u. a. die Signalisierungsverfahren zur Verständigung zwischen Teilnehmer und Netz. Das System No. 7 legt dagegen Verständigungsregeln zwischen den Knoten im Netz fest.

Wie bereits in Abschnitt 5.2 erwähnt, gibt es verschiedene Betriebsweisen für zentrale Zeichenkanäle. Das System No. 7 ist für assoziierte und quasi-assoziierte Betriebsweise in *digitalen Netzen* ausgelegt.

Mit Modifikationen können hohe und geringe (< 15 ms) Laufzeiten im Netz berücksichtigt werden. Damit ist das System für Satelliten- ebenso wie für terrestrische Verbindungen geeignet, es kann in Ortsnetzen, Fernnetzen und für Weitestverbindungen eingesetzt werden. Die Modifikationen betreffen das Verfahren der Fehlerkorrektur.

Auf *einem* zentralen Zeichenkanal (ZZK) mit einer Bitrate von 64 kbit/s lassen sich je nach Randbedingungen die Signalisierungszeichen von mehreren tausend Verbindungen übertragen [5.10]. Zu den Randbedingungen gehören u. a. die Zahl der Signalisierungsnachrichten je Verbindung und die mit Rücksicht auf Wartezeiten zulässige Belastung des ZZK. Wegen dieser starken Konzentration bestehen hohe Sicherheitsanforderungen: Die Funktionsfähigkeit des ZZK muß überwacht, im Fehlerfall eine Ersatzschaltung vorgenommen werden. Es sind zwischen zwei Netzknoten also wenigstens zwei ZZK notwendig, die sich im fehlerfreien Betrieb die Last teilen.

Das System No. 7 ist ein „Multiservice-System", d. h., es kann für die Signalisierung in verschiedenen Diensten wie Fernsprechen, Datenübermittlung u. a. m. verwendet werden. Dazu enthalten die Signalisierungsnachrichten einen allgemein benutzbaren *Nachrichtenübertragungsteil* (message transfer part) und einen dienstspezifischen *Benutzerteil* (user part). Beide Teile sollen nun näher erläutert werden.

Der Nachrichtenübertragungsteil

Es gibt drei Typen von Zeicheneinheiten: erstens die Füll-Zeicheneinheit ohne Nachrichten oder Zustandsangaben. Sie dient der Aufrechterhaltung des Betriebs, wenn keine Nachrichten zu übertragen sind. Zweitens gibt es die ZZK-Zustands-Zeicheneinheit. Sie enthält anstelle der Nachricht Angaben über den Zustand des betreffenden Zeichenkanalabschnitts, sie wird benötigt für die Wiedersynchronisation nach Störungen. Als drittes ist die eigentliche Nachrichten-Zeicheneinheit als Träger der Signalisierungsnachricht zu nennen, sie wird nun eingehender betrachtet (Bild 5.14).

Zunächst kann an bekanntes angeknüpft werden: Eine Flag F kennzeichnet Anfang und Ende jeder Zeicheneinheit, sie wurde einschließlich der Maßnahmen zur Sicherung der Bitfolgetransparenz von der HDLC übernommen (X.25, Ebene 2, vgl. Abschnitt 5.4). Dasselbe gilt für die Prüfbitfolge CK am Ende der Zeicheneinheit.

Der Flußkontrolle und Fehlerkorrektur dienen die Folgenummern FSN und BSN. Sie durchlaufen zyklisch den Zahlenbereich von 0 bis 127 (modulo 128). Die Vorwärts-Folgenummer FSN wird den gesendeten Zeichen mitgegeben und erlaubt die Kontrolle der Zeichenreihenfolge beim Empfänger. Die Rückwärts-Folgenummer BSN teilt der Gegenstation die Nummer der empfangenen Nachricht mit und dient damit als Quittung. Das Rückwärts-Indikatorbit BIB zeigt an, ob eine Nachricht „gut" oder „schlecht" empfangen wurde. Solange korrekte Nachrichten eintreffen, bleibt BIB unverändert. Nach Empfang einer schlechten Nachricht wird das BIB-Bit invertiert. Das Vorwärts-Indikatorbit FIB hat stationär denselben Zustand wie BIB. Wenn es invertiert wird, zeigt es damit die Wiederholung des gestört gemeldeten Zeichens an, woran sich alle bis dahin gesendeten folgenden Zeichen nochmals anschließen.

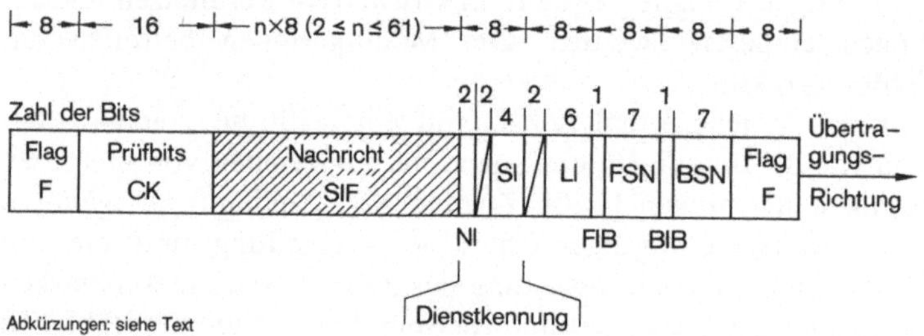

Bild 5.14. Nachrichtenübertragungsteil im System No. 7: Nachrichtenzeicheneinheit

Der Längenindikator LI gibt die Zahl der nachfolgenden Bytes (*ohne* Checkbits) an. Daraus ist auch abzuleiten, um welchen der drei Zeicheneinheitentypen es sich handelt. Bei Füllzeichen ist LI = 0, bei der Zustandszeicheneinheit kann LI eins oder zwei sein, bei Nachrichten bewegt sich LI zwischen 3 und 63.

Nun folgt (Bild 5.14) ein Dienstkennungsoktett mit verschiedenen Angaben. Der Dienstindikator SI, den es nur in Nachrichten-Zeicheneinheiten gibt, kennzeichnet die Kategorie des Benutzerteils. Bisher gibt es spezifische Benutzerteile für Fernsprechen, für Datenübermittlung (Verbindungssteuerung und Leistungsmerkmalsteuerung) sowie für das ZZK-„Netzmanagement". Eine weitere Angabe im Dienstkennungsoktet ist der Nationalindikator NI zur Unterscheidung von internationalen und nationalen Nachrichten.

Dann schließt sich die eigentliche Signalisierungsnachricht SIF an, z. B. Wählziffern. Die Länge der Nachricht beträgt zwischen 2 und 61 Bytes. Den Abschluß bilden Prüfbits und Flag, wie bereits erwähnt.

Eine Fehlerkontrolle wird im Grundsatz dadurch ermöglicht, daß alle gesendeten Nachrichten auf der Sendeseite gespeichert werden, bis sie einzeln als „gut" quittiert worden sind. Bei „Schlecht-Quittung" werden die fehlerhaft empfangenen Nachrichten und alle bereits gesendeten Folgenachrichten wiederholt.

Für Einweg-Laufzeiten von mehr als 15 ms – also z. B. auf Satellitenabschnitten – führt man eine vorbeugende zyklische Wiederholung PCR (preventive cyclic retransmission) ein. Immer dann, wenn keine neuen Nachrichten zu senden sind, werden die (bei ja längerer Laufzeit) noch nicht quittierten

Nachrichten im Sendespeicher erneut zyklisch ausgesendet. Dieser Wiederholzyklus kann zum Aussenden einer neuen Nachricht unterbrochen werden. Durch diese *Vorwärtskorrektur* ist die Wahrscheinlichkeit groß, daß eine zunächst als schlecht empfangene Nachricht bei der zyklischen Wiederholung richtig empfangen wird, zeitraubende Wiederholvorgänge „auf Anforderung" erübrigen sich damit.

Der Telefonbenutzerteil

Abkürzung: TUP (telephone user part, Bild 5.15). Der Adressenteil (label) besteht mit 14 bit aus dem Code der Zielvermittlungsstelle (DPC), mit weiteren 14 bit aus dem Code der Ursprungsvermittlungsstelle (OPC), während zusätzlich 12 bit (CIC) der Angabe des Sprechkreises dienen, für den die Signalisierungsnachricht übertragen wird. DPC und OPC werden im internationalen Netz *explizit* angegeben, d. h., jeder Vermittlungsknoten mit Zugang zum internationalen Fernsprechnetz bekommt eine eigene Nummer! Entsprechend 14 Bitstellen kann es also 16 384 solcher Vermittlungsknoten geben. Im nationalen Netz werden die Netzknoten davon unabhängig numeriert, zur Kennzeichnung dient der Nationalindikator NI. Die Sprechkreiskennzeichnung mit 4096 Möglichkeiten bezieht sich auf das Bündel, dem der assoziierte oder quasiassoziierte ZZK zugeteilt ist.

An den Adressenteil schließen sich zwei Heading-Felder H0 und H1 an. Sie sind zur Kennzeichnung von Struktur und Funktionen der folgenden Informationsfelder notwendig. H0 klassifiziert die Funktion – z. B. „Vorwärts-Wahlinformation" –, während H1 eine feinere Untertеilung innerhalb der Klasse bewirkt – z. B. „erste Wahlinformation" (mit der ersten Wahlinformation werden zustäzliche Kennzeichen wie die Kategorie des Rufenden übertragen).

Im Informationsfeld ist Platz für die eigentliche numerische Information und für Indikatoren zur näheren Bestimmung. Indikatoren geben z. B. „Adresse vollständig" oder „gebührenfreie Verbindung" an. Ein Beispiel für die Belegung des Informationsfeldes zeigt Bild 5.16.

Da mit dem zentralen Zeichenkanal die „Selbstprüfung" des Verbindungsweges entfällt, die ja bei kanalgebundener Signalisierung automatisch mit dem Signalisierungsvorgang verbunden ist, muß außerhalb des Signalisierungsvorgangs noch eine Sprechkreisprüfung (continuity check) vorgenommen werden. Dies gilt nur für analoge Sprechkeisabschnitte, da sich digitale Abschnitte selbst

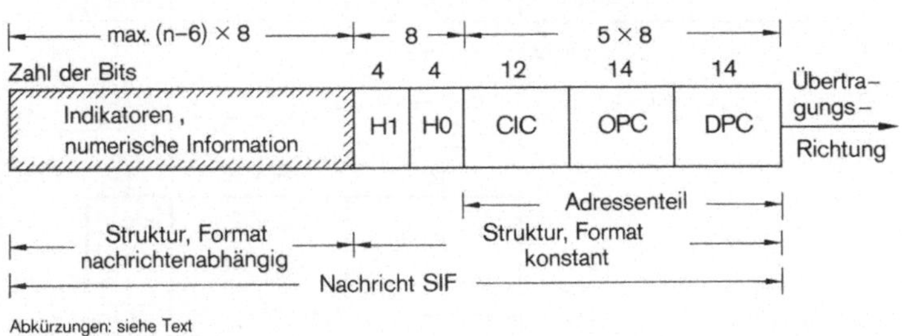

Bild 5.15. Struktur des Telefonbenutzerteils (TUP)

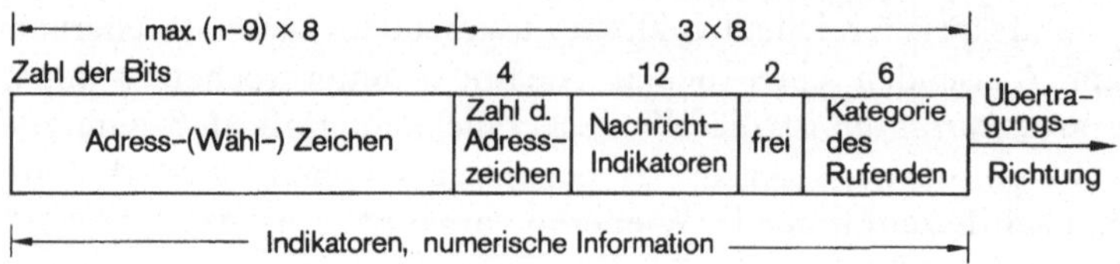

Bild 5.16. Beispiel für Nachricht „Erste Wählinformation"

überwachen (vgl. „Meldewort", Abschnitt 2.3.3). Im nationalen Bereich begnügt man sich dabei mit Stichproben.

Der Datenbenutzerteil

Für diesen DUP (data user part) gibt es eine eigene CCITT-Empfehlung X.61 [5.11]. Der DUP ist dem TUP nur in Teilen ähnlich und auch komplizierter als jener. Es gibt zwei DUP-Kategorien, die durch verschiedene Dienstindikatoren SI (Bild 5.14) unterschieden werden: die Verbindungssteuerung (call and circuit related messages) und die Leistungsmerkmalsteuerung (facility registration and cancellation related messages).

Mit Hilfe der *Leistungsmerkmalsteuerung* können Teilnehmer sog. *closed user groups* in Ursprungs- und Zielvermittlung einrichten. Hierzu gibt es drei verschiedene Nachrichtentypen.

Innerhalb der *Verbindungssteuerung* sind sechs verschiedene Nachrichtentypen festgelegt worden, die zahlreiche verschiedene Nachrichten zu übertragen gestatten. Zu diesen Typen gehören Adreßnachrichten, Nachrichten über die

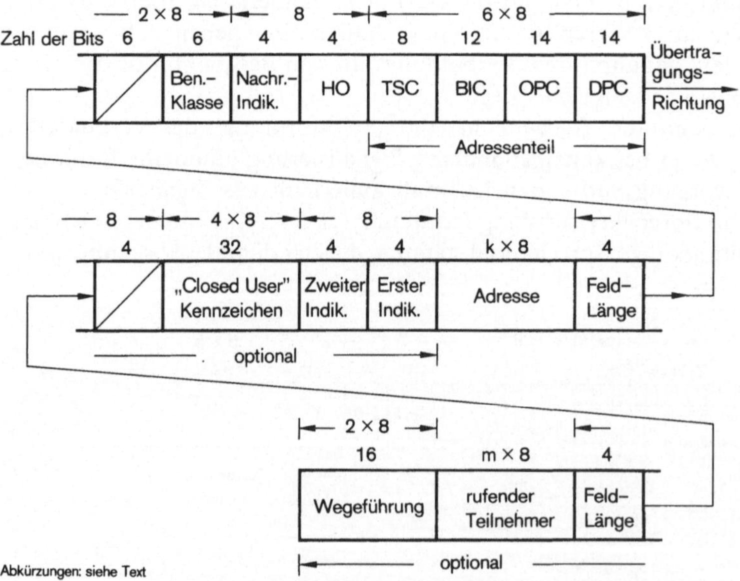

Bild 5.17. Beispiel für Datenbenutzerteil (DUP), Adreßnachricht

Identität des Rufenden, Nachrichten über die Annahme des Rufes, Nachrichten über die Auslösung usw.

Als Beispiel sei mit Bild 5.17 eine Adreßnachricht näher erläutert: Der Adreßteil ähnelt dem des TUP (Bild 5.15), wobei „B“ in BIC *bearer* (statt „C“ wie *circuit* im TUP) bedeutet. Zusätzlich wird ein 8-bit-Feld-TSC (time slot code) benötigt, um bei Aufteilung des 64-kbit/s-Kanals in eine Anzahl von Kanälen kleinerer Bitrate diese innerhalb des 64-kbit/s-Kanals bezeichnen zu können. Das Heading-Feld H0 wird sinngemäß wie im TUP benutzt, die nähere Bestimmung erfolgt durch anschließende 4 bit „A“ bis „D“. Mit 6 bit (64 Möglichkeiten) wird die Benutzerklasse entsprechend CCITT-Empfehlung X.1 angegeben. Die dann folgende Feldlängenangabe bezieht sich nur auf das unmittelbar anschließende Adreßfeld, das *k* Oktetts enthält (je Ziffer ein Halboktett). Erster und zweiter Indikator geben Auskunft über Art und Aufbau des noch folgenden Nachrichtenteils, der optional zusammengestellt werden kann aus Angaben über „closed user groups“, über den rufenden Teilnehmer (wobei eine Längenangabe vorgeschaltet werden muß) und aus Angaben über die Wegeführung. Insgesamt läßt also der DUP wesentlich mehr Möglichkeiten der Differenzierung zu als der TUP!

5.6 Signalisierungsnetze

Die Signalisierung im zentralen Zeichenkanal (ZZK) gibt ihre Nachrichten von Steuerung zu Steuerung (link by link) weiter. Durch Warteschlangen und „processing“-Zeiten kommt es zu Verzögerungen in jeder durchlaufenen Steuerung (Bild 5.18). Der dadurch größere Zeitbedarf für Verbindungsaufbau und -abbau kann bei bestimmten Anwendungen der Datenkommunikation stören.

Die Laufzeit der Signalisierungsnachrichten läßt sich verringern, indem man zentralisierte *Signal Transfer Points* (STP) einrichtet, über die nur die Signalisierungsnachrichten geführt werden (Bild 5.18 b). (Dem STP braucht also keine Vermittlung zugeordnet zu sein!) Der STP hat die Aufgabe, die Signalisierungsnachrichten – ohne Veränderung des Nachrichteninhalts – mit anderen Adressenteilen (labels) zu versehen. Auf diese Weise kann quasiassoziierter oder auch dissoziierter Betrieb durchgeführt werden.

Diesen Weg beschreitet die US-amerikanische Fernsprech-Gesellschaft AT&T unter der Bezeichnung *Common Channel Interoffice Signaling* (CCIS) [5.12]. Das Signalisierungsverfahren selbst stützt sich aber noch – mit kleinen Modifikationen – auf den Vorgänger des Systems No. 7 ab, das CCITT-Verfahren No. 6 mit Zeichen fester Länge (28 bit) und einer Übertragungsgeschwindigkeit von 2400 bit/s (gedacht für den Einsatz in analogen Fernsprechnetzen). Jede der 10 Fernsprechregionen (switching regions) in den USA erhält ein untereinander verbundenes STP-Paar (Bild 5.18 c). Wenn ein STP ausfällt, übernimmt der Partner den Verkehr der Region.

Jede Gruppe von 2250 Verbindungsleitungen innerhalb jeder Vermittlung der Region ist über vier Datenverbindungsleitungen mit den zwei regionalen STP verbunden. Von diesen vier Leitungen sind jeweils zwei aktiv, zwei dienen als

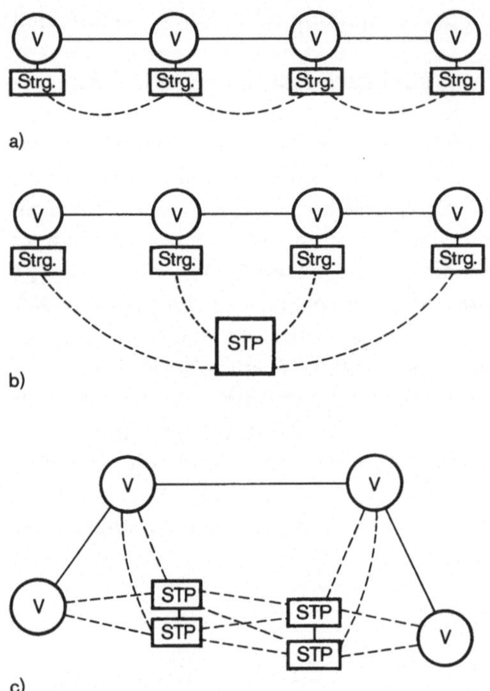

Bild 5.18. Signalisierungsnetze. **a**) Hintereinanderschaltung von Signalisierungsstrecken; **b**) Zentralisierung des Signalisierungsnetzes; **c**) Prinzip des Common Channel Interoffice Signaling (CCIS)-Systems. V Vermittlung, Strg. Steuerung, STP „Signal Transfer Point", — Sprechverbindung, - - - zentraler Zeichenkanal

Redundanz. Außerdem führen von jedem STP zwei geographisch getrennte, festgeschaltete Verbindungen zu jedem STP der neun anderen STP-Paare. Bisher wird das Netz quasiassoziiert betrieben, es gleicht in seiner Wirksamkeit einem eigenständigen Teilstreckennetz allein für Signalisierungszwecke (Bild 3.6)!

AT & T geht jedoch noch einen wesentlichen Schritt weiter mit der Zentralisierung von Funktionen, indem sie netzzentrale Datenbasen in den STP einrichtet, in denen für das Gesamtnetz zentrale Zuordnungen aufbewahrt werden [5.13]. Dazu gehören Angaben über gebührenfreie Anschlüsse, die Umwandlung von landesweit gültigen in regional unterschiedliche Rufnummern u. a. m. Das bedeutet also auch einen Eingriff in den semantischen Inhalt der Signalisierungsnachrichten.

Darüber hinaus wird der quasiassoziierte Betriebsmodus zugunsten des *Direct Signaling* verlassen. Dabei trägt jede Signalisierungsnachricht die vollständige Zieladresse, kann also wie im Datagrammdienst (Abschnitt 5.4) dissoziiert direkt zum Bestimmungsknoten gesendet werden, ohne daß die feste Zuordnung zu einem Verbindungsweg nötig ist. Somit sind auch Nachrichten ohne Bezug auf eine bestimmte Verbindung austauschbar, z. B. Anfragen bei Datenbasen.

6 Steuerungsstrukturen

Mit Koppeleinrichtungen (Abschnitt 4), Schnittstellen und Signalisierung (Abschnitt 5) wurden wesentliche Teilaspekte von Telekommunikationsnetzen behandelt. Wie aber wirken die Teile zusammen?

Das, was diese und andere Teile eines Netzes funktionsfähig macht, zusammenfügt und koordiniert, sei ganz allgemein als *Netzintelligenz* bezeichnet. Sie ist zu einem erheblichen Teil in zentralen Einrichtungen der Netzknoten konzentriert. Allerdings zeichnet sich ein Trend zu immer höheren Intelligenzanforderungen ab, so daß man zur Entlastung von zentraler Netzknotenintelligenz zunehmend dazu übergeht, diese Intelligenz zu verteilen. Das geschieht einmal innerhalb der Netzknoten selbst, zum anderen auch durch Verlagerung von Funktionen in den Teilnehmerbereich (Bild 1.1) oder aber – wie in einem Beispiel am Ende des vorigen Abschnitts – durch noch stärkere Zentralisierung von einzelnen Funktionen in eigenen Zentren.

Es gibt noch kein klares Bild über die Gesamtheit der Aufgaben, die unsere Kommunikationsnetze einmal übernehmen sollen. Es ist überhaupt fraglich, ob es einen abgeschlossenen Aufgabenkatalog jemals geben wird – Aufgabenlisten sind im allgemeinen „open ended", weil sich aus Erfahrung und Weiterentwicklung neue Anforderungen ergeben. Die Strukturierung der Steuerungseinrichtungen, die die Intelligenzfunktionen wahrnehmen, muß das Nachrüsten solcher Funktionen möglich machen.

Dieses, mehr aber noch ganz allgemein das Beherrschen der wachsenden Komplexität der Aufgaben, gehört zu den schwierigsten Problemen neuer und künftiger Kommunikationsnetze. In diesem Abschnitt sollen hierzu einige Gesichtspunkte behandelt werden.

6.1 Aufgaben der Netzintelligenz

6.1.1 Grundaufgaben

Unter Grundaufgaben werden solche verstanden, die bereits in den vergangenen Jahrzehnten den „klassischen" weltweiten Selbstwählnetzen gestellt wurden: dem Fernsprechnetz und dem Fernschreibnetz.

Vermitteln

Zum Vermitteln gehört der Aufbau, das Halten und der Abbau von Verbindungen. Das gilt für Durchschaltenetze, aber auch für virtuelle Verbindungen in

Paketvermittlungsnetzen. In Teilstreckennetzen (Abschnitt 3) müssen Pakete (packets) oder Nachrichten (messages) entsprechend den mitgegebenen Adressen durch das Netz gelenkt werden.

Zwei wesentliche Vermittlungsaufgaben in Durchschaltenetzen wurden schon besprochen: Das Koppeln und das Signalisieren. Allerdings gehören zum Koppeln im weiteren Sinne auch Funktionen, die der Richtungs- und Bündelbestimmung dienen: Auswahl eines von eventuell mehreren geeigneten Bündeln nach dem Gesichtspunkt des „kürzestmöglichen" Weges (sog. *Leitweglenkung*).

In den Nachrichten- bzw. Paketvermittlungen findet man im Prinzip diese Funktionen wieder. Das Koppeln wird durch – mehr oder weniger lang dauerndes – Zwischenspeichern und anschließendes Weitersenden in der Zielrichtung ersetzt, die Signalisierungsinformation wird in geeigneter Form aufgenommen, ausgewertet und den ausgesendeten Nachrichtenpaketen modifiziert wieder mitgegeben, wie in Abschnitt 5.4 besprochen.

Über diese vermittlungstechnischen Grundaufgaben hinaus gibt es neuerdings ein breites und ständig wachsendes „Komfortangebot", über das noch zu sprechen sein wird.

Sichern

Hierunter sollen alle Maßnahmen verstanden werden, die zum *automatischen* Aufrechterhalten der Betriebsbereitschaft des Netzes beitragen. Zum Netz gehören auch Teilnehmeranschluß und Endeinrichtung, soweit der Dienst deren Funktion mit einschließt (Abschnitt 9.2). Die ständige Betriebsbereitschaft wird durch das Beseitigen von Betriebsstörungen und das vorbeugende Prüfen und Warten der Netzkomponenten sichergestellt.

Das *automatische* Beseitigen von Betriebsstörungen erfordert eine Reihe von Maßnahmen: Zunächst muß eine Störung als solche automatisch erkannt werden (*Fehlererkennung*). Hierzu sind Überwachungseinrichtungen notwendig. Ein häufig verwendetes Überwachungsverfahren ist der Vergleich der Ergebnisse von zwei oder mehr Steuerungseinrichtungen, die mit denselben Eingangsdaten versorgt werden. Bei unterschiedlichen Ergebnissen wird als *Symptom* eine Störung festgestellt.

Das Erkennen des Symptoms genügt aber nicht allein. Es muß auch automatisch die *Ursache* der Störung, nämlich der eigentliche Fehler bestimmt werden (*Fehlerlokalisierung*). Das erfordert automatische Maßnahmen zur Fehlereingrenzung. Hierfür ist es notwendig, geeignete Strategien – in Abhängigkeit von der Störungsart – zu entwerfen. Eine Strategie zum Erkennen der Ursache bei Störungen, die durch unterschiedliche Ergebnisse von parallel arbeitenden Steuerungseinrichtungen erkannt wurden, kann z. B. in einem Funktionstest jeder der beteiligten Steuerungen bestehen.

Wenn die Ursache einer Störung erkannt worden ist, muß diese Störungsursache automatisch beseitigt werden. Dazu ist das fehlerverursachende Gerät außer Betrieb zu nehmen, ohne daß sich irgendwelche Rückwirkungen auf das Gesamtsystem ergeben (*Fehlerabschaltung*). Das ist eine keineswegs triviale Aufgabe! Beispielsweise muß dafür gesorgt werden, daß ein zentrales Bus-System (Leitungsvielfach) nicht durch Falschmeldungen sendende defekte

Einrichtungen „verseucht“ werden kann! Handelt es sich bei der defekten Einrichtung um ein zentrales Gerät, so muß statt dessen ein Ersatzgerät in Betrieb genommen werden (*Ersatzschaltung*), verbunden mit dem *Wiederanlauf* des Systems.

Das defekte Gerät soll – insbesondere wenn es sich um eine zentrale Einrichtung handelt – möglichst schnell repariert werden, damit es für den Betrieb wieder verfügbar ist (Abschnitt 6.2.3). Dafür müssen automatische Testhilfen in Form geeigneter Prüfprogramme bereitstehen oder auf Anforderung bereitgestellt werden (*Diagnose*).

Nach diesen automatisch ablaufenden Schritten zur Beseitigung von Betriebsstörungen [4.4] erfolgt die eigentliche manuelle Reparatur, z. B. durch Austausch der defekten Baugruppe. Im Idealfall wird dem hierfür zuständigen Wartungstechniker der Fehlerort durch die Diagnose bereits auf die austauschbare Baugruppe genau angegeben (*Fehlerbeseitigung*). Die Baugruppe kann dann in einer hierfür ausgestatteten Werkstatt ohne Zeitdruck repariert werden.

Der Automatisierungsgrad der geschilderten Maßnahmen wird abhängig von der *Störwirkbreite* der Fehler gewählt, d. h. von der durch den Fehler verursachten Verkehrseinschränkung, die bis zur Totalblockade des Netzknotens reichen kann. Je größer die Störwirkbreite ist, desto schneller und wirksamer müssen die automatischen Maßnahmen zur Störungsbeseitigung einsetzen!

In der Praxis ist die Aufgabe der Störungsbeseitigung die bei weitem schwierigste, die technischem System und Mensch gestellt wird:

- Mehrere gleichzeitige, voneinander unabhängige Fehler führen zu undurchsichtigen Störungssymptomen. Diese Situation ist insbesondere bei Erstinbetriebnahme von Systemen gegeben.
- Häufig treten Fehler nur sporadisch auf und verschwinden bei der Eingrenzung.
- Die unangenehmste und kritischste Fehlergattung aber sind die *Softwarefehler,* die bei seltenen, vom Entwickler nicht bedachten Situationen auftreten und außerordentlich schwerwiegende Konsequenzen bis zum Systemausfall haben können. Die Fehler sind schwer zu finden; häufig werden bei ihrer Beseitigung versehentlich neue Fehler in das System einprogrammiert.

Das vorbeugende Prüfen und Warten als zweite Komponente des automatischen Sicherns erfordert geeignete Prüfgeräte und Prüfprogramme, die die unterschiedlichen Komponenten des Systems in bestimmten Intervallen routinemäßig testen. Dabei werden – wenn möglich – die Prüfbedingungen gegenüber den normalen Anforderungen verschärft, um (z. B. durch Toleranzabweichung) entstehende Fehler schon vor ihrem Wirksamwerden feststellen zu können. Diese Maßnahmen sind im allgemeinen recht aufwendig, bieten aber die Möglichkeit der einfachen Fehlerlokalisierung. Selbstverständlich bleibt mit den eigentlichen Wartungsmaßnahmen – Austausch, Abgleich usw. – auch hier ein manueller Rest. Der notwendige Automatisierungsgrad – und damit der für die Automatisierung zu treibende Aufwand – wird durch die Rationalisierungsanforderungen bestimmt, d. h. durch das Ausmaß, in dem menschliche Arbeitskraft ersetzt werden soll oder muß.

Betreiben

Die Aufgabe besteht im automatischen Unterstützen von Vorgängen, die zum Betreiben und Verwalten des Netzes notwendig sind. Zum Betrieb im weiteren Sinn gehören auch manuelle Tätigkeiten, auf die hier nicht eingegangen wird. Häufig werden die zuvor erwähnten vorbeugenden Prüf- und Wartungsaufgaben ebenfalls zur Betriebstechnik gerechnet. Weiterhin zählen unter vielem anderen dazu:

a) Gebührenerfassung

Die verkehrsabhängigen Nutzungsgebühren müssen automatisch erfaßt werden. Zu den Nutzungsparametern zählen z. B. Tageszeit, Kommunikationsdauer und -entfernung. Die erfaßten Daten sollen automatisch ausgelesen und zur „Fernmelderechnung" weiterverarbeitet werden können. Darüber hinaus ist auf Wunsch eine automatische Ansage, Anzeige oder Einzelabrechnung von Kommunikationsgebühren zu ermöglichen. Weiterhin sind notwendige Reaktionen auf Gebührenrückstande automatisierbar: Teilsperre (z. B. nur noch abgehende Verbindungen möglich) und Vollsperre (keine Verbindungen mehr möglich) werden aus der Ferne – aus einem *Bedienungszentrum* – als Auftrag an die Steuerung im Netzknoten eingeschrieben.

b) Netzdimensionierung

Das Verkehrsaufkommen kann mit allen interessierenden Parametern automatisch erfaßt werden: Verkehrsbeziehungen, Besetztfälle, Verbindungsdauern usw. Damit lassen sich Rückschlüsse auf die Netzdimensionierung ziehen: Sind etwa Übertragungswege zu erweitern, neu einzurichten? Müssen Netzknoten leistungsfähiger werden?

c) Teilnehmereigenschaften und Teilnehmerberechtigungen (Benutzerklassen)

Kennzeichen der Teilnehmer sind z. B. „Zuteilung von Kurzrufnummern", „Tastenwahl", „Fernsperre", „Nutzung von 2400-bit/s-Datenübertragung im Synchronnetz". Solche Eigenschaften und Berechtigungen müssen automatisch zugeteilt, modifiziert und gelöscht werden können, z. B. von dem bereits erwähnten Bedienungszentrum aus oder auch durch den Teilnehmer selbst (Kurzrufnummern).

d) Interface zwischen Verwaltung und Netz

Die genannten Beispiele zeigen die Bedeutung der Kommunikation zwischen nutzenden und verwaltenden *Menschen* und dem genutzten und verwalteten *System*. Die Kommunikationsregeln (Protokolle) hierfür müssen allgemein und benutzerfreundlich festgelegt werden, z. B. in Form einer „Bedienungssprache" (MML: man machine language [6.1]). Die Bedienung erfolgt entweder durch den Teilnehmer – hierfür sind besonders einfache Protokolle notwendig – oder durch den Wartungstechniker im Netzknoten bzw. im Bedienungszentrum. Die Anforderungen an den Automatisierungsgrad sind auch hier von dem zu erreichenden Rationalisierungseffekt abhängig.

6.1.2 Ergänzungen zu den Grundaufgaben

Es werden Nutzungsmerkmale behandelt, die in erster Linie dem Teilnehmer zugute kommen. Hierzu gehören u. a.:

- Die Erhöhung der Erreichbarkeit der Partner. Die Auswirkung von Erreichbarkeits-Engpässen wird gemildert.
- Die Erhöhung des Wählkomforts. Verbindungen können ohne Wahl oder mit vereinfachter Wahl (Kurzrufnummern) hergestellt werden.
- Das Netz als Kommunikationspartner. Das Netz führt Kommunikationsaufträge aus, z. B. „Wecken" oder „Erinnern".
- Gewollte Kommunikationsbeschränkungen. Zum Beispiel soll das Netz mißbräuchliche internationale Fernwahl verhindern (Fernsperre).
- Bedienerführung. Die Aktivierung neuer Nutzungsmerkmale bereitet dem ungeübten Teilnehmer möglicherweise Schwierigkeiten. Durch Ansagen oder Anzeigen wird der Teilnehmer in die richtige Bedienung eingewiesen.

Klassifizierung von Ergänzungsmerkmalen für das Fernsprechen

Als Beispiel sollen ergänzende Merkmale im Fernsprechnetz behandelt werden, wie sie in [6.2] beschrieben werden. Dort wird eine Systematik durch Einteilung in Gruppen, Familien und Einzeldienste versucht, an die sich die folgende Aufzählung anlehnt. Es handelt sich dabei um mögliche, nicht aber um jedenfalls bereits realisierte Dienste.

a) Schneller Verbindungsaufbau

Hier werden zwei Varianten gesehen, nämlich die Möglichkeit der *Kurzwahl* (der Teilnehmer wählt einen Kurzcode, der von der Vermittlungsstelle in eine Langrufnummer umgesetzt wird) und die eines *fest vorgegebenen Ziels,* das durch Abheben des Handapparates angesteuert wird. Im ersten Fall ist zu unterscheiden, ob die Kurzrufnummern (die individuelle Zuordnung von Kurzcode zu gewünschter Langrufnummer) vom Teilnehmer oder von der Verwaltung eingeschrieben werden. Im zweiten Beispiel gibt es als Varianten nach dem Abheben den unmittelbaren Verbindungsaufbau zu einem festen Ziel oder diesen Verbindungsaufbau erst nach einer Karenzzeit, in der der Teilnehmer Gelegenheit hat, ein spezielles Ziel durch Beginn eines entsprechenden Wählvorgangs anzusteuern.

b) Kommunikationsaufträge an das Netz

Es werden unterschieden Weckrufe, automatische Verbindungsprogramme und Erinnerungsdienste. Im ersten Fall kann das Wecken automatisch oder „manuell" erfolgen. Ferner gibt es die Möglichkeit, statt eines einmaligen Weckauftrags ein Weckprogramm einzugeben, das z. B. innerhalb einer Woche abläuft.

In ähnlicher Weise kann das Netz mit Verbindungsprogrammen beauftragt werden, nach denen bestimmte Teilnehmer zu bestimmten Zeiten angerufen werden. Hiermit verwandt sind Erinnerungsdienste, die einen automatischen Verbindungsaufbau zu erinnernden Ansagen veranlassen. Solche Ansagen können entweder einem vorgegebenen Repertoire entnommen werden, oder aber es werden individuelle Ansagetexte zur Erinnerung eingegeben.

c) Kommunikationsbeschränkungen

Zu unterscheiden sind Beschränkungen des abgehenden und des ankommenden Verkehrs. Neben einer Gesamtsperre des abgehenden Verkehrs kann auch die Wahl einzelner Rufnummernbereiche oder Rufnummern gesperrt werden. Das „Einschreiben“ dieser Einschränkungen kann durch den Teilnehmer oder durch die Verwaltung geschehen.

Sinngemäß läßt sich der gesamte ankommende Verkehr sperren, oder aber es werden nur Anrufe von bestimmten Rufnummern abgewiesen oder von der Sperre ausgenommen. Derartige Sperren können bleibend oder zeitweise („do not disturb service“ oder „Ruhe vor dem Telephon“) eingerichtet werden, das Einschreiben geschieht durch den Teilnehmer oder die Verwaltung.

d) Dienste bei Abwesenheit

Als Varianten gibt es Abwesenheitsdienste und Anrufregistrierung. Als Abwesenheitsdienst gilt die Umlenkung der Anrufe zum „Fernsprechauftragsdienst“, entweder sofort oder nach Ablauf einer Karenzzeit, in der sich ein angerufener Teilnehmer eventuell noch selbst melden kann. Der Fernsprechauftragsdienst kann entweder eine standardisierte Ansage oder eine individuelle Mitteilung ausgeben. Der Anrufer seinerseits kann im Bedarfsfall eine Mitteilung hinterlassen. (Diese Möglichkeit besteht heute schon für denjenigen, der individuell einen Anrufbeantworter installieren läßt. Hier aber handelt es sich um einen vom Netz angebotenen Dienst für jedermann.)

Mit der Anrufregistrierung ist die Speicherung der Rufnummer des Anrufenden verbunden, zusätzlich werden Datum und Uhrzeit des Anrufs aufgenommen. In diesem Fall wird auf die zusätzliche Speicherung von verbalen Mitteilungen verzichtet (vgl. aber [6.5]).

e) Minderung des Besetzteinflusses

Hier gibt es eine Vielzahl von Dienstmöglichkeiten:

- Verbindung bei Freiwerden des Anschlusses.
- Wiederholung der zuletzt gewählten Rufnummer automatisch in bestimmten Abständen oder durch auslösenden Knopfdruck des Rufenden.
- Umlenkung bei „Besetzt“ zu anderen Rufnummern („Sammelanschlußtechnik“).
- „Anklopfen“ beim belegten Teilnehmer führt zu einem akustischen oder optischen Signal, das dem Angerufenen das Vorliegen eines Rufs mitteilt. Beim Auflegen wird der Gerufene automatisch mit dem Rufenden verbunden.
- Vergabe von Prioritäten für den Verbindungsaufbau. Damit können Kommunikationsengpässe im Netz überwunden werden, wie sie bei außergewöhnlichen Ereignissen – z. B. zum Jahreswechsel oder bei Katastrophen – auftreten können.

- Unterbrechung eines abgehenden Verbindungsaufbaus durch eine ankommende Verbindung.

f) Gebührendienste

Auch dazu sind zahlreiche Dienste möglich, einerseits zur Gebührenmitteilung, andererseits zur Gebührenbelastung:
- Anzeige oder Ansage von Gebühren generell oder auf Anforderung.
- Ausdruck von Verbindungsdaten und Gebühren in der Fernmelderechnung, generell oder auf Anforderung für bestimmte Rufe.
- Transfer der Gebührenbelastung (mittels Geheimcode) von irgendeinem auf einen bestimmten Anschluß.
- Der Angerufene übernimmt die Gebühr, entweder generell (z. B. bei Bestellungen bei einem Kaufhaus) oder fallweise durch ein Übernahmekriterium.
- Kreditkartendienst: Ablesen der Kreditkarte setzt eine entsprechend eingerichtete Station voraus. Das gleiche gilt für die Abbuchung von einer „Guthabenkarte".

g) Informationsdienste

Mögliche Dienste sind:
- Rufnummernauskunft: Anstelle einer bisher noch schwer realisierbaren Spracheingabe müssen Kennzeichen eingetastet oder gewählt werden. Ansage oder Anzeige des Ergebnisses.
- Allgemeine Fernmeldeauskunft: Angaben zu den jeweils in einem Land nutzbaren Diensten, mehrsprachig. (Besser wäre eine weltweit einheitliche Dienststandardisierung!)
- Informationsdienste durch kommerzielle Anbieter.
- Informationsdienste, die von der Verwaltung angeboten werden, z. B. Informationen von öffentlichem Interesse.

h) Notrufe

Wichtig ist der einfache Zugang zur Notrufstelle. Es muß z. B. mit einer einheitlichen Rufnummer die jeweils nächstgelegene Notrufstelle erreicht werden. Verbale Verständigungsmöglichkeit sollte möglich sein, aber nicht vorausgesetzt werden. Es muß also die notrufende Stelle automatisch identifizierbar sein.

In [6.2] sind noch nicht die neuerdings interessanter werdenden Fernmeß- und Fernwirkdienste erwähnt. Es geht dabei z. B. um den fernüberwachten Objektschutz (Einbruchsicherung) oder die ferngesteuerte Energieverteilung und -einschaltung. Hier können Fernmeldenetze wichtige Aufgaben übernehmen!

i) Nicht-ortsfeste Teilnehmer

- Mobilfunkdienste. Sie stellen dem nicht-ortsfesten Teilnehmer vollwertige Kommunikationsdienste zur Verfügung. Dabei ist sowohl die Verbindung zu anderen mobilen Teilnehmern als auch zu ortsfesten Teilnehmern möglich.

- „Paging“. Mobilen Teilnehmern wird durch ein einfaches Signal mitgeteilt, daß ein Anruf für sie vorliegt. In begrenztem Umfang können unterschiedliche Signale mit individuell verabredeter Zeichenbedeutung unterlegt werden.
- „Pick up“. Nach Empfang eines Paging-Signals wird durch Anwahl des eigenen, ortsfesten Anschlusses – verbunden mit einem individuell verabredeten Signal – der wartende Anruf übernommen.

k) Mehrteilnehmerdienste

Hierbei sind zu unterscheiden Dreiergespräche, bei denen eine dritte Partei in eine bestehende Verbindung einbezogen wird, und Konferenzgespräche zwischen mehr als drei Teilnehmern. Zur ersten Kategorie gehören das „Makeln“ (Anfragen bei einem dritten Teilnehmer), die Übergabe einer Verbindung an einen dritten Teilnehmer, und „echte“ Dreiergespräche. Konferenzgespräche mit mehr als drei Teilnehmern können seriell oder parallel einberufen werden, außerdem müssen schwierige übertragungstechnische Probleme gelöst werden.

l) Verwaltungsdienste

Hierzu gehört das Abfangen von Anrufen, verbunden mit einer Umlenkung zu Beamtenplätzen, Ansagen oder Zeichengebern. Dies ist z. B. der Fall bei geänderten Rufnummern (mit oder ohne Angabe der geänderten Rufnummer), bei unbeschalteten Rufnummern oder vorübergehend nicht erreichbaren Teilnehmern.

Eine andere Kategorie, die hierunter gesehen wird, sind „lageunabhängige Teilnehmernummern“. Teilnehmer dieser Art sollen überall im Netz unter der gleichen Rufnummer erreichbar sein. Dazu gehört auch die Mitnahme der Rufnummer bei Umzug.

m) Verschiedenes

Abschließend wird eine Reihe von Diensten aufgelistet, die z. T. auch in vorhergehend erläuterte Kategorien eingeordnet werden könnten:
- Rundsenden von (auch verbalen) Nachrichten an verschiedene Teilnehmer;
- „Fangen“ – d. h. Ermitteln böswilliger Anrufe – in verschiedenen Varianten;
- Anzeige oder Ansage der Rufnummer des Rufenden;
- „Display“-Dienste, d. h. allgemeine Anzeigen auf einem Display, falls vorhanden;
- „Babyphone“: Abhörmöglichkeit auch bei aufgelegtem Hörer durch Anruf mit individueller Kennung (z. B. durch die Eltern);
- Aktivierung und Deaktivierung von Diensten.

Diese Aufzählung von Diensten und Leistungsmerkmalen erhebt nicht den Anspruch auf Vollständigkeit!

Ergänzende Dienste für Text- und Datenverkehr

Ergänzende Dienste für Text- und Datenverkehr sind ebenfalls von großer Vielfalt. Die Ergänzungen haben z. T. jedoch – da sie auf Maschinen und nicht auf Menschen zugeschnitten sind – eine andere Charakteristik.

Eine Anzahl von Diensten beruht auf der relativ einfachen Speichermöglichkeit für Text und Daten. (Die Speicherung von Sprache erfordert 64 kbit/s, wenn man PCM verwendet! Mit redundanzmindernden Verfahren lassen sich wenige kbit je Sekunde erreichen.) Zu diesen Diensten gehören:

- Delayed Delivery. Eine Nachricht wird in Ursprungsnähe gespeichert und zu gebührengünstiger Zeit über das Netz zum Ziel transportiert.
- Rundsenden: Eine Nachricht wird mehrfach an verschiedene Teilnehmer ausgesendet.
- Journalführung: Nachrichten werden zu Kontrollzwecken für gewisse Zeit aufgehoben.

Andere Dienste greifen in die Zeichendarstellung ein: Nachrichten können in Code und Übertragungsgeschwindigkeit gewandelt werden. Ferner ist eine „volumenabhängige Tarifierung" möglich, bei der nur der tatsächlich übertragene Nachrichtengehalt berechnet wird. Ein wichtiges Merkmal ist die Definition von „closed user groups", d. h. von geschlossenen Teilnehmerkreisen, zu denen Außenstehende keinen Zugang haben. Ein weiteres Merkmal ist die Vergabe von Prioritäten für den Verbindungsaufbau, die bei Netzüberlastung wichtige Kommunikationsbeziehungen bevorzugen. Dieses Merkmal findet man bisweilen auch in speziellen Fernsprechnetzen. – Auf eine ausführliche Aufzählung möglicher Dienste wird verzichtet.

6.1.3 Neue Aufgaben

Zum Teil gleichbedeutend mit den ergänzenden Aufgaben, zum Teil weit darüber hinausgehend sind eine Reihe von Diensten, die in den USA als „added values" bezeichnet werden und die dort häufig nicht von den etablierten Telefongesellschaften sondern von sog. „specialised carriers" oder „added value carriers" angeboten werden [6.3]. Diese Dienste sind z. T. durch die besondere fernmeldepolitische Situation in den USA bedingt, so etwa das Angebot von „specialised carriers", durch Nutzung ihrer Einrichtungen Gebühren gegenüber der Benutzung der allgemeinen Telefonnetze zu sparen. Andere Dienste haben aber grundsätzliche Bedeutung. Ohne vertiefenden Ausführungen in Abschnitt 9 vorzugreifen, seien hier deren zwei genannt:

a) Kompatibilitätsdienste

Die Schwierigkeit der Verständigung zwischen Maschinen wurde in Abschnitt 5 erläutert. Ein Weg, diese Schwierigkeiten zu überwinden, besteht in der Standardisierung der Protokolle bis in die höchsten Ebenen hinauf. Das ist für sich allein bereits eine sehr schwierige Aufgabe. Eine andere Möglichkeit ist jedoch die Einrichtung eines „Kompatibilitätsdienstes": Die Teilnehmer können – nahezu – beliebige Terminals und Datenverarbeitungsanlagen an das Netz anschließen, das Netz übernimmt die Anpassung der Protokolle. Diese Aufgabe gehört zu den schwierigsten, die die Netzintelligenz übernehmen kann. Ein solcher Dienst, der „advanced communication service" (ACS), wird von der US-amerikanischen Telefongesellschaft AT & T eingerichtet [6.4].

b) „Computer based message systems" (CBMS) und „Electronic mail"

Das Leistungsmerkmalangebot dieser Dienste ist nicht eindeutig umschrieben [6.5]. Der Grundgedanke ist eine Speicherung von – im wesentlichen – Texten, zu denen die Teilnehmer Zugriff haben und die sie erweitern können. Unter „Computer-Konferenz" versteht man den Austausch von Nachrichten zwischen den Teilnehmern einer Konferenz auf dem Weg über die Speicherung im Computer, so daß diese Konferenz nicht die *gleichzeitige* Anwesenheit der Teilnehmer erfordert. „Electronic mail" bietet den elektronischen Transport von Texten, Dokumenten und Daten, darüber hinaus werden fallweise auch Archivier- und Retrievalfunktionen oder Funktionen der Textverarbeitung realisiert. Unter dem Aspekt „office of the future" [6.6] müssen letztlich die Nutzungsprofile noch festgelegt werden (Abschnitt 9).

6.1.4 Auswirkungen auf Funktionen und Signalisierungsprotokolle

Die Vielfalt der möglichen und der angebotenen Dienste in neuen Kommunikationsnetzen ist verwirrend, entsprechend kompliziert können die Funktionen der Netzintelligenz werden. Wie läßt sich die Komplexität in den Griff bekommen?

Diese Frage wird noch mehrfach zu diskutieren sein. Ein erster Schritt ist eine Klassifizierung in Basisfunktionen, modifizierte Basisfunktionen und Nachrichtenbehandlung (Bild 6.1). Im Normalfall wird eine „Standardverbindung" von einem rufenden Teilnehmer A zu einem gerufenen Teilnehmer B aufgebaut. Alle hierzu notwendigen Funktionen seien als *Basisfunktionen* bezeichnet. Eine ganze Anzahl von Diensten und Leistungsmerkmalen beschäftigt sich damit, das ursprünglich gewünschte Ziel B zu modifizieren und statt dessen ein Ziel C anzusteuern (umgekehrt kann auch der Ursprung A modifiziert werden). Hierfür sind *modifizierte Basisfunktionen* nötig. Schließlich gibt es eine Kategorie von Diensten, die sich mit der Nutznachricht selbst beschäftigt (Speicherung, Codewandlung usw.) und deshalb Funktionen der Nachrichtenbehandlung erfordert. Diese Funktionen können im allgemeinen von den Basisfunktionen abgetrennt und über einen Ausgang D in *Operationsmodulen* (oder Servicemodulen) realisiert werden. Durch Funktionsverteilungen dieser Art läßt sich die Gesamtkomplexität „partitionieren", d. h. auf in sich relativ abgeschlossene Funktionsbereiche aufteilen.

Man wird bald feststellen, daß die Projizierung der Aufgaben auf diese Funktionskategorien nur teilweise gelingt. Ein zweiter Systematisierungsversuch ist die Definition von Grundfunktionen oder Funktionselementen, aus denen sich Gesamtfunktionen zusammensetzen lassen. Hierzu muß zunächst das „operative Material" gesichtet werden, das in Funktionsabläufen miteinander verknüpft werden soll:

Netzkomponenten oder „Mitglieder"

Dem Netz gehören *Mitglieder* an, die für Funktionsabläufe von Bedeutung sind, weil sie die Netzintelligenz ansprechen oder von dieser angesprochen werden. Solche Mitglieder können „anfaßbar" sein (Hardware) oder „Zusammenhänge" (Software) darstellen. (Die Bezeichnung „Komponente" wird hier vermieden,

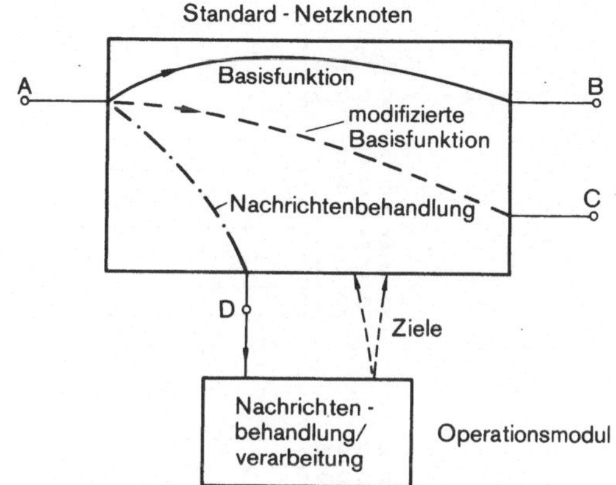

Bild 6.1. Netzintelligenz: Grund- und Zusatzausstattung. A → B Standardverbindung, A → C modifiziertes Ziel (modifizierter Ursprung), A → D Nachrichtenbe- und verarbeitungsfunktionen

weil sie an anderer Stelle in engerem Sinn für Einrichtungen und Elemente des Netzes verwendet wird.)

Mitglieder im Bereich des Vermittelns sind z. B. Teilnehmeranschlüsse, Verbindungsleitungen zwischen Netzknoten, Netzknoten selbst, aber auch „Verbindungen", die eine Anzahl solcher Netzkomponenten vorübergehend für einen Kommunikationsvorgang „zusammenbinden" (Zusammenhang).

Mitglieder im Bereich des Sicherns und Betreibens sind z. B. alle physischen Geräte des Netzes, die in diesem Zusammenhang an- und abgeschaltet bzw. ersatzgeschaltet werden können.

Eigenschaften und Zustände

Mitglieder haben permanente oder semipermanente *Eigenschaften.* Diese werden – soweit sie für Steuerungsabläufe relevant sind – in *Zuordnungen* im Speicher abgelegt. Ein Beispiel hierfür zeigt Bild 6.2. Der Rufnummer des Teilnehmers, die in diesem Beispiel das Mitglied „Teilnehmeranschluß" repräsentiert, wird eine Speicherzelle zugeordnet, in der die Eigenschaften des Teilnehmers eingeschrieben sind. Ausgehend von einer (symbolischen) Grundadresse können die Rufnummern (Teilnehmer-Nr.) unmittelbar zur Adressierung und damit zum Aufruf der Teilnehmereigenschaften verwendet werden.

Teilnehmereigenschaften sind z.B. die Lage des Teilnehmeranschlusses an der Koppeleinrichtung, die eigentliche Rufnummer, die Benutzerklasse, Berechtigungen wie z. B. „Kurzwahlberechtigung" (die Möglichkeit, Kurzrufnummern zu wählen, die von der Netzsteuerung in Langrufnummern umgesetzt werden).

Eigenschaften von Verbindungsleitungen sind u. a. Anschlußlage an der Koppeleinrichtung, Zugehörigkeit zu einem Bündel, Signalisierungsverfahren. Auch ein Netzknoten als ganzes hat bestimmte Eigenschaften, wie z. B. Hierarchiestufe im Netz, Netzknotennummer.

Von diesen quasipermanenten Eigenschaften sind kurzdauernde *Zustände* der Mitglieder zu unterscheiden. Solche sind z. B. Belegungszustände (frei/belegt),

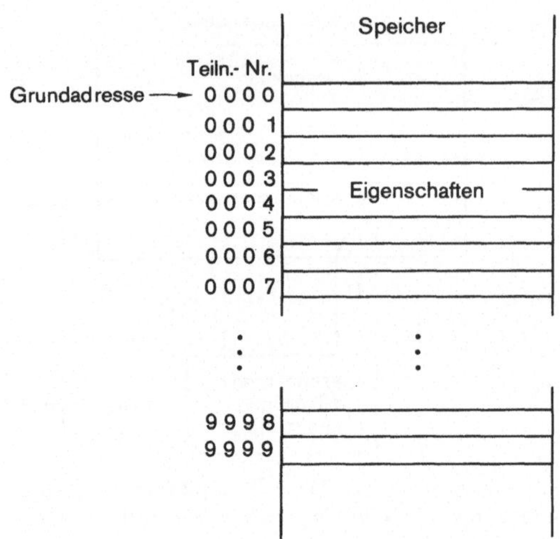

Bild 6.2. Zuordnung „Mitglied → Eigenschaft" im Speicher

Gebührenzählerstände, Sperren, insbesondere aber Verbindungszustände, die die verschiedenen Phasen des Verbindungsaufbaus und -abbaus beschreiben.

Zustände werden ebenso wie Eigenschaften den Mitgliedern im Speicher zugeordnet und damit festgehalten, soweit sie für Steuerungsabläufe von Bedeutung sind.

Zeichen

Vermittlungstechnische *Zeichen* ermöglichen die Ferneinwirkung auf Steuerungsvorgänge. Sie teilen Zustände, Zustandsänderungen und alphanumerische Steuerungsinformation mit.

Zeichen müssen zwischen Teilnehmern und Netzknoten, zwischen Netzknoten untereinander und zwischen den Steuerungsaggregaten innerhalb eines Netzknotens ausgetauscht werden. Diese Zeichen sollen sowohl in Syntax als auch in Semantik für die austauschenden Partner verständlich sein. Für die externen Kommunikationsbeziehungen zwischen Steuerungen verschiedener Netzknoten und zum Teilnehmer hin stützt man sich dabei auf Standards ab, wie in Kapitel 5 besprochen. Die internen Kommunikationsbeziehungen zwischen den Einrichtungen eines Netzknotens werden in der Regel systemspezifisch, d. h. also herstellerspezifisch festgelegt.

Aufruf

Steuerungsaktivitäten müssen veranlaßt bzw. „aufgerufen" werden. Der Aufruf kann erfolgen – häufigster Fall – durch Zeichen, z. B. vom Teilnehmer gesendet, von einer Verbindungsleitung gesendet, durch eine Störung veranlaßt. Oft bewirkt jedoch auch eine steuerungsinterne Uhr den Aufruf, selten – aber für Notfälle wichtig – bleibt der manuelle Eingriff als Anlaß für Steuerungsabläufe.

Die Verknüpfung des so beschriebenen „operativen Materials“ geschieht in wenigen Funktionskategorien:

Organisation des Aufrufs

Da im allgemeinen mehrere Ereignisse gleichzeitig Steuerungsaktivitäten beantragen, müssen Aufrufe geordnet und bei Bedarf priorisiert werden. Hierfür ist ein geeigneter Wartealgorithmus notwendig, z. B. Einrichtung einer Warteschlange mit Abfertigung in der Reihenfolge des Eintreffens. Ein solcher Algorithmus muß durch priorisierte „Mitglieder“ überspielt werden, z. B. durch priorisierte Verbindungen oder manuellen Eingriff. Unter Umständen ist es erforderlich, einen Ablauf zugunsten eines priorisierten Ablaufs zu unterbrechen.

Speicherplatzzuteilung und Speicherplatzfreigabe

Eine derartige Verwaltung von Speicherplätzen ist notwendig für „Mitglieder“, die nicht ständig Speicherraum beanspruchen. So kann Verbindungen für die Dauer des Verbindungsaufbaus Speicherplatz für die Aufnahme der Wählziffern zugeteilt werden. Ein anderer Anwendungsfall ist die Verwaltung von Ein- und Ausgabelisten. Schließlich ist – wie bei den ergänzenden Diensten für Text- und Datenverkehr bereits erwähnt – in bestimmten Fällen die Zuteilung von Speicherplatz für Nutznachrichten notwendig.

Zeichentransport

Für den Zeichenaustausch zwischen den verschiedenen Steuerungspartnern – extern wie intern – müssen Protokolle festgelegt und in Steuerungsabläufen realisiert werden. Hierzu gehören auch Maßnahmen zur Zeichensicherung einschließlich Fehlerkorrektur.

Änderung von Mitgliedseigenschaften

Die Eigenschaften der „Mitglieder“ sind im allgemeinen semipermanent, d. h., sie müssen abgefragt und geändert werden können. Diese Änderung kann durch die Verwaltung oder in einzelnen Anwendungsfällen durch den Teilnehmer erfolgen. Entsprechende Zugriffsmechanismen zu den Speichern sind – einschließlich von Sicherungsmaßnahmen gegen Mißbrauch – vorzusehen.

Zustandsübergänge

Die Änderung von Zuständen der „Mitglieder“ stellt einen großen Anteil aller zu realisierenden Funktionen! Die Grundfunktion besteht darin, daß der bestehende Zustand eines Mitglieds über einen neu eingetroffenen Aufruf zu einem neuen Zustand verknüpft wird. Aus dem neuen Zustand können Folgeaktivitäten aufgerufen werden. – Bild 6.3 zeigt ein einfaches Beispiel für Zustandsänderungen. Die Darstellung der Zustandsübergänge ist der Beschreibung der Schnittstelle X.21 entnommen [5.4] (vgl. auch Abschnitt 6.3.5).

Registrieren

Hierbei fallen typische Funktionen der „Datenfernverarbeitung“ an: Das Sammeln von Informationen wie Gebühren und Verbindungsdaten, um Gebühren-

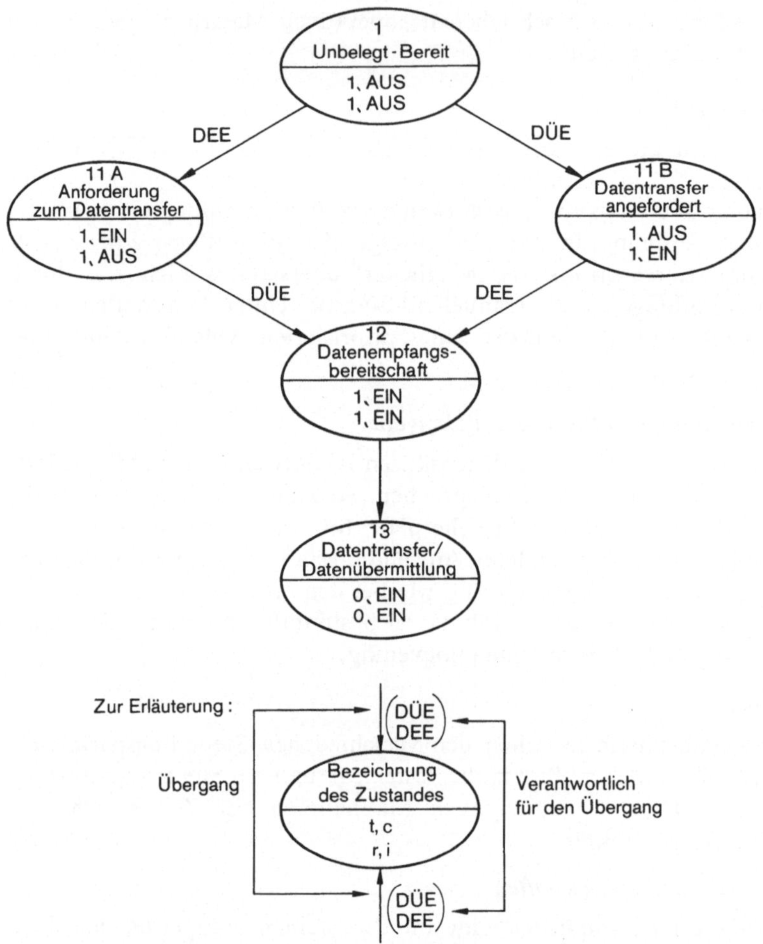

Bild 6.3. Beispiel für die Darstellung von Zustandsübergängen: Schnittstelle X.21, Herstellung des Datentransfers auf Mietleitungen.
Jeder Zustand ist durch eine Ellipse dargestellt, in der die Bezeichnung und die Nummer des Zustands angegeben werden, zusammen mit den Signalen auf den vier Schnittstellenleitungen, die diesen Zustand repräsentieren.
Jeder Zustandsübergang wird durch einen Pfeil dargestellt, wobei die für den Übergang verantwortliche Einrichtung (DEE oder DÜE) neben dem Pfeil angegeben wird.

n: Zustandsnummer
t: Signal auf Leitung T
c: Signal auf Leitung C
r: Signal auf Leitung R
i: Signal auf Leitung I
T: Leitung „Sendedaten“
C: Leitung „Steuerung
R: Leitung „Empfangsdaten“
I: Leitung „Anzeige“
0 und 1: andauernde Binärzustände 0 und 1
AUS und EIN: andauernde Binärzustände AUS (binär 1) und EIN (binär 0)

rechnungen zusammenzustellen oder böswillige Anrufer ermitteln zu können. Die gesammelten Informationen werden nach verschiedenen Gesichtspunkten verarbeitet und abgespeichert. Ergebnisse oder Zwischenergebnisse werden – durch Ansage, Anzeige, Ausdruck oder Transport zu einem anderen Bestimmungsort – weitergegeben.

Basisfunktion Wegsuche und Wegeinstellung

Diese Funktion in Durchschaltenetzen wird durch eine klar definierte und abgegrenzte Strategie beschrieben. Die Komplexität des Gesamtsystems kann sich durch Engpässe in der Leistungsfähigkeit der Steuerungen erhöhen, da die Wegsuche im allgemeinen nicht auf mehrere Steuerwerke aufteilbar ist.

Die soweit beschriebenen Funktionskategorien haben den Charakter von Grundfunktionen oder Grundfunktionsgruppen, die sich miteinander kombinieren und zu Gesamtabläufen zusammensetzen lassen. Immer noch bleibt ein mehr oder weniger großer Rest von Einzelfunktionen, wie z. B. die folgenden Kategorien:

Nachrichtenbehandlung

Die Behandlung von Nutznachrichten fällt in den Bereich der erweiterten oder neuen Aufgaben von Telekommunikationsnetzen. Hier sind unterschiedliche Einzelfunktionen denkbar: Codewandlung, Geschwindigkeitswandlung, vorübergehende Speicherung (z. B. für „delayed delivery"), Feststellung des Nachrichtenvolumens usw., wie bei den Aufgaben bereits erwähnt (Abschnitt 6.1.2, 6.1.3).

Einzelfunktionen zur Sicherung und Verwaltung des Netzes

Diese Funktionen sind stark systemabhängig, zweifellos aber kompliziert und umfangreich. Da sie schwierig verallgemeinert werden können, soll hier auf eine ausführliche Behandlung verzichtet werden.

Die beschriebenen Aufgaben und Funktionen stellen hohe Anforderungen an den „Systemarchitekten", der die notwendige Netzintelligenz in überschaubarer und in der Komplexität beherrschbarer Weise gliedern und verteilen soll. Man darf wohl feststellen, daß eine solche Architektur weltweit noch nicht gefunden wurde – nicht zuletzt deshalb, weil Aufgaben und Anforderungen noch in einem ständigen Wandel begriffen sind.

Es bleibt deshalb zu empfehlen:

- Systemarchitekturen müssen Aufgabenerweiterungen zulassen. Das ist über ein Konzept der zweckmäßig verteilten Steuerung zu erreichen, etwa wie in Bild 6.1 angedeutet: Isolierbare Aufgabenbereiche werden auf weitgehend eigenständige Operationsmodule (Servicemodule) verlagert.
- Die verteilten Steuerungen – einschließlich des Teilnehmerbereichs – müssen freizügig miteinander kommunizieren können.

Freizügige Kommunikation bedeutet: Keine Einschränkungen hinsichtlich des Bedeutungsumfangs von Steuerungsnachrichten.

Ein gutes Beispiel hierfür bietet der „Data user part" (DUP) des Signalisierungsverfahrens No. 7 nach CCITT (Abschnitt 5.5). Für Nachrichtenbedeutungen stehen zur Verfügung: Heading (H0) 4 bit, Message indicators 4 bit, User class indicator 6 bit, First indicator octett 8 bit, Second indicator octett 8 bit, das sind also 2^{30} – entsprechend etwa 10^9 – Möglichkeiten für Bedeutungsangaben, von denen allerdings die überwiegende Anzahl durch „Klassenbildung" nicht belegt werden kann (d. h., der Code wird nicht ausgeschöpft). Ganz wesentlich für die Nutzung neuer Dienste ist jedoch, die Signalisierungsmöglichkeiten zwischen Teilnehmer und Netzknoten *entscheidend* zu erweitern (Abschnitt 8.3).

6.2 Funktionsverteilung im Netz

Im allgemeinen konzentrieren sich die Intelligenzfunktionen des Netzes auf die Netzknoten. Sie verlagern sich neuerdings zu einem Teil auf den Teilnehmerbereich. Ein Beispiel hierfür ist die in Abschnitt 3.5 erwähnte „dezentrale Vermittlung". – Andererseits besteht ein Trend, übergeordnete Netzintelligenz in speziellen „Intelligenzzentren" zusammenzufassen. Ein Beispiel dafür sind die in Abschnitt 5.6 erwähnten Funktionen. Ein weiteres Beispiel sind „Bedienzentren", in denen die Bedienungs- und Wartungsfunktionen des Netzes konzentriert werden [6.7]. Häufig wird angestrebt, derartige Funktionen nicht mit lebenswichtiger Bedeutung zu versehen, so daß überzentrale Knoten zeitweise ausfallen können, ohne die Arbeitsfähigkeit des Netzes in den Grundfunktionen zu beeinträchtigen.

Wichtiger ist jedoch nach wie vor die „Zusammenballung" von Intelligenz in den Netzknoten mit der Notwendigkeit, die daraus entstehenden Probleme zu beherrschen. Einige Gesichtspunkte hierzu sollen in diesem Abschnitt behandelt werden.

6.2.1 Dezentrale und zentrale Funktionen

Der Intelligenzfunktionen im Netzknoten können dezentral, teilzentral oder vollzentral realisiert werden (Bild 6.4). Gesichtspunkte für die Funktionsverteilung sind funktionale Notwendigkeit oder Zweckmäßigkeit, Leistungsfähigkeit der Steuerung, Sicherheit, betriebliche Gesichtspunkte, Aufwand.

Ein Beispiel für *notwendig* dezentrale Funktionen ist die Übermittlung von Signalen an der Teilnehmeranschlußleitung (Bild 6.5). Die Aufgabenstellung erläutert Bild 6.5 a. Die Teilnehmeranschlußleitung ist auf der einen Seite mit dem Terminal, auf der anderen Seite mit dem sog. Teilnehmersatz abgeschlossen, bevor sie mit der Koppeleinrichtung verbunden wird. Aufgabe des Teilnehmersatzes ist es, neben anderen Funktionen die Signalisierung einerseits vom Terminal aufzunehmen, andererseits zum Terminal weiterzuleiten.

Bild 6.5 b zeigt eine „klassische" Lösung dieser Aufgabe. Der notwendige Funktionsumfang S wird in einen kleinen Anteil S_1 und einen größeren, aufwendigeren Anteil S_2 aufgegliedert. Am Teilnehmersatz, der in großer Zahl – nämlich je Anschluß – vorhanden ist, werden nur wenige und einfache Signale S_1 aufgenommen und eingespeist. Über eine konzentrierende Teil-

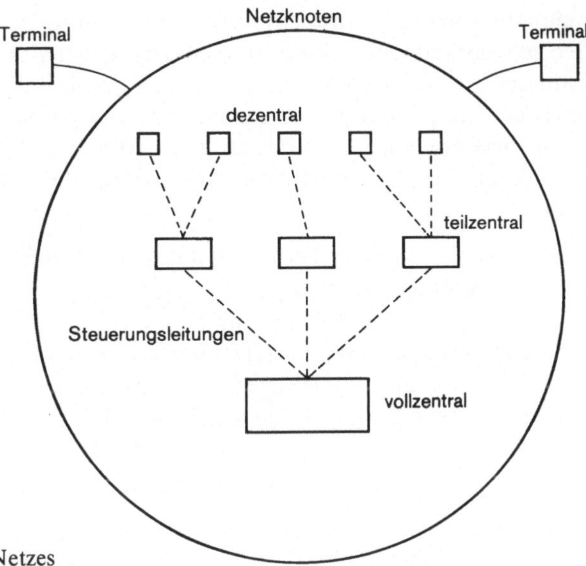

Bild 6.4. Realisierung der Intelligenzfunktionen des Netzes

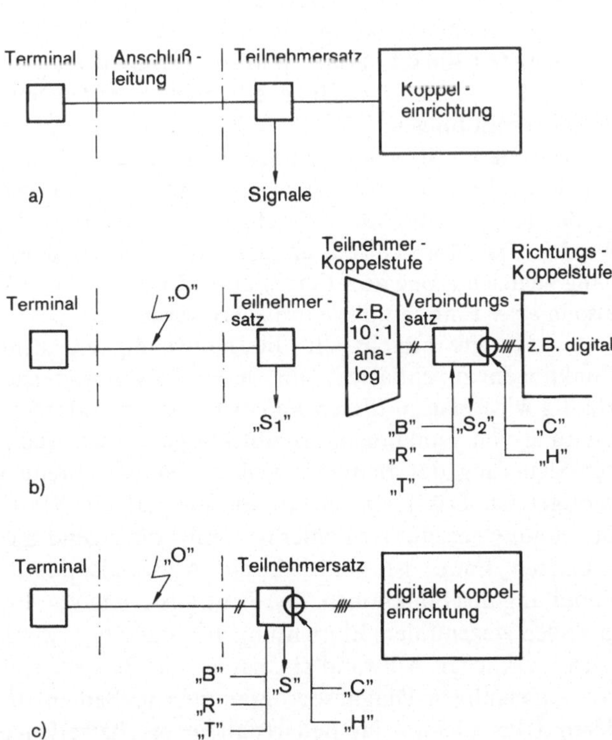

Bild 6.5. Beispiel für dezentrale Intelligenzfunktionen. **a)** Prinzip; **b)** Teilzentralisierung der „BORSCHT"-Funktionen; **c)** Dezentralisierung der „BORSCHT"-Funktionen. B battery (Speisung), O overvoltage (Überspannung), R ringing (Rufen), S signaling (Signalisierung), C coding (A/D-Umsetzung), H hybrid (Gabel), T testing (Prüfzugang)

nehmerkoppelstufe wird ein sog. Verbindungssatz (vgl. Bild 4.1) erreicht, der den schwierigen und aufwendigeren Teil S_2 der Funktionen übernimmt. Da die Zahl der Verbindungssätze nur etwa 10% der Teilnehmersätze beträgt, kann dies unter gewissen Voraussetzungen ein aufwandsparender Lösungsweg sein.

Im Zusammenhang mit der Digitalisierung von Fernsprechnetzen hat sich für die Funktionen S_1 und S_2 die Abkürzung „BORSCHT" eingeführt. Das bedeutet:

- Stromversorgung des Terminals aus dem Netzknoten (B: battery);
- Überspannungsschutz (O: overvoltage)
- Anrufsignalisierung (R: ringing);
- Signalisierung der Wählinformation (S: signaling);
- Analog/Digital-Umsetzung (C: coding);
- Duplexübertragung der Signale (H: hybrid);
- Prüfung der Teilnehmeranschlußleitung (T: testing).

Diese Funktionen lassen sich in der in Bild 6.5 b gezeigten Weise nur zentralisieren, wenn eine überspannungsfeste, gleichstromdurchlässige Teilnehmerkoppelstufe eingesetzt wird, mit metallischen Kontakten etwa, wie in Abschnitt 4.2 beschrieben. Digitale Koppeleinrichtungen verzichten jedoch meist auf eine derartige Teilnehmerkoppelstufe, so daß alle BORSCHT-Funktionen im Teilnehmersatz (Bild 6.5 c) oder/und im Terminal realisiert werden müssen. Damit stellen Teilnehmersätze einen erheblichen Anteil am Aufwand digitaler Fernsprechvermittlungen.

Nach diesem Beispiel für notwendigerweise dezentrale Funktionen ein anderes Beispiel für *zweckmäßigerweise* zentrale Funktionen: Verbindungswege, die in der Koppeleinrichtung durchgeschaltet werden, dürfen nicht doppelt belegt werden. Das läßt sich sehr einfach dadurch erreichen, daß nur ein Wegsuchvorgang zugleich („one at a time") ausgeführt wird. Die Wegsuche sollte demnach also in *einer* Einrichtung zentralisiert werden.

Andererseits besteht oft die Notwendigkeit, zentrale Einrichtungen von Funktionen zu entlasten, um deren Leistungsgrenze nicht zu überschreiten. Häufig wird man in diesen Fällen Funktionen dezentralisieren. Eine Dezentralisierung von Funktionen erlaubt übrigens auch weniger aufwendige Konzepte zur Sicherung des Betriebs, weil die Störwirkbreite von dezentralen Fehlern geringer ist. Das kann zudem Einfluß auf die Wartungsstrategie haben: Die Beseitigung dezentraler Fehler ist weniger dringend als die zentraler Fehler.

Letzten Endes ist natürlich die Aufwandsoptimierung wesentlich für die Verteilung der Funktionen. Die Zentralisierung von Funktionen, die andernfalls in vielen dezentralen Einrichtungen vorgesehen werden müssen, kann immer noch merklichen Aufwand einsparen. Ein Beispiel hiefür ist die Aufbewahrung von aufwendigen Diagnoseprogrammen in Bedien- und Wartungszentren und deren Überspielung im Bedarfsfall in die betroffenen Netzknoten. Insgesamt unterliegt die Aufwandsoptimierung jedoch einem starken Technologieeinfluß. Typisch hierfür ist die Linearisierung des Aufwandes mit dem Übergang vom Kernspeicher zum Halbleiterspeicher, durch den die Dezentralisierung von speicherorientierten Funktionen erst möglich wurde.

Wichtige Gesichtspunkte zu *zentralen* Steuerwerken sollen nun näher betrachtet werden.

6.2.2 Die Belastbarkeit von Steuerwerken

Mit der Zentralisierung von Steuerungsfunktionen erhebt sich die Frage: Welchen „Engpaß" stellt ein zentrales Steuerwerk für die Verkehrsabwicklung dar?

Grundsätzlich ist die Arbeitsweise zentraler Steuerwerke als „Wartesystem" zu verstehen (Abschnitt 3.2). Einflußgrößen, die zur Bestimmung ihrer Leistungsfähigkeit berücksichtigt werden müssen, sind Größe des Verkehrsangebots, zeitliche Verteilung der Verkehrsanforderungen, Zahl der verfügbaren „Warteplätze" (Pufferplätze), Länge der zulässigen Wartezeit, Modus der Abfertigung der Anforderungen und der Arbeitsweise der Steuerung.

Bei dieser Vielzahl von Parametern ist die analytische Behandlung der Belastbarkeit der Steuerwerke schwierig. P. Kuhn bietet hierfür eine Zerlegung in Teilsysteme an; für „Standardanwendungen" gibt es bereits umfangreiche Tabellenwerke [6.8]. Vielfach bleibt aber für gesicherte Aussagen nur die Verkehrssimulation auf Datenverarbeitungsanlagen.

Ein Beispiel für eine Wartesystem-Konfiguration zeigt Bild 6.6. Der „Ankunftsprozeß" besteht aus einer Anzahl dezentraler Eingabelisten (ein Teil der peripheren Pufferspeicher), die unabhängig voneinander mit Aufträgen an den zentralen Verarbeitungsprozeß gefüllt werden. Das Eintreffen der Aufträge unterliegt einer z. B. negativ exponentiell angenommenen zeitlichen Verteilung. Das Abarbeiten der Aufträge geschieht nach einem bestimmten Modus (Bild 6.7): In einem festen Zyklus werden die dezentralen Eingabelisten der Reihe nach abgefragt, ihr Inhalt wird in die zentrale Eingabeliste übernommen und von dort der Reihe nach verarbeitet. Die Verarbeitungsergebnisse werden in eine zentrale Ausgabeliste übernommen und von dort gleichlaufend mit dem Abfragezyklus an die dezentralen Ausgabelisten verteilt (anderer Teil der peripheren Pufferspeicher). Für die eigentliche Verarbeitung steht mit dem *Verarbeitungszyklus* (Bild 6.7) nur ein Teil der Gesamtarbeitszeit (Arbeitszyklus) der zentralen Steuerung zur Verfügung. Zu fragen ist nach der *Reaktionszeit* t_R,

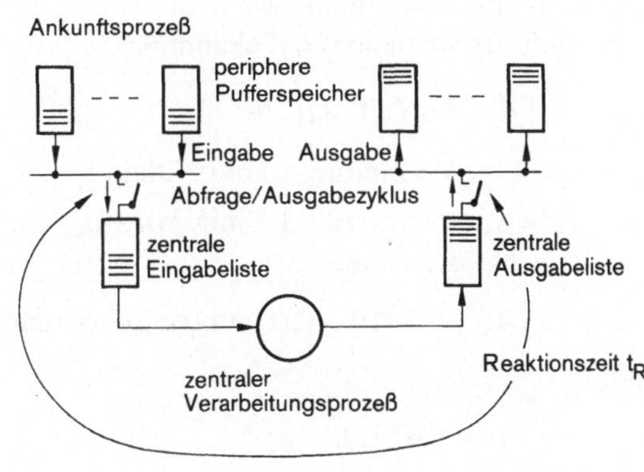

Bild 6.6. Allgemeine Wartesystem-Konfiguration

die vom Hereinnehmen des Auftrags in die Eingabeliste des Zentralsteuerwerks bis zur Verteilung an die peripheren Ausgabelisten vergeht.

Zur Verdeutlichung der Zusammenhänge soll ein vereinfachtes Modell abgeschätzt werden: Die peripheren Ein- und Ausgabelisten enthalten nur *einen* Speicherplatz, jedoch ist ihre Anzahl sehr groß. Die zentralen Ein- und Ausgabelisten entarten zur Länge „Null“, d. h., die Aufträge werden unmittelbar nach Aufnahme verarbeitet und anschließend sofort ausgegeben. Nach Abschluß einer Aufgabe kann sofort eine neue Aufgabe übernommen werden, d. h., es muß nicht auf Abfrage/Ausgabezyklen gewartet werden. Der Ankunftsprozeß ist gekennzeichnet durch: Es gibt unendlich viele Verkehrsquellen, das Einfallen eines neuen Auftrags ist für alle Zeitpunkte gleich wahrscheinlich, d. h., die Einfallabstände aufeinanderfolgender Aufträge sind exponentiell verteilt. Schließlich möge jeder Auftrag dieselbe, konstante Verarbeitungszeit in der zentralen Steuerung beanspruchen.

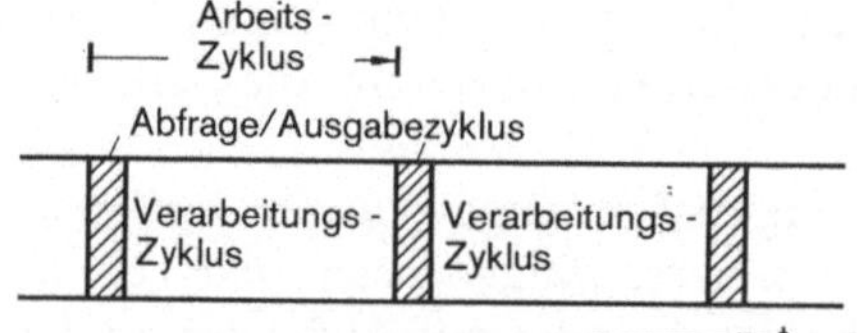

Bild 6.7. Arbeitszeitbilanz der (zentralen) Steuerung

Es wird davon ausgegangen, daß die Zahl der Aufträge an die zentrale Steuerung proportional der Zahl der – herzustellenden und auszulösenden – Verbindungen im Netzknoten ist. Die Zahl der Verbindungen in der Hauptverkehrsstunde sei n, die Zahl der Aufträge je Verbindung p, und die – konstante – Dauer der Verarbeitung eines Auftrags in der Steuerung sei t_A. Damit wird der Steuerung ein Verkehr A_S angeboten:

$$A_S = p \cdot n \cdot t_A.$$

Die Zahl n der Verbindungen oder Verbindungsversuche in der Hauptverkehrsstunde (busy hour call attempts: BHCA) läßt sich aus dem Verkehrswert Y_N des Netzknotens bestimmen, wenn die mittlere Verbindungsdauer (einschließlich Verbindungsversuchen) t_m bekannt ist:

$$n = Y_N / t_m = Y_N \cdot n_0$$

mit $n_0 = 1/t_m$ Verbindungszahl je Erlang.

Zahlenbeispiel: Mit $t_m = 1{,}5$ min wird $n_0 = 60/1{,}5 = 40$. Ist $Y_N = 1000$ Erl, $p = 3$ und $t_A = 20$ ms, so wird

$$A_S = 2{,}4 \cdot 10^6 \text{ ms/Hauptverkehrsstunde}$$

oder

$$A_S = 0{,}67 \text{ Erl.}$$

Die Steuerungsbelastung ist bestimmend für die Wartezeiten auf Abfertigung. Bei konstanter Dauer t_A der Verarbeitung eines Auftrages gilt für $A_S < 1$ als *mittlere* Wartezeit t_{wm} *der Wartenden:*

$$t_{wm} = \frac{t_A}{2\,(1 - A_S)}\,.$$

In dem gegebenen Zahlenbeispiel ist die mittlere Wartezeit der Wartenden

$$t_{wm} = 1{,}5 \cdot 20\ \text{ms} = 30\ \text{ms}.$$

Von größerer Bedeutung als die mittlere Wartezeit sind Wartezeitgrenzen t_w, die nur mit der Wahrscheinlichkeit P überschritten werden. Die Zusammenhänge lassen sich am Diagramm (Bild 6.8) zeigen [3.3].

Die Wartezeitgrenze sei mit $t_w = 200$ ms vorgegeben. Der Abszissenwert ist damit $t_w/t_A = 10$. Bei der Steuerungsbelastung des Zahlenbeispiels $A_S = 0{,}67$ Erl

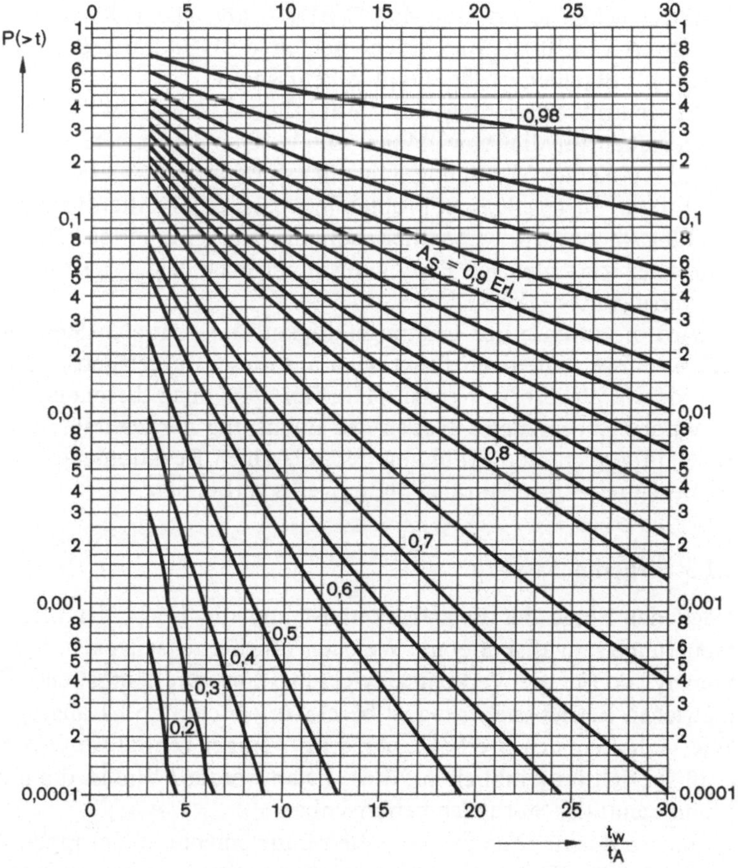

Bild 6.8. Wahrscheinlichkeit für Wartezeitüberschreitung. A_S angebotener Verkehr, Steuerungsbelastung; t_A konstante Arbeitszeit der Steuerung, t_w Wartezeitgrenze, $P\,(>t)$ Überschreitungswahrscheinlichkeit; nur ein Abnehmer, Abfertigungsreihenfolge zufällig

wird die Wartezeit von 200 ms mit der Wahrscheinlichkeit $P(>t)=6 \cdot 10^{-3}$ überschritten. Das heißt, 6‰ aller Anforderungen an die Steuerung müssen länger als 200 ms auf Abfertigung warten.

Häufig sind Grenzen für die Reaktionszeit t_R des zentralen Verarbeitungsprozesses (Bild 6.6) vorgeschrieben. Je größer die Reaktionszeit sein darf, desto höher ist die erlaubte Belastung der Steuerung. Zahlenbeispiel: Für $P(>t)=1\%$ ergibt sich bei $t_w/t_A=5$ eine zulässige Steuerungsbelastung $A_S=0{,}54$ Erl, bei $t_w/t_A=20$ ist dagegen $A_S=0{,}825$ Erl.

Nach dieser Modellbetrachtung soll nun ein realistisches Bild der Steuerungsbelastung entworfen werden. Bei Rechnersteuerung sind die mittlere Befehlszahl je Verbindung und die mittlere Operationszeit je Befehl für die Belastung maßgeblich. Die Befehlszahl für die Abwicklung einer Verbindung ist stark von Einsatzbedingungen und Leistungsmerkmalspektrum abhängig, sie schwankt zwischen einigen tausend bis zu über 10000.

Ein weiteres Zahlenbeispiel zur Verdeutlichung: Der schon erwähnte Vermittlungsknoten mit $Y_N=1000$ Erl und $n_0=40$ Verbindungen bzw. Verbindungsversuchen je Erl muß 40000 BHCA abwickeln. Rechnet man mit einem Mittelwert von 10000 Maschinenbefehlen je BHCA, so bedeutet das den Ablauf von $4 \cdot 10^8$ Befehlen in der Hauptverkehrsstunde.

Die zentrale Steuerung des Vermittlungsknotens sei mit 0,7 Erl belastbar. Dann stehen für die Abwicklung von $4 \cdot 10^8$ Maschinenbefehlen $0{,}7 \cdot 36 \cdot 10^8$ µs $= 25{,}2 \cdot 10^8$ µs zur Verfügung. Die zulässige mittlere Operationszeit beträgt also (25,2/4) µs = 6,4 µs. Das ist problemlos realisierbar. Allerdings gibt es auch Vermittlungsknoten mit wesentlich höheren Verkehrswerten. Bei $Y_N=10000$ Erl sind unter sonst gleichen Bedingungen nur noch 0,64 µs als mittlere Operationszeit verfügbar.

Wird die Grenze der Leistungsfähigkeit der zentralen Steuerung überschritten, so müssen Intelligenzfunktionen aus dieser ausgelagert – d.h. im allgemeinen dezentralisiert – werden. Hierfür wird man besonders arbeitsintensive Funktionen bevorzugen. Neben der Entlastung der zentralen Steuerung ist damit häufig auch eine Erhöhung der zulässigen Reaktionszeit – d.h. der *erlaubten* Belastung – des zentralen Steuerwerks verbunden.

6.2.3 Sicherheitsaspekte

Nach der Frage der Belastbarkeit ist nun die Frage der Sicherheit zentraler Steuerungen zu diskutieren: Welchen „Sicherheitsengpaß“ stellt ein zentrales Steuerwerk für die Verkehrsabwicklung dar? Die Aufgabenstellung der automatischen Betriebssicherung ist bereits in Abschnitt 6.1.1 angesprochen worden. Wie verhalten sich hierbei mehr oder weniger zentralisierte Steuerungen, was muß speziell im Hinblick auf diese getan werden? Wie ist die große „Störwirkbreite“ zentraler Störungen beherrschbar?

Steuerungseinrichtungen enthalten Bauelemente, Baugruppen und elektrische Verbindungen. Diese *Komponenten* sind nicht beliebig zuverlässig, sie unterliegen komponentenspezifischen Ausfallraten $\lambda(t)$. Bild 6.9 zeigt eine typische zeitliche Abhängigkeit der Ausfallrate [6.9]. Am Beginn der Lebensdauer stehen relativ zahlreiche Frühausfälle (Einbrennzeit), dann folgt die eigentliche Betriebszeit (Betriebsbrauchbarkeitsdauer), in der die Ausfallrate – nur durch zufällige Fehler bestimmt – konstant ist, während sich häufig ein Ende der Betriebszeit durch ein starkes Ansteigen der Ausfälle infolge Verschleiß ergibt. Die folgenden Betrachtungen beziehen sich auf die Betriebszeit mit konstanter Ausfallrate, für die auch einige einfache mathematische Näherungen erlaubt sind.

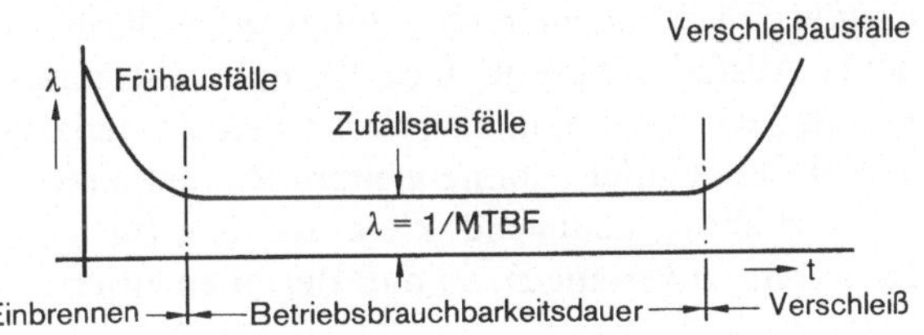

Bild 6.9. Typische Zeitabhängigkeit der Ausfallrate λ

Die Ausfallrate λ wird in „Ausfällen pro Stunde" (h^{-1}) angegeben. Die Größe $\lambda = 10^{-9}\ h^{-1}$ wird auch als 1 fit (failure in time) bezeichnet. Üblicherweise liegen Komponenten-Ausfallraten im breiten Bereich von 1 bis 1000 fit (1 kfit).

Einige Zahlenbeispiele zur Erläuterung: Wenn eine Komponente die Ausfallrate $\lambda = 10^{-8}\ h^{-1}$ hat, dann bedeutet dies, daß die Komponente im Mittel nach 10^8 h (etwa 10000 Jahren) ausgefallen ist (vorausgesetzt, daß in dieser Betriebszeit noch λ konstant ist). Oder realistischer: Von 10000 dieser Komponenten ist im Mittel nach 10000 h (ca. 1 Jahr) eine ausgefallen. Um bei diesem Beispiel zu bleiben: Es sei angenommen, daß ein zentrales Steuerwerk 10000 dieser Komponenten mit (der Einfachheit halber) einheitlich $\lambda = 10^{-8}\ h^{-1}$ bzw. 10 fit enthält. Ausfall einer dieser Komponenten möge Ausfall der Steuerung bedeuten. Dann gilt für die Steuerung:

$$\lambda_{St} = 10^{-4}\ h^{-1}.$$

Während der Betriebsbrauchbarkeitsdauer ist die mittlere Zeit bis zum Ausfall der Steuerung MTTF (*mean time to failure*)

$$\text{MTTF} = \frac{1}{\lambda_{St}} = 10000\ \text{h}.$$

In der Praxis werden die Steuerungseinrichtungen repariert und wieder in Betrieb genommen bis zum nächsten Fehler. Die MTTF wird damit zur MTBF (*mean time between failures*).

Welche Maßnahmen können gegen die Auswirkungen eines Ausfalls des zentralen Steuerwerks getroffen werden? Im Prinzip gibt es zwei Möglichkeiten:

- Die MTBF ist so groß, daß dieser Fall genügend selten eintritt.
- Einschalten eines Ersatzgerätes im Störungsfall.

Im ersten Fall möge z. B. die Forderung bestehen, daß ein Vermittlungsknoten im Mittel einmal nach 30 Jahren durch Versagen der – ungedoppelten –

Steuerung ausgefallen sein darf. Dann gilt für die Ausfallrate der Steuerung

$$\lambda_{St} = \frac{1}{MTBF} = \frac{1}{30\ \text{Jahre}} = 3{,}8 \cdot 10^{-6}\ h^{-1}.$$

Diese Steuerung darf also nicht mehr als z.B. 380 Komponenten mit je $\lambda = 10^{-8}\,h^{-1}$ oder 38 Komponenten mit je $\lambda = 10^{-7}\,h^{-1}$ enthalten. Dies ist im Zeitalter der Groß- und Größtintegration (*large scale integration:* LSI, *very large scale integration:* VLSI) nicht mehr völlig außer Reichweite. VLSI-Schaltkreise haben heute Ausfallraten – je nach Komplexitätsgrad – zwischen 10^{-5} und $10^{-7}\,h^{-1}$. Bereits jetzt kann man also daran denken, teilzentralisierte Steuerungen – etwa je 100 Teilnehmer – ohne weitere Redundanzvorsorge zu betreiben, weil deren Störwirkbreite genügend klein ist. Hierfür genügt es, z.B. eine MTBF von 10 Jahren zu verlangen, so daß der oben zitierte λ_{St}-Wert um den Faktor 3 vergrößert werden kann ($\lambda_{St} = 1{,}14 \cdot 10^{-5}\,h^{-1}$).

Im zweiten Fall wird sofort nach Ausfall eines Steuerwerks automatisch ein Ersatzsteuerwerk eingeschaltet. Könnte nun das ausgefallene Steuerwerk in der Reparaturzeit $t_R = 0$ repariert werden, so wäre mit zwei Steuerwerken eine lückenlose Betriebsbereitschaft sicherzustellen. In der Realität ist aber die Reparaturzeit endlich, d.h. während der Reparatur des ausgefallenen Gerätes kann das Ersatzsteuerwerk ebenfalls ausfallen. Diese Zusammenhänge wurden zuerst von Applebaum exakt untersucht [6.10].

An dieser Stelle sollen nur mathematisch einfache Näherungslösungen betrachtet werden. Die Wahrscheinlichkeit $P(x)$ für den Ausfall – im Mittel – eines Gerätes mit der Ausfallrate λ_x wächst mit dem Beobachtungszeitraum t:

$$P(x) = t \cdot \lambda_x,$$

somit wird

$$P(St_1) = t \cdot \lambda_{St}, \quad P(St_2) = t \cdot \lambda_{St}$$

unter der Voraussetzung identischer Geräte St_1 und St_2.

Die Wahrscheinlichkeit, daß *irgendeine* der beiden Steuerungen im Mittel in der Zeit t ausfällt, ist doppelt so groß wie die, daß eine *bestimmte* Steuerung in dieser Zeit ausfällt:

$$P(St_1, St_2) = 2\,t \cdot \lambda_{St}.$$

Die Wahrscheinlichkeit, daß – im Mittel – *eine* Steuerung in der Reparaturzeit t_R ausfällt, ist

$$P(R) = t_R \cdot \lambda_{St}.$$

Die Wahrscheinlichkeit, daß – im Mittel – eine Steuerung in der Reparaturzeit t_R ausfällt, *nachdem* – im Mittel – bereits eine Steuerung ausgefallen ist, wird

$$P(St_1, St_2) \cdot P(R) = 2\,t \cdot t_R \cdot \lambda_{St}^2.$$

Ist $t \gg t_R$, so kann man als λ_{Gesamt} des Gesamtsystems der zwei Steuerungen definieren

$$\lambda_{Gesamt} = \frac{P(St_1, St_2) \cdot P(R)}{t}.$$

Für das Gesamtsystem ist also

$$\mathrm{MTBF}_{\mathrm{Gesamt}} = \frac{1}{\lambda_{\mathrm{Gesamt}}} = \frac{1}{2\,t_R\,\lambda_{\mathrm{St}}^2} = \frac{\mathrm{MTBF}_{\mathrm{St}}^2}{2\,t_R}\,.$$

Zahlenbeispiel: Der Ausfall einer Steuerung während der Reparaturzeit soll im Mittel nur einmal in 30 Jahren (263000 h) vorkommen. Mit einer Reparaturzeit von $t_R = 10$ h wird

$$\lambda_{\mathrm{St}} = 4{,}36 \cdot 10^{-4}\,\mathrm{h}^{-1}.$$

(Der exakte Wert nach Applebaum berechnet sich zu $\lambda_{\mathrm{St}} < 4{,}4 \cdot 10^{-4}\,\mathrm{h}^{-1}$). Das bedeutet, daß z. B. eine Steuerung mit $4{,}4 \cdot 10^3$ Komponenten der Ausfallrate $\lambda = 10^{-7}\,\mathrm{h}^{-1}$ der im Zahlenbeispiel gestellten Bedingung genügt. Diese Bedingung ist bereits mit heutiger Technologie realisierbar, d. h., die Duplizierung von zentralen Steuerwerken reicht im allgemeinen für die Sicherheitsanforderungen neuer Kommunikationsnetze aus. Dabei sei aber darauf hingewiesen, daß es sich hier *nur* um die „Hardwaresicherheit" handelt, während in der Praxis auch zahlreiche Störungen durch „Softwarefehler" verursacht werden (Abschnitt 6.3).

Den möglichen *Sicherheitsstrukturen* sollen nun noch einige Überlegungen eingeräumt werden: Es wird die Frage nach der Organisation der Duplizierung zentraler Steuerwerke gestellt. – Bild 6.10 zeigt den häufig vorkommenden Fall des *Synchronparallellaufs*. Die von der zentralen Steuerung zu bedienenden peripheren Schaltkreise sind als *Arbeitsfeld* zu einer Gesamtheit zusammengefaßt, die von einer zentralen Betriebssteuerung versorgt wird. Für den Fehlerfall steht eine identische Ersatzsteuerung bereit, die parallel zur Betriebssteuerung mitläuft, also ebenso wie die Betriebssteuerung mit allen Eingangsdaten versorgt wird, jedoch die erarbeiteten Ausgangsdaten nicht an das Arbeitsfeld abgibt. Auf diese Weise wird die Ersatzsteuerung ständig über alle Steuerungsvorgänge „auf dem laufenden" gehalten, so daß sie jederzeit in der Lage ist, ohne „Bruch" die Steuerung des Arbeitsfeldes zu übernehmen. Gleichzeitig ergibt sich durch den Parallellauf der Steuerungen eine sehr wirksame Überwachungsmöglichkeit durch Vergleich der Arbeitsergebnisse. Je nachdem, ob dabei nur

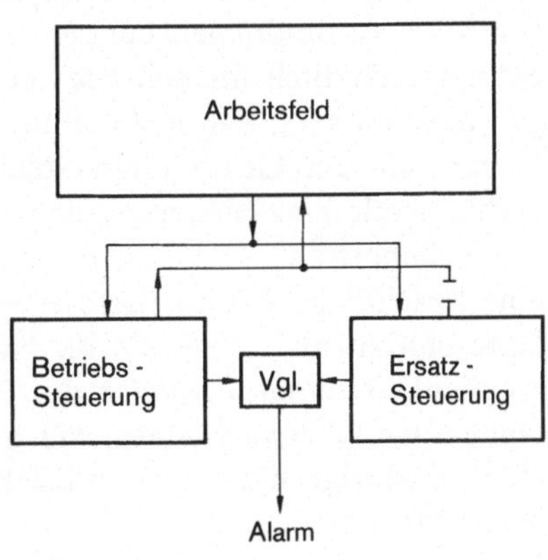

Bild 6.10. Synchronparallellauf. Vgl. Vergleicher

Ausgangsdaten oder auch interne Zwischenergebnisse verglichen werden, spricht man von „synchronem“ oder „mikrosynchronem Parallellauf“. Wenn der *Vergleicher* eine Störung signalisiert, muß über Prüfprogramme das die Störung verursachende Steuerwerk *lokalisiert* werden (Abschnitt 6.1.1). Da Betriebs- und Ersatzsteuerung völlig gleichwertig sind, kann Betriebs- und Ersatzzustand willkürlich vorgegeben und gewechselt werden.

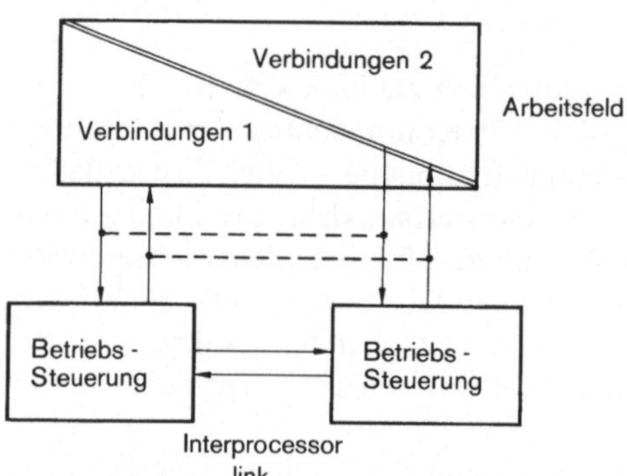

Bild 6.11. „Load Sharing“.
- - - Verbindung im Ersatzschaltungsfall

Eine weitere Möglichkeit der Organisation duplizierter zentraler Steuerungen ist die *Lastteilung* (load sharing, Bild 6.11). Die im Arbeitsfeld anfallenden Kommunikationswünsche (Verbindungen 1 – Verbindungen 2) werden abwechselnd auf die eine oder die andere zentrale Steuerung verteilt, die nun beide als Betriebssteuerungen aktiv und unabhängig voneinander tätig sind. Jede der Steuerungen kann also *alle* Systemfunktionen bearbeiten. Im Störungsfall übernimmt die funktionsfähig gebliebene Steuerung auch die Arbeit der defekten Steuerung. Damit eine solche Arbeitsübernahme jederzeit ohne größeren Bruch möglich ist, müssen sich beide Betriebssteuerungen ihre *wichtigsten* Arbeitsergebnisse ständig mitteilen. Hierfür dient ein sog. *Interprocessor link*. Der Informationsaustausch über ihn beansprucht auch Arbeitskapazität der Steuerungen. Um diese Kapazität in Grenzen zu halten, läßt man es zu, im Aufbau befindliche Verbindungen bei zentralen Störungen „zu Verlust gehen“ zu lassen. Selbstverständlich müssen aber bestehende Verbindungen in beiden Steuerungen bekannt sein, damit diese auf jeden Fall wieder ausgelöst werden können. Wenn man ein Lastteilungssystem so dimensioniert, daß die im Störungsfall verbleibende *eine* Steuerung den Gesamtverkehr noch mit den geplanten Verlusten beherrscht, so bleibt im störungsfreien Betrieb durch *zwei* Steuerungen eine beachtliche Kapazitätsreserve für Lastspitzen bestehen. Auf der anderen Seite entfällt allerdings die im Normalbetrieb sehr wirksame Überwachungsmöglichkeit durch *Vergleich* des Parallellaufs, sie muß durch ständig mitlaufende Eigenüberwachungen wie z.B. Codekontrollen ersetzt werden. Das ist eine schwierige und nicht so effektiv wie durch Parallellaufüberwachung lösbare Aufgabe.

Eine dritte Möglichkeit der Sicherheitsstruktur duplizierter zentraler Steuerungen ist die *Funktionsteilung* (*function sharing*, Bild 6.12). Die Kommunikationsaufgaben werden nicht mehr oder weniger zufällig wie bei Lastteilung, sondern funktionsspezifisch vergeben. So übernimmt z. B. eine Steuerung alle Aufgaben der Wegsuche. Selbstverständlich bleibt die Notwendigkeit, im Störungsfall alle Funktionen durch eine Steuerung übernehmen zu können und damit auch der Zwang, sich Arbeitsergebnisse über einen Interprocessor link gegenseitig mitteilen zu müssen.

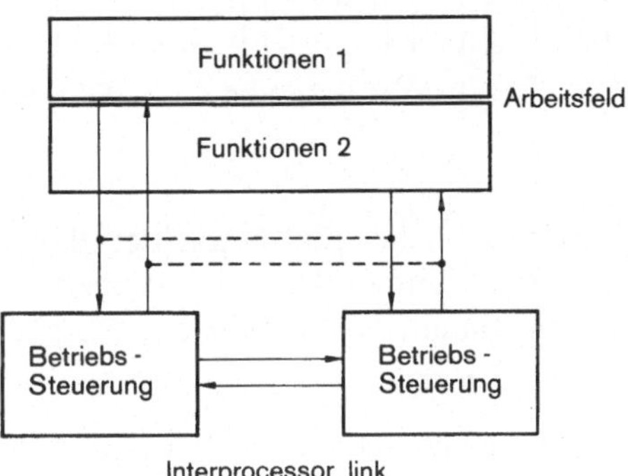

Bild 6.12. „Function Sharing".
- - - Verbindung im Ersatzschaltungsfall

Eine interessante Variante der Sicherheitsstrukturen soll nicht unerwähnt bleiben: die *Aushilfe*. Sie kann für *teilzentrale* Steuerungsstrukturen angewendet werden, bei denen *Teilarbeitsfeldern* entsprechende *Teilbetriebssteuerungen* zugeordnet sind (Bild 6.13). Diese Teilbetriebssteuerungen können in der Regel nicht alle Kommunikationsanforderungen befriedigen – hierfür bleiben zentrale Steuerwerke notwendig –, sondern sie erfüllen wesentliche Teilaufgaben im Telekommunikationsprozeß.

An die Stelle von Teilbetriebssteuerungen treten im Fehlerfall über ein *Aushilfekoppelfeld* eine oder auch mehrere Ersatzsteuerung(en). Ein wesentliches Merkmal dieser Sicherheitsstrategie ist, daß der Betriebszustand der Ersatzsteuerung(en) nicht „auf dem laufenden" gehalten werden kann, da ja nicht vorbekannt ist, an die Stelle welcher Teilbetriebssteuerung die Ersatzsteuerung zu treten hat. Deshalb ist diese Strategie nur geeignet entweder für nicht speicherorientierte Steuerungsfunktionen oder für Steuerungsaufgaben, bei denen der Speicherzustand im Störungsfall auf „Null" gesetzt oder auf andere Weise rekonstruiert werden kann.

Hier angefügt seien einige Abschätzungen zur Wirksamkeit dieser Sicherheitsstruktur: Es mögen n Teilbetriebssteuerungen und e Ersatzsteuerungen vorhanden sein. Die Wahrscheinlichkeit $P(y)$, daß im Mittel eine von $(n+e)$ Steuerungen in der Zeit t ausfällt, ist $(n+e)$-mal so groß wie die, daß eine allein ausfällt:

$$P(y) = (n+e) \cdot t \cdot \lambda_{St}.$$

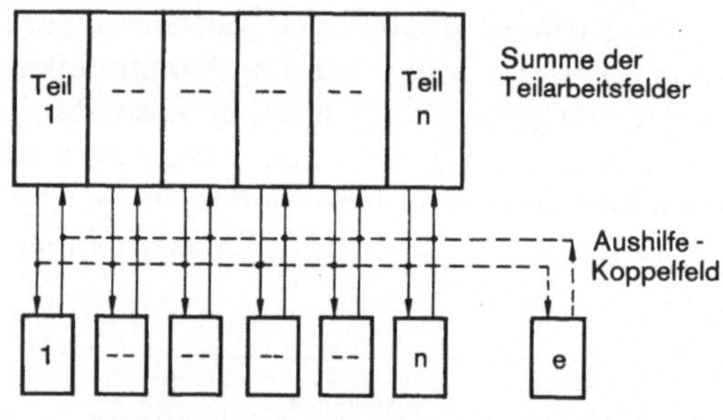

Bild 6.13. Aushilfe

Zunächst sei der Fall betrachtet, daß nur eine Ersatzsteuerung ($e = 1$) vorhanden ist. Während der Reparaturzeit t_R laufen noch n Steuerungen. Die Wahrscheinlichkeit, daß im Mittel eine Steuerung in der Reparaturzeit ausfällt, ist

$$P(R) = t_R \cdot n \cdot \lambda_{St}.$$

Die Wahrscheinlichkeit, daß eine Steuerung in der Reparaturzeit t_R ausfällt, nachdem bereits eine Steuerung ausgefallen ist, wird

$$P(y) \cdot P(R) = (n+1) \cdot n \cdot t \cdot t_R \cdot \lambda_{St}^2.$$

Mit $t \gg t_R$ wird in Näherung

$$\frac{P(y) \cdot P(R)}{t} = \frac{1}{\text{MTBF}_{\text{Gesamt}}} = (n+1) \cdot n \cdot t_R \cdot \lambda_{St}^2.$$

Für das Gesamtsystem aus $(n+1)$ Steuerungen ist also

$$\text{MTBF}_{\text{Gesamt}} = \frac{1}{(n+1) \cdot n \cdot t_R} \cdot \text{MTBF}_{St}^2.$$

Die $\text{MTBF}_{\text{Gesamt}}$ ist demnach gegenüber dem zuvor diskutierten Fall mit zwei zentralen Steuerungen reduziert durch die größere Zahl von Steuerungen, ggf. jedoch erhöht durch die eventuell geringere Zahl von Komponenten einer Steuerung.

Zahlenbeispiel: $t_R = 10$ h, $n = 10$, $\lambda_{St} = 4{,}4 \cdot 10^{-4}\ \text{h}^{-1}$ (wie zuvor angenommen), d.h. also $\text{MTBF}_{St} = 2300$ h. Damit wird

$$\text{MTBF}_{\text{Gesamt}} = 4{,}8 \cdot 10^3\ \text{h} \approx 1/2\ \text{Jahr}.$$

Ist man mit dieser Störung eines Teilarbeitsfeldes im Mittel jedes halbe Jahr nicht einverstanden, so muß man wenigstens zwei Ersatzsteuerwerke einsetzen ($e = 2$). In diesem Fall sind am Beginn der Reparaturzeit noch $(n+1)$ Steuerwerke verfügbar. Ein Funktionsausfall tritt ein, wenn in der Reparaturzeit *zwei* weitere Steuerwerke ausfallen. Die Wahrscheinlichkeit dafür, daß dies zwei ganz bestimmte Steuerwerke sind, ist $t_R^2 \cdot \lambda_{St}^2$. Mit $(n+1)$ Steuerwerken gibt es

$$\binom{n+1}{2} = \frac{(n+1) \cdot n}{2}$$

Möglichkeiten, zwei derartige Steuerwerke zu kombinieren. Daraus wird die Wahrscheinlichkeit $P\,(2\,e\,\mathrm{R})$, daß zwei Steuerwerke mit λ_{St} gleichzeitig in der Reparaturzeit t_{R} ausfallen

$$P\,(2\,e\,\mathrm{R}) = \frac{(n+1)\cdot n}{2}\cdot t_{\mathrm{R}}^2\cdot\lambda_{\mathrm{St}}^2.$$

Wie zuvor bereits ausgeführt, ist die Wahrscheinlichkeit $P\,(y)$ für den Ausfall von in diesem Fall $(n+2)$ Steuerungen

$$P\,(y) = (n+2)\cdot t\cdot\lambda_{\mathrm{St}}.$$

Die $\mathrm{MTBF}_{\mathrm{Gesamt}}$ des Systems aus $(n+2)$ Steuerungen einschließlich zwei Ersatzsteuerungen berechnet sich näherungsweise aus

$$P\,(2\,e\,\mathrm{R})\cdot P\,(y) = \frac{n\cdot(n+1)\cdot(n+2)}{2}\,t\cdot t_{\mathrm{R}}^2\cdot\lambda_{\mathrm{St}}^3$$

mit annähernd

$$\mathrm{MTBF}_{\mathrm{Gesamt}} = \frac{t}{P\,(2\,e\,\mathrm{R})\cdot P\,(y)}$$

zu

$$\mathrm{MTBF}_{\mathrm{Gesamt}} = \frac{2}{n\cdot(n+1)\cdot(n+2)\,t_{\mathrm{R}}^2}\cdot\mathrm{MTBF}_{\mathrm{St}}^3.$$

Als Zahlenbeispiel ergibt sich für $t_{\mathrm{R}} = 10$ h, $n = 10$, $\mathrm{MTBF}_{\mathrm{ST}} = 2300$ h eine $\mathrm{MTBF}_{\mathrm{Gesamt}}$ von $1{,}85\cdot 10^5$ h (etwa 21 Jahre). (Der exakt berechnete Wert beläuft sich auf 22 Jahre, im vorigen Beispiel mit *einem* Ersatzsteuerwerk auf 5000 h.)

6.2.4 Systemstrukturen

Die Verteilung der Intelligenzfunktionen auf zentrale und dezentrale Einrichtungen wird durch Notwendigkeit oder Zweckmäßigkeit diktiert (Abschnitt 6.2.1). Bei der Zentralisierung treten „Echtzeit"-(Belastungs-)Probleme (Abschnitt 6.2.2) und Sicherheitsfragen (Abschnitt 6.2.3) in den Vordergrund. Durch sie wird die System- und Steuerungsstruktur wesentlich mitbeeinflußt.

Zentral gesteuerte Systeme

Die fast schon „klassische" Grundstruktur zentral gesteuerter Vermittlungssysteme zeigt Bild 6.14 [4.4]. Das Gesamtsystem wird unterteilt in *Peripherie* (periphere Schaltkreise), *Zugriffsystem(e)* (Coder, Decoder) und *Zentralsteuerwerk* (Rechner). In der Peripherie verbleiben die typisch vermittlungstechnischen Schaltkreiskonfigurationen wie Verbindungssätze, Teilnehmersätze, Koppeleinrichtung. Die Intelligenzfunktionen dieser Einrichtungen werden vollständig oder teilweise von der Zentralsteuerung übernommen. Die Zentralsteuerung ist darüber hinaus für alle übergreifenden und übergeordneten Intelligenzfunktionen verantwortlich, wie sie für die Realisierung der in Abschnitt 6.1

beschriebenen Aufgaben nötig sind. Darin eingeschlossen ist die Auswertung und Generierung von Zeichen.

Als Mittler zwischen Peripherie und Zentralsteuerwerk dienen die Zugriffsysteme. Sie bestehen aus zwei Funktionsgruppen, die hier als Coder und Decoder bezeichnet werden. Coder haben die Aufgabe, Steuerungsinformationen und Zeichen von den Informationsquellen in der Peripherie einzusammeln und in Bitmuster mit Zusatz der Herkunftsadresse umzusetzen (zu codieren), die über ein Leitungssystem (*Bus*, Bild 6.14) in das Zentralsteuerwerk übertragen werden.

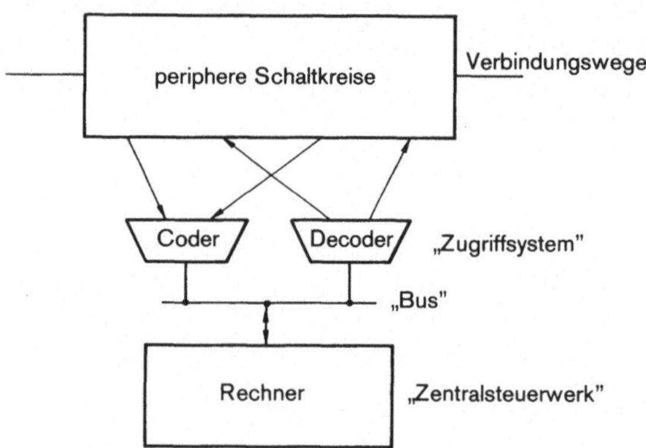

Bild 6.14. Grundprinzip der Vermittlungsstruktur

Umgekehrt bewirken Decoder die Umsetzung der vom Zentralsteuerwerk mit Adressenzusatz ausgegebenen Bitmuster in Befehle und Zeichen, die den befehlsempfangenden Schaltkreisen der Peripherie zugeführt werden. Ein Beispiel für eine solche Decoderfunktion ist die in Bild 4.17 gezeigte Matrixansteuerung von Koppelpunkt-Anwerfwicklungen. Vom Zentralsteuerwerk wird durch ein Bitmuster in hier nicht gezeigter Weise das Schließen je eines x- und y-Schalters veranlaßt, wodurch ein und nur ein bestimmter Koppelpunkt angeworfen wird.

In rechnergesteuerten Vermittlungssystemen mit weitgehend elektromechanischer Peripherie ist es üblich, die Bezeichnungen Coder durch *Scanner* oder *Identifizierer* und Decoder durch *Signalverteiler* (signal distributor) zu ersetzen [4.4], wobei es sich bei diesen Geräten um speziell auf diese Aufgaben zugeschnittene Schaltkreisanordnungen handelt. Bei vollelektronischen Systemen entfallen Speziallösungen hierfür, weshalb diese Bezeichnungen hier nicht übernommen wurden.

Wichtigster Vertreter der in Bild 6.14 gezeigten Systemstruktur ist das System ESS1 der AT & T in seiner ursprünglichen Form [6.11]. Mit seinen verschiedenen Modifikationen ist dieses System das bisher am weitesten verbreitete rechnergesteuerte Vermittlungssystem überhaupt.

Die eingangs angesprochenen Fragen der Leistungsfähigkeit und Sicherheit führen dazu, das Ein-Rechner-Zentralsteuerwerk durch ein *Multirechnersystem*

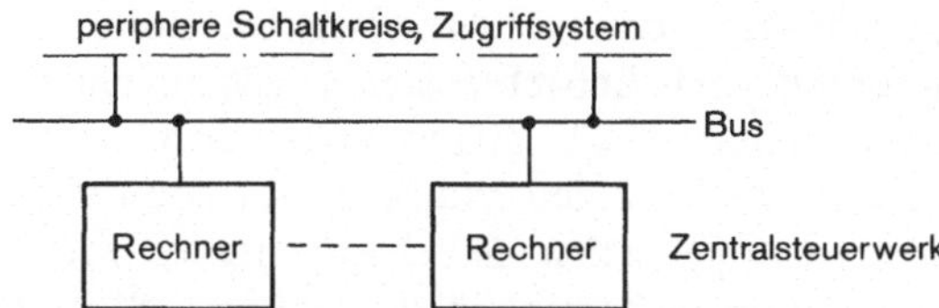

Bild 6.15. Zentralsteuerwerk als Multirechnersystem

zu ersetzen (Bild 6.15). In seiner einfachsten Ausprägung handelt es sich dabei um die in Abschnitt 6.2.3 bereits besprochenen Zwei-Rechner-Systeme (Bilder 6.10 bis 6.12), welche die Sicherheit und unter gewissen Umständen auch die Leistungsfähigkeit erhöhen. Das Prinzip läßt sich durch Hinzufügen weiterer Rechner ausbauen [6.12]. Kennzeichen des Multirechnersystems ist, daß jeder Rechner über seinen eigenen Arbeitsspeicher und sein eigenes Betriebssystem verfügt.

Die im Multirechnersystem verbleibende gemeinsame Peripherie führt zu Konfliktsituationen, die eine sorgfältige und nicht einfach beherrschbare Steuerung der Aufgabenverteilung auf die Rechner erfordern. Ein typisches Beispiel einer Konfliktsituation ist die Wegsuche nach Bild 6.16. Sie möge im Rechner 1 für Verbindung V_1 und im Rechner 2 für Verbindung V_2 durchgeführt werden. Ohne Koordinierung der Rechner könnten sie beide zu derselben noch freien Zwischenleitung 1 im Wegspeicher zugreifen und damit eine Doppelverbindung verursachen. Ein anderes Konfliktbeispiel ist der gleichzeitige Zugriff zur gemeinsamen Peripherie. Dies läßt sich wieder an Bild 4.17 zeigen. Würde ein solcher Zugriff möglich sein und dazu führen können, daß mehr als ein x-Schalter und ein y-Schalter geschlossen werden, so werden außer den gewünschten weitere Koppelpunkte angeworfen, wodurch ebenfalls Doppelverbindungen zustandekommen.

Es gibt neben dem Multirechnersystem die weitere Möglichkeit, das Zentralsteuerwerk als *Multiprozessorsystem* auszulegen. Ein solches System ist durch

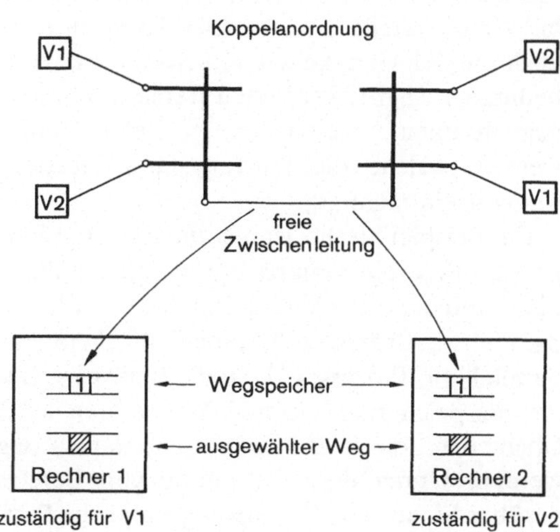

Bild 6.16. Typische Konfliktsituation: Wegsuche

gemeinsam genutzte Arbeitsspeichermodule sowie gemeinsam nutzbare Programme und Betriebssysteme gekennzeichnet. Bild 6.17 zeigt ein Multiprozessorsystem in sehr allgemeiner Form: Arbeitsspeichermodule stehen Ein/Ausgabe (E/A)-Modulen und Prozessormodulen zur Verfügung, die Zuteilung erfolgt über Koppelstellen K elektronischer Koppelmatrizen. Der Vorteil solcher Anordnungen besteht in der höheren Sicherheit und der höheren Leistungsfähigkeit gegenüber Ein-Rechner-Systemen, wenn man die Aufgaben in geeigneter Weise verteilt bzw. verteilen kann. In dieser Aufgabenverteilung liegen aber auch die Schwierigkeiten von Multiprozessorsystemen, denn zu den peripheriebedingten Zugriffskonflikten treten nun noch die internen durch den Zugriff zu gemeinsamen Arbeitsspeichern. Diese Konflikte müssen in einer Weise gelöst werden, welche die Leistungsfähigkeit des Multiprozessorsystems möglichst wenig beeinträchtigt.

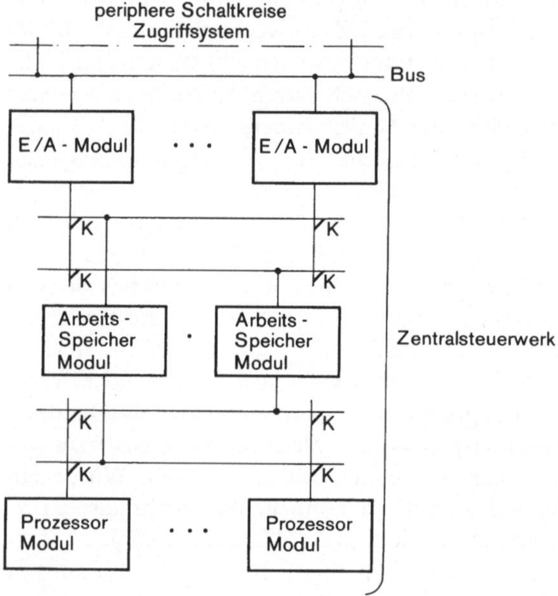

Bild 6.17. Zentralsteuerwerk als Multiprozessorsystem. K Koppelstellen

Ein Beispiel hierfür ist das *Interleaving:* Ein Arbeitsspeichermodul enthält nur geradzahlige, ein weiteres nur ungeradzahlige Befehle. *Zwei* Prozessoren können dann aufeinanderfolgende Befehle parallel auslesen: Prozessor 1 z. B. Befehl 1 parallel zu Prozessor 2, Befehl 4; dann anschließend Prozessor 1, Befehl 2 parallel zu Prozessor 2, Befehl 5; usw. Das Prinzip läßt sich auf weitere Arbeitsspeichermodule und Prozessoren ausdehnen. – Entsprechendes gilt für Operanden, die z. B. davon getrennt in eigenen Speichermodulen gehalten werden. Durch diese Trennung von Befehls- und Informationsspeichern ist darüber hinaus ein *Overlapping* möglich: Parallel zum Auslesen des Operanden aus *einem* Speichermodul kann bereits der nächste Befehl aus einem *anderen* Modul ausgelesen werden.

Diese Beispiele zeigen bereits, daß Multiprozessorsysteme hohe Anforderungen an Hardwarearchitektur und Betriebssystem stellen. In der Vermittlungstechnik werden sie bisher in einfacherer Form angewendet, auch als kombiniertes Multirechner-Multiprozessor-System (z. B. [6.13]). Häufigste Ausführungsform von Zentralsteuerwerken der Vermittlungstechnik ist jedoch bis jetzt das Zwei-Rechner-System, wie es in Abschnitt 6.2.3 mit seinen Varianten beschrieben worden ist.

Die Dezentralisierung von Funktionen

Ein anderer Weg zur Verringerung und Beseitigung von Sicherheits- und Verkehrsengpässen, die durch Zentralsteuerwerke verursacht werden können, ist deren Entlastung von Funktionen durch Dezentralisierung von Netzintelligenz (vgl. Abschnitt 6.2.1). Hier gibt es ein breites Feld von Ausführungsvarianten bis hin zur völligen Dezentralisierung aller dafür in Frage kommenden Funktionen.

Naheliegend ist die Entlastung des Zentralsteuerwerks von einfachen Routinefunktionen der Informationsaufnahme und Befehlsabgabe. Diese Maßnahme ist organisatorisch leicht beherrschbar und im allgemeinen sehr wirksam. Ein Beispiel hierzu: An den Teilnehmersätzen (Abschnitt 6.2.1) muß die Information abgenommen werden, daß Teilnehmer abgehende Verbindungen aufzubauen wünschen („Abheben des Handapparates"). Hierzu fragt das Zentralsteuerwerk alle z. B. 10 000 Teilnehmersätze in einem Zyklus von 100 ms routinemäßig ab (*scanning*), es nimmt also $3{,}6 \cdot 10^8$ Informationen/h auf und verarbeitet sie. Sorgt man durch Dezentralisierung von Intelligenz dafür, daß nur die Anforderungen des Verbindungsaufbaus an das Zentralsteuerwerk weitergemeldet werden, so reduziert sich die Zahl der aufzunehmenden und zu verarbeitenden Informationen für das Zentralsteuerwerk auf 20 000 (bei 0,05 Erl/Teilnehmer abgehender Verkehr und 40 Verbindungen/Erl).

Bild 6.18 zeigt eine dezentralisierte Steuerungsstruktur, in der das Zentralsteuerwerk für übergreifende Funktionen eingesetzt bleibt, während dezentralisierbare Funktionen in peripheren Bereichen mit eigenem Rechner wahrgenommen werden. Die Funktionsentlastung des Zentralsteuerwerks kann für dieses zusätzlich eine Verringerung der Softwarekomplexität bedeuten. Auch läßt sich das Sicherheitskonzept vereinfachen, wenn periphere Bereiche wegen der geringeren Störwirkbreite ohne Ersatz ausfallen dürfen (Abschnitt 6.2.3). Für eine „Aufgabenverteilung ohne Konfliktsituationen" ist konzeptuelles Geschick nötig. Die noch vorhandene hierarchische Beziehung zwischen peripheren Steuerwerken und zentralem Steuerwerk erleichtert die Organisation des so entstandenen „Multirechnersystems".

Die Dezentralisierung kann weitergehen: Der zentrale Rechner in Bild 6.18 kann zum Buszuteiler „degenerieren" oder vollständig verschwinden. Damit erhält man den Übergang zur „dezentralen Vermittlung" (Abschnitt 3.5) und zum „Computer Network": Über den Bus werden nicht nur Steuerungs-, sondern auch Nutznachrichten ausgetauscht!

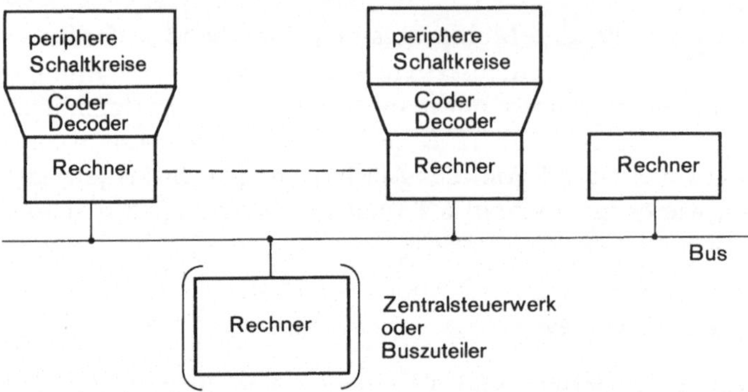

Bild 6.18. Dezentralisierung von Funktionen

Man darf aber nicht glauben, mit der Funktionsdezentralisierung die Komplexität des Gesamtsystems – wie sie etwa durch die Aufgabenkataloge des Abschnitt 6.1 vorgezeichnet ist – verringern zu können. Das Steuerungsproblem wird zusätzlich zum Verständigungsproblem (Abschnitt 5.1), in dem Transportprotokolle und höhere Protokolle festgelegt werden müssen. Dies geschieht heute systemabhängig und damit herstellerspezifisch. Vielleicht gibt es hier aber künftig einen Trend zur Änderung: Um die Großintegration kostensparend nutzbar machen zu können, werden standardisierte Bussysteme eingesetzt wie etwa der „IEC-Bus" (ursprünglich zur Kopplung von Meßgeräten, Druckern, Magnetplatten mit Rechnern vorgesehen [6.14]), der „Ethernet-Bus" [8.19] oder andere [6.14]. Freilich bleibt die Verständigung auf den höheren Ebenen auch dann ein herstellerspezifisches Software-Problem!

Mit der Software ist die entscheidende Einflußgröße bei der Planung aller Funktionsverteilungen angesprochen. Die Softwareproblematik soll im nächsten Abschnitt diskutiert werden.

6.3 Software für Kommunikationssysteme

6.3.1 Die „Herausforderung"

Software ist die „Aufgabe Nr. 1" in neuen und künftigen Kommunikationsnetzen! Das liegt an dem ständig wachsenden Funktionsumfang im Netz (siehe auch Abschnitt 9), der nur noch mit Software zu bewältigen ist, aber natürlich auch zwangsläufig zum ständigen Anwachsen der Software führt. Verbunden damit sind hohe Anforderungen an die Zuverlässigkeit, ein Richtwert beträgt zwei Stunden Ausfallzeit des Gesamtsystems in 30 Jahren durch Softwarefehler. Es ist mit Sicherheit damit zu rechnen, daß während einer so langen Systemlebensdauer zahlreiche Netzleistungsmerkmale geändert oder neu hinzugefügt werden müssen. Außerdem sollen bereits vorhandene Softwarepakete in neuen Systemgenerationen verwendbar sein (Portabilität). Alle diese Bedingungen muß die für Kommunikationsnetze zu erstellende Software erfüllen. Damit nimmt die Software einen immer höheren Anteil am Entwicklungs- und Pflegeaufwand der neuen Kommunikationsnetze ein.

Zusätzlich zu der „im Netz" arbeitenden *Steuerungssoftware* werden große Pakete von *Supportsoftware* gebraucht, die der Entwicklungsunterstützung und „fabrikmäßigen" Softwareerstellung (Compiler, Programmgeneratoren usw.) oder aber auch der Netzverwaltung (z. B. Auswertung von Verkehrsdaten) dienen. Supportsoftware steht der Steuerungssoftware im Umfang nicht nach!

Wenn auch Teile der Steuerungssoftware nicht ständig in den Steuerungseinrichtungen *resident* sein müssen, sondern bei Bedarf in die Steuerung überspielt werden können, wie z. B. für gewisse Diagnoseprogramme bereits erwähnt (Abschnitt 6.1.1), so sind doch auch diese Teile für Funktion und Betrieb des Netzes notwendig.

So kommt es, daß für ein umfassendes Netzsteuerungskonzept viele 10^5 bis 10^6 „lines of code" programmiert werden müssen. Die Assemblerprogrammierung der Anfangszeit hat man heute zu Gunsten höherer Programmiersprachen im allgemeinen verlassen, in besonderen Fällen muß jedoch z. B. aus Effektivitätsgründen immer wieder auf den Assembler zurückgegriffen werden. Eine übersichtliche Aufteilung der Programmfunktionen entsprechend den in Abschnitt 6.1 erwähnten Aufgabenbereichen ist sehr schwierig, weil die Funktionen – z. B. die des Vermittelns, Sicherns und Betreibens – sehr stark miteinander verflochten sind.

Insgesamt ergeben sich aus diesen vielen komplexen Bedingungen hohe Anforderungen an Software und Softwareentwicklung. Deshalb treten allgemein bei neuen Kommunikationsnetzen beträchtliche Anlaufschwierigkeiten auf, die durch Softwarefehler verursacht werden. Denn weltweit ist es noch nicht gelungen, die Software komplexer Systeme fehlerfrei herzustellen! Die Funktionsaufteilung auf mehrere oder viele Steuerwerke ist auch kein „Allheilmittel" dagegen, denn erstens müssen die „Funktionsschnitte" richtig gelegt und die aufgeteilten Funktionspakete richtig beschrieben werden – hierüber wird noch zu sprechen sein –, und zweitens kommen die Kommunikationsprobleme zwischen Steuerungen hinzu, wie bereits erwähnt. – Software für Kommunikationssysteme ist also eine Herausforderung an den Ingenieur, an Entwicklungsmethodik und Entwicklungsmanagement und ein Prüfstein auf dem Wege zu den Kommunikationskonzepten der Zukunft.

6.3.2 Der „Softwarelebenslauf"

Software ist – wie Hardware – ein „Produkt"! Das Produktleben beginnt mit einer Definitions- oder Planungsphase (Tabelle 6.1), es schließt sich die Entwicklungs- oder Realisierungsphase an, die zur Einsatz- oder Anwendungsphase überleitet. Der Einsatz wird beendet, wenn das Produkt – trotz Modifizierungen – den Anforderungen nicht mehr genügt, etwa weil das Einbringen neuer Anforderungen in das bestehende Produkt dessen Zuverlässigkeit gefährdet. („Reparaturen" und „Änderungen" von komplexen Softwareprodukten führen nahezu zwangsläufig zu Folgefehlern!) In gewisser Weise ähnelt damit das

Schicksal des Softwareproduktes in der Einsatzphase dem Schicksal von Hardwareprodukten (Bild 6.9). Am Beginn der Einsatzphase treten noch häufiger in der Entwicklungsphase nicht bemerkte Softwarefehler auf (Einbrennzeit). Aber auch im weiteren Verlauf der Einsatzphase werden bei noch nicht vorgekommenen Systemkonstellationen immer wieder Softwarefehler auftreten (Fehlerrate während der Betriebsbrauchbarkeitsdauer). Solche Fehler werden repariert, allerdings kann es sein, daß diese Reparatur bei anderen Systemkonstellationen, die bisher fehlerfrei waren, nun zu Fehlern führt, die wiederum repariert werden müssen. Auf diese Weise – verstärkt durch einzubringende Systemmodifikationen – steigt die Fehlerrate im Laufe der Zeit wieder an, bis durch Kumulieren dieser Vorgänge eine Art „Verschleißeffekt" auftritt, der zur Außerbetriebnahme des Softwareproduktes führt.

Tabelle 6.1. Phasen des Softwarelebenslaufs

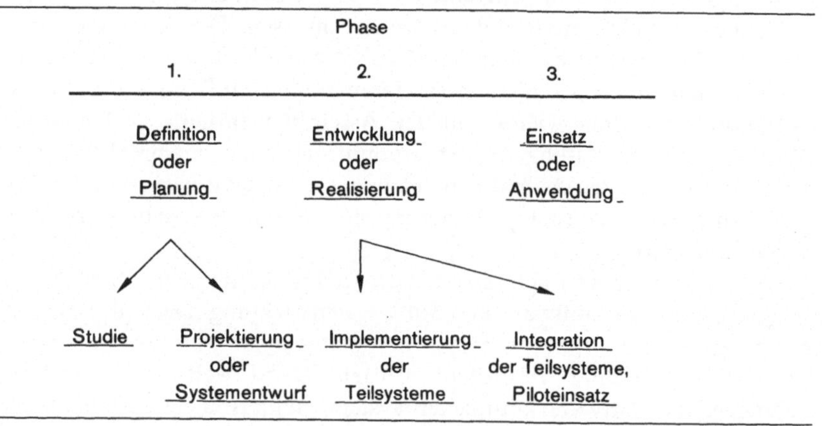

In den folgenden Betrachtungen sollen einige Anmerkungen zu den beiden ersten Phasen „Definition" und „Entwicklung" gemacht werden. Es ist selbstverständlich, daß die Qualität der Durchführung dieser Phasen ausschlaggebend für die Qualität des Produktes im Einsatz ist, sie haben deshalb besondere Bedeutung.

Die Planungsphase (Definitionsphase) als solche wird unterteilt in „Studie" und „Projektierung" (Systementwurf). Die Studie führt zu einem Pflichtenheft (Anforderungskatalog) verbunden mit einer Grobspezifikation des Produktes. In der Projektierungsphase wird durch Aufteilung der Aufgaben auf „Teilsysteme" eine Strukturierung des Produktes vorgenommen, im Rahmen einer „Feinspezifikation" werden die zu realisierenden Funktionen eindeutig beschrieben.

Diese Planungsphase beansprucht mit etwa 50% einen relativ hohen Zeitanteil im gesamten Entwicklungsprozeß. Sie muß mit relativ wenigen, aber hoch qualifizierten „System-Machern" begonnen werden, etwa ⅓ des Personalaufwandes für die Gesamtentwicklung entfällt auf diese Phase. Am Ende dieses Abschnitts ist noch kein einziges Softwarestatement geschrieben! Darin liegt auch eine Schwierigkeit: Das auf konkrete Ergebnisse erpichte Topmanagement muß sich gedulden!

Die Phase der Realisierung oder Entwicklung im engeren Sinn befaßt sich zunächst mit der Implementierung der Teilsysteme oder Module. Nun werden „lines of code“ geschrieben und modulweise getestet. Etwa 20% des Zeitaufwandes und ein weiteres Drittel der Personalaufwandes sind für diesen Abschnitt zu veranschlagen. Es schließt sich der Abschnitt der Integration der Module und der Test des Gesamtsystems im Prototyp oder Piloteinsatz an. Das erfordert die restlichen 30% des Zeitaufwandes und das letzte Drittel des Personalaufwandes bis zur „Serienreife“ des Produktes.

Für den gesamten Entwicklungsprozeß sind inzwischen – seit den ersten weltweit erfahrenen Schwierigkeiten mit komplexen Softwareprodukten – zahlreiche Werkzeuge, Verfahrens- und Managementregeln entwickelt worden. Aber es gibt kein einheitliches „Patentrezept“. Der eine verwendet diesen, der andere jenen Satz von Regeln und Werkzeugen, und das Ergebnis ist – auch bei getreulicher Anwendung aller Vorschriften – zwar bessere, aber immer noch „fehlerbehaftete Software“. Das liegt natürlich daran, daß die Entwicklung von Software ein produktiver Prozeß ist, der des Menschen mit seinen schöpferischen Fähigkeiten bedarf und damit auch menschliche Fehlerquellen hinnehmen muß.

Die entscheidenden Schritte, die – bei Beachtung aller Regeln – den Grund für die Güte des späteren Softwareproduktes legen, sind die ersten: die Aufteilung des Gesamtsystems mit seiner gewaltigen Komplexität in überschaubare Teilsysteme, die eindeutige und vollständige Funktionsbeschreibung der so entstandenen Module und die Festlegung der Schnittstellen zwischen den Teilsystemen mit den auszutauschenden Steuernachrichten. Das ist keine Aufgabe für den Softwarearchitekten sondern für den Systemarchitekten!

Die Aufgabe besteht darin, Systemschnitte so zu legen, daß möglichst wenig Verflechtungen zwischen den Modulen entstehen, daß also die Module weitgehend für sich allein entwickelt werden können. Das ist wegen der bereits erwähnten engen Beziehungen zwischen Vermitteln, Sichern und Betreiben (Abschnitt 6.1.1) sehr schwierig. Eine Erleichterung ergibt sich hier und dort aus der Tatsache, daß wegen der ständig sinkenden Speicherkosten das „Bitsparen“ zu einer zweitrangigen Aufgabe wird, die deutlich hinter dem Hauptanliegen der Verminderung der Komplexität zurücksteht.

Ob die durch „Systemschnitte“ entstehenden Module tatsächlich zu Teilen eines auf *einer* Maschine ablaufenden Softwaresystems werden oder ob sie durch „Funktionsverteilung“ (Abschnitt 6.2.4) in eigenen Maschinen wirksam werden, ist dabei zunächst ebenfalls eine nachgeordnete Frage. Mit anderen Worten: Die Funktionsverteilung im System sollte vorrangig von Softwaregesichtspunkten diktiert werden!

6.3.3 Grundlagen zu Programmorganisation und Programmfunktionen

Zu den wesentlichen Funktionen von Softwareprogrammen gehört das Sichten, Bewerten und Ändern von Datenbeständen. Die Strukturierung des Systems erfordert also auch, daß man Struktur und Aufteilung dieser Datenbestände festlegt. Wie in Abschnitt 6.1.4 erwähnt, werden jedem „Mitglied“ (Komponente,

Zusammenhang) Speicherplätze zugewiesen, in denen Eigenschaften und Zustände des Mitglieds festgehalten sind. Dazu kann auch alphanumerische Information – z. B. Wählziffern – treten. Schließlich werden häufig Hinweise auf weitere Mitglieder oder Folgedaten benötigt. Bild 6.19 zeigt die somit einem Mitglied im allgemeinen zugeordneten Speicherplatzkategorien, die durch „Adressierung" des Mitglieds aufgerufen werden können. Sache der Strukturierung der Datenbestände ist es, mitglied- und sachbezogene Datenblöcke festzulegen. Beispiel: Eigenschaften und Zustände werden für jeweils 100 Teilnehmer

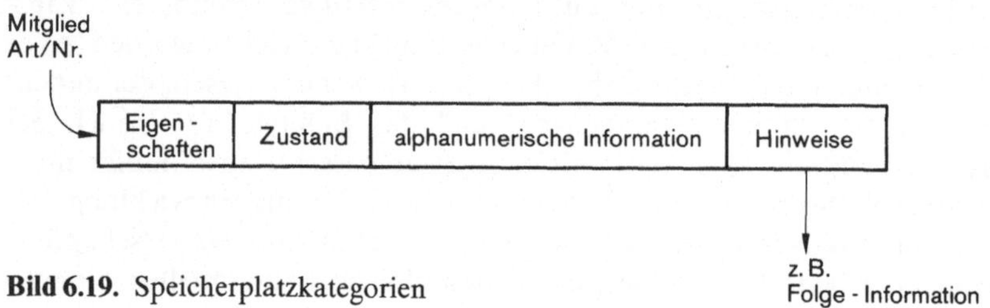

Bild 6.19. Speicherplatzkategorien

in *einem* Datenblock, Gebühreninformation für jeweils 1000 Teilnehmer dagegen in einem *anderen* Datenblock festgehalten. Die Strukturierung der Datenbestände ist also – wie dieses Beispiel zeigt – nur in enger Wechselwirkung mit der Strukturierung der Systemfunktionen zu sehen, in der man sich z. B. für die Bildung von peripheren Steuerungsbereichen für jeweils 100 Teilnehmer entscheidet, Gebührenstände aber größeren Steuerungseinheiten für 1000 Teilnehmer zuweist.

Hat man Systemfunktionen und Datenbestände strukturiert (worauf im nächsten Abschnitt eingegangen wird), so muß aus den geschaffenen Moduln wieder ein Gesamtsystem zusammengesetzt werden. Bild 6.20 zeigt das Beispiel eines solchen Gesamtsystems, wobei hier die in Abschnitt 6.1.4 definierten Funktionskategorien als Systemmodule übernommen wurden. Eine gemeinsame Speicherplatzverwaltung sorgt für die Zuteilung nur vorübergehend benötigten Speicherplatzes, z. B. für Ein- und Ausgabelisten in der Zeichenaustauschsteuerung, welche relativ autark über Schnittstellen S die Hereinnahme und Abgabe von Aufträgen bewirkt. Eine Aufruforganisation veranlaßt den Anstoß und die Datenversorgung der einzelnen Module zur Auftragsbearbeitung, ggf. unter Berücksichtigung von Prioritäten oder Programmunterbrechungen. Die Aufruforganisation hat nicht nur Aufträge aus der Zeichenaustauschsteuerung, sondern auch aus direktem (manuellen) Eingriff oder von einer internen Uhr zu verwalten. Die Module melden die Ergebnisse der bearbeiteten Aufträge an die Aufruforganisation zurück, die diese an die Zeichenaustauschsteuerung weitergibt und die anschließend den nächsten Auftrag an ein Modul erteilt. Die allgemein genutzten Dienstleistungen von Aufruforganisation und Speicherplatzverwaltung werden im *Betriebssystem* (BS) zusammengefaßt. (Der Funktionsumfang eines Betriebssystems wird fallweise unterschiedlich festgelegt, z. B. kann das BS zusätzlich auch Sicherungsfunktionen übernehmen [6.15]).

Hat man sich für eine Funktionsverteilung auf verschiedene Steuerungsaggregate entschieden, so werden sich in jeder der Steuerungen die Programmfunktionen des Bildes 6.20 ganz oder teilweise wiederholen. Bild 6.21 gibt hierfür ein Beispiel (die Darstellung ist gegenüber der des Bildes 6.20 vereinfacht): Die oben gezeigte Steuerung hat Zustandsübergänge der Kategorie 1 und Registrierfunktionen der Kategorie 1 abzuwickeln. Darunter ist eine Steuerung dargestellt, der man Zustandsübergänge der Kategorie m und die Eigenschaften-Änderungsfunktionen *k* zugeordnet hat usw. Alle Steuerungen enthalten außerdem Zeichenaustauschsteuerung und Betriebssystem, sie sind über Schnittstellen S fallweise mit der Peripherie und insgesamt mit einem *Bus* verbunden, über den sie untereinander korrespondieren.

Welche Funktionen haben die in Bildern 6.20 und 6.21 dargestellten Module? Zwei repräsentative Beispiele werden herausgegriffen; es wird versucht, die Funktionen mit einfachen Mitteln zu beschreiben.

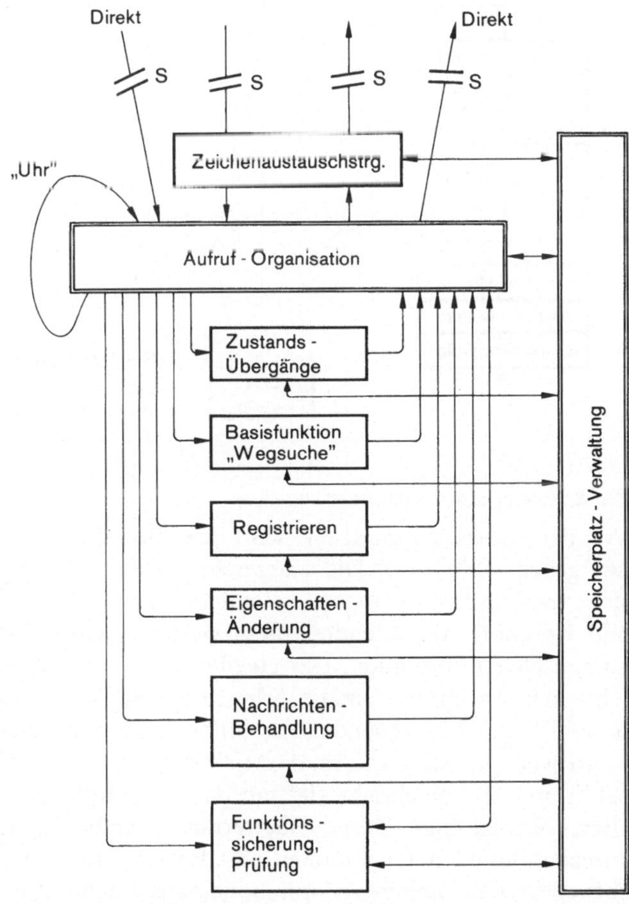

Bild 6.20. Maximal-Programmstruktur. S Schnittstelle „Gerätegrenze“, stark umrandet: Betriebssystem

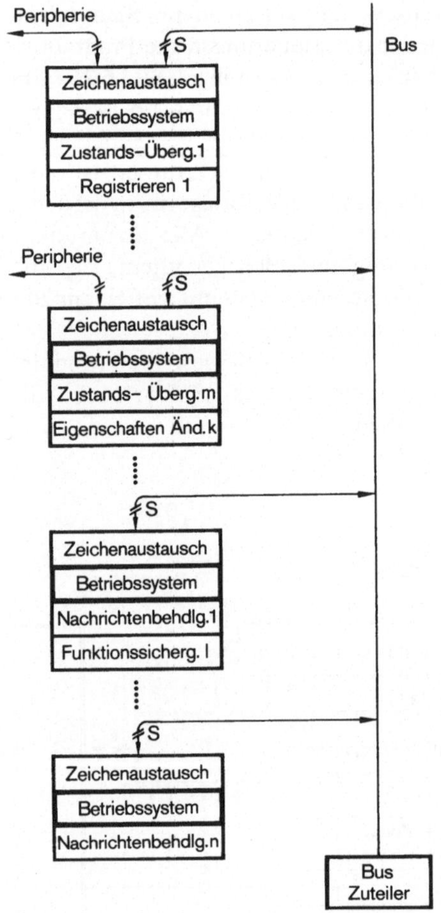

Bild 6.21. Dezentralisierung der Maximal-Programmstruktur (Prinzip). S Schnittstellen, Gerätegrenzen

Funktionen „Zustandsübergänge“

Von der „Aufruforganisation“ wird dem Modul eine Nachricht zur Bearbeitung übergeben (Bild 6.22). Die Nachricht wurde z. B. von der Zeichenaustauschsteuerung zuvor empfangen, sie enthält einen „Header“ mit Angaben über Art und Herkunft (absendendes Mitglied) der Nachricht und „Daten“ mit alphanumerischer Information. Der Header wird dem „Mitgliederverzeichnis“ zugeführt, das Auskunft über die Adresse des Speicherplatzes erteilt, in dem nach Bild 6.19 die dem absendenden Mitglied zugeordneten Informationen aufbewahrt werden. Diese Informationen werden ausgelesen (Bereitstellung Mitglied „alt“) und als „Nachricht alt“ mit der neu empfangenen Nachricht verknüpft. Hierzu erfolgt eine „Zustandsbewertung“ der beiden Header, aus der sich die durchzuführenden Operationen als „Folgeaufträge“ ergeben. So kann es z. B. notwendig sein, weitere Informationen aus einem „Zusatzspeicher“ einzuholen, weiterhin werden die Daten der beiden Nachrichten nach einer im Folgeauftrag angegebenen Vorschrift verknüpft, anschließend bei Bedarf modifiziert oder

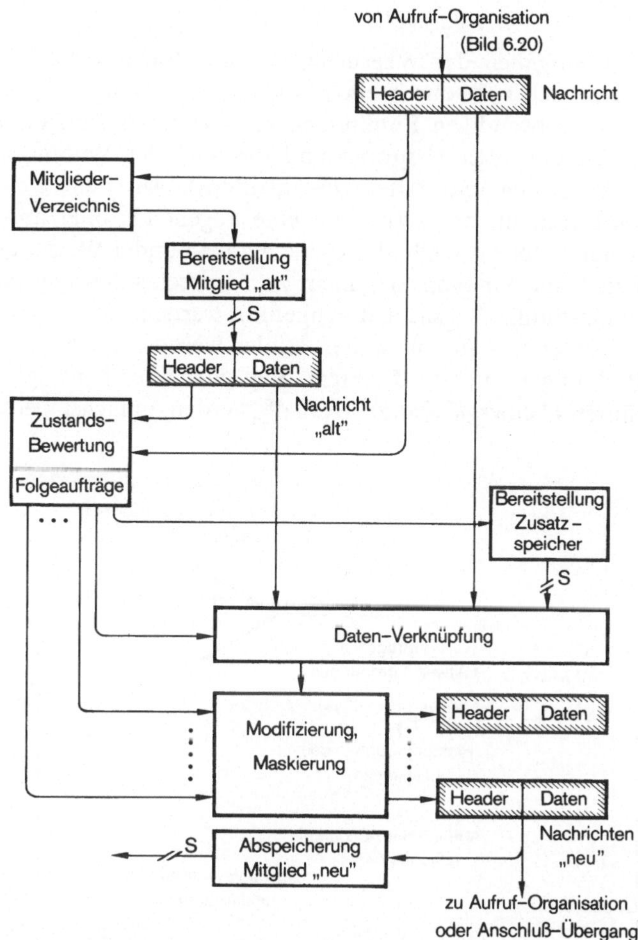

Bild 6.22. Funktionsbild „Zustandsübergänge". S Beispiele für Geräteschnittstellen

maskiert, so daß eine oder mehrere Folgenachrichten „neu" entstehen. Anschließend wird der damit neu hergestellte Zustand als „Nachricht neu" mit neuem Header und neuen Daten wieder im Speicherplatz des Mitglieds abgelegt (Abspeicherung Mitglied „neu").

Im allgemeinen sind „Nachrichten neu" außerdem über die Aufruforganisation an andere Module oder an die Peripherie weiterzugeben. Gegebenenfalls läßt sich auch ein folgender Übergang unmittelbar anschließen, wenn der Regelweg über die Aufruforganisation zu viel Zeit beanspruchen würde. – Mit „S" sind als Beispiele Abschnitte gekennzeichnet, in die Funktionen anderer Steuerungen einbezogen werden können. So lassen sich Zustandsdaten in Zusatzspeichern außerhalb der betrachteten Steuerung aufbewahren usw.

Wenn man mit dem Modul in der beschriebenen Weise einen allgemeinen Rahmen für „Zustandsübergänge" geschaffen hat, genügt es, die im Einzelfall notwendigen Funktionen durch Angabe von Parametern zu realisieren.

Basisfunktion „Wegsuche"

Die Aufgaben der Wegsuche, wie in Abschnitt 4.2.3 und Bild 4.11 erläutert, lassen sich z. B. durch ein Flußdiagramm (Bild 6.23) in die Beschreibung der dafür notwendigen Funktionen umsetzen. Als Eingangsparameter dienen Angaben über den Ursprung und das Ziel der Verbindung, z. B. in Form von Kennzeichen und Ziffern (Wählziffern). Aus dem Ursprung der Verbindung wird erkannt, ob es sich um eine abgehende oder ankommende Verbindung handelt. Im ersten Fall ist eine Punkt-Bündel-Wegsuche möglich, im zweiten Fall kann nur (von hier nicht zu besprechenden Ausnahmen abgesehen) eine Punkt-Punkt-Wegsuche durchgeführt werden ①.

Der erste Fall soll weiterverfolgt werden. Im allgemeinen gibt es mehrere Richtungen, die auf direktem Weg oder über Umwege zum gewünschten Ziel führen (*Leitweglenkung*). Deshalb werden zunächst Leitwegzuordnungen abge-

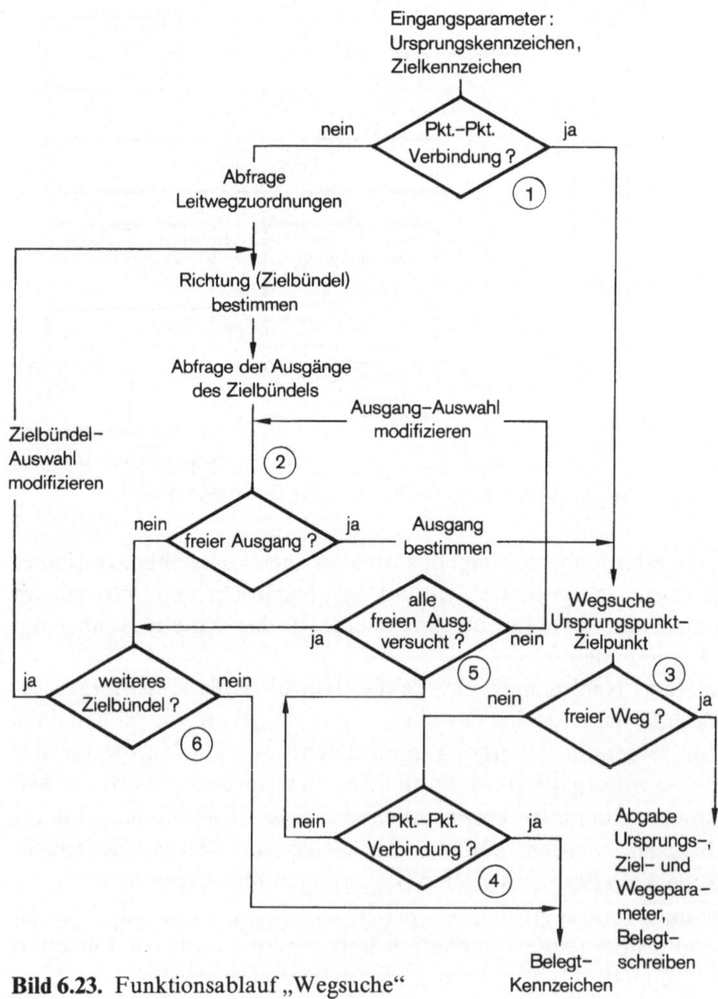

Bild 6.23. Funktionsablauf „Wegsuche"

fragt, die angeben, um welche Richtungen es sich in diesem Fall handelt. Es folgt die Auswahl einer dieser Richtungen, wobei zunächst der wirtschaftlichste Weg zum Ziel versucht wird. Die Ausgänge des in diese Richtung führenden Zielbündels werden abgefragt und auf ihren Belegungszustand hin untersucht. Sollte kein freier Ausgang mehr vorhanden sein ②, wird – sofern noch vorhanden ⑥ – ein weiteres Zielbündel abgefragt. Gibt es noch freie Ausgänge ②, so wird ein Ausgang als Zielpunkt bestimmt, und es folgt die Wegsuche zwischen Ursprungspunkt und Zielpunkt. Wurde dabei kein freier, vollständiger Weg gefunden ③, so kann – falls es sich nicht um eine Punkt-Punkt-Verbindung handelt ④ – die Wegsuche zu einem anderen freien Ausgang wiederholt werden, falls ein solcher noch vorhanden ist ⑤. Wird nun ein freier Weg gefunden ③, so müssen die ausgewählten Parameter an die Peripherie zur Wegeeinstellung und an Folgeprogramme zum Belegtschreiben und Speichern des Verbindungsweges abgegeben werden. – Weitere mögliche Ablaufvarianten sind aus dem Flußdiagramm ablesbar.

6.3.4 Systemstrukturierung

Nunmehr wird auf die ersten Phasen des Softwarelebenslaufs zurückgekommen, deren Bedeutung für die Qualität des Produktes „Software" schon mehrfach hervorgehoben wurde: Der Systementwurf muß in seinem ersten Abschnitt die Gesamtheit der Aufgaben durch Verteilung auf Teilsysteme strukturieren. Diese Tätigkeit ist bisher und auch in die Zukunft hinein nicht automatisierbar, sie erfordert ein Höchstmaß an Erfahrung, Überblick und Intuition des planenden Menschen. Jedoch gibt es methodische Hilfen und „Handwerkszeuge" (tools).

Ein methodischer Ansatz ist der *Top-Down-Approach* (Bild 6.24): Von großen Zusammenhängen ausgehend (Funktionsblöcke FB) erfolgt eine stufenweise Detaillierung in Teilsysteme (FB 1 bis FB *n*), der Teilsysteme in Subsysteme (FB 1.1 bis FB 1.*x*, FB *n*.1 bis FB *n*.*y*) usw. Dieser Vorgang wird auch als *Partitioning* bezeichnet [6.16].

Ein anderer Weg wird aufsetzend auf die Erfahrungen in der Maschinenkommunikation (Abschnitt 5.1) vorgeschlagen: die Bildung von Ebenen (layers),

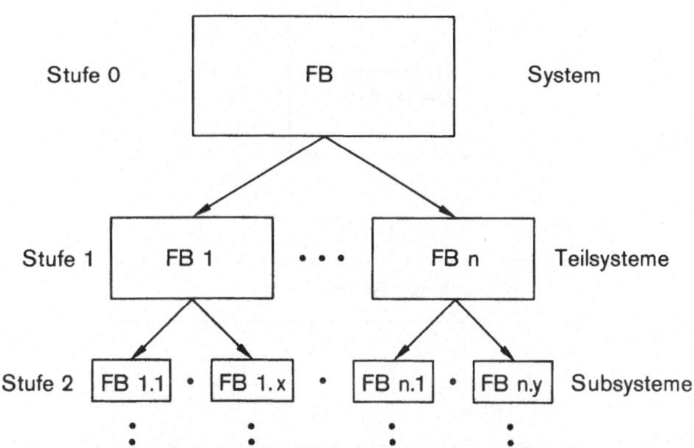

Bild 6.24. „Top-Down"-Verfahren (Partitioning Diagram). FB Funktionsblock

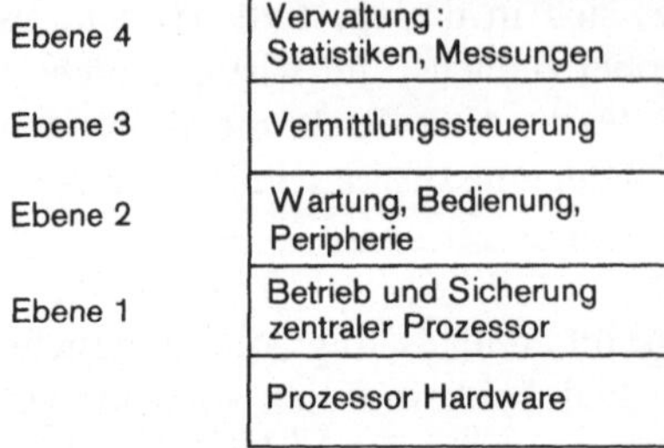

Bild 6.25. Einteilung in funktionale Ebenen

die aufeinander aufbauen (Bild 6.25, [6.17, 6.18]). Diese „Horizontalschnitte" entheben aber nicht von der Notwendigkeit, Vertikalschnitte zu finden, die isolierbare Funktionsbereiche gegeneinander abgrenzen.

Letzten Endes kommt es also darauf an, funktional zusammengehörige Funktionsblöcke [6.16] zu finden, die den Signalfluß über die Blockgrenzen (und damit die gegenseitige Abhängigkeit) minimieren und die ggf. also auch in getrennten Geräten realisiert werden können. Dazu gehört als wichtiger Gesichtspunkt, die Doppelspeicherung variabler (transienter) Daten in verschiedenen Funktionsblöcken – soweit es nicht die Systemsicherheit erfordert –

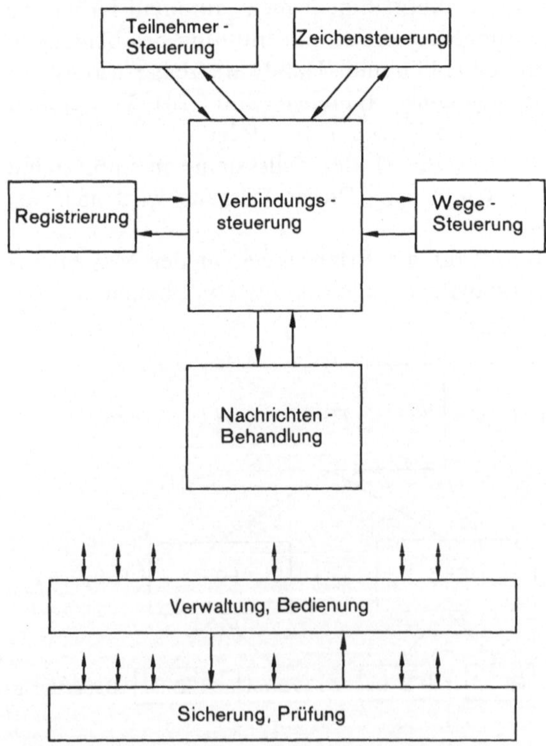

Bild 6.26. Funktionsblöcke (Partitioning-Stufe 1)

möglichst zu vermeiden, um nicht eine mit zusätzlichem Datenfluß verbundene Synchronisation dieser Daten vornehmen zu müssen.

Ein solches „Top-Down-Partitioning“ soll nun an einem Beispiel erläutert werden. Bild 6.26 zeigt zunächst die Einteilung des Gesamtsystems in übergeordnete Funktionsblöcke (Partitioning-Stufe 1):

Teilnehmersteuerung

Sie hat die Aufgabe, die Signalisierung vom bzw. zum Teilnehmer aufzunehmen bzw. abzugeben. Die vom Teilnehmer eintreffenden Signalisierungszeichen werden „teilbewertet“, soweit dies autark möglich ist. Hierzu hält die Teilnehmersteuerung einen Teil der Teilnehmerdatenbestände, in denen Eigenschaften wie Berechtigungen, Rufweiterleitung usw. niedergelegt sind. Damit ist die Teilnehmersteuerung in der Lage, eine Reihe von Aufträgen blockintern abzuarbeiten wie „Antworten auf Teilnehmeranfragen“, „Bedienerführung“ usw. Natürlich bleiben aber zahlreiche Aufgaben, welche die Mitarbeit anderer Module erforderlich machen. Hierzu müssen Aufträge an andere Funktionsblöcke formuliert und abgesetzt werden, umgekehrt sind Aufträge aus anderen Funktionsblöcken entgegenzunehmen. Dazu gehören z. B. Signalisierungsaufträge für den Teilnehmer, die Modifizierung von Teilnehmereigenschaften – initiiert durch den Teilnehmer oder die Verwaltung –, Sicherungsmaßnahmen usw. Die Teilnehmersteuerung ist teilnehmergruppenweise – z. B. je 100 Teilnehmer – dezentralisierbar. Als Ordnungsprinzip für die Adressierung der Teilnehmerdaten möge die „Anschlußlage des Teilnehmers an der Koppeleinrichtung“ dienen.

Zeichensteuerung

Sie nimmt die Signalisierung zwischen Netzknoten auf oder gibt sie an diese ab. Sie kann eine Teilbewertung der ankommenden Signale vornehmen, z. B. um zu entscheiden, ob die Signalisierungszeichen im eigenen Netzknoten verarbeitet oder lediglich zum nächsten Netzknoten „durchgeschleust“ werden sollen. Darüber hinaus sind Aufträge von anderen Funktionsblöcken aufzunehmen oder an diese abzugeben. Eine Dezentralisierung ist bis zu *einem* „zentralen Zeichenkanal“ möglich.

Verbindungssteuerung

Aufgabe ist das Halten und Verändern von Verbindungszuständen und zugehörigen Verbindungsdaten. Die zu realisierenden Funktionen fallen also unter das in Bild 6.22 erläuterte Prinzip. Im einzelnen gehören z. B. die Abspeicherung von Wählziffern, ggf. auch des Verbindungsweges (Wegegedächtnis, Abschnitt 4.2.3) zu den Aufgaben. Die Verbindungssteuerung kann ggf. gruppenweise dezentralisiert werden.

Wegesteuerung

Die Aufgabenstellung wurde in Bild 6.23 erläutert. Zusätzlich übernimmt die Wegesteuerung die Bewertung der Wegemöglichkeiten (Leitweglenkung), außerdem bestimmt sie Tarifzonen für die Gebührenerfassung.

Registrierung

In diesem Bereich werden kompliziertere Aufgaben der Datenverarbeitung abgewickelt. Dazu gehören Zählung und Gebührenspeicherung, Gebührenansagen, Gebührenzettel, Erinnerungsdienste, Weckrufe, Anrufwiederholung, „Fangen" (Identifizierung böswilliger Anrufer).

Verwaltung, Bedienung

Zu dem umfangreichen Aufgabenkatalog gehören die Änderung von „Mitgliedseigenschaften", programmierte Eingriffe in das System, Abfragen von Zuständen und Informationen. Dementsprechend sind Beziehungen zu allen anderen Funktionsblöcken vorhanden.

Sicherung und Prüfung

Auch in diesem Bereich sind umfangreiche Funktionen wahrzunehmen. Dazu gehören die in Abschnitt 6.1.1 erwähnten Reaktionen auf Fehler im System, ferner Diagnoseprogramme und Programme zur Routineprüfung (welche allerdings auch oft dem Verwaltungs- und Bedienungsteil zugeschlagen werden). Der Funktionsblock muß mit allen anderen Blöcken korrespondieren.

Nachrichtenbehandlung

In diesem Modul werden die u. U. sehr komplexen Funktionen der „Manipulation" der Nutzinformation wahrgenommen (Abschnitte 6.1.2 und 6.1.3).

Die so definierten Funktionsblöcke werden nun in der nächsten „Partitioning-Stufe 2" weiter unterteilt. Als Beispiel wird die „Verbindungssteuerung" (Bild 6.26) herausgegriffen. Bild 6.27 zeigt die entstandenen Teilsysteme. Die *Bewertung* entscheidet über das aufzurufende Teilsystem. Es kann sich entweder um eine neu aufzubauende Verbindung (*Verbindungsaufbau*) oder um eine bestehende Verbindung (*Verbindungszustandssteuerung*) handeln. Ein an die Verbindungszustandssteuerung gelangter Aufruf wird dort analysiert, er wird an die

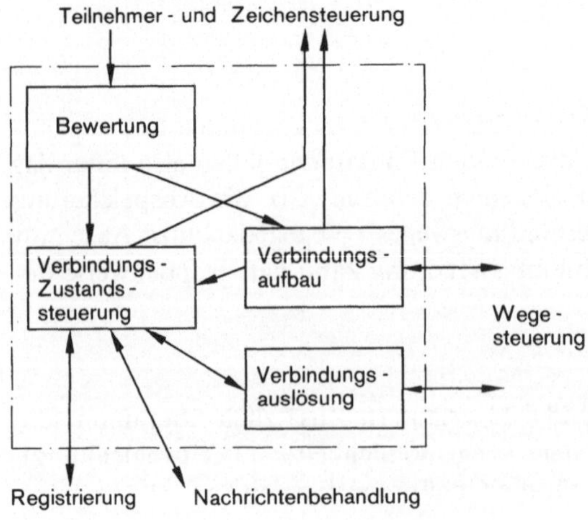

Bild 6.27. Verbindungssteuerung (Partitioning-Stufe 2)

Verbindungsauslösung weitergegeben, wenn es sich um eine zu beendende Verbindung handelt. Die Module Verbindungsaufbau und Verbindungsauslösung arbeiten eng mit der Wegesteuerung zusammen.

Als nächster Schritt folgt die „Partitioning-Stufe 3“ mit der Bildung von Subsystemen. Als Beispiel dient die „Bewertung“ (Bild 6.28). Sie läßt sich unterteilen in die Subsysteme *Abfrage Mitglieder,* die zum Auslesen des dem Mitglied zugeordneten Speicherplatzes führt, in *Zustandsbewertung,* die den auszuführenden Auftrag analysiert, und in *Folgeaufträge,* die den erkannten Auftrag an das betroffene Teilsystem (Verbindungsaufbau oder Verbindungszustandssteuerung) weitergibt. Dieser Teil findet sich übrigens im erläuternden Funktionsbild (Bild 6.22) auf der linken Seite wieder.

Ein weiterer Partitionierungsschritt 4 läßt sich anschließen, hier am Beispiel „Abfrage Mitglieder“ erläutert (Bild 6.29). Eine *Vorbewertung* klärt, welche Auftragskategorie aufgerufen wird. Beispielsweise möge es sich um eine Ruf-

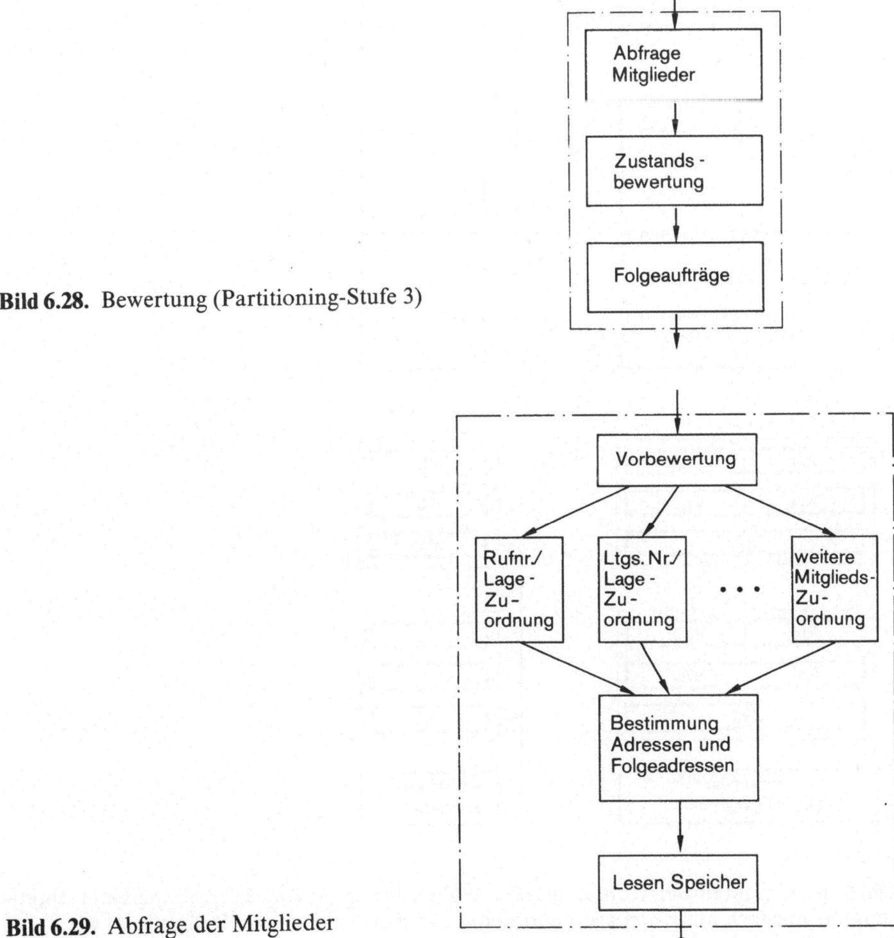

Bild 6.28. Bewertung (Partitioning-Stufe 3)

Bild 6.29. Abfrage der Mitglieder (Partitioning-Stufe 4)

nummer handeln. Nun sind hier die Mitgliedseigenschaften der Teilnehmeranschlüsse nicht nach der Rufnummer sondern nach der Anschlußnummer an der Koppeleinrichtung geordnet und adressierbar. In einer *Rufnummer-Lage-Zuordnung* muß zunächst die Anschlußnummer aus der Rufnummer bestimmt werden, anschließend erfolgt die *Bestimmung* der *Adressen* und *Folgeadressen,* abgeschlossen wird der Vorgang mit *Lesen Speicher.* (Ob das „Partitioning" in dieser Stufe alle diese Einzelheiten festlegen muß, sei dahingestellt!)

Nach vier Partitionierungsschritten ist man also bis zu einem scheinbar untergeordneten Detail, nämlich zur Rufnummer-Lage-Zuordnung vorgedrungen. Dies Detail kann aber durchaus eine systemprägende Bedeutung haben!

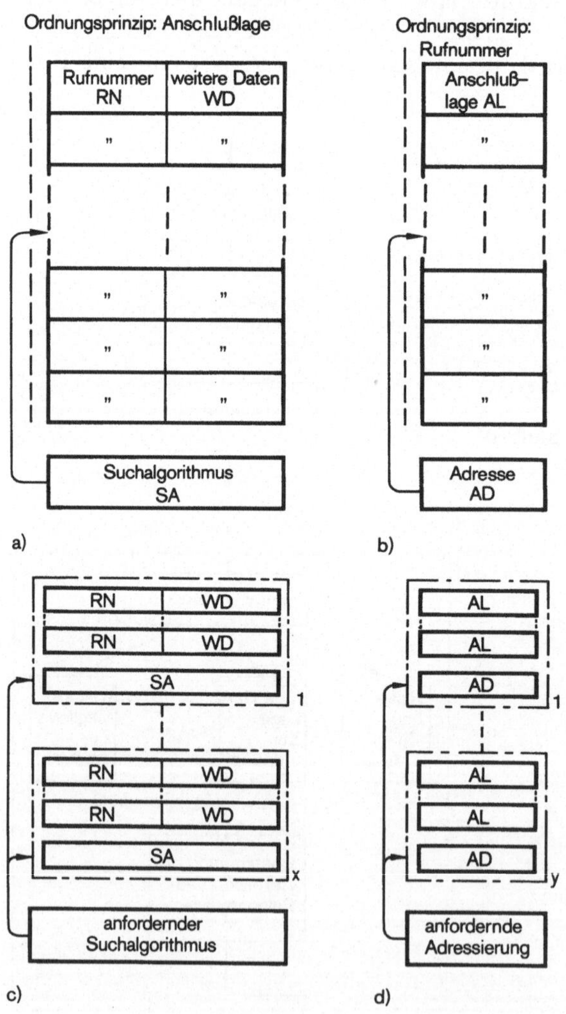

Bild 6.30. Verfahren der Rufnummer/Lage-Zuordnung. **a**) speicherplatzsparende Zuordnung; **b**) zweifach adressierbare Zuordnung; **c**) wie **a**) bei Dezentralisierung; **d**) wie **b**) bei Dezentralisierung

Bild 6.30 erläutert mögliche Varianten: In Bild 6.30a ist ein zentraler Speicher vorhanden, in dem die Teilnehmerdaten nach Anschlußlagen geordnet sind. Zu den Teilnehmerdaten gehört auch als „Eigenschaft" die Teilnehmerrufnummer. Ist zum Aufruf der Teilnehmerdaten jedoch nur die Rufnummer bekannt – wie es im ankommenden Verkehr der Fall ist –, so muß der Speicher nach einem „Suchalgorithmus" nach der Rufnummer durchsucht werden (z. B. aufeinanderfolgendes Auslesen der Speicherzellen bis zum Finden). Das kostet Zeit. Will man Zeit sparen, so muß man einen weiteren Zuordner vorsehen, um – nach Rufnummern geordnet – die Anschlußlagen zu notieren (Bild 6.30b). Damit kann man – von der Rufnummer herkommend – zunächst die Anschlußlage erfragen und dann die unter der Anschlußlage abgelegten Teilnehmerdaten auslesen.

Solange sich beide Zuordner in der gleichen zentralen Steuerung befinden, ist das keine bedeutende Konzeptfrage. Wenn man aber an eine Funktionsdezentralisierung denkt, wird die Zuordnung problematischer. In Bild 6.30c ist eine Gruppenbildung der Teilnehmerdaten angenommen, Ordnungsprinzip sei wiederum die Anschlußlage an der Koppeleinrichtung. Sollen nun die Teilnehmerdaten aufgrund einer empfangenen Rufnummer ausgelesen werden, so müssen alle Teilnehmersteuerungen nacheinander abgefragt werden, bis die Rufnummer gefunden worden ist. Will man ein so schwerfälliges Verfahren vermeiden, so wird man *getrennt* von den Teilnehmersteuerungen einen eigenen Rufnummer-Lage-Zuordner vorsehen, der allerdings seinerseits wieder gruppenweise dezentralisiert werden kann, allerdings nach anderen Ordnungskennzeichen als die Teilnehmersteuerungen.

Es kann durchaus sein, daß man durch derartige Konzeptkonsequenzen gezwungen wird, die Aufgabenverteilung und damit die vorhergehenden Partitionierungsschritte nochmals zu überdenken. Der Systementwurf ist also ein iterativer Optimierungsprozeß!

Die hier diskutierten Partitionierungsschritte sind lediglich als Beispiel zur Erläuterung des methodischen *Prinzips* zu verstehen. Das methodische *Vorgehen* muß selbstverständlich wesentlich sorgfältiger analysieren, bewerten, vergleichen und vor allen Dingen auch dokumentieren. Auch sind einheitliche Beschreibungsmittel notwendig, die eindeutig sind und konsequent zu den Folgeschritten der Softwareorientierung und Spezifikation überleiten. Solche Beschreibungsmittel sind leider noch nicht allgemein verfügbar. (Häufig werden Petri-Netze für die Entwurfsphase empfohlen, sie sind aber für das hier erläuterte „Partitioning" nicht ohne weiteres geeignet.)

Für den methodisch auf das „System-Partitioning" folgenden Schritt des „Software-Partitioning" lassen sich bekannte Beschreibungsverfahren einsetzen. Ein Beispiel dafür sind Nassi-Shneiderman-Diagramme nach Bild 6.31 [6.19]. In Partitionierungsstufe 1 werden zwei Funktionsblöcke FB 1 und FB 2 für Inbetriebnahme (Neustart) und Betrieb (Endlosschleife, Iteration) gebildet. Funktionsblock FB 2 wird in Stufe 2 in drei weitere Blöcke FB 2.1 bis FB 2.3 unterteilt. FB 2.1 ist wiederum eine Iteration (Schleife), deren Rumpf – die Auftragsermittlung – durchlaufen wird, wenn ein Auftrag vorliegt. Wurde wenigstens ein Auftrag ermittelt, so wird unmittelbar anschließend über eine

Mehrfachverzweigung (CASE) in *einen* zugehörigen Zweig des Blocks FB 2.2 gesprungen. In diesem Block werden Informationseingabe, Zeitprogramme (Uhr), Befehlsausgabe ausgeführt sowie Folgeaufträge erkannt. Danach wird über eine Mehrfachverzweigung (CASE) in *eines* der Bearbeitungsprogramme des Funktionsblocks FB 2.3 gesprungen. Dort wird der Auftrag bearbeitet. Am Ende erfolgt der Rücksprung in die Endlosschleife.

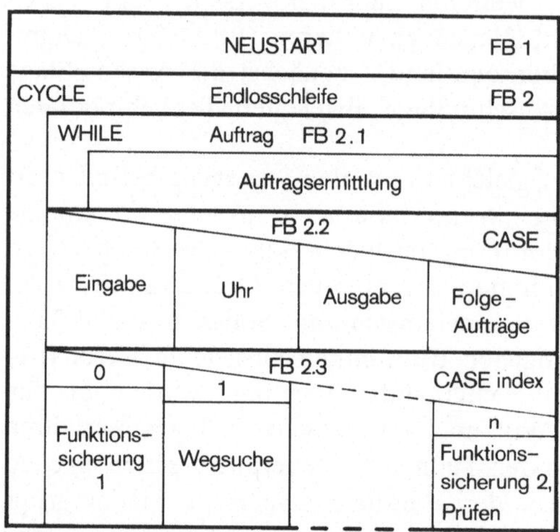

Bild 6.31. Beispiel für „Software-Partitioning" unter Verwendung von Nassi-Shneiderman-Diagrammen. FB Funktionsblock

Eine Partitionierung dieser Art setzt bereits gewisse Strukturfestlegungen voraus, z. B. in welcher Folge einzelne Module durchlaufen werden sollen, welche Komponenten zum Betriebssystem gehören usw. Das Verfahren hat den Vorteil, daß von Beginn an die Grundsätze der „strukturierten Programmierung" [6.20] eingehalten werden, d.h., jeder Funktionsblock hat nur einen Eingang und einen Ausgang.

6.3.5 Die Feinspezifikation

Im Anschluß an das „Partitioning" muß mit der *Feinspezifikation* die unmittelbare Vorgabe für die eigentliche Programmierung geschaffen werden. Hierzu ist eine detaillierte Beschreibung der Datenstrukturen, die die Datenbestände der Mitglieder (Bild 6.19) auf die einzelnen Funktionsblöcke verteilen, notwendig. Außerdem sind die Programmfunktionen im einzelnen zu dokumentieren. Dafür kann eine formalisierte eindeutige Beschreibungssprache verwendet werden, die als *functional specification and description language* (SDL) vom CCITT definiert wurde [6.21].

Die SDL läßt sich mit oder ohne „pictorial elements" – das sind erläuternde Funktionsbilder – anwenden. Bild 6.32 zeigt ein Beispiel ohne diese Elemente. Dargestellt wird die allererste Phase des Verbindungsaufbaus, nämlich die

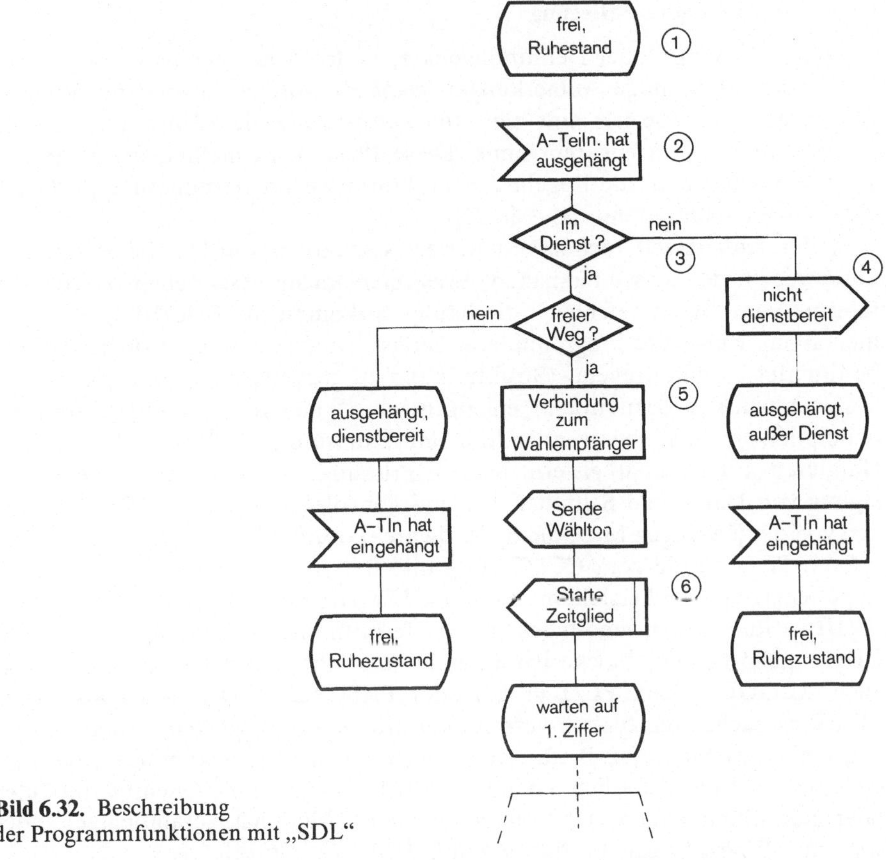

Bild 6.32. Beschreibung der Programmfunktionen mit „SDL"

Vorgänge nach dem Aushängen des Telefonhörers bis etwa zum Aussenden des Wähltons. Der Ablauf zeigt in der Mitte den Normalfall, links den Fall, daß kein freier Wahlempfänger mehr erreichbar ist (der Teilnehmer wird dann bis zum Einhängen „abgefangen", d. h., er erhält z. B. das Besetztzeichen) und rechts den Fall, daß der Teilnehmer „nicht dienstbereit", also z. B. „gesperrt" ist mit einer im Prinzip gleichen Reaktion wie im linken Zweig.

Die verwendeten Symbole haben folgende Bedeutung: ① kennzeichnet einen Zustand (state), ② eine von außen kommende Eingabeinformation (external input), ③ eine Entscheidung (decision), ④ einen nach außen gerichteten Ausgabebefehl, ⑤ einen (an anderer Stelle ausführlich zu beschreibenden) Funktionsablauf (task), ⑥ einen im Teilsystem verbleibenden – internen – Ausgabebefehl.

Eine noch softwarenähere Strukturierung der mit SDL beschriebenen Teilsystemfunktionen z. B. nach Nassi-Shneiderman kann noch im Rahmen der Feinspezifikation durchgeführt werden. Desgleichen sollten Effektivitätsanforderungen und im Zusammenhang damit zu verwendende Sprachen (in besonderen Fällen z. B. Assembler) präzisiert werden.

6.3.6 Softwareimplementierung

Nach der Planungs- oder Definitionsphase, zu der in den beiden vorangegangenen Abschnitten einige Anmerkungen gemacht wurden, beginnt die Realisierungsphase (Tabelle 6.1) mit der *Implementierung* der Software, also der Programmierung im engeren Sinne. Diese Phase wird methodisch im Prinzip gut beherrscht durch die Regeln der strukturierten Programmierung [6.20] und des Softwaremanagements (z. B. [6.22]).

In der Anfangszeit rechnergesteuerter Netzknoten wurden die Programme durchweg in der maschinennahen Assemblersprache geschrieben. Durch Einführung von „Makrobefehlen", die häufig vorkommende Befehlsfolgen zusammenfaßten, wurde der Programmierer entlastet und andererseits zur Einhaltung bestimmter Strukturregeln (Strukturmakros) gezwungen. Dann gingen die Systementwickler dazu über, „eigengemachte" höhere Programmiersprachen (Compilersprachen) anzuwenden, die eine Entlastung des Programmierers vom Hantieren mit Rechenregistern, bessere Prüfmöglichkeiten, eine bessere Festlegung von Daten und Schnittstellen und vor allen Dingen auch Unabhängigkeit von der jeweiligen Maschinen-Hardware (Portabilität) brachten.

Schließlich wurde vom CCITT aufgrund der Arbeiten einer internationalen Expertengruppe die herstellerneutrale *CCITT High level programming language* (CHILL) für alle Anwendungen in der Vermittlungstechnik empfohlen [6.23]. CHILL gehört zu den blockorientierten höheren Programmiersprachen wie z. B. auch ALGOL (1960), PL/1 (1967) oder PASCAL (1971), sie ist also *keine* „Telefonsprache" mit typisch vermittlungsorientierten Begriffen, demnach auch allgemein anwendbar, z. B. für sicherungstechnische und administrative Programme. Selbstverständlich können CHILL-Module mit Assemblermodulen oder mit durch andere Übersetzer erzeugten Modulen zusammengebunden werden. – Eine sehr gute Einführung in CHILL bietet [6.24].

7 Vermittlungssysteme

In den Abschnitten 3 bis 6 wurden im wesentlichen Funktionen und Komponenten in Netzknoten besprochen. Nunmehr sind als Gesamtheit dieser Komponenten *Vermittlungssysteme* an einigen konkreten Beispielen zu erläutern.

Vermittlungssysteme besitzen – wie schon mehrfach besprochen – den Hauptanteil der Netzintelligenz, sie ermöglichen die *Individualkommunikation,* indem sie Nachrichten zum gewünschten Partner „durchschleusen". Seit Anfang der 60er Jahre werden sie zunehmend mit „Rechnersteuerung" ausgerüstet, zunächst noch mit „analogen Koppeleinrichtungen". Aber auch die Planungen für vollelektronische, digitale Vermittlungssysteme reichen bis in die 60er Jahre zurück. Erste serienmäßig gefertigte digitale Vermittlungssysteme sind das französische System E10 (CIT-Alcatel) und das US-amerikanische System ESS4 (AT&T). E10 wurde aus dem Versuchssystem „Platon" der französischen CNET (Centre national d'Études des Télécommunications) entwickelt, es wird als Netzknoten mit vorgeschobenen analogen Konzentratoren in ländlichen Bezirken verwendet und ist seit 1970 im Einsatz, z. B. [7.1]. Ab 1976 wird ESS4 geliefert, ein großer Fernnetzknoten mit einer Anschlußkapazität von mehr als 100 000 Fernleitungen, z.B. [7.2]. Inzwischen haben alle größeren Fernmeldefirmen die digitale Vermittlungstechnik im Fertigungsprogramm.

Unter dem Leitgedanken dieses Buches ist es gerechtfertigt, hier ausschließlich digitale Vermittlungssysteme zu besprechen, wenngleich natürlich die überwältigende Mehrheit aller im Betrieb befindlichen Vermittlungssysteme analog und zumeist auch noch ohne Rechnersteuerung arbeitet. Rechnergesteuerte analoge Vermittlungssysteme sind z. B. in [4.4] ausführlich behandelt. Aus der Vielfalt digitaler Vermittlungskonzepte werden drei herausgegriffen: Zwei Systeme basieren auf dem Durchschalte- oder Kanalvermittlungsprinzip, eines auf dem Prinzip der Paketvermittlung. Eines der Systeme ist weitgehend dezentral gesteuert.

7.1 Das digitale Fernsprechvermittlungssystem EWSD

Das System EWSD (Elektronisches Wählsystem Digital, Federführung Siemens) ist ein rechnergesteuertes, volldigitales Vermittlungssystem für Orts- und Fernvermittlungen; das Größenspektrum reicht von kleinen bis zu großen Vermittlungsstellen [7.3]. Das System läßt sich in drei Bereiche gliedern (Bild 7.1):

Der *Anschlußbereich* setzt sich aus Anschlußgruppen LTG (line trunk group) zusammen, die dem Anschluß von Teilnehmer- und Verbindungsleitungen bzw. digitalen Multiplexsystemen dienen. Jede LTG besteht aus einem Kombinationsvielfach (mit voller Erreichbarkeit von Eingang zu Ausgang, vgl. Abschnitt 4.4), das einen Verkehrswert von etwa 100 Erl aufnehmen kann. Anschließbar sind entweder 256 Teilnehmer oder 128 Verbindungsleitungen, die über 128 Kanäle zur Koppeleinrichtung weiterverbunden werden. Die LTG werden im allgemeinen als „Ausfalleinheiten" undupliziert betrieben.

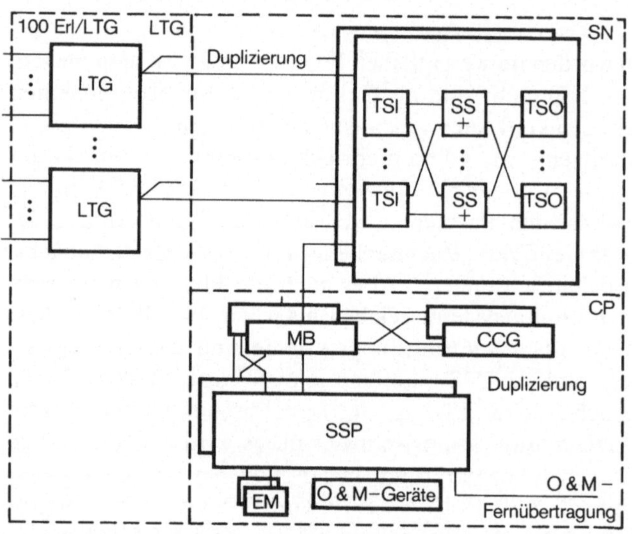

Bild 7.1. Systemstruktur EWSD. CCG zentraler Taktgenerator, EM Externspeicher, MB Nachrichtenverteiler, O&M Betrieb und Wartung, LTG Anschlußgruppen, SN Koppeleinrichtung, CP Zentralprozessor, SS Raumstufe, SSP Siemens switching processor, TSI Zeitstufe kommend, TSO Zeitstufe gehend

Die *Koppeleinrichtung* SN (switching network) besteht aus einer Zeit-Raum-Zeitstufen-Anordnung, die aus Sicherheitsgründen als ganzes dupliziert ist. Die 128 Kanäle aus jeder LTG werden doppelt gerichtet in einem 8,192-Mbit/s-Multiplex zu jeder der beiden Anordnungen geführt. Die Koppeleinrichtung arbeitet ebenfalls mit 8,192 Mbit/s.

Der *Zentralprozessor* CP (central processor) ist die übergeordnete und zusammenfassende Instanz für alle Vorgänge im System. Er hält alle übergreifenden Daten (z. B. Leitwegtabellen), speichert permanente Daten und ermöglicht die lokale oder Fernbedienung der Anlage. Der Zentralprozessor ist dupliziert. Die Steuerungswege zu den LTG verlaufen über die Koppeleinrichtung, wie Bild 7.2 noch deutlicher zeigt. Der Nachrichtenverteiler MB (message buffer) paßt die aus der Koppeleinrichtung kommenden seriellen Bitströme an die Rechnerschnittstelle an.

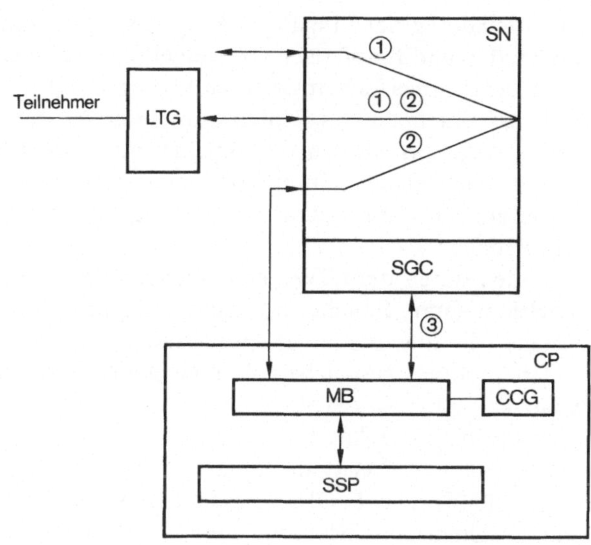

Bild 7.2. Kommunikationsbeziehungen über die Koppeleinrichtung. SGC Koppelgruppensteuerung (switch group control), ① Sprechwege, ② Steuerkanäle (vgl. Bild 7.3), ③ Einstellbefehle für die Koppeleinrichtung

7.1.1 Der Anschlußbereich

Angeschlossen werden können analoge oder digitale Teilnehmeranschlußleitungen, analoge Verbindungsleitungen in Zweidraht- oder Vierdrahtführung, digitale Multiplexgrundsysteme PCM 30 oder PCM 24, digitale Vorfeldeinrichtungen in Form von Multiplexern oder Konzentratoren. Die LTG lassen sich maximal – wie erwähnt – mit 256 Teilnehmern oder 128 Verbindungskanälen beschalten. Zu unterscheiden sind [7.4]:

- LTG A zum Anschluß analoger Leitungen. Die Analog/Digital-Umsetzung wird sprechkreisindividuell mit *Einzelkanalcodecs* vorgenommen.
- LTG B zum Anschluß von digitalen Grund-(Primär-) Übertragungssystemen PCM 30 oder PCM 24, maximal 8 Stück. Über derartige Multiplexsysteme können auch *Vorfeldeinrichtungen* (Konzentratoren, Multiplexer) angeschlossen werden, die eine Anzahl von Teilnehmeranschlüssen in Teilnehmernähe zusammenfassen.
- LTG C optimiert für den Anschluß von PCM-30-Übertragungsstrecken.
- LTG D für internationale, kanalgebundene Signalisierungsverfahren auf PCM-30-Übertragungsstrecken.

Zu den autark in den LTG abgewickelten vermittlungstechnischen Aufgaben gehören das Empfangen, Auswerten und Senden von kanalgebundener Signalisierung (Abschnitt 5.2), das Anlegen von Mikrophonspeisung, Rufsignalen, Hörtönen und die Analog/Digital-Umsetzung bei „analogen“ Anschlußleitungen. In Zusammenarbeit mit dem Bereich „Koppeleinrichtung“ (SN) geschieht die

Durchschaltung der Eingangs-/Ausgangskanäle und zusammen mit Bereich CP das Senden und Empfangen von Steuerungsnachrichten (Bild 7.1).

Im Bereich des Sicherns werden Fehler in der LTG festgestellt. Wesentlich ist auch das Erkennen von Fehlern innerhalb des durchgeschalteten Verbindungsweges sowie das Messen der Bitfehlerrate. Sind Fehler festgestellt worden, so wird die betroffene Leitung, ggf. auch die gesamte LTG gesperrt. Bestehende Verbindungen müssen dann zwangsausgelöst werden, es erfolgt Alarmmeldung zum Bereich CP.

Zu den durch die LTG unterstützten betriebstechnischen Aufgaben gehören Inbetriebnahme, Erweiterung, Entstörung und Prüfung der LTG. Der Betriebszustand (die Eigenschaften) leitungsindividueller Einrichtungen – z. B. Sperre – ist fernänderbar gespeichert. Verkehrsdaten können gesammelt und abgerufen werden.

Das Prinzip der Anschlußgruppe zeigt Bild 7.3. Die verwendeten Abkürzungen bedeuten: CRM Codeempfänger für MFC-Signalisierung, CRP Codeempfänger für Tastwahl, DIU Anschlußeinheit für digitale Übertragungssysteme, DLC Datenaustauschsteuerung, GCG Taktgenerator, GS Gruppenkoppler, LIU Linkschnittstelle zur Koppeleinrichtung SN, LTU Anschlußeinheit für analoge

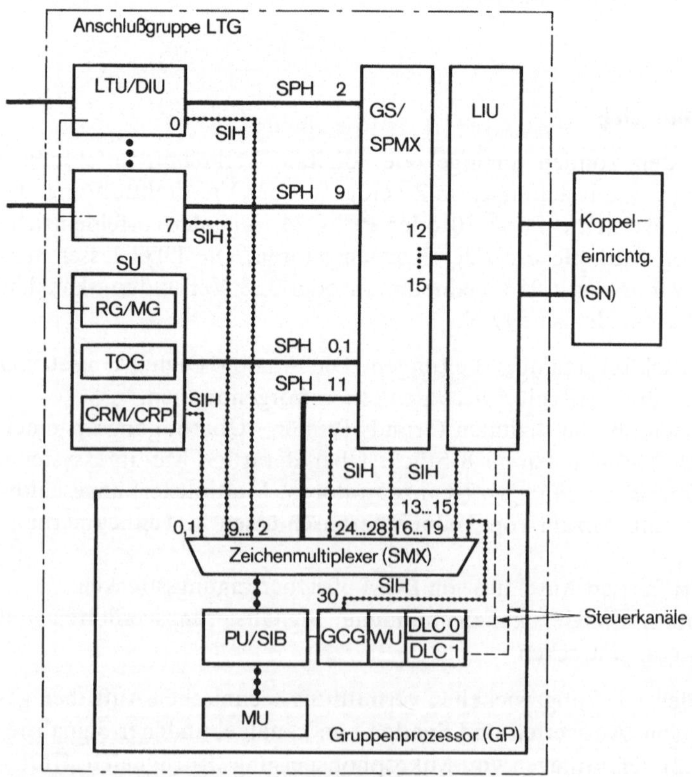

Bild 7.3. Prinzip der Anschlußgruppe LTG. (Erläuterungen im Text). ••• Signalwege, — Sprechwegmultiplex, - - - Steuerkanäle

Leitungen, MG Zählimpulsgenerator, MU Speichereinheit, PU Verarbeitungseinheit, RG Rufstromgenerator, SIB Zeichenpuffer, SIH Signalweg, SPH Sprachweg, SPMX Sprachmultiplexer, SU Signaleinheit, TOG Tongenerator, WU Überwachungseinheit.

Einige Angaben zu den Komponenten des Gruppenprozessors GP: Der Arbeitsspeicher in der MU umfaßt 96 kByte für Programm und Daten. PU/SIB enthält den Mikroprozessorbaustein MCS 8085. SMX übernimmt die in Bild 6.18 (bzw. Bild 6.14) gezeigte Coder/Decoder-Funktion: Mit dem Zeichenpuffer SIB werden die Zeichen über einen 2,048-Mbit/s-Signalweg ausgetauscht, dagegen geschieht der Zeichenaustausch mit maximal 1024 peripheren Einrichtungen über 32 Kanäle mit einer Bitrate von je 64 kbit/s, je 64-kbit/s-Kanal (SIH) werden 32 Einrichtungen adressiert. Alle 4 ms steht also in jeder Richtung 1 Byte je Einrichtung zur Verfügung.

Die Kanäle SIH werden in folgender Weise vergeben: Kanäle 0 bis 9 stehen für die Anschlußeinheiten SU, LTU bzw. DIU zur Verfügung, Kanäle 13 bis 15 dienen der Steuerung der Linkschnittstelle LIU, über Kanäle 16 bis 19 wird der Gruppenkoppler gesteuert, Kanäle 24 bis 28 sind zur Prüfung von Gruppenkoppler und Koppeleinrichtung vorgesehen, Kanal 30 schließlich dient der Steuerung und Prüfung des Taktgenerators.

Der Zeichenpuffer SIB enthält für Ein- bzw. Ausgabe je 1024 Byte Pufferplatz, für jede Einrichtung also 2 · 1 Byte. Der Ausgabepuffer wird im Zyklus von 4 ms über SMX in Richtung Peripherie ausgelesen. Umgekehrt nimmt der Eingabepuffer im selben Zyklus je Einrichtung 1 Byte auf, das er mit dem im Eingabespeicher stehenden Inhalt des vorigen Abfragezyklus vergleicht (*last look* [4.4]). Nur wenn sich eine Änderung gegenüber dem vorhergehenden Wert ergibt, gelangt die geänderte Information byteweise in einen FIFO-Speicher (first in – first out) zur Weitergabe an die Verarbeitungseinheit PU.

Der Taktgenerator GCG (group clock generator) mit einer Taktfrequenz um 16 MHz wird über die „Linkschnittstelle zur Koppeleinrichtung" LIU mit dem Takt um 8 MHz der Koppeleinrichtung SN synchronisiert. Die Überwachungseinheit WU (watchdog unit) enthält zwei Zeitglieder, die den Programmablauf im Gruppenprozessor GP kontrollieren. Werden diese 10-ms-Zeitglieder nicht mehr durch das Programm (durch die Unterbrechungsroutine) zurückgesetzt, veranlaßt der Zentralprozessor CP ein „Neuladen" des GP der betreffenden Anschlußgruppe.

Die DLC-(data link control)-Steuerung übernimmt den Austausch von Steuerungsnachrichten zwischen Anschlußgruppe LTG und Zentralprozessor CP über die LIU mit zwei 64-kbit/s-Steuerkanälen (vgl. Bild 7.2). Der Nachrichtenaustausch erfolgt mittels HDLC (high level data link control)-Prozeduren, vgl. Abschnitt 5.4.

Die Anschlußeinheit LTU (line trunk unit) für analoge Leitungen paßt die analog betriebenen Leitungen an die systeminterne digitale Schnittstelle an. Eine LTU umfaßt bis zu 32 Teilnehmerleitungen oder 12 bzw. 16 Verbindungsleitungen. Eine LTG enthält bis zu 8 LTU. Eine LTU ist jeweils einem Leitungstyp zugeordnet, auf *einer* Baugruppe sind z. B. 4 Verbindungsleitungsanschlüsse unterzubringen. Innerhalb der LTU werden folgende Aufgaben abgewickelt:

Empfangen und Senden der Teilnehmersignalisierung (Leitungszeichen), Anlegen von Ruf- bzw. Speisespannung an die Teilnehmerleitung, Analog/Digital-Umsetzung der Sprachsignale (und umgekehrt), Multiplexen der Digitalsignale der einzelnen Kanäle zu einem 2,048-Mbit/s-Bitstrom, der über Leitung SPH dem Gruppenkoppler GS zugeführt wird und umgekehrt. Auf Sonderbaugruppen können Zusatzfunktionen realisiert werden wie Gebührenübermittlung zum Teilnehmer, Anpassungen für Zweieranschlüsse usw.

Ein weiterer Anschlußeinheittyp ist die DIU (digital interface unit) für den Anschluß eines digitalen Multiplexübertragungssystems, z. B. PCM 30. Sie hat folgende Aufgaben: Aufsynchronisieren auf den von der Strecke angebotenen Kanalrahmen (Bild 2.12), Anpassung an den internen Pulsrahmen, Austauschen der im 16. Kanal übertragenen Kennzeichen mit dem Gruppenprozessor GP, Überwachung des angeschlossenen Übertragungssystems und Weiterführung aller Kanäle auf einer 2,048-Mbit/s-Leitung SPH zum Gruppenkoppler GS (bzw. SPMX).

Von anderen Anschlußeinheiten sei noch die Signaleinheit SU (signaling unit) erwähnt. Sie enthält die Generatoren für Rufspannung (RG) und Gebührenimpulse (MG), die ihre Sendespannungen über ein eigenes Leitungsvielfach an die LTU verteilen. Außerdem gibt es in der SU digitale Generatoren (TOG), die Hörtöne (Wählton, Freiton, Besetztton usw.) sowie die Signalfrequenzen für die Mehrfrequenzcode (MFC)-Wahl als PCM-Signale erzeugen, die über den Gruppenkoppler GS zum jeweiligen Anschlußkanal vermittelt werden. Schließlich enthält SU die digitalen Codeempfänger CRM und CRP, die MFV-Tastwahl des Teilnehmers und MFC-Wahl aus anderen Netzknoten aufnehmen. Darüberhinaus hat SU Prüf- und Überwachungsaufgaben wahrzunehmen.

Für vielfältige Koppelaufgaben innerhalb der LTG ist der Gruppenkoppler GS (group switch) vorgesehen. Er besteht aus einem Kombinationsvielfach (Abschnitt 4.4) mit 16 2,048-Mbit/s-Multiplex-Leitungsanschlüssen 0 bis 15, die in der im Bild angegebenen Weise beschaltet werden. Das Kombinationsvielfach kann alle $16 \cdot 32 = 512$ Kanäle über 512 Zeitlagen blockierungsfrei miteinander verbinden. $4 \cdot 32 = 128$ Kanäle, von denen 127 mit Nutzinformation (z. B. Sprache) belegt werden können, sind weiterführend über LIU mit der Koppeleinrichtung SN verbunden, wobei die vier Multiplex-Leitungsanschlüsse am GS zu einer 8,192-Mbit/s-Multiplexleitung zusammengefaßt werden. Weiterhin sind besonders erwähnenswert zwei Leitungen (also 64 Kanäle) für Tonanschaltung und Wahlempfang und eine Leitung zum Zeichenmultiplexer SMX, über die die Prüfung von Gruppenkoppler GS und Koppeleinrichtung SN möglich ist.

In Anschlußgruppen, die nur PCM-Grundsysteme (z. B. PCM 30) aufnehmen, wird statt des Gruppenkopplers GS ein vereinfachter Sprachmultiplexer SPMX verwendet. Dieser hat nur maximal 14 beschaltete Multiplex-Leitungsanschlüsse und ermöglicht damit das blockierungsfreie Vermitteln von 448 Kanälen.

Die bereits mehrfach erwähnte Linkschnittstelle LIU setzt die vom Gruppenkoppler GS kommende 8-Mbit/s-Multiplexleitung auf zwei parallele 8-Mbit/s-Multiplexleitungen in Richtung zur gedoppelten Koppeleinrichtung SN um. Weiterhin werden die mit der DLC-Steuerung verbundenen 64-kbit/s-Steuerkanäle jeweils auf Kanal 0 dieser beiden 8-Mbit/s-Multiplexleitungen ein- oder ausgeblendet, so daß die Führung der Steuerkanäle in SN entsprechend Bild 7.2 ② möglich ist. Darüber hinaus wird die Wegedurchschaltung durch Einfügen und Empfangen von Testmustern, die im Gruppenkoppler GS gespiegelt werden, geprüft; auf Befehl des Gruppenprozessors erfolgt eine Messung der Bitfehlerrate je Kanal.

Einige Angaben noch zur Software des Gruppenprozessors GP. Unterschieden wird dabei zwischen GP-Betriebssystem und GP-Anwendersoftware. Das GP-Betriebssystem enthält eine *Echtzeitebene* (Abfrage von Eingabepuffern, Unterbrechungen zum Informationsaustausch mit dem Zentralprozessor CP), eine *Startebene* (Urladen des Programms, Initialisieren des Programms durch Überführen in einen definierten Ausgangszustand) und eine *Bearbeitungsebene,* in der – nach Prioritäten geordnet – Routinen ablaufen wie Sicherungstechnik, Aussenden von Wahlziffern, Zeitgliedbearbeitung, Erteilung von Aufträgen an die Anwendersoftware usw.

In der Anwendersoftware werden die aufgerufenen Aufträge ausgeführt. Im wesentlichen handelt es sich dabei um Übergänge in andere Zustände, wie in Abschnitt 6.1.4 erläutert. Der Speicher des GP wird hierzu eingeteilt in:

- Programmspeicher. Er steht unter Schreibschutz und enthält Programme und Tabellen wie Beschaltungsdaten (Anfangsadressen von anwendungsfall-spezifischen Tabellen) und die Zustands-Anreiz-Tabelle (entsprechend der Zustandsbewertung in Bild 6.22).
- Semipermanenter Datenspeicher. Seine Daten können vom Zentralprozessor geändert werden; er führt Angaben zu Gerätetypen, Berechtigungen, vermittlungsspezifischen Daten, Zonentabellen. Im Sinne von Abschnitt 6.1.4 handelt es sich also um *Eigenschaften.*
- Transienter Datenspeicher. Er arbeitet ohne Schreibschutz und enthält den *Gerätespeicher* mit Angaben zu Gerätetyp, Anschlußlage, Zustand, Verbindungsdaten (vgl. Datenstruktur Bild 6.19) – den *Verbindungsspeicher,* der dem Gerätespeicher zugeordnet wird und der z. B. die Wahlziffern speichert – und *Warteschlangen* zum Zwischenspeichern von Aufträgen.

7.1.2 Die Koppeleinrichtung

Struktur und Ausbaustufen der einzelnen Koppeleinrichtung SN zeigt Bild 7.4 [7.5]. Es handelt sich um eine Zeit-Raum-Zeitstufen-Anordnung. Im Gegensatz zur Darstellung des Bildes 4.27 mit *einem* zentralen Raumlagenvielfach (k Eingänge und k Ausgänge) wird hier jedoch die Raumstufe in 4 Raumlagenvielfache (je n Eingänge und n Ausgänge) aufgeteilt. Der Grund liegt darin, daß damit zwischen Raum- und Zeitstufe einheitlich Verbindungskabel für 120 Kanäle mit 8,192 Mbit/s verlegt werden können, was technisch und konstruktiv einfach zu beherrschen ist. Die Kombinationsvielfache der Zeitstufen werden mit jeweils 4 der von/zu den LTG geführten 8,192-Mbit/s-Ströme verbunden, d. h., je 4 LTG sind an *einem* Kombinationsvielfach der SN-Zeitstufen angeschlossen. Jedes Kombinationsvielfach kann 512 Eingangskanäle zu 512 Ausgangskanälen verlustfrei in Paralleldurchschaltung vermitteln, die Durchsatzrate *eines* Kombinationsvielfachs beträgt damit 32,768 Mbit/s. (Dies sollte man sich im Vergleich zu Paketvermittlungsknoten vor Augen halten! Vgl. Abschnitt 8.1.2.)

Im allgemeinen sind die zu vermittelnden Verbindungen doppelt gerichtet, es müssen also „Duplexverbindungen“ hergestellt werden. Dies geschieht im „combined switching mode“ entsprechend Bild 4.24a. Die zur Duplexverbindung zusammenzusetzenden beiden Simplexverbindungen benutzen im Regelfall dasselbe Raumlagenvielfach und dieselbe Zeitlage. Diese Vorschrift wird nur dann nicht eingehalten, wenn die Verbindung innerhalb derselben LTG-Vierergruppe verbleibt.

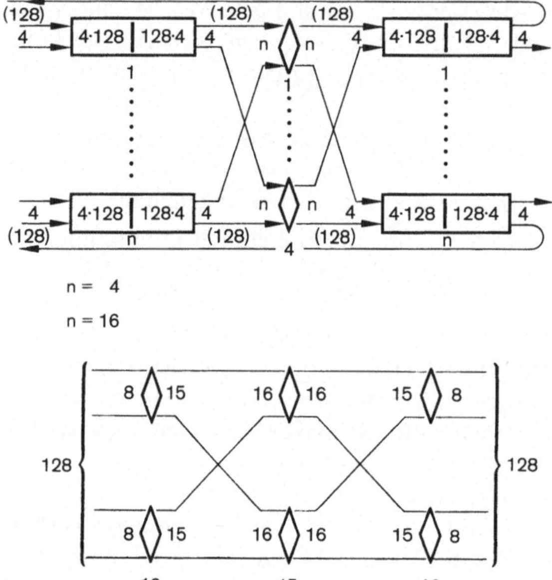

Bild 7.4. Koppelanordnung SN

Ein generelles Problem besteht darin, Koppeleinrichtungen kontinuierlich zu erweitern, ohne vorhandene Beschaltungen *ändern* zu müssen. Diese Aufgabe wird hier dadurch gelöst, daß man in der Raumstufe den zu erwartenden Endausbau vorleistet. Das ist wegen des geringen Aufwandes digitaler Raumstufen ohne weiteres möglich. Dementsprechend gibt es – entsprechend dem geplanten Endausbau – Ausbaustufen mit (Bild 7.4) $n = 4$ (maximal 15 LTG entsprechend etwa 2000 anschließbaren Teilnehmern, Kurzbezeichnung „DE 3“), $n = 16$ (maximal 63 LTG entsprechend etwa 12 000 anschließbaren Teilnehmern, Kurzbezeichnung „DE 4“) und $n = 128$ (maximal 504 LTG entsprechend etwa 60 000 Verbindungsleitungen, Kurzbezeichnung „DE 5“). Im Fall der Ausbaustufe $n = 128$ wird das einstufige Raumlagenvielfach nach Clos (Bild 4.7) in eine gleichwertige dreistufige Anordnung aufgelöst, um die Koppelpunktzahl zu reduzieren. Auf diese Weise nimmt die Raumstufe sogar für $n = 128$ nur *einen* Baugruppenrahmen ein!

Wie bereits erwähnt, wird jede LTG mit jeder der duplizierten Koppeleinrichtungen SN über ein Kabel mit 8,192-Mbit/s-Schnittstelle verbunden. Das ist aber auch die *einzige* erforderliche Verbindung, so daß sich eine Systemerweiterung sehr einfach durch Zuschalten von LTG ergibt, ohne daß die bestehende Verkabelung geändert werden muß. Auch die Steuerkanäle der LTG werden in dieser Weise zugefügt und semipermanent über die Koppeleinrichtung SN zum Nachrichtenverteiler MP im Zentralprozessor CP geschaltet (Bild 7.2).

Die Steuerung der Koppeleinrichtung erfolgt durch Mikroprozessoren (MCS 8085). Bis zur Ausbaustufe $n = 16$ (DE 4) reicht ein einziger Mikroprozessor aus. Steuerungsaufgabe ist das Umsetzen der vom Zentralprozessor CP gesendeten Einstelldaten in Steueranweisungen für die Koppeleinrichtung. Im Zusammenhang damit wird jeder Einstellvorgang auf richtige Ausführung kontrolliert, alle zentralen Funktionsteile werden darüber hinaus ständig überwacht. Ergänzt wird der Mikroprozessor durch einen „Hardwareeinsteller“, der die vom Mikroprozessor ausgegebenen Steueranweisungen zeitgerecht in die Haltespeicher einschreibt.

Die Koppeleinrichtung verfügt über einen eigenen Quarzoszillator zur Taktversorgung, der von einem zentralen Taktgenerator über den Nachrichtenverteiler synchronisiert wird. Alle Verbindungen werden gleichzeitig über beide Teile der duplizierten Koppeleinrichtung durchgeschaltet. Bei Störungen steht der zweite, redundante Sprechweg sofort zur Verfügung. Erweiterungen und Austausch defekter Baugruppen lassen sich damit ebenfalls vornehmen, ohne daß der Betrieb im jeweils nicht betroffenen Teil der duplizierten Koppeleinrichtung beeinträchtigt wird.

7.1.3 Der Zentralprozessor

Für die zentrale Steuerung stehen Vermittlungsrechner der Reihe SSP (Siemens Switching Prozessor) für verschiedene Leistungsbereiche zur Verfügung [7.6]. Der SSP 103 befindet sich seit 1979 im Einsatz. Er arbeitet nach dem Prinzip des mikrosynchronen Parallellaufs zweier Rechnerhälften (Abschnitt 6.2.3), seine mittlere Operationszeit beträgt 2,5 µs bei einer Verarbeitungsbreite von 4 Byte. Er ist für den Einsatz in mittleren und großen Vermittlungsstellen geeignet. Eine ergänzende Weiterentwicklung insbesondere in Hinblick auf digitale Vermittlungsstellen ist der SSP 103 D mit zusätzlichem Anschluß einer Plattensteuerung und eigenen Eingabe/Ausgabe-Prozessoren für die vermittlungstechnische Peripherie.

An dieser Stelle soll jedoch der neu entwickelte SSP 112 D näher besprochen werden, der als Multi-Mikrorechner/Prozessor-System mit Mikroprozessoren SAB 8086, zugehörigen Bausteinen dieser 16-bit-Mikroprozessorfamilie und 64-kbit/s-Speicherbausteinen ausgerüstet ist. Hier wird der mikrosynchrone Parallelauf zu Gunsten einer „Stand-by“-Duplizierung verlassen, d. h. das Ersatzgerät steht zur jederzeitigen Betriebsübernahme bereit. Bei einer mittleren Operationszeit von 3 bis 4 µs und „nur“ 2-Byte-Verarbeitungsbreite erreicht er etwa 1/3 der Leistung des größeren Typs SSP 103 D, er ist damit für den Einsatz in kleinen und mittelgroßen Vermittlungsstellen geeignet.

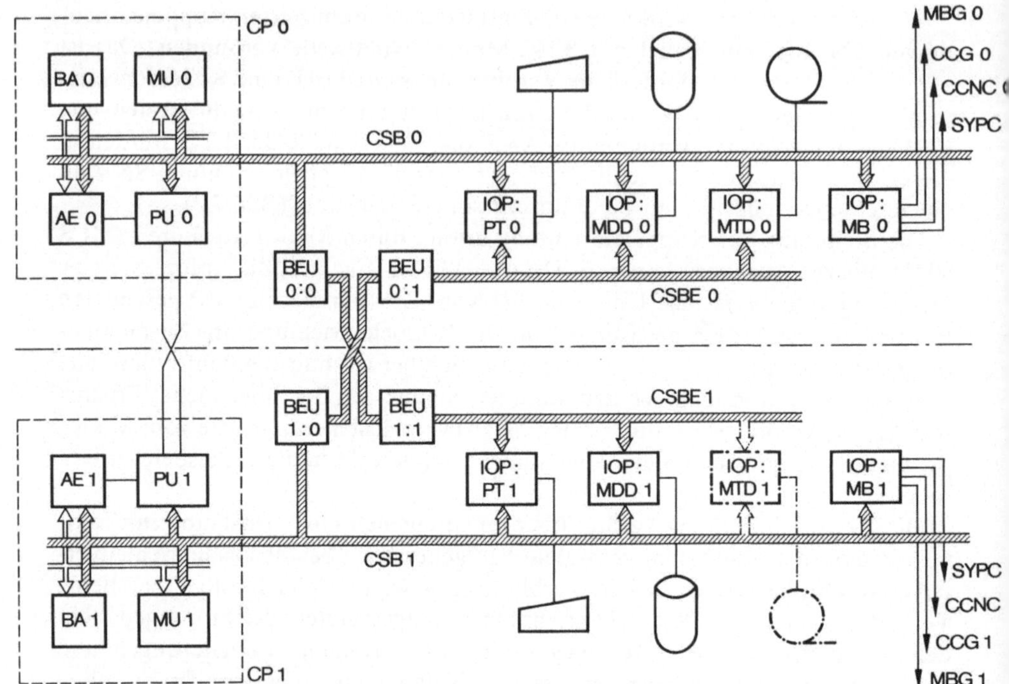

Bild 7.5. Zentralprozessor CP

Die Struktur des SSP 112 D erläutert Bild 7.5. Die Indizes „0“ und „1“ bzeichnen die Zugehörigkeit zur jeweiligen Systemhälfte. CP (im engeren Sinne) spricht als zusammenhängende, synchron arbeitende Einheit folgende Komponenten an: die zentrale Verarbeitungseinheit PU (processing unit), die Adreßerweiterung AE für Speicherkapazitäten über 1 MByte hinaus, den Hauptspeicher MU (memory unit) mit einer Kapazität bis zu 4 MByte, über den auch die Kommunikation zwischen PU und IOP erfolgt, und schließlich den zentralen Buszuteiler BA (bus arbiter) für den Zugriff zum Speicher nach vorgegebenen Prioritäten.

Der zentrale Systembus CSB (central system bus) dient der Zusammenarbeit zwischen dem CP und den dazu asynchron arbeitenden Eingabe/Ausgabe-Prozessoren IOP (input-output processor). Die IOP ermöglichen den Anschluß von Geräten der Datenperipherie, nämlich des Printer Terminals PT als druckendes Dialoggerät für die Mensch-Maschine-Kommunikation, des Festplattenspeichers MDD (magnetic disk device), aus dem Programme und Festdaten im Notfall abgerufen werden können („back-up“ des Anlagenprogrammsystems), und des Bandgeräts MTD (magnetic tape device) zur Eingabe von Änderungsdaten, Meßwerterfassung, Ausgabe von Gebührendaten usw. Alle Einheiten dieser Datenperipherie sind von jeder CP-Hälfte „0“ oder „1“ aus erreichbar (eines der Bandgeräte MTD kann auch entfallen – gestrichelt gezeichnet). Zur elektrischen Entkoppelung dienen Buserweiterungseinheiten BEU (bus extension units). Es können also auf der einen Seite CP, auf der anderen Seite ein oder mehrere IOP gestört sein, ohne daß das Gesamtsystem ausfällt.

Den Verkehr mit den vermittlungstechnischen Einheiten wickelt der Eingabe/ Ausgabe-Prozessor MB (message buffer) ab. Er ist verbunden mit der zentralen Nachrichtenverteilergruppe MBG (message buffer group, entspricht MB in Bild 7.1), dem zentralen Taktgenerator CCG (central clock generator), der Steuerung für zentrale Zeichenkanäle CCNC (common channel network control) und der zentralen Steuerung für die Anzeige von Betriebszustand und Betriebsverhalten der Vermittlungsstelle SYPC (system panel control).

Wie bereits erwähnt, arbeitet der Zentralprozessor im „Hot stand-by" Modus. Jeweils eine CP-Hälfte ist also auf „führend" geschaltet und steuert den gesamten Vermittlungsverkehr, während die andere Hälfte funktionsbereit ist, sich aber passiv verhält. Bei Führungswechsel werden die Daten der bestehenden Verbindungen von der vorher aktiven zur bisher passiven Seite überspielt. Die Funktionsbereitschaft der passiven Seite wird durch ständig ablaufende Testprogramme geprüft, alle 24 h erfolgt eine routinemäßige Umschaltung vom passiven in den aktiven Zustand. Die Überwachung des aktiven Betriebs geschieht durch Plausibilitätskontrollen und ein Zeitglied („watchdog"), das durch laufende Programme zurückgesetzt werden muß. Störungen in Hardware und Software werden in Alarmregistern der jeweils anderen Rechnerhälfte angezeigt (Auskreuzung zwischen PU_0 und PU_1 in Bild 7.5). Die Daten des Hauptspeichers MU sind durch einen einfache Fehler korrigierenden, mehrfache Fehler erkennenden Code gesichert.

7.1.4 Funktionsverteilung und Verbindungsaufbau

Die Funktionen des Gruppenprozessors sind in Tabelle 7.1, die des Zentralprozessors in Tabelle 7.2 in großen Zügen zusammengestellt. Ein Verbindungsaufbau läuft demnach etwa in folgender Weise ab (Bild 7.1) [7.3, 7.7]:

Das „Aushängen des Handapparates" wird vom teilnehmerindividuellen Teilnehmersatz erkannt und dem zugehörigen Gruppenprozessor GP gemeldet. Der Gruppenprozessor hat die Eigenschaften der an seiner Anschlußgruppe angeschlossenen Teilnehmer gespeichert und fragt nun die des betreffenden Teilneh-

Tabelle 7.1. Funktionen des Gruppenprozessors GP

Vermittlungstechnische Aufgaben	Scanning Steuern der Anschlußsätze und Gruppenkoppler Steuern der Signalisierung Durchführen von Zeitfunktionen, die den Verbindungen direkt zuzuordnen sind (z. B. Überwachung, Zählung) Umwandeln externer Leitungskennzeichen in interne standardisierte Meldungen für den Zentralprozessor und umgekehrt
Sicherungstechnische Aufgaben	Durchführen von Routineprüfungen bei Teilnehmer- und Leitungssätzen, Codegeneratoren und Codeempfängern Überwachen der Koppelnetzfunktionen: Durchgangsprüfung, Überwachen der Meldungen zum und vom Zentralprozessor

Tabelle 7.2. Funktionen des Zentralprozessors CP

Vermittlungstechnische Aufgaben	Auswertung und Erzeugen von Meldungen der Anschlußgruppen Ziffernbewertung für Richtungsauswahl und Verzonung Wegsuche
Betriebs- und wartungstechnische Aufgaben	Mensch-Maschine-Kommunikation Einrichtungen und Aufheben von Teilnehmeranschlüssen Ändern von Bündelzuordnungen Auslesen von Gebührendaten Protokollieren von Verkehrsmeßdaten Prüfen, Fehlerdiagnose
Sicherungstechnische Aufgaben	Lokalisieren und Sperren von fehlerhaften Geräten Ersatzschaltung Recovery

mers ab. Es möge sich um einen Teilnehmer mit Tastenwahl handeln. Deshalb verbindet der Gruppenprozessor den Anschluß mit dem Wähltongenerator TOG und dem Ziffernempfänger CRP (Bild 7.3). Der Gruppenprozessor analysiert aufgrund der ersten gewählten Ziffern, ob die Verbindung in der eigenen Vermittlungsstelle bleiben oder in eine andere Richtung vermittelt werden soll. Sodann nimmt er über die Koppeleinrichtung SN Verbindung mit dem Zentralprozessor auf und teilt diesem die für die Weiterarbeit erforderlichen Wählziffern mit. Der Zentralprozessor sucht nun einen freien Weg durch die Koppeleinrichtung SN und informiert den Gruppenprozessor des gerufenen Teilnehmers. Dieser Gruppenprozessor schaltet in seinem Anschlußbereich durch und legt dann Rufton (TOG) zum Rufenden und Rufstrom (RG, beides Bild 7.3) zum Gerufenen an. Antwortet der gerufene Teilnehmer, so werden Rufstrom und Rufton abgeschaltet, – die Verbindung ist hergestellt.

7.2 Das digitale Fernsprechvermittlungssystem 1240

Das System 1240, kurz auch „System 12“ genannt, ist wichtigstes Mitglied einer Familie digitaler Vermittlungen, die von der ITT (International Telephone and Telegraph Corporation) entwickelt wurde [7.8]. Es ist mit einer weitgehend verteilten Steuerung ausgerüstet und soll deshalb näher erläutert werden.

7.2.1 Blockbild und Übersicht

Nach Bild 7.6 besteht System 1240 aus einer Hauptkoppeleinrichtung mit daran angeschlossenen Anschlußgruppen und -modulen [7.9, 7.10]. Beispiele für solche Gruppen und Module sind:

- Teilnehmeranschlußgruppen für $8 \cdot 60 = 480$ Analogteilnehmer,
- Verbindungsleitungsgruppen für $4 \cdot 30 = 120$ Verbindungsleitungen,

- Anschlußmodule für Dienstsätze (Tastwahlempfänger, MFC-Sender/Empfänger usw.),
- Funktionssteuerungseinheiten CE (control elements),

weiterhin die im Bild nicht gezeigten Module:

- Reservesteuerungseinheiten CE,
- Anschlußmodule für zentrale Zeichenkanäle,
- Anschlußmodule für Takt- und Tongenerierung,
- Module für den Anschluß von Vermittlungsplätzen,

usw.

Steuerungstechnisch ist System 12 ein Multimikrocomputersystem. Seine Computer sind nicht über Bussysteme sondern über die Hauptkoppeleinrichtung miteinander verbunden, und zwar ständig (semipermanent) oder nur fallweise bei Bedarf. Die Computer gliedern sich in mehrere Ebenen einer Steuerungshierarchie: In die niedrigste Ebene 4 werden *terminal control elements* (TCE) eingeordnet. Sie sind für je 60 Teilnehmeranschlüsse bzw. 30 Verbindungsleitungsanschlüsse vorgesehen, führen Eigensteuerungs- und Signalisierungsfunktionen durch und bilden undupliziert jeweils eine Ausfalleinheit. In Ebene 3 finden sich *Funktionssteuereinheiten* ACS (auxiliary CE) für die Verbindungsablaufsteuerung (call handling). Eine ACE wird jeweils 8 TCE zugeordnet. Wenn eine ACE ausfällt, wird Aushilfe aus einem Pool von Reserve-ACE beschafft und über die

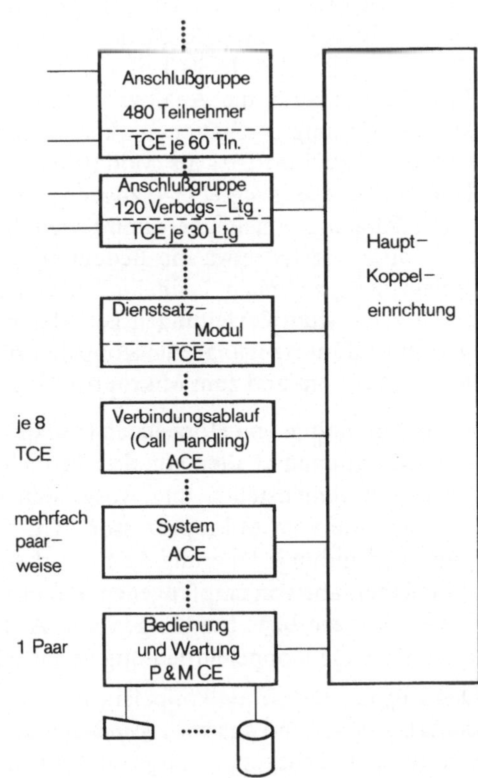

Bild 7.6. Blockbild und Steuerungshierarchie im System 1240. CE control element, TCE terminal CE, ACE auxiliary CE, P & M peripheral & maintenance

Hauptkoppeleinrichtung zugeschaltet (Bild 6.13). Die für die Steuerungsfunktionen notwendigen Daten werden aus dem – noch zu besprechenden – Anschlußmodul für Bedienung und Wartung (P&M CE: peripheral and maintenance control element) überspielt (Initialisierung).

Die Ebene 2 besteht aus Funktionssteuereinheiten ACE (system ACE), die zentrale Systemdaten führen wie Umwertungstabellen, Richtungszuordnungen der Leitungen (für die Ausgangssuche) usw. Diese ACE sind paarweise vorhanden, so daß bei Ausfall einer Einheit der Betrieb unterbrechungsfrei weitergeführt werden kann. Die ausgefallene Einheit wird durch eine Reserveeinheit ersetzt, die durch P&M CE mit den notwendigen Programmen und Daten versorgt wird. Dieses P&M CE belegt die Ebene 1 der Steuerungshierarchie. Es ist als 1 Paar vorhanden und arbeitet teilweise im „Load sharing"-Betrieb, teilweise auf der Basis „aktive Steuerung" – „betriebsbereite Stand-by-Steuerung" (updated stand-by). Im letzten Fall wird die Stand-by-Steuerung durch die aktive Steuerung mit den aktuellen Daten versorgt. Die P&M CE halten Hintergrunddaten in einem Plattenspeicher bereit, ermöglichen den Mensch-Maschine-Dialog, sperren fehlerhafte CE, aktivieren Reserve-CE usw. Sie sind jedoch nicht unmittelbar an der Steuerung der Vermittlungsvorgänge beteiligt.

7.2.2 Die Teilnehmeranschlußgruppe

Als Beispiel für die an die Hauptkoppeleinrichtung angeschlossenen Module soll die häufig vorkommende *Teilnehmeranschlußgruppe* näher betrachtet werden (Bild 7.7) [7.9, 7.11]. Je 30 Teilnehmersätze LC, die bei analog angeschlossenen Teilnehmern auch die Analog/Digital-Umsetzung enthalten, werden auf eine Multiplexleitung geschaltet (stark ausgezogen). Je 60 Teilnehmer bilden ein Anschlußmodul; ihnen ist als Modulsteuereinheit ein steuernder Mikroprozessor TCE und eine *Zugangseinheit* zugeordnet.

Die Zugangseinheit übernimmt vielfältige Schalt- und spezielle Steuerungsfunktionen, sie hat etwa die Bedeutung eines „multiplex ausgenutzten Verbindungssatzes" zwischen Teilnehmersätzen und Koppeleinrichtung. Sie setzt den durch zwei Multiplexleitungen gebildeten Zugang von 2 · 30 Teilnehmersätzen in zwei Multiplexzugänge zur Koppeleinrichtung um. Über sie erfolgt außerdem der Zugang vom und zum Mikroprozessor TCE. Weitere Aufgaben sind:

- das Anschalten von Hörzeichen (Tönen) an die Teilnehmeranschlußkanäle;
- das Zusammenschalten von drei Teilnehmern zu einer Konferenz;
- das Zusammenstellen und Aussenden von Paketen aus Steuerungsinformationen, die vom Mikroprozessor TCE für andere Mikroprozessoren, z. B. für die Verbindungssteuerung ACE, erarbeitet wurden;
- die Übergabe von empfangenen Steuerungspaketen an TCE;
- das Zusetzen bzw. Empfangen und Auswerten von Bits zur Paritätssicherung der über die Koppeleinrichtung vermittelten Nutzinformation (z. B. Sprache).

Der Zugang zur *Haupt*koppeleinrichtung erfolgt über die Zugangskoppeleinrichtung, bestehend aus zwei *Koppelnetzbausteinen,* die unabhängig voneinander den aus acht Teilgruppen zu je 60 Teilnehmersätzen entstehenden Summenver-

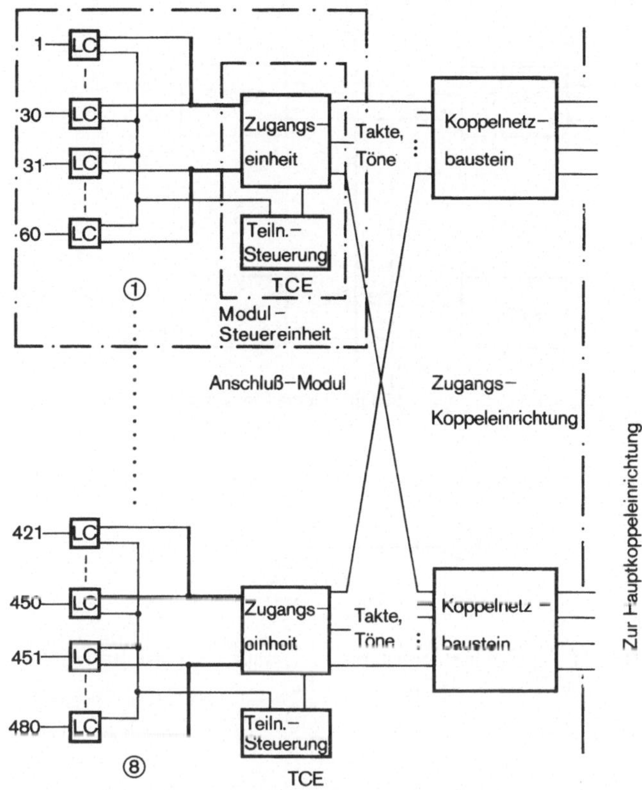

Bild 7.7. Blockbild der Anschlußgruppe für 480 Teilnehmer. LC Teilnehmersatz, TCE Terminalsteuereinheit

kehr (ankommenden und abgehenden Verkehr) aufnehmen und weitergeben. Auf diese Weise entstehen Teilnehmergruppen aus 480 Teilnehmern.

7.2.3 Der Koppelnetzbaustein

Der zuvor erwähnte Koppelnetzbaustein [7.9, 7.12] bildet den einheitlichen Grundbaustein im Sinne eines sehr großen Kopplers (Abschnitt 4.2.1) oder Koppelvielfachs (Abschnitt 4.2.2), aus dem alle Koppeleinrichtungen zusammengesetzt werden (Abschnitt 7.2.4). Der Koppelnetzbaustein ist ein Kombinationsvielfach, das sich nach Bild 7.8 aus 16 identischen Portbausteinen SWP (switch port) zusammensetzt, die über ein breites internes Bussystem miteinander verbunden sind. Die Durchschaltung geschieht *parallel* (Abschnitt 4.4), auf dem Bus werden 16 Leitungen für die durchzureichenden Nachrichten (Abschnitt 7.2.5) und 23 Leitungen für die interne Steuerung belegt. Wort- und Haltespeicher (Wegespeicher) sind auf die Portbausteine SWP verteilt; die – hier nicht gezeigte – Taktversorgung erfolgt durch zwei zentrale Takte. *Jedem* SWP wird der interne Bus für den Übertrag der Nutzdaten in jeder Kanalzeit von (125 µs : 32 =)

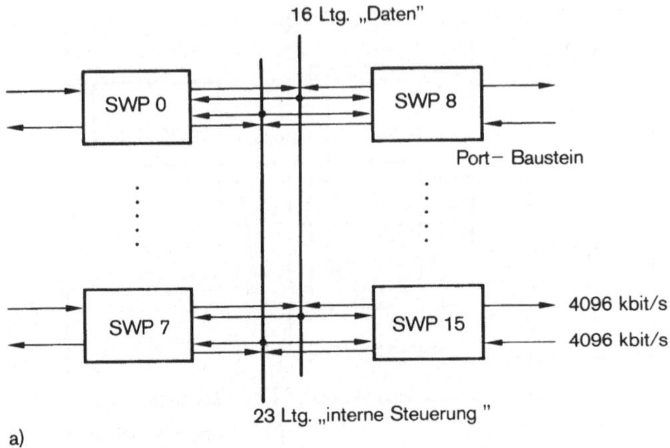

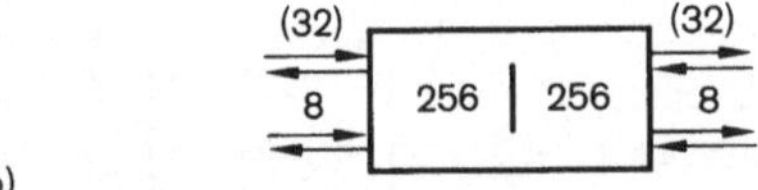

Bild 7.8. Koppelnetzbaustein. **a)** technische Ausführung, SWP switch port (LSI-Schaltkreis); **b)** Kurzsymbol nach Bild 4.23

3,91 μs *einmal* zur Verfügung gestellt, also für die Zeit von (3,91 μs : 16 =) 0,244 μs. In dieser Zeit erfolgt ein einfach gerichteter Nachrichtenübertrag von einem SWP zu einem anderen SWP.

Den Portbaustein SWP zeigt Bild 7.9 im einzelnen. Es handelt sich um einen n-MOS-LSI-Schaltkreis mit 11 500 Transistorfunktionen auf einer Fläche von 5,9 mm². Er läßt sich in zwei fast unabhängige Teile gliedern, nämlich in den Empfangs- und in den Sendeteil. An den Empfangsteil wird ein 32-Kanal-Multiplexsystem herangeführt, der Sendeteil beschickt ein ebensolches System (Bild 7.8 b). Im Empfangsteil wird der ankommende Bitstrom auf das interne Kanalraster aufsynchronisiert. Auf diese Weise ist man – bei eingehaltenem Taktsynchronismus – unabhängig von der räumlichen Ausdehnung der Koppelanordnung. Außerdem wird durch die eingangsseitige Speicherung eine Teilfunktion des Wortspeichers übernommen. Der Haltespeicher wird durch die fallweise Zuordnung der weiterführenden „Port"- und „Kanalnummer" der *Sendeseite* zum *empfangenen* Kanal realisiert. Die Auswahl des „Ports", also der gewünschten Ausgangsrichtung, geschieht aufgrund empfangener Steuerungsinformationen (Abschnitt 7.2.5).

Im Sendeteil ist der Wortspeicher für die abgehende Richtung enthalten. Weiterhin findet in ihm der Auswahlvorgang statt, der beim Verbindungsaufbau den ersten freien Kanal in Ausgangsrichtung (Ausgangs-„Port") belegt (vgl. Abschnitt 7.2.5).

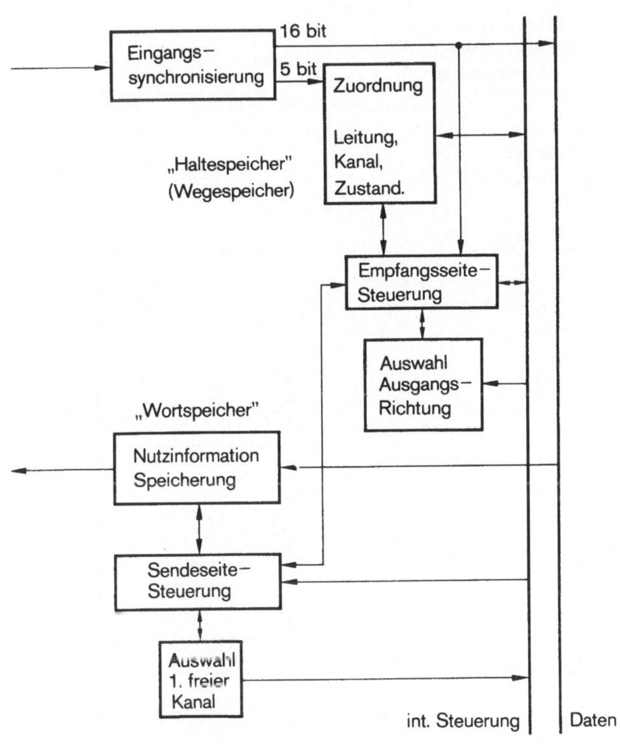

Bild 7.9. Portbaustein SWP

7.2.4 Die Hauptkoppeleinrichtung

Bild 7.10 zeigt links die aus Koppelnetzbausteinen bestehenden Zugangskoppeleinrichtungen, die noch zu den Anschlußgruppen gehören (Bild 7.7). Ein Koppelnetzbaustein hat – wie eben beschrieben – insgesamt 16 Multiplexanschlüsse. Im Fall der Anschlußgruppe führen acht Multiplexanschlüsse zu den Zugangseinheiten der Module, vier Multiplexanschlüsse aber werden – wie dargestellt – mit den vier *Ebenen* verbunden, aus denen sich die Hauptkoppeleinrichtung zusammensetzt. Die Trennung in vier Ebenen erfolgt aus Sicherheitsgründen, alle Ebenen werden mit eigenständigem Verkehr beschickt.

Den Maximalausbau *einer* Ebene der Hauptkoppeleinrichtung zeigt Bild 7.11 [7.9]. Die Ebene wird aus den einheitlichen Koppelnetzbausteinen zusammengesetzt, die in Abschnitt 7.2.3 beschrieben wurden. Die verbindenden „Link"-Leitungen übertragen je 32 doppelt gerichtete („vierdrähtige") Kanäle. Allerdings wird innerhalb einer Verbindung nur jeweils *eine* Richtung eines Kanals ausgenützt, weil Hin- und Rückrichtung auf verschiedenen Wegen durch das Koppelnetz geführt werden. An eine Ebene sind maximal (8 · 8 · 16 =) 1024 Link-Leitungen mit (1024 · 32 =) 32 768 Kanälen angeschlossen, von denen je zwei für eine Verbindung belegt werden.

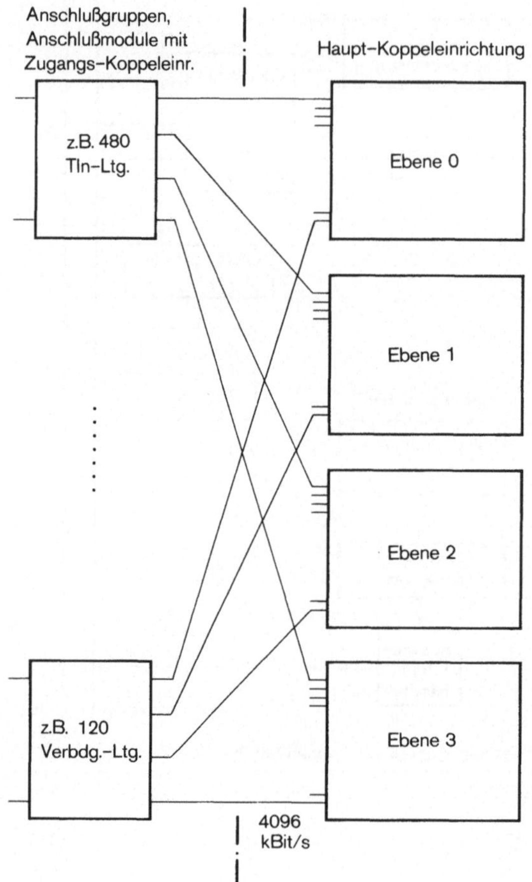

Bild 7.10. Ebenenstruktur der Hauptkoppeleinrichtung

Da in jedem Koppelnetzbaustein eine Zeitstufe enthalten ist, verbunden mit dem Aufsynchronisieren auf das bausteininterne Kanalraster, durchläuft eine Verbindung theoretisch maximal sieben Zeitstufen innerhalb einer Vermittlungsstelle. Dadurch werden entsprechende Verzögerungszeiten verursacht. Durch einen geeigneten Wegsuchalgorithmus wird dafür gesorgt, daß die praktisch – verkehrsabhängig – auftretenden Verzögerungszeiten möglichst gering werden, d. h., daß die Verbindung über möglichst wenig Koppelnetzbausteine (Koppelstufen) verläuft und daß Kanäle mit möglichst geringer zeitlicher Verschiebung ausgewählt werden.

7.2.5 Dezentralisierte Wegsuche und Verbindungssteuerung

Im System 12 wurde die Aufgabe gelöst, eine Punkt-Punkt-Wegsuche (Abschnitt 4.2.3) über viele Koppelstufen ohne Beteiligung zentraler Steuerungen durchzuführen [7.12]. Dabei hat man die im sog. *Direktwahlsystem* angewendeten Prinzipien wieder aufgegriffen: Die gewünschte Ausgangsrichtung (der Ausgangs-

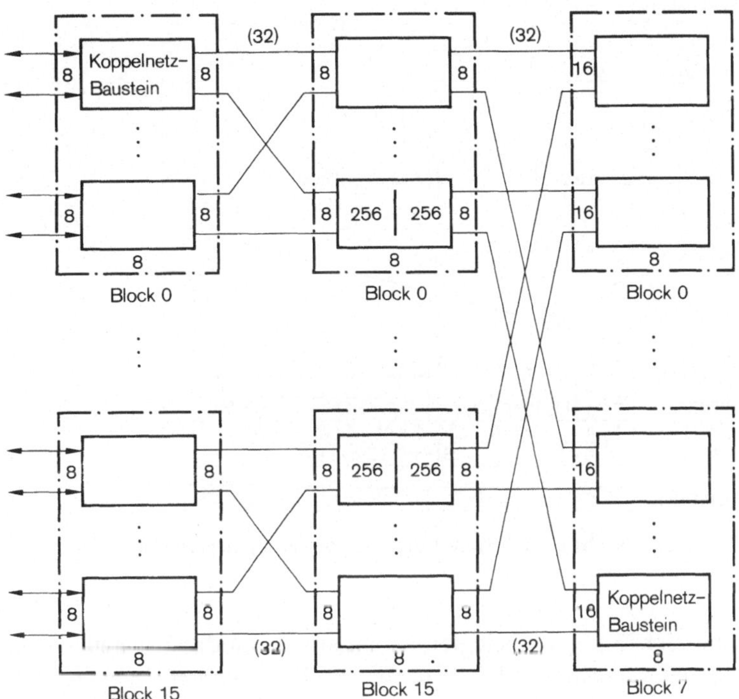

Bild 7.11. Maximalausbau einer Ebene

„Port") wird über den bereits aufgebauten Verbindungsweg weitergegeben (etwa entsprechend der sog. *Dekadenwahl* im Direktwahlsystem), ein freier Ausgangskanal der gewünschten Richtung wird selbständig im Koppelnetzbaustein ausgewählt (entsprechend der sog. *Freiwahl* im Direktwahlsystem). Der Mikroprozessor TCE auf der rufenden Verbindungsseite (z. B. der des rufenden Teilnehmers) steuert den Verbindungsaufbau (Bilder 7.6, 7.7). Zunächst wird der Verbindungsweg in der Richtung vom Rufenden zum Gerufenen aufgebaut. Dann werden über den Verbindungsweg hinweg die notwendigen Verbindungsdaten zum TCE auf der gerufenen Verbindungsseite gesendet, worauf dieser unabhängig vom „Hinweg" die Steuerung des Verbindungsaufbaus in rückwärtiger Richtung von der gerufenen zur rufenden Seite übernimmt.

Voraussetzung für diese Technik sind freizügige Signalisierungsmöglichkeiten über den Verbindungsweg hinweg von Koppelstufe zu Koppelstufe. Diese werden dadurch geschaffen, daß von Anschlußmodul zu Anschlußmodul 16 bit je Kanal übertragen werden. Damit ist auch die in Bild 7.8 a angegebene Bitrate von 4096 kbit/s für ein 32-Kanal-Zeitmultiplexsystem erklärt.

Den Rahmenaufbau eines solchen Übertragungssystems zeigt Bild 7.12. Wie üblich ist Kanal 0 für Synchronisierung und Wartungsaufgaben vorgesehen. Kanal 16 dient der Übertragung von Fehlermeldungen und Quittungen zentraler (also nicht kanalbezogener) Bedeutung. Die in Nutzkanälen zu übertragenden Nachrichten sind in Kanal „n" angegeben: IDLE kennzeichnet einen freien Ka-

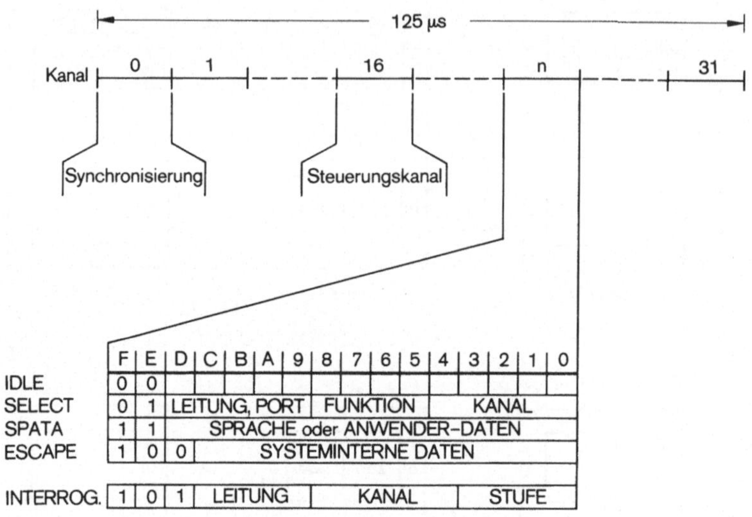

Bild 7.12. Nachrichtenformat innerhalb der Koppeleinrichtung

nal oder löst einen belegten Kanal aus, wenn das Zeichen zweimal hintereinander empfangen wurde. Wird SELECT auf einem freien Kanal übertragen, so veranlaßt es am Empfangsort die Auswahl eines Kanals in der bezeichneten Funktion und die nachfolgende Durchschaltung des Verbindungsweges. SELECT auf einem belegten Kanal bedeutet Weitergabe des Kennzeichens zum nächsten Koppelnetz-Baustein. Mit FUNKTION werden die Auswahlparameter näher beschrieben: bestimmtes Ausgangs-Port, bestimmter Kanal oder bestimmtes Ausgangs-Port, Freiwahl eines Kanals (dabei wird die nächstmögliche Kanalnummer gewählt, um die Verzögerungszeiten über die Koppeleinrichtung zu minimieren) oder frei wählbares Ausgangs-Port (d. h. Wahl eines Ports mit noch freien Kanälen) oder Eingrenzung dieses Auswahlbereichs auf Ports zwischen „8“ und „11“ (any low) bzw. zwischen „12“ und „15“ (any high) usw. SPATA kennzeichnet die Übertragung von Nutzinformation (speech or data) bis zu 14 bit je Kanalwort einschließlich Sicherung. ESCAPE für die Prozessorkommunikation und die Abfragefunktion INTERROGATE erweitern die übertragbaren Nachrichtenarten.

Auf diese Weise lassen sich zahlreiche Signalisierungsbeziehungen zwischen den verteilten Steuerungen, die an einer Verbindung beteiligt sind, ohne zentrale Bussysteme mit Hilfe des Verbindungsweges in der Koppeleinrichtung selbst herstellen.

7.2.6 Ablauf des Anschlußsteuerungsprogramms zum Verbindungsaufbau

Beim Aushängen des Handapparates durch den Teilnehmer erkennt der Teilnehmersatz LC die Änderung des Schleifenstroms (Bild 7.7) [7.13]. Der zugeordnete Mikroprozessor TCE (Ursprungs-TCE) stellt im „Gerätesteuerprogramm“ die Änderung fest. Diese Meldung muß zur weiteren Bearbeitung an das „Signalisierungsprogramm" überwiesen werden. Im Signalisierungsprogramm wird die Zustandsänderung als Ursprungsanforderung (Aushängen) erkannt, worauf das Programm „Wahlaufforderung" aufgerufen wird. Dieses stellt fest, daß es sich (z. B.) um einen Teilnehmer mit Tonfrequenztastwahl handelt. Nunmehr läuft eine „Aktionsroutine" für die Aussendung des Wähltons und die Wahlaufnahme ab. Eine entsprechende Meldung zur Anforderung eines freien Tonfrequenzwahlempfängers wird an die Betriebsmittelverwaltung einer System-ACE (Bild 7.6) gesendet. Die Aktionsroutine erhält als Antwort die Kennung eines freien Empfängers und gibt diese weiter an den Ursprungs-TCE mit der Aufforderung, diesen Wahlempfänger anzuschalten.

Der für die Wahlempfänger zuständige Prozessor erhält von der Ursprungs-TCE eine Meldung mit der Angabe der zu bedienenden Anschlußgruppe und der Anweisung, sich auf den Empfang der Wählziffern einzustellen. Die nunmehr vom Teilnehmer gesendeten Tonfrequenzsignale werden im zugeordneten Teilnehmersatz LC in Digitalsignale umgesetzt und über die Koppeleinrichtung zum Digital-Tonfrequenzempfänger weitergegeben. Dieser sendet die empfangenen Ziffern zum Ursprungs-TCE zurück, wo sie ausgewertet werden. (Bei Nummernscheibenwahl erfolgt Aufnahme und Auswertung der Ziffern unmittelbar in dem Ursprungs-TCE.)

Nunmehr sendet der Ursprungs-TCE über die Koppeleinrichtung eine Anschalteaufforderung an den TCE des gerufenen Anschlusses. Dieser meldet den Zustand („frei/besetzt") des Gerufenen an den rufenden TCE zurück. Bei freiem Teilnehmeranschluß wird der rufende TCE aufgefordert, das Rufsignal anzulegen. Bei besetztem Anschluß läuft aufgrund der Rückmeldung im rufenden TCE ein Programm ab, das das Signalisierungssteuerprogramm zum Anlegen des „Besetztzeichens" auffordert.

Nach dem Antworten des gerufenen Teilnehmers veranlassen die TCE des Rufenden und des Gerufenen die Durchschaltung der Verbindung in der Koppeleinrichtung, wie in Abschnitt 7.2.5 erläutert. Das *Auslösen* der Verbindung kann z. B. abhängig vom Einhängen des Rufenden geschehen. Eigensteuerungsprogramme der miteinander korrespondierenden TCE veranlassen die Signalisierungsprogramme, in den Ruhezustand überzugehen. Daraus werden Aufrufe an die TCE-Betriebssysteme zur Beendigung der Prozesse und zur Speicherplatzfreigabe generiert.

7.3 Das Paketvermittlungssystem EDX-P

Das System EDX umfaßt eine Familie elektronischer, digitaler Vermittlungen und Konzentratoren für Text- und Datenverkehr (Siemens). Zu unterscheiden sind: EDX-C als leitungs- bzw. kanalvermittelndes System (circuit switching, Abschnitt 3.3), EDX-M zur Nachrichtenvermittlung (message switching) und EDX-P zur Paketvermittlung (packet switching), auch kombiniert einsetzbar. An dieser Stelle wird EDX-P näher beschrieben [7.14].

Zum Aufbau von Paketvermittlungsnetzen sind eine Reihe von Netzbausteinen erforderlich (Abschnitt 8.2). Das System EDX-P stellt hierfür *Netzknoten*

NN (network nodes), *Netzkonzentratoren* NC (network concentrators) und ein *Netzkontrollzentrum* NCC (network control center) zur Verfügung. Der Netzknoten NN und der Netzkonzentrator NC übernehmen die vermittlungstechnischen Funktionen. Das Netzkontrollzentrum ist als spezielles Rechenzentrum ausgeführt und übernimmt vornehmlich die Aufgaben der Netzverwaltung – Operatorbedienung und Rufdatenaufzeichnung für ein gesamtes Paketvermittlungsnetz. Eine nähere Betrachtung des Netzknotens NN bzw. des Netzkonzentrators NC möge hier genügen.

Die Bestandteile des Systems zeigt Bild 7.13. Die Datenübertragungseinrichtung verbindet die Leitungen des Netzes mit der Netzknotensteuerung und führt die anschlußspezifischen Funktionen aus. Sie ist für die verschiedenen Verkehrsarten und Geschwindigkeitsklassen ausgelegt. Ihre Funktionen werden im Detail im Abschnitt 7.3.1 beschrieben.

Als zentrale Steuerungen lassen sich die Datenübertragungssteuerung CCE und die Zentraleinheit CP zusammenfassen. In einem gedoppelten System sind

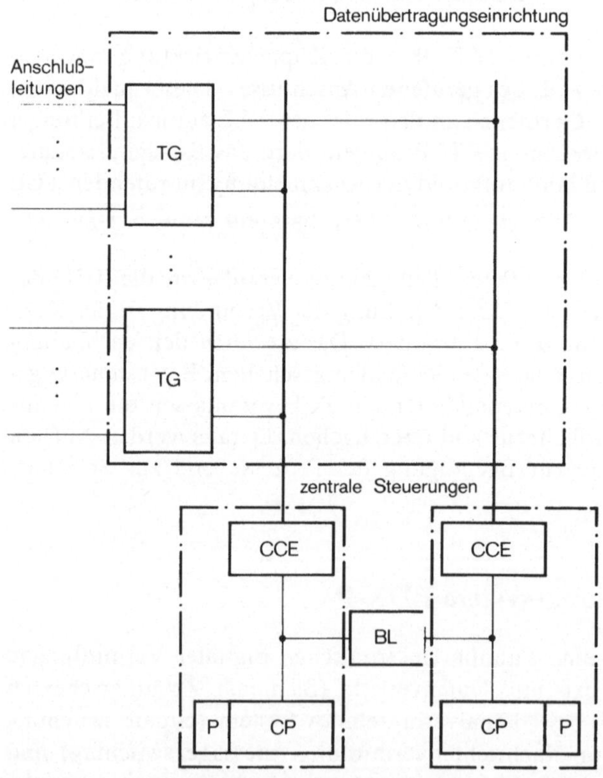

Bild 7.13. EDX-P als duplizierter Netzknoten (NN). TG Leitungsanschlußgruppe, CCE Datenübertragungssteuerung, BL Datenaustauschsteuerung, CP Zentraleinheit (CPU Verarbeitungseinheit + MM Arbeitsspeicher), P Anschlüsse für Datenperipherie (z. B. für Magnetbandkassette)

diese Module zweifach vorhanden. Jede Datenübertragungssteuerung hat Zugriff zur einfach vorhandenen Datenübertragungseinrichtung.

Die Datenübertragungssteuerung unterstützt die Zentraleinheit bei ihren vermittlungstechnischen Aufgaben und koordiniert den Datenaustausch zwischen der Datenübertragungseinrichtung und der Zentraleinheit. Auf ihre Funktion wird in Abschnitt 7.3.2 eingegangen. Die Zentraleinheit CP selbst besteht aus der Verarbeitungseinheit CPU und dem Arbeitsspeicher MM (nicht gezeigt in Bild 7.13). Sie ermöglicht auch den Anschluß einer Bedienkonsole und einer Magnetbandkassette über die Anschlußschnittstelle P. Diese Geräte werden zum Laden von Programmen während der Hardwarewartung und während der Softwareinbetriebnahme verwendet. Eine Datenaustauschsteuerung BL ermöglicht es, im Falle der Doppelung die Speicherstände beider CP auf aktuellem Stand zu halten.

An den Netzknoten lassen sich maximal 1008 „physikalische" Leitungen anschließen. Auf einer physikalischen Leitung können maximal 4096 logische Kanäle adressiert werden (Abschnitt 5.4, Ebene 3), jedoch darf die Maximalzahl von 64 000 logischen Kanälen für den gesamten Knoten nicht überschritten werden. Gleichzeitig können bis zu 4000 virtuelle Verbindungen bestehen, die Paketdurchsatzrate beträgt abhängig von Betriebsparametern bis zu 1000/s. Maximal 40 Verbindungen lassen sich je Sekunde aufbauen.

Es lassen sich Leitungen anschließen, auf denen Prozeduren nach CCITT-Empfehlungen X.25 oder X.75 (Abschnitt 5.4 und 8.2) ausgetauscht und Bitraten von 1,2 bis 64 kbit/s übertragen werden. Der Anschluß von nicht-paketorientierten Endgeräten erfolgt über „PAD" (packet assembly and disassembly units, Abschnitt 8.2) und über spezielle Leitungsanschlüsse (siehe unten).

7.3.1 Die Datenübertragungseinrichtung

Bild 7.14 zeigt den modularen Aufbau der Datenübertragungseinrichtung (Bild 7.13). Den Leitungsanschlüssen LT und einem Prüfleitungsanschluß TT ist innerhalb einer Leitungsanschlußgruppe TG eine gemeinsame Leitungsanschluß-Gruppensteuerung TGC zugeordnet. Je nach Bestückung der Anschlußgruppen TG können 8 bzw. 4 TG in einem Gestell oder Schrank untergebracht werden. Es gibt Leitungsanschlüsse für Paket- bzw. Synchron-Datenendeinrichtungen (LTPA), für sog. Start-Stop-Datenendeinrichtungen nach CCITT-Empfehlung V.28 (LTDP) und für die weit verbreiteten Fernschreib-(Telex-)Maschinen (LTCY). Die LTPA beanspruchen mehr Raum als die LTDP und LTCY, so daß sich mit zwei typischen TG-Größen folgende Bestückungsmöglichkeiten ergeben:

- 31 LTDP bzw. LTCY oder 15 LTPA, zusätzlich ein Prüfleitungsanschluß TT;
- 63 LTDP bzw. LTCY oder 31 LTPA, zusätzlich ein Prüfleitungsanschluß TT.

Näher beschrieben wird nun der LT-Leitungsanschluß für Paket- bzw. Synchron-Datenendeinrichtungen LTPA (Bild 7.15). Ein LTPA erlaubt den Anschluß *einer* Duplexleitung bis 64 kbit/s oder den Anschluß *zweier* Duplexleitungen bis 19,2 kbit/s oder den Anschluß von *je einer* Duplexleitung mit 48 kbit/s und einer Duplexleitung bis zu 2,4 kbit/s. Erläutert wird die Ausführung mit zwei angeschlossenen Duplexleitungen.

Unmittelbar an der Verbindungsleitung liegt die Verbindungsprotokollsteuerung CPC, die aus zwei Multiprotokoll-Ein/Ausgabe-Chips mit zusätzlicher Hardware besteht. Hier wird die HDLC-Prozedur unterstützt mit dem Erkennen der Blockbegrenzung (flags), Einfügen und Entfernen von Bits zur Sicherstellung der Bittransparenz und dem Überprüfen auf Übertragungsfehler (Abschnitt 5.4). Die Steuerung der HDLC-Prozedur übernimmt neben anderem das Mikroprozessorsystem MS.

Auf der gegenüberliegenden Seite ist die Datenübertragungssteuerungsschnittstelle CCI gezeigt, die zu den Bussystemen der zentralen Datenübertragungssteuerung CCE (Bild 7.13) zugreift. Dort erfolgt – verbunden mit Zwischenpufferung der Daten – die physikalische und logische Anpassung an den jeweils 11 bit breiten Duplexbus.

Der Speicher MEM enthält Programme zur Unterstützung der HDLC-Prozedur, fallweise wird auch die „Basicmode"-(BSC-)Prozedur unterstützt. Ferner dient MEM als Sende- und Empfangspuffer; auch speichert er Leitungs- und

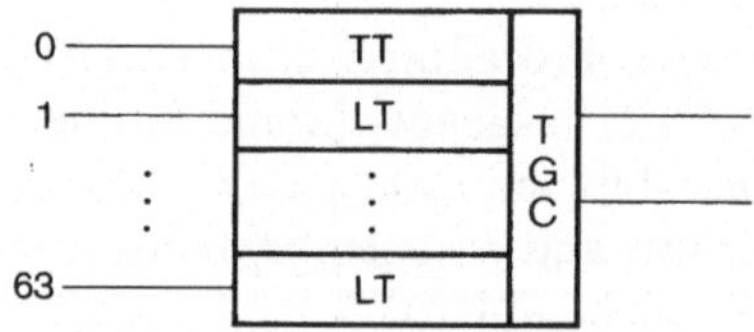

Bild 7.14. Leitungsanschlußgruppe (TG). TT Prüfleitungsanschluß, LT Leitungsanschluß, TGC Leitungsanschluß-Gruppensteuerung

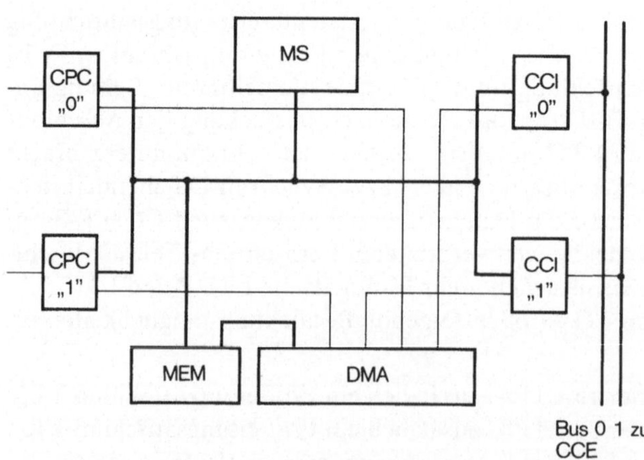

Bild 7.15. Funktionen des Leitungsanschlusses für Paket- bzw. Synchron-Datenendeinrichtungen (LTPA). CPC Verbindungsprotokollsteuerung, MS Mikroprozessorsystem, MEM Speicher, DMA direkter Speicherzugriff, CCI Datenübertragungssteuerungsschnittstelle

Netzparameter, die zur Initialisierung von der Zentraleinheit CP geladen werden.

Die Schnittstellensteuerung DMA erlaubt den direkten Zugriff zum RAM-(random access memory-)Speicher des Speichermoduls MEM. Dadurch kann dieser Speicher ohne Belastung des Mikroprozessors MS gelesen und geschrieben werden, was den möglichen Datendurchsatz erhöht. Das Mikroprozessorsystem MS selbst unterstützt die Funktionen der CPC-Steuerung, der DMA- und der CCI-Logik. Die TGC-Funktion (Bild 7.14) besteht in der Auffächerung zu oder in der Zusammenführung von den beiden CCE-Systemen rechts im Bild.

7.3.2 Datenübertragungssteuerung CCE

Die Datenübertragungssteuerung CCE (Bild 7.16) stellt das Zwischenglied zwischen Datenübertragungseinrichtung und Zentraleinheit dar und entspricht damit dem Coder/Decoder in Bild 6.14 mit einigen vermittlungstechnischen Zusatzfunktionen: Die CCE steuert das aufeinanderfolgende Abtasten von bis zu 1008 Leitungsanschlüssen und 16 Prüfleitungsanschlüssen, übermittelt Zustandsmeldungen, Steuerinformation und Daten von den Leitungen zur Zentraleinheit und umgekehrt, versorgt schließlich die Leitungsanschlüsse mit dem Systemtakt.

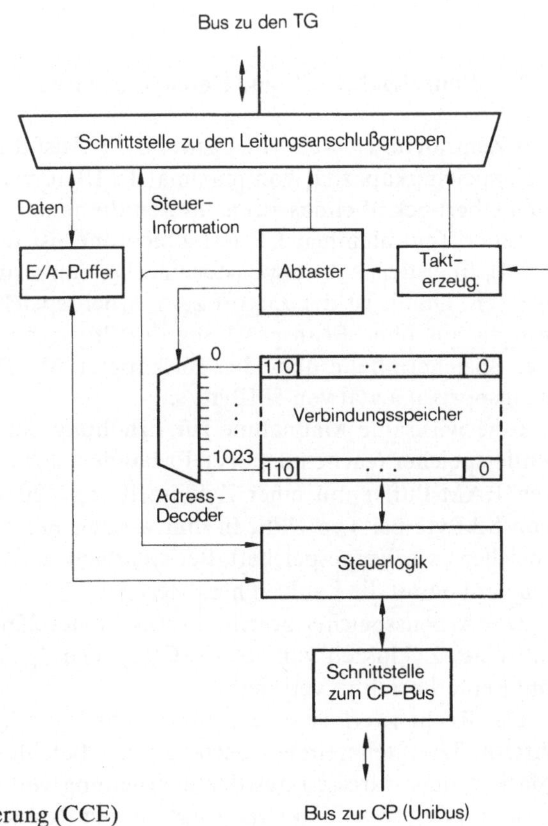

Bild 7.16. Datenübertragungssteuerung (CCE)

Die Schnittstelle zu den Leitungsanschlußgruppen findet ihr Gegenstück in einer Anschlußbaugruppe je TG-Schrank, also je vier bzw. acht Leitungsanschlußgruppen TG. Die Takterzeugungseinheit versorgt die internen Schaltungen und die Leitungsanschlüsse LT zur Festlegung der Übertragungsgeschwindigkeit auf den Übertragungsleitungen mit den notwendigen Takten. Der Abtaster erzeugt mit Binärzählern die Adressen der abzutastenden Leitungsanschlüsse. Findet er einen Leitungsanschluß, der Information zur Übertragung an die Zentraleinheit bereithält, so wird der Abtastvorgang angehalten, damit die Datenübertragungssteuerung CCE die Information bearbeiten kann. Im Eingabe/Ausgabe-Puffer wird die Information hierzu zwischengespeichert, verbunden mit bestimmten Bearbeitungsfunktionen.

Parallel und synchron mit dem Abtaster läuft der Adreßdecoder mit und liest zur Bearbeitung den zugeordneten Speicherinhalt des Verbindungsspeichers aus. Der Verbindungsspeicher dient zur gesicherten Speicherung von leitungsspezifischen Steuer- und Zustandsinformationen, 111 bit „breit". Neu abgefragte und die im Verbindungsspeicher aufbewahrten Informationen eines Leitungsanschlusses werden der Steuerlogik zugeführt und dort verknüpft und bearbeitet (vgl. Bild 6.22). Die Steuerlogik koordiniert die notwendigen Abläufe. Den Abschluß der CCE in Richtung zur Zentraleinheit bildet die Schnittstelle zum CP-Bus, die den Datenfluß zwischen CCE und CP steuert.

7.3.3 Zentraleinheit CP und Datenperipherie P

Als Zentraleinheit wird vorzugsweise die Ausführungsform „CPE" mit einer Arbeitsspeicherkapazität von maximal 1 MByte verwendet. Bild 7.17 vermittelt einen Überblick über das aus mehreren Einheiten bestehende System.

Einer Zentraleinheit CP fest zugeordnet ist der Standard-Unibus (Abschnitt 6.2.4), über den Arbeitsspeicher und Datenübertragungssteuerung CCE erreicht werden. Damit ist der Zugriff zum Arbeitsspeicher auch von externen Einrichtungen aus ohne Beanspruchung des Prozessors möglich, z. B. zum Austausch der Speicherinhalte über den Buskoppler BL. Der Unibus hat eine maximale Transportkapazität von 5MByte/s.

Eine wirksame Maßnahme zur Erhöhung der Arbeitsgeschwindigkeit ist der Pufferspeicher (cache memory). Es handelt sich um einen sehr schnellen, bipolaren RAM-Puffer mit einer Zykluszeit von 120 ns und einer Speicherkapazität von 8 kByte bei Typ CPE. In ihm werden Befehle und Daten aus dem Hauptspeicher zwischengespeichert. Bei mehrfach zu durchlaufenden Programmschleifen wird damit die Laufzeit herabgesetzt.

Der Arbeitsspeicher besteht aus bis zu vier 256-kByte-MOS-Speichermodulen mit einer Zykluszeit von 500 ns (CPE). Die Speicher sind parity-gesichert, z. T. mit Fehlerkorrektur versehen.

Das Rechenwerk ist eine arithmetische/logische Einheit mit 16 Mehrzweckregistern. Die Steuereinheit decodiert die Befehle und führt sie aus, sie erzeugt Masken und Adressen aus der Bearbeitung von Konstanten. Die Steuereinheit generiert den Systemtakt und sorgt für den Restart nach Ausfällen.

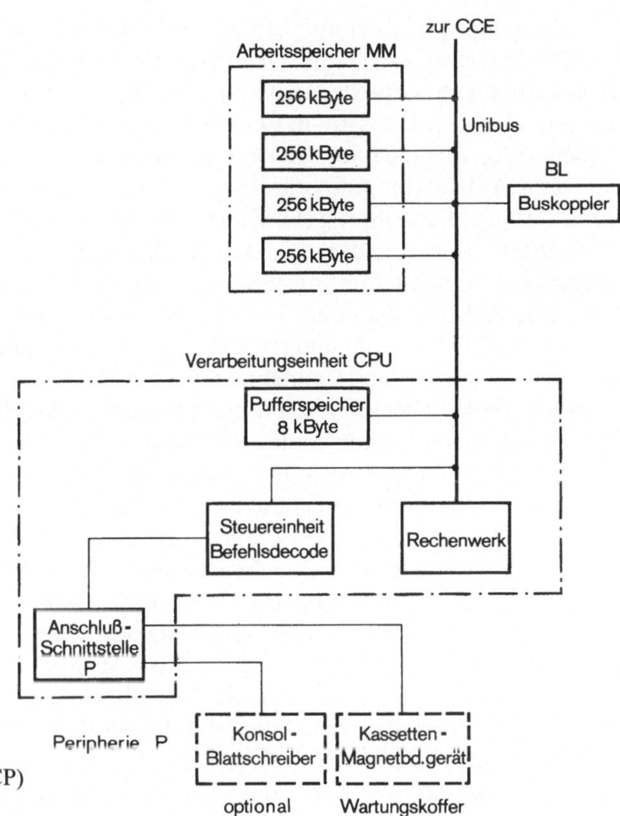

Bild 7.17. Zentraleinheit (CP) und Peripherie (P)

Der Zugang zu Geräten, die für Wartungszwecke notwendig sind, wird über die Anschlußschnittstelle P erreicht. Sie gestattet den Anschluß eines Konsolblattschreibers und eines Kassettenmagnetbandgeräts für Diagnoseprogramme, das sich im Wartungskoffer mitbringen läßt. Buskoppler oder Datenaustauschsteuerung BL wird bei verdoppelten Systemen zur Kopplung der Zentraleinheiten benötigt. Die Kopplung geschieht durch Austausch von Datenblöcken zwischen den Arbeitsspeichern der Systeme. Hierzu sendet die im „On-line"-Betrieb arbeitende Zentraleinheit über BL periodisch einen *Zustandsblock* zur „Stand-by"-Zentraleinheit mit dem Betriebszustand aller peripheren Geräte, außerdem Datum, Uhrzeit u. a. m. Darüber hinaus werden fallweise Daten über den Zustand der Verbindungen übermittelt.

7.3.4 Funktionen

An den Netzknoten NN sind anschließbar Verbindungsleitungen zu anderen Knoten, Konzentratorleitungen, Anschlußleitungen für paketorientierte Datenendeinrichtungen und Anschlußleitungen für sog. PAD, über die nicht-paketorientierte Datenendeinrichtungen erreicht werden. Es lassen sich temporäre virtuelle Verbindungen entsprechend CCITT-Empfehlungen X.25 (für die Anschlußleitung, vgl. Abschnitt 5.4) und X.75 (für die Verbindungsleitung) herstellen. Dies entspricht etwa den „Wählverbindungen" in Durchschaltenetzen. Aber auch permanente virtuelle Verbindungen sind möglich, die etwa den Festverbindungen oder dem Direktruf in Durchschaltenetzen gleichen.

Steuerungsaufgaben im Netzknoten werden anhand von Funktionen beim Auf- und Abbau von temporären virtuellen Verbindungen für eine paketorientierte Datenendeinrichtung (DEE) nach Empfehlung X.25 (Abschnitt 5.4, Ebene 3) erläutert. Das von der rufenden DEE ausgesendete „Verbindungsanforderungspaket" enthält die vollständige Adresse der gerufenen DEE, zusätzlich kann eine Nebenstellen- oder Prozeßadresse enthalten sein. Die Adresse gliedert sich nach CCITT-Empfehlung X.121 in internationale und nationale Netzkennzahl, Knotenadresse und Teilnehmeradresse; die Gesamtstellenzahl muß kleiner als oder gleich 15 sein. Die Zahl der auf einem Anschluß belegbaren virtuellen Kanäle wird beim Einrichten des Anschlusses festgelegt.

Im Ursprungsknoten wird die Netzadresse der rufenden Station in das Paket „Ankommender Anruf" eingetragen. Die rufende DEE kann eine Datendurchsatzklasse für Hin- und Rückrichtung anmelden, die die für die betreffende virtuelle Verbindung gewünschte Fenstergröße auf einen Wert kleiner als oder gleich 7 festlegt. Wird keine Datendurchsatzklasse angegeben, so gilt ein anschlußspezifischer oder netzspezifischer Standardwert.

Der Empfang des Pakets „Annahme des Anrufs" als Antwort der gerufenen DEE wird von den Netzknoten zeitlich überwacht, z. B. mit einer Überwachungszeitspanne von 1 min. Antwortet die gerufene DEE nicht innerhalb dieser Frist, wird die Verbindung abgebrochen.

Der Verbindungsweg durch das Netz wird auf folgende Weise festgelegt: Im Netzknoten ist aufgrund der einheitlich für das ganze Netz geltenden Anschlußnummer die abgehende Richtung aus einer Verbindungstabelle entnehmbar. Anschließend wird aus den in dieser Richtung verfügbaren Übertragungswegen – z. B. Leitungen – ein Weg ausgewählt unter Berücksichtigung von Betriebsbereitschaft und Leitungsbelastung. Die Leitungssuche erfolgt zyklisch mit wandernder Nullstellung, um gleichmäßige Belastung und damit geringstmögliche Verweilzeiten der Pakete im Netz zu erreichen. Richtung und Leitung bleiben für die Dauer der virtuellen Verbindung bestehen.

Ist die abgehende Richtung gestört oder überlastet, können in jedem Knoten bis zu fünf Umwegrichtungen ausgewählt werden. Jeder passierte Netzknoten trägt im Paket „Ankommender Anruf" seine Nummer ein. Dadurch wird die Route durch das Netz beim Verbindungsaufbau überwacht. Führt eine mehrfache Umlenkung zu einer Schleife im Netz, so wird die Verbindung nicht aufgebaut.

Die Belastung des Netzes muß in einem Rahmen gehalten werden, der bestehende Verbindungen nicht durch zu große Verweilzeiten der Pakete im Netz beeinträchtigt. Hierzu sind alle „Betriebsmittel" des Netzes einer ständigen Lastkontrolle zu unterwerfen. Als Einflußgrößen der je virtuelle Verbindung zu erwartenden Belastung gelten Benutzerklasse (Übertragungsgeschwindigkeit) und Durchsatzklasse (gewünschte Fenstergröße). Wie in Abschnitt 5.4 bereits erläutert, gibt die Fenstergröße an, wieviele Pakete nacheinander ohne Warten auf

Quittung ausgesendet werden dürfen; sie bestimmt damit den Paketdurchsatz. Aus Benutzerklasse und Durchsatzklasse muß die aktuelle Belastung der Netzkomponenten berechnet werden.

Bei jedem neuen Verbindungsaufbau werden hierzu in der Zentraleinheit des Netzknotens die durch diese Verbindung zu erwartenden Pakete pro Zeiteinheit ermittelt. Die Zahl der insgesamt übermittelbaren Pakete je Zeiteinheit ist sowohl für den Netzknoten mit seiner Zentraleinheit als auch für die Leitungen vorgegeben. Die Zahl der in der neuen Verbindung erwarteten Pakete wird von der Zahl der im Netzknoten und der auf der vorgesehenen Leitung noch verfügbaren Pakete abgezogen. Ist keine Kapazität mehr frei, wird – abhängig von der Priorität – die Verbindung abgewiesen. Fehlt die Kapazität auf der Leitung, können vor der Abweisung noch Umwege versucht werden.

Die je virtuelle Verbindung reservierten Betriebsmittel werden bei der Auslösung wieder freigegeben. Die verplanbaren Betriebsmittel sind vom Netzkontrollzentrum aus einzugeben. Zusätzliche Grenzwerte definieren die Betriebsmittelauslastung, bei welcher Rufe ohne Rufpriorität abgelehnt werden.

Wie in Abschnitt 5.4 erläutert, findet in Protokollebene 3 (wie übrigens auch in Ebene 2) eine Flußkontrolle statt. Anhand der Sendefolgenummern P(S) werden im Netzknoten Reihenfolge und Vollständigkeit der Pakete kontrolliert. Bei Erkennen eines Fehlers setzt der Netzknoten die virtuelle Verbindung zurück, so daß der Paketübertrag wiederholt werden kann.

Einige weitere Leistungsmerkmale von Netzknoten und Netz:

– Pseudozielteilnehmer im Netzknoten, die bei Anwahl ordnungsgemäß antworten und ggf. gesendete Nutzdaten als „Echo" spiegeln, dienen als Testhilfen.

– Sammelanschlüsse mit maximal 16 Leitungen können eingerichtet werden.

– Für jede aufzubauende virtuelle Verbindung ist als *Rufpriorität* „0" oder „1" wählbar. Rufe mit Priorität „0" werden beim oben erwähnten zusätzlichen Grenzwert, solche mit Priorität „1" erst beim Erreichen der physikalischen Betriebsmittelgrenze abgewiesen.

– Zusätzlich wird durch Vergabe von *Datenübertragungsprioritäten* „0" bis „3" dafür gesorgt, daß während des Bestehens der virtuellen Verbindung eine gewünschte Übertragungsqualität auch bei zufälligen Lastspitzen aufrechterhalten bleibt. Jeder Leitung ist im Netzknoten für jede Priorität eine eigene Ausgabewarteschlange zugeordnet. Entsprechend ihrer Priorität werden die Warteschlangen beim „Aus-Transfer" bedient. Die niederste Priorität gilt vorzugsweise für Stapelverkehr, höhere Prioritäten werden für Dialogverkehr vergeben. Die Festlegung der Priorität erfolgt beim Verbindungsaufbau für die jeweilige Verbindung.

– Vom Verwaltungszentrum aus können in den Netzknoten sog. *geschlossene Teilnehmerklassen* (closed user groups) eingerichtet werden. Mitglieder einer Teilnehmerklasse sind nur von Mitgliedern derselben Teilnehmerklasse anrufbar. Insgesamt lassen sich im Netz 255 Teilnehmerklassen vorsehen. Jeder Teilnehmer kann bis zu vier Klassen angehören, zusätzlich sind die Teilnehmer der offenen „Generalklasse" erreichbar.

– Für den „Dienstverkehr" zwischen den Einrichtungen des Netzes sind Protokolle der Ebenen 4 und 5 festgelegt und implementiert, so z. B. für „Urladen" und „Bedienung" zwischen Verwaltungszentrum und Netzknoten.

Die Netzknotensoftware wird eingeteilt in das Paketvermittlungs-Betriebssystem, in kundenspezifische Anwenderprogramme, die nicht im Betriebssystem enthaltene Spezialwünsche realisieren, in die Datenbasis mit eigenschaften- und zustandsbeschreibenden Daten und Tabellen und in das Wartungssystem zur Inbetriebnahme von Hardware und Software. Das Paketvermittlungs-Betriebssystem enthält das Organisationsprogramm für die Ablaufkoordinierung, Ein/Ausgabe-Programme, Programme zur Betriebssicherung und die eigentlichen vermittlungstechnischen Programme, die durch Prozedurprogramme nach dem Schichtenkonzept entsprechend den Protokollebenen realisiert werden.

8 Rechnergesteuerte Telekommunikationsnetze

In Abschnitt 1.2 wurden bereits einige heute existierende Telekommunikationsnetze und -dienste angesprochen und vorgestellt. Ein Großteil des Verkehrs in diesen Netzen wird noch konventionell – d. h. ohne die in den vorhergehenden Abschnitten beschriebene Rechnersteuerung – abgewickelt. Trotz ihrer heute und auch in der näheren Zukunft noch überragenden Bedeutung sollen diese konventionellen Netze nicht näher behandelt werden. Die folgenden Ausführungen gelten neuen Netzen mit Rechnersteuerung, die aber möglicherweise z. T. erst zum Ende dieses Jahrhunderts große Verbreitung erfahren werden. Auch für diese ist keine umfassende Darstellung beabsichtigt, vielmehr wird an einigen Beispielen auf bedeutungsvolle Zusammenhänge hingewiesen.

8.1 Allgemeine Gesichtspunkte und Einflußgrößen

Neu entstehende Netze stehen unter dem Einfluß der wachsenden Bedeutung des Text- und Datenverkehrs (Abschnitt 9). Die wichtigsten damit zusammenhängenden Gesichtspunkte sollen einleitend allgemein betrachtet werden.

8.1.1 Dienstintegration

Unter Dienstintegration versteht man – abweichend von der in Abschnitt 3.1 besprochenen Integration von Übertragungs- und Vermittlungstechnik – die Abwicklung von verschiedenen Verkehrsarten und Kommunikationsformen in *einem* Netz. Was aber ist ein Netz?

Nach Bild 1.1 besteht das Netz aus der Teilnehmereinrichtung, dem Anschluß- oder Zubringernetz, den Netzknoten und den Übertragungswegen zwischen den Netzknoten. Eine Gesamtdienstintegration sollte alle diese Komponenten umfassen, doch sind auch Teilintegrationen möglich und vorteilhaft. Beispielsweise ist es schon seit langem und mit wirtschaftlichem Erfolg üblich, auf den Übertragungswegen *zwischen den Netzknoten* eine Dienstintegration vorzunehmen. Auf diesen „klassischen" Teilaspekt der Dienstintegration soll nicht näher eingegangen werden, obgleich er nach wie vor große Bedeutung hat.

Von größerem Einfluß auf künftige Telekommunikationsnetze ist die Frage der Dienstintegration im gesamten Netz, die insbesondere das Teilnehmeranschlußnetz und die Netzknoten mit einschließt. Eine Dienstintegration dieser Art wird für neue Kommunikationsnetze weitgehend propagiert, obgleich ihre Bedeutung keineswegs schon völlig klar und die Konsequenzen schon alle durchdacht sind.

Die Dienstintegration kann dem Telekommunizierenden Nutzungsvorteile bringen, sie kann zu wirtschaftlichen Vorteilen für Benutzer oder Netzbetreiber führen, sie kann aber auch technische und wirtschaftliche Probleme aufwerfen. Das liegt an den teilweise doch recht unterschiedlichen Kennwerten der Telekommunikationsformen und -dienste, denen man in speziell auf die Einzelanforderungen zugeschnittenen Netzen u. U. besser gerecht werden kann. Bild 8.1 versucht das schematisch zu verdeutlichen: Die Eigenschaften der Telekommunikationsdienste 1, 2 und 3 lassen sich in einem Universalnetz vorteilhaft vereinigen, wenn die Schnittmenge 1, 2, 3 der gemeinsamen Eigenschaften möglichst groß wird. Auf die Vielfalt dieser Eigenschaften wurde bereits in Abschnitt 1.3 hingewiesen.

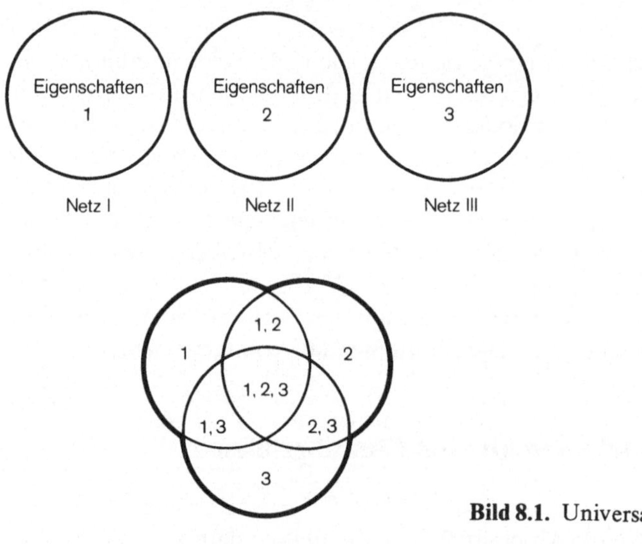

Bild 8.1. Universalnetzeigenschaften

Sicherlich darf man eine solche Betrachtung nicht zu orthodox durchführen; auf die eine oder andere spezielle Diensteigenschaft wird man verzichten können, wenn sich insgesamt große Vorteile für die Integration ergeben. Die Diskussion um die Dienstintegration ist insbesondere durch den Trend zur Digitalisierung der Sprachkommunikation in Gang gekommen, sie soll hier „nachempfunden“ werden: Die klassische Form eines Digitalnetzes ist das weit verbreitete Telexnetz (Abschnitt 1.2). Es ist aber für eine Dienstintegration nicht geeignet, weil die übertragbare Bitrate weit unter den Anforderungen anderer Dienste liegt (Tabelle 1.2). Der Weg, für den Datenverkehr ein eigenes Netz mit höheren übermittelbaren Bitraten einzurichten, war zunächst nicht sehr erfolgreich, weil ein neues Netz wegen der wenigen erreichbaren Teilnehmer wenig attraktiv ist.

Deshalb wanderte ein großer Teil des wachsenden Datenverkehrs mittels Modems (Abschnitt 2.1) in das *analoge* Fernsprechnetz, – es fand und findet eine Dienstintegration statt, bei der sich der Datenverkehr mit seinen Eigenschaften ganz an die Eigenschaften des bestehenden analogen Fernsprechnetzes anpassen mußte. Nun beginnt der Trend, das analoge Fernsprechnetz allein aus Wirtschaftlichkeitsgründen zu digitalisieren mit der Folge, daß ein *digitales* Fernsprechnetz durch das Angebot höherer Bitraten für Datenverkehr noch attraktiver wird als das *analoge* Fernsprechnetz. Es entsteht also ein integriertes Netz für Sprach- und Datenverkehr. Mittlerweile ist auch eine Reihe von speziell für Datenverkehr ausgelegten Netzen eingerichtet worden, die aber nun dem Integrationsgedanken des Fernsprechnetzes nicht nachstehen und ihrerseits digitale Sprache integrieren wollen. Darauf wird noch zurückgekommen.

Welche echten wirtschaftlichen Vorteile sprechen für eine Dienstintegration? Als erstes und wesentlichstes ist der im allgemeinen schlecht ausgenutzte Teilnehmeranschluß zu nennen, der in öffentlichen Netzen einen hohen Prozentsatz des Gesamtaufwandes erfordert (Abschnitt 1.1). Bei Dienstintegration können über *einen* Anschluß mehrere Dienste abgewickelt werden, es ist also kein eigener Anschluß für jeden Dienst notwendig. Das kann im Einzelfall – auch für private Netze interessant – bedeuten, daß eine Neuinstallation entbehrlich wird.

Ein weiterer wirtschaftlicher Gesichtspunkt liegt in der im allgemeinen besseren Ausnutzung der Übertragungswege und Netzknoten in den durch die Dienstintegration entstehenden größeren Netzen. Zweifellos gibt es auch Vorteile bei Verwaltung und Betrieb *eines* dienstintegrierten Netzes gegenüber *mehreren* Spezialnetzen. Schließlich können Investitionen für die Erweiterung der Telekommunikation auf *ein* Netz konzentriert werden.

Diesen Vorteilen stehen Nachteile durch die höhere Komplexität in den Netzknoten gegenüber, die aus der Summierung von Intelligenzeigenschaften verschiedener Netze entsteht. Auch werden teilweise die im integrierten Netz zur Verfügung gestellten Kanalbitraten (z. B. 64 kbit/s im Fall des digitalen Fernsprechkanals) nicht ausgenutzt.

Die Dienstintegration kann jedoch dem *Benutzer* Vorteile bringen. Ein erster Schritt ist die Aufhebung der Trennung von Text- und Datenkommunikation, d. h., ein Benutzer kann z. B. auch von einem Textterminal aus Datenkommunikation betreiben. Die Vorteile einer zusätzlichen Sprachintegration sind nicht so deutlich sichtbar, hierauf wird noch zurückgekommen.

Zusammengefaßt: Ein wirtschaftliches Argument für die Dienstintegration ist die bessere Ausnutzung von Übertragungswegen. Diese Überlegung trifft in besonderem Maß für den Teilnehmeranschluß zu. Eine über die Übertragungswege hinausgehende Integration etwa auch der Netzknoten kommt dem Benutzer zu Gute. Weitere Vorteile halten sich die Waage mit den zweifellos auch vorhandenen Nachteilen. Der allgemeine Trend zur Dienstintegration hat jedoch sicher auch „modische" Züge!

8.1.2 Multiplexverfahren und Vermittlungsprinzip

In den Abschnitten 2.3 und 3.3 wurden die beiden Prinzipien der *Paketverschachtelung* und der *Kanalverschachtelung* sowohl in Übertragungs- als auch in

Vermittlungstechnik einander gegenübergestellt. Diese beiden Grundprinzipien schälen sich über viele Varianten als die „Archetypen“ künftiger Kommunikationssysteme heraus. Welches Prinzip ist vorzuziehen?

Zunächst eine terminologische Klarstellung: Paketvermittlung, „packet switching“, Paketverschachtelung, Teilstreckennetz, Paketmultiplex, dynamisches Multiplexen stehen als Synonyme auf der einen Seite, Kanalvermittlung, Leitungsvermittlung, Zeitmultiplex, Durchschaltenetz, „circuit switching“ auf der anderen Seite der Netztypen. Beide Prinzipien haben Stärken und Schwächen abhängig von den Eigenschaften der verschiedenen Kommunikationsformen. Im einzelnen ergeben sich die folgenden Gesichtspunkte:

a) Unbestritten ist die meist bessere Ausnützung von digitalen Übertragungsstrecken nach dem Paketprinzip. Das liegt wesentlich daran, daß Übertragungsstrecken nur dann belegt werden, wenn tatsächlich Informationen zu übertragen sind. Deshalb wird stellenweise sogar das Paketprinzip für Sprachkommunikation als besonders angemessen angesehen, weil im normalen Gespräch *eine Gesprächsrichtung* im Mittel weniger als 50% der Kommunikationszeit belegt wird. (Dies hat im analogen Netz auf teuren Übertragungsstrecken zum sog. TASI-Verfahren geführt, vgl. Abschnitt 2.3.4.)

Bei näherem Hinsehen wird dieser Vorteil in gewissem Umfang abgeschwächt einerseits durch den zusätzlich notwendigen „Overhead“ für Steuerungsinformationen, andererseits durch Prozeduren, die auch bei einseitig gerichteter Kommunikation die Gegenrichtung für Flußsteuerung und Übertragungssicherung belegen (Abschnitt 5.4). In typischen Fällen beträgt der Verpackungsoverhead 20% [8.1]!

Davon abgesehen wird die Nutzung der Übertragungsstrecken aber auch durch die Anwendung des Wartebetriebprinzips verbessert (Abschnitt 3.2).

Durch die „Informationsübertragung nur bei Bedarf“ können im Paketnetz unterschiedlichste Übertragungsanforderungen bedient werden; die verfügbare Übertragungskapazität wird bestmöglich ausgenutzt. Die Paketverschachtelung ist also besonders für teure Übertragungsstrecken vorteilhaft anwendbar. Dazu gehört auch die Vielfachausnutzung *einer* „physikalischen“ Anschlußleitung durch zahlreiche „logische Kanäle“, wie in Abschnitt 5.4 erläutert. Das ist für den Anschluß von Datenverarbeitungsanlagen in Fernverarbeitungssystemen interessant (Teilnehmersystem).

b) Das Prinzip der Paketvermittlung setzt voraus, daß die Pakete (Ebene 3, Abschnitt 5.4) von der Steuerung einzeln „angeschaut“ werden, um den Bestimmungsort und andere Steuerungsparameter zu erkennen. Dieses „Anschauen“ kann genutzt werden, um Protokoll- und Geschwindigkeitsanpassungen durch die „intelligente“ Steuerung vornehmen zu lassen. Mit dem Paketprinzip läßt sich also das Herstellen der *Kompatibilität* als vom Netz angebotener Dienst realisieren. Aber auch andere Dienste bauen auf dem „Anschauprinzip“ auf wie die „volumenabhängige Tarifierung“, bei der zu entrichtende Gebühren vom tatsächlich übertragenen Bitvolumen abhängig gemacht werden. Weiterhin sind ganz allgemein Netzleistungen, die auf dem Speichern von Nutznachrichten beruhen, leicht zu verwirklichen.

c) Mit den in Ebene 2 der Schnittstellen X.25 und X.75 realisierten Prozeduren stellt das Paketnetz Übertragungsstrecken sehr geringer Bitfehlerrate zur Verfügung. (Damit ist aber nicht gleichzeitig ein hoher Datendurchsatz garantiert!)

d) In den Paketvermittlungen wird Verarbeitungskapazität nicht allein für den Aufbau und Abbau von (virtuellen) Verbindungen, sondern auch für die Durchschaltung der Nutzinformation benötigt. Damit muß das System der Vermittlungsprozessoren bei gleicher Vermittlungskapazität in der Paketvermittlung wesentlich leistungsfähiger als in der Kanalvermittlung sein, d. h., bei gleicher Leistungsfähigkeit der Prozessoren ergibt sich eine wesentlich geringere Vermittlungskapazität der Paketvermittlung. Zahlenbeispiel: In der Koppeleinrichtung „DE 5“ (Abschnitt 7.1.2) sind mit 504 anschließbaren LTG etwa 4000 Mbit/s übertragbar. Von diesen mögen nur 50% im Sinne des Paketnetzes Information tragen, die Länge der Pakete sei im Mittel 1000 bit. Dann entspricht der Durchschaltekapazität der Koppeleinrichtung DE 5 eine Paketrate von 2000000 Paketen/s (Abschnitt 8.2.4).

e) Da das Paketnetz als Wartezeitsystem arbeitet, erfahren die einzelnen Pakete einer virtuellen Verbindung unterschiedliche Wartezeiten im Netz, die Verbindung ist nicht „zeittransparent“. Die zeitlichen Schwankungen sind insbesondere bei Übertragung von Sprache störend. Auch absolut ist die Transportzeit über das Netz bei Paketvermittlungen größer als bei Kanalvermittlungen, weil in jeder Paketvermittlung Warteschlangen für die Nutzinformation aufgebaut werden. Bei Sprachübertragung im Paketnetz muß man zusätzlich eine Verzögerungszeit für die Paketbildung einrechnen (Abschnitt 8.2.4)

f) Immerhin ist die *Transport*zeit eines Paketes im Paketnetz in der Regel kürzer als die Zeit für den *Aufbau* einer Verbindung im leitungsvermittelnden Netz. Das hat seine Bedeutung für den Datendialog zwischen Terminal und Datenverarbeitungsanlage. Wird im leitungsvermittelnden Netz für eine *Transaktion* die Verbindung erst aufgebaut, ist mit einer größeren Reaktionszeit zu rechnen als im Paketnetz, sofern dort die virtuelle Verbindung bereits besteht.

g) Im Paketnetz wird die Signalisierungsinformation der Nutzinformation mitgegeben, man kann dies als eine Art „Imband“-Signalisierung (Abschnitt 5.2) auffassen. In der Signalisierungsgeschwindigkeit ist dieses Verfahren im allgemeinen einem „Außerband“-Verfahren auf zentralem Zeichenkanal überlegen. Auf der anderen Seite sind mit den zugehörigen Protokollen auch Transportregeln für die Nutzinformation festgelegt worden, während im leitungsvermittelnden Netz bezüglich der Nutzinformation völlige Protokollfreiheit herrscht. Damit sind speziellen Nutzungsformen keinerlei Fesseln angelegt, was sowohl vorteilhaft als auch nachteilig sein kann (vgl. Abschnitt 9.2). Insbesondere können sehr einfache und damit wirtschaftliche Protokolle für die Nutzinformation – z. B. Sprache – verwendet werden.

Man kann mit Fug und Recht sagen, daß sich über das große Feld „Telekommunikation“ hinweg – erinnert sei an die zahlreichen Netzparameter Abschnitt 1.3 – kein breiter Einsatzvorteil für das eine oder andere Prinzip ergibt. Wohl aber lassen sich Einsatzschwerpunkte erkennen:

– leitungsvermittelnde Netze bei billigen Übertragungsstrecken, Massenverkehr, großen Netzen, einfachen Protokollen, keinen Kompatibilitätsforderungen, Zeittransparenz, kurzen Laufzeiten über bestehende Verbindungen;

– paketvermittelnde Netze umgekehrt bei teuren Übertragungsstrecken, geringerem Verkehrsaufkommen, kleineren Netzen (um nur bei wenigen Knoten Wartezeiten erleiden zu müssen), sehr kurzem und häufigem Informationsaustausch über bestehende virtuelle Verbindungen („bursty traffic", wie er z. B. beim Transaktionsbetrieb auftritt), Notwendigkeit von Protokollanpassungen durch Kompatibilitätsdienste.

Es fehlt nicht an Versuchen, die Vorteile beider Prinzipien in „Hybridvermittlungen" oder „Hybridnetzen" zu vereinigen (z. B. [8.2–8.4, 4.17] und das in Bild 4.29c, d gezeigte Prinzip). In Abschnitt 8.3 wird hierauf noch einmal zurückgekommen. Da insgesamt das Paketprinzip als das universellere erscheint, andererseits die Integration von Diensten in Zukunft als unerläßlich erachtet wird (Abschnitt 8.1.1), wurden zahlreiche Vorschläge und Untersuchungen bekannt, die Sprache auch in Paketnetzen zu übertragen [3.8, 8.5]. Letzten Endes wird sich wohl der Gesichtspunkt „Wirtschaftlichkeit" durchsetzen: Sprache als Massenkommunikation verbleibt im dafür optimal geeigneten *leitungsvermittelnden Netz;* mit Sprache zu integrierende Kommunikationsformen siedeln sich im selben Netz an; verbleibende Kommunikationsformen, die weniger auf Dienstintegration als auf *Paketvermittlung* angewiesen sind, werden die zugehörigen Netze benutzen.

8.1.3 Öffentliche und private Netze

Uns allen geläufig ist das *öffentliche* Fernsprechnetz, über das wir mehr als 300 Millionen Teilnehmer in aller Welt erreichen können. Rein formal – nach der deutschen Fernmeldeordnung – sind auch Nebenstellenanlagen Teil des öffentlichen Netzes, sofern sie an dieses angeschlossen werden. Das öffentliche Fernsprechnetz ist ein *offenes* Kommunikationssystem, das jeder nutzen und in dem jeder mit jedem kommunizieren kann. Damit dieses funktioniert, ist die Einhaltung gewisser Konventionen notwendig (Abschnitt 5.1). Diese betreffen einerseits die technischen Protokolle zum Aufbau und Abbau der Verbindungen (Ebenen 1 bis 3), andererseits gewisse Verständigungsregeln für den menschlichen Dialog (Ebenen 4 bis 7), die aber dank der Flexibilität der menschlichen Intelligenz einen weiten persönlichen Spielraum lassen. Bei der „offenen Maschinenkommunikation" – etwa im Dialog zwischen Telexmaschinen – ist dies aber anders: Dort müssen für die Verständigung *von jedem zu jedem* auch die höheren Protokollebenen standardisiert werden (Abschnitt 9.2).

Die allgemeinen Kennzeichen eines öffentlichen Netzes sind also: Es ist jedem zugänglich, und es werden standardisierte Protokolle – eventuell mehrere solche Standards – verwendet.

Im Gegensatz dazu stehen *Privatnetze.* Beispiele dafür sind Rechnerverbund- und Transaktionsnetze für eine Bank mit ihren Filialen, für Kontobewegungen zwischen verschiedenen Banken (SWIFT), für Platzbuchungen im Verbund der Verkehrs- und Reiseunternehmen (START) [8.6]. Privatnetze haben einen eingegrenzten Benutzerkreis, dürfen im allgemeinen keinen Übergang in das öffentliche Netz zulassen und verwenden häufig nicht standardisierte, herstellerspezifische Protokolle. Sie benutzen meist gemietete Übertragungswege des öffentlichen Netzes wie z. B. im HfD-(Hauptanschluß für Direktruf)-Dienst [8.7].

Sind *öffentliche* oder *private* Netze vorzuziehen? Das hängt vom Standpunkt und vom Einsatzfall ab. Es gibt Fälle, in denen dem Benutzer gar nicht an offener Kommunikation gelegen ist – öfters ist dies so bei Datenfernverarbeitung oder Rechnerverbund. Für Privatnetze spricht auch die optimal mögliche Anpassung an die Belange des Benutzers; damit verbunden ist häufig ein größeres und moderneres Angebot von Leistungsmerkmalen als in öffentlichen Netzen. Da es sich bei Privatnetzen meist nur um vergleichsweise kleine Netze handelt, lassen sie sich rasch einführen und voll nützen im Gegensatz zu öffentlichen Netzen, die zunächst eine „Einführungshürde" zu überwinden haben (Abschnitt 8.1.4).

Auf der Negativseite der Privatnetze steht die Bildung von „Kommunikationsinseln", die weiterspannenden Interessen insbesondere der Sprach-, Text- und Bildkommunikation im Wege steht. Wegen der häufig verwendeten spezifischen Kommunikationsprotokolle ergibt sich eine oft unerwünschte Herstellerabhängigkeit.

In den USA gibt es zwischen öffentlichen Netzen etwa im europäischen Sinne und Privatnetzen eine dritte Kategorie von Netzen, die von sog. *special common carriers* oder *value-added carriers* betrieben werden [8.8]. Diese *carrier* richten eigene Netze ein, wobei die Übertragungswege häufig von den Telephongesellschaften gemietet werden, und bieten sie zur allgemeinen Nutzung an, oft in Konkurrenz zu den Netzen der Telefongesellschaften. Es handelt sich also gewissermaßen um „öffentliche Netze mit Privatnetzeigenschaften" oder auch um „private Netze mit einigen Eigenschaften öffentlicher Netze".

Diese Netze werden kommerziell betrieben und stehen jedem Interessenten offen. Als *value added networks* bieten sie höhere Leistungsmerkmale als die öffentlichen Netze an; häufig besteht das Angebot in besonders ausgeklügelten Strategien zur gebührensparenden Verkehrslenkung (vgl. Abschnitt 6.1.3). Ihrer Natur nach handelt es sich um „Inselnetze", der Übergang zu anderen Inselnetzen und öffentlichen Netzen ist als besonderes Leistungsmerkmal angeboten. In den USA werden die special common carriers und value-added carriers aus Wettbewerbsgründen sehr gefördert. Eindeutiges Ergebnis ist aber die Erschwernis der *offenen Kommunikation.*

Schlägt man nun wieder die Brücke zur eingangs (Abschnitt 8.1.1) diskutierten *Dienstintegration,* so läßt sich schließen: Die Dienstintegration faßt Dienste, die offene Kommunikation brauchen – nämlich Sprache, Text, Bild –, und solche, die weniger stark auf offene Kommunikation gerichtet sind – nämlich eine Reihe von Datenanwendungen – in einem Netz zusammen. Ein solches dienstintegriertes Netz sollte also in Hinblick auf die Sprach-Massenkommunikation ein offenes Netz sein. Allerdings ist es in Hinblick auf eine Reihe anderer Anwendungen vorteilhaft oder notwendig, innerhalb des *offenen* Netzes *geschlossene* Gruppen (closed user groups) einrichten zu können. Wenn zusätzlich die Fernmeldeverwaltungen für einen hohen Leistungsmerkmalstandard und für günstige Gebühren in ihren offenen öffentlichen Netzen sorgen, wäre dem Benutzer in idealer Weise geholfen!

8.1.4 Die Einführung neuer Netze

Neue Kommunikationsnetze werden eingeführt aus Wirtschaftlichkeitsgründen oder zur Erschließung neuer Leistungsmerkmale. Ist das neue Netz technisch voll kompatibel mit dem alten Netz, so ist eine Einführung aus Wirtschaftlichkeitsgründen anläßlich von Netzerweiterungen oder mit der Außerbetriebnahme veralteter Einrichtungen problemfrei und kontinuierlich möglich. Leider ist diese Kompatibilität nicht immer gegeben; dann bedarf es einer Einführungsstrategie aus technischen Gründen. So ist es z. B. bei der Einführung des digitalen Fernsprechnetzes der Fall [8.9, 8.10].

Werden neue Netze zur Erweiterung und Verbesserung der Telekommunikationsdienste eingeführt, so entsteht vielfach eine Einführungsschwelle, wenn Teilnehmer am neuen Netz die Kommunikationsvorteile nur im Verkehr mit anderen Teilnehmern am neuen Netz ausschöpfen können. Bei einer anfangs geringen Teilnehmerzahl ergeben sich im allgemeinen dann entsprechend geringe Interessen für offene Kommunikation.

In solchen Fällen muß neben einer eventuell notwendigen technischen Einführungsstrategie auch eine nutzungsorientierte Einführungsstrategie entworfen werden, die einerseits die Benutzung attraktiv macht, andererseits die erforderlichen Neuinvestitionen in Grenzen hält. Hilfreich ist es dafür, wenn man auf existente Infrastrukturen – etwa ein vorhandenes Teilnehmeranschlußnetz oder ein vorhandenes Weitverkehrsnetz – zurückgreifen kann. Weiterhin ist es zweckmäßig, von vornherein einen Kreis von Interessenten für das neue Netz zu gewinnen.

In den folgenden Abschnitten wird fallweise auf derartige Einführungsstrategien hingewiesen.

8.2 Netze für Text- und Datenverkehr

Neben dem schon seit Jahrzehnten stetig ansteigenden Textverkehr, der im weltweiten Telexnetz bedient wird, gewinnt der Datenverkehr in seinen verschiedenen Ausprägungen rasch wachsende Bedeutung (Abschnitt 8.1). Dementsprechend groß ist die inzwischen entstandene Vielfalt von Telekommunikationsnetzen für Daten- und Textverkehr. Auf der Seite der öffentlichen oder „Carrier"-Netze findet man außer dem Telexnetz in verschiedenen Ländern Datennetze, die zusätzlich auch Textverkehr abwickeln können und die z. T. untereinander durch Netzübergänge verbunden sind. Bei den Privatnetzen gibt es zahlreiche Netzwerkarchitekturen kompetenter Hersteller und Anwender. Diese Vielfalt wird gestützt durch eine ebenfalls große Vielfalt der Verkehrsanforderungen.

Bild 8.2 vermittelt einen Eindruck der bei den sehr unterschiedlichen Nutzungsformen auftretenden Verkehrsprofile. Auf der Abszisse ist die Anzahl der Übertragungsvorgänge oder Netzbelegungen in der Hauptverkehrsstunde, auf

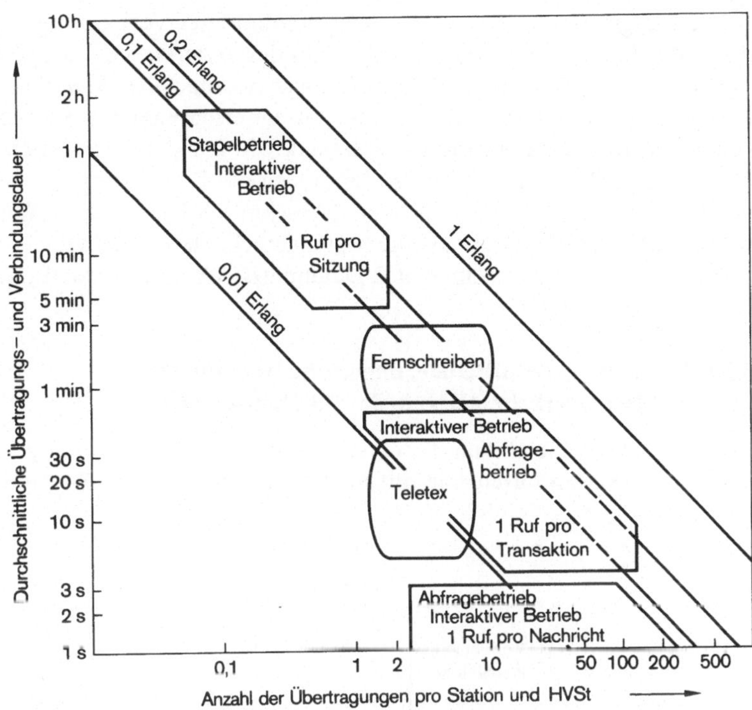

Bild 8.2. Verkehrsdiagramm für Text- und Datenverkehr. HVSt Hauptverkehrsstunde

der Ordinate die Dauer eines Übertragungsvorgangs aufgetragen. Als Parameter sind die je Station verursachten Erlang-Belastungswerte angegeben.

In der Mitte des Bildes findet sich der Bereich des klassischen Fernschreibbetriebs (50 Baud), der mit Belegungszahlen von 2 bis 10 und Belegungsdauern von 1 bis 3 min der Charakteristik des Fernsprechens am nächsten kommt. Gestrichelt umrahmt darunter ist mit *Teletex* der neue Bürofernschreibdienst (Abschnitt 9) eingetragen, der trotz häufigerer Nutzung eine merklich geringere Netzbelastung verursacht, weil die Übertragungsgeschwindigkeit auf 2400 bit/s erhöht wurde.

Einen breiten Bereich überdeckt die Mensch-Computer-Kommunikation (interaktiver Betrieb). Eine Verbindung, die für die Dauer einer *Sitzung* (session, gesamter Arbeitsvorgang) besteht, beansprucht die belegten Netzkomponenten für viele Minuten oder sogar mehr als eine Stunde. Wird die Verbindung für jede *Transaktion* (Anfrage beim Computer mit Antwort) hergestellt, verringern sich die Belegungszeiten auf den 10-s-Bereich, jedoch erhöht sich die Zahl der Verbindungsvorgänge und damit auch die Belastung der Steuerung. Außerdem muß man mit Rücksicht auf den am Sichtschirm arbeitenden Menschen für kurze Verbindungsaufbauzeiten sorgen. Diese Tendenz verstärkt sich, wenn für jeden Nachrichtenübertrag eine eigene Verbindung aufgebaut wird („bursty traffic“, Abschnitt 8.1.2).

Die letztgenannten Bereiche kurzer *und* häufiger Verbindungen sind die Domäne des Paketvermittlungsprinzips. Auf der anderen Seite der Verkehrsprofile stehen die langdauernden Übermittlungsvorgänge des *Stapelverkehrs,* die in Durchschaltenetzen gut aufgehoben sind. Überschreitet die Nutzung einer Verkehrsbeziehung eine bestimmte, abhängig von der Gebührenstruktur zu setzende Marke (z. B. 2 Erl · h/Tag), so lohnt sich die Einrichtung einer Standverbindung. In dienstintegrierten Netzen (Abschnitt 8.1.1) müssen Wege gefunden werden, alle diese Verkehrsprofile kostengerecht zu bedienen.

Aus der Vielzahl verschiedener Datennetzstrukturen werden nun einige Beispiele gebracht.

8.2.1 Das leitungsvermittelnde, integrierte Netz für Text- und Datenverkehr (IDN) in der BR Deutschland

Das Netz arbeitet nach dem Durchschalteprinzip und umfaßt insgesamt 23 Netzknoten an 18 Standorten, die mit dem elektronischen Datenvermittlungssystem

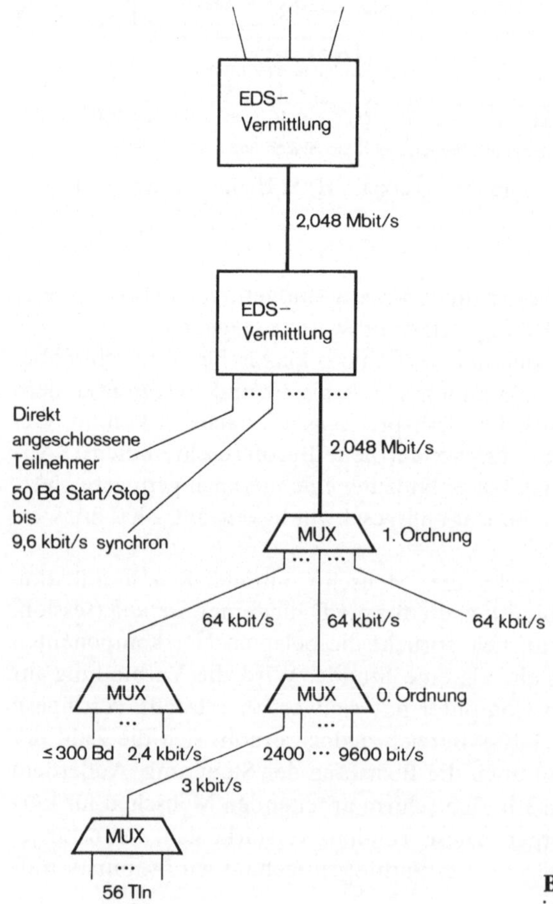

Bild 8.3. Das leitungsvermittelnde integrierte Text- und Datennetz IDN

EDS ausgerüstet sind. EDS ist für die Durchschaltung von Start-Stop-Klassen von 50 bis 300 Baud und von Synchronklassen von 2400 bis 9600 bit/s (Benutzerklassen 1 bis 5 nach CCITT-Empfehlung X.1) eingerichtet [8.11, 8.12].

Die Netzstruktur erläutert Bild 8.3. EDS-Netzknoten werden über 2,048-Mbit/s-Übertragungsstrecken verbunden. Teilnehmer im Nahbereich eines Netzknotens sind direkt angeschlossen. Weiter entfernte Teilnehmer werden über Multiplexer, bei Bedarf in drei Hierarchiestufen gestaffelt, an den Netzknoten herangeführt. Start-Stop-Stationen – im wesentlichen also Telexteilnehmer – können über Multiplexer (MUX) angeschlossen werden, die den Verkehr von 56 Teilnehmern auf einem Übertragungskanal zusammenfassen.

An den Netzknoten werden – hier nicht gezeigt – die im Multiplex ankommenden Kanäle wieder auf Einzelleitungen aufgefächert und an die Vermittlung angeschlossen. Die Netzknoten erlauben den Anschluß von 20 000 Teilnehmern. Wenn dies nicht ausreicht, können Doppel- oder Dreifachknoten gebildet werden.

Das Netz bietet unter der Bezeichnung *Datex-L* (leitungsvermittelt) Dienste des Text- und Datenverkehrs an, ist also ein (teil-)dienstintegriertes Netz. Die Verbindungen beanspruchen auf den Übertragungswegen und in den Vermittlungen lediglich die durch ihre Benutzerklasse ausgewiesene Übertragungskapazität. In den Vermittlungen muß also die Aufgabe gelöst werden, Verbindungen unterschiedlicher Bitrate durchzuschalten. Das geschieht allerdings nach anderen Prinzipien als in Bild 4.29 angegeben. Da den Anschlußleitungen die Benutzerklasse fest zugewiesen wird, ist eine Mehrfachausnützung der Anschlußleitungen für unterschiedliche Benutzerklassen (Abschnitt 8.1.1) nicht möglich.

8.2.2 Struktur eines öffentlichen Paketvermittlungsnetzes

Mit dem USA-Hochschulnetz ARPANET begannen in den 60er Jahren Entwicklung und Erprobung von Paketvermittlungsnetzen. Mittlerweile gibt es zahlreiche solche Netze mit eigenständigen Protokollen und Schnittstellendefinitionen [8.13]. Es erwies sich als notwendig, internationale Standards festzulegen, die zumindest den Verkehr zwischen diesen Netzen möglich machen. Dies führte zu einer Reihe von CCITT-Empfehlungen, von denen die Empfehlung X.25 in Abschnitt 5.4 bereits ausführlich besprochen wurde. Weitere Empfehlungen beschreiben andere, wichtige Netzfunktionen.

Im Zusammenhang macht dieses Bild 8.4 deutlich, das ein Paketvermittlungsnetz mit seinen Komponenten nach internationalen Standards zeigt. Ein solches Netz ist z. B. in der BR Deutschland ergänzend zu Datex-L als *Datex-P* (paketvermittelt) ab 1980 eingerichtet worden [8.14].

Der „Verantwortungsbereich“ des öffentlichen Netzes erstreckt sich von Schnittstelle zu Schnittstelle (Abschnitt 9.2). Unmittelbar angeschlossen werden über X.25 [2.14] *paketorientierte* Datenendeinrichtungen (DEE), Start/Stop-DEE müssen zur Paketierung/Entpaketierung der Nachrichten zunächst über eine *packet assembly disassembly facility* (PAD) geführt werden. Die PAD-Funktionen sind in Empfehlung X.3 beschrieben [8.15]. Die Zusammenarbeit von DEE und PAD wird durch Schnittstelle X.28 geregelt [8.15]. Darüber hinaus

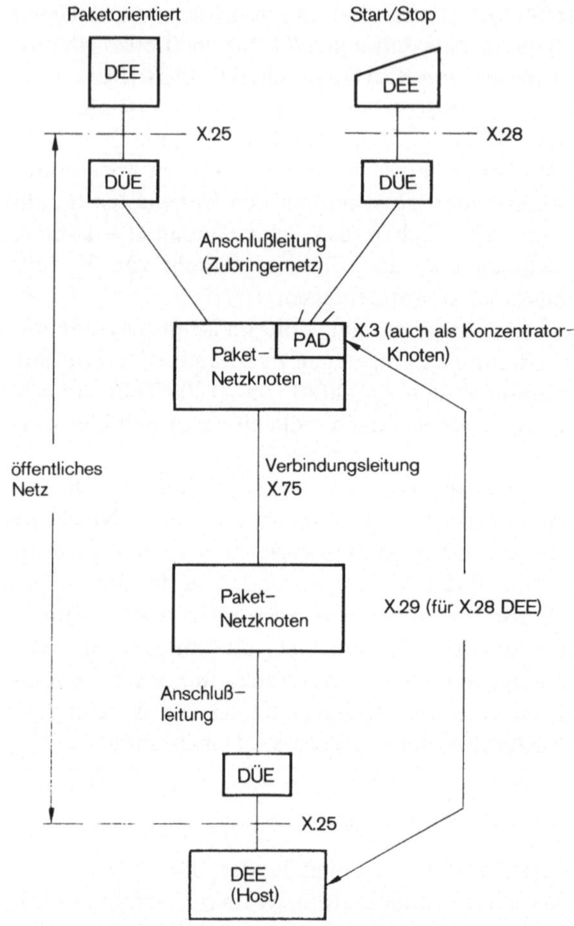

Bild 8.4. Öffentliches Paketvermittlungsnetz mit CCITT-Empfehlungen. DEE Datenendeinrichtung, DÜE Datenübertragungseinrichtung, PAD packet assembly disassembly facility

muß der Austausch von Steuerinformationen und Benutzerdaten zwischen PAD und paketorientierter Partner-DEE (z. B. *Host*) festgelegt werden. Dies geschieht mit Empfehlung X.29 [8.15]. Ähnliche Festlegungen für den Anschluß von synchronen DEE an ein Paketvermittlungsnetz sind in Arbeit.

Noch nicht erwähnt wurde die Regelung der zwischen den *Netzknoten* auszutauschenden Protokolle. Hierfür ist Empfehlung X.75 zuständig [8.16].

8.2.3 „Local Computer Networks"

Anlaß für die Einführung dieser neuen Kategorie von Netzen (auch *local area networks* genannt) war der Wunsch, zahlreiche Hosts (Rechner) für die verteilte Datenverarbeitung im Entfernungsbereich von etwa 0,1 bis 5 km leistungsfähig miteinander zu verbinden. Leistungsfähig heißt: Es sind Bitraten im Mbit/s-Bereich möglich. Zahlreich heißt: Einige 100 Geräte müssen miteinander zu verbinden sein. Mittlerweile wurde der Anwendungsbereich erweitert: Es werden auch Arbeitsplatzstationen (work stations) und Terminals angeschlossen; unter dem Aspekt der Dienstintegration (Abschnitt 8.1.1) wird die Sprachkommunikation einbezogen.

Sehr zahlreiche Konzepte und Netzkonfigurationen sind inzwischen bekannt geworden [8.17]. Meist werden Prinzipien der Paketvermittlung (Abschnitt 3.3) mit Prinzipien der dezentralen Vermittlung (Abschnitt 3.5) verbunden. Dabei

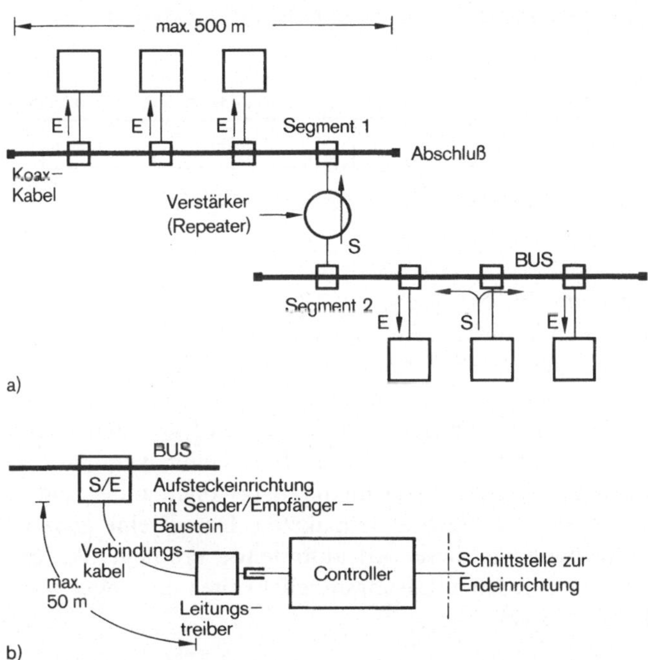

Bild 8.5. „Ethernet" als Beispiel für local networks. **a)** Konfigurationsbeispiel, S Senden, E Empfangen; **b)** Architektur und Schnittstellen

sind als Netztopologien Bus- oder Ringnetze eingesetzt (Abschnitt 3.6, [8.18]). Eine typische Konfiguration zeigt mit *Ethernet* [8.19] das Bild 8.5.

Ethernet ist ein Bussystem mit in Bild 8.5 a gezeigten Konfigurationsvorschriften. Es besteht aus einem Koaxialkabel, auf dem eine sendende Station ihre Nachrichten wie ein Rundfunksender über den Äther (ether) verteilt. Die Bitrate auf dem Kabel beträgt 10 Mbit/s, anschließbar sind bis 1024 Stationen (Rechner, Schnelldrucker, Archivsysteme, intelligente Terminals, Abschnitt 9) bis zu einer Maximalentfernung von 2,5 Kilometern von einem zum anderen Ende. Wichtig ist die besonders einfache Anschlußmöglichkeit: Mit einer Aufsteckeinrichtung (Bild 8.5 b) kann man sich an einem *verlegten* Ethernet-Bus unter Beachtung eines Mindestabstandes problemlos anschließen. Diese Steckeinrichtung enthält ebenfalls Sender und Empfänger für die Kommunikation über den

Bus. Sender und Empfänger sind über ein maximal 50 m langes Verbindungskabel mit dem Controller verbunden. Er steuert die Funktionen des *physical* und des *data link layers* (Ebene 1 und 2, Bild 5.2) und ist auf einer eigenen Baugruppe untergebracht.

Das Kommunikationsprinzip ist folgendes: Die Nachrichten werden im Controller verpackt bzw. ausgepackt. Die Nachrichtenpakete (bursts) werden mit Angabe der Zieladresse und weiteren Angaben ausgesendet, der angesprochene Empfänger nimmt die Nachricht auf. Für diesen Nachrichtenübertrag steht die gesamte Kapazität (z. B. 10 Mbit/s) des Übertragungsmediums zur Verfügung, die Übertragung einer Nachricht erfolgt deshalb sehr schnell. Prozeduren und

6	6	2	46 ··· 1500	4 Oktetts
Zieladresse	Ursprungs-adresse	Typ	Daten	Prüfbits

Bild 8.6. Ethernet Nachrichtenformat im data link layer

Formate der Nachrichtenübertragung müssen selbstverständlich abgesprochen und standardisiert sein. Ein solches innerhalb Ethernet für Ebene 2 standardisiertes Nachrichtenformat zeigt Bild 8.6. Das „framing" – also das Erkennen von Anfang und Ende der Nachricht – erfolgt in Ebene 1 (physical layer).

Das Aussenden der Nachrichten wird von den Controllern selbständig, also ohne Regelung durch zentrale Buszuteiler, veranlaßt. Dabei entsteht das Problem der Kollision von unabhängig voneinander von verschiedenen Stationen ausgesendeten Nachrichtenpaketen. Das ist eine ganz allgemein bei local computer networks dieser Art auftretende Problematik, für die eine ganze Anzahl von verschiedenen Lösungsmöglichkeiten erarbeitet worden sind. Beispiele hierfür sind [8.20]:

CSMA (carrier sense multiple access)

Dieses Verfahren wird in Bussystemen angewendet. Bevor eine Station zu senden beginnt, „horcht" sie, ob nicht bereits eine Übertragung auf dem Bus stattfindet. Je geringer die Entfernung und damit die Laufzeit zwischen den einzelnen Stationen ist, um so geringer wird das Zeitintervall, in dem es noch zu Zusammenstößen kommen kann.

Das Verfahren läßt sich durch CSMA/CD (carrier sense multiple access with collision detection) verbessern: Während eine Station sendet, hört sie auf dem Übertragungskanal mit. Wenn die empfangenen Daten nicht mit den gesendeten übereinstimmen, nimmt sie einen Zusammenstoß an und bricht das Senden ab. Dadurch wird der Bus nach einer Kollision schneller wieder frei. – Das Aussenden wird nach einer durch Zufall streuenden Zeit wiederholt.

Dieses Verfahren wird in Ethernet angewendet. Die Entdeckung von Signalkollisionen erfolgt bereits in der Aufsteckeinrichtung, im Ebenenmodell ist sie der Ebene 1 (physical layer) zugeordnet.

Pure ALOHA

Dieses Verfahren wurde zuerst in einem von der Universität Hawaii entwickelten Kommunikationssystem ALOHA angewendet (Abschnitt 8.6). Jede Station sendet, wenn sie gerade etwas zu senden hat. Wenn zwei Stationen gleichzeitig senden, kommt es zu einem Zusammenstoß, und die gesendeten Pakete werden verfälscht. Wenn ein Terminal für ein gesendetes Paket keine Quittung erhält, wiederholt es dieses Paket nach einer zufälligen Zeitspanne.

Wächst die Belastung des zentralen Kanals durch die gesendeten Nachrichten über den relativ geringen Wert von 0,18 Erl hinaus, so führt das Verfahren zur Selbstblockade durch immer mehr wiederholte Nachrichten. Deshalb hat man eine Verbesserung durch *Slotted* ALOHA eingeführt: Die verfügbare Zeit wird in Zeitschlitze eingeteilt, in die eine Nachricht hineinpaßt. Jede Station darf nur am Beginn eines Zeitschlitzes zu senden anfangen. Dadurch wird die Zeit, in der Kollisionen auftreten können, reduziert, und die mögliche Kanalauslastung steigt auf maximal 0,37 Erl an.

Token Passing

Dieses Verfahren ist für Ringnetze geeignet: Ein Kennzeichen (*token*) läuft im Ring um und kennzeichnet anschließend freie Zeitbereiche. Eine Station darf nach Empfang des token senden und setzt an das Ende der Nachricht wiederum das token.

Eine Wartungsstation im Ring ist in der Lage, das token zu generieren. Eine defekte Station kann den Ring blockieren, wenn nicht besondere Maßnahmen getroffen werden.

Auf dem Bus- oder Ringkonzept aufbauende local computer networks bieten eine leistungsfähige und aufwandgünstige Kommunikationsmöglichkeit zwischen hochwertigen Dateneinrichtungen. Durch die Netzstruktur werden bestimmte Leistungsmerkmale wie das *Rundsenden* an viele Adressaten unterstützt. Die Basisleistungsmerkmale der Kommunikation sind dezentral realisiert, höhere Leistungsmerkmale und Netzübergänge erfordern zentrale, am Netzwerk angeschlossene Einrichtungen.

8.2.4 „Packetized Voice“

Zahlreiche Untersuchungen gelten dem Bemühen, auch Sprache über Paketvermittlungsnetze und local computer networks zu übertragen (z. B. [3.8, 8.5]), um in diesen Netzen eine vollständige Dienstintegration durchführen zu können (Abschnitt 8.1.1). Dies aber ist mit einer Reihe von Problemen verbunden:

a) Die hohen Bitraten der PCM und die starken Verkehrswerte des „Massenverkehrs Fernsprechen“ führen zu unverhältnismäßig hohen Netzbelastungen, für die diese Netze ursprünglich nicht konzipiert waren.

Zur Reduzierung der Bitrate können redundanzmindernde Verfahren eingesetzt werden, die aber – je nach Reduktionsgrad – höheren Aufwand und geringere Übertragungsqualität bedeuten. Weiterhin muß der notwendige Übergang in PCM-Netze mit zusätzlicher Aufwandserhöhung und Qualitätsverschlechterung berücksichtigt werden.

Die starken Verkehrswerte sind zu verringern, wenn man nicht den *gesamten* Fernsprechverkehr sondern nur im Sinne der Integration wichtige *Teile* über das Netz führt.

b) Durch die Paketbildung und durch Warteschlangen in den Netzknoten treten Verzögerungen der Sprachpakete auf. Durch ungleiche Wartezeiten entstehen Pausenverzerrungen, d. h., die *Zeittransparenz* der Übermittlung geht verloren.

Durch Priorisierung der Sprachpakete können die Pausenverzerrungen verringert werden. Selbstverständlich sollten Sprachpakete innerhalb einer virtuellen Verbindung stets auf derselben Route durch das Netz geschickt werden.

Zur Verdeutlichung ein Zahlenbeispiel: Es sei angenommen, daß die Bitrate des digitalen Sprachsignals auf 32 kbit/s verringert worden sei. Weiterhin möge eine Sendeverzögerung von 2 ms zugelassen werden, so daß die Nutzinformation der zu bildenden Sprachpakete 64 bit oder 8 Oktetts lang ist. Rechnet man der Einfachheit halber mit nur 50% Sprachpausen in *einem* doppelt gerichteten Gespräch (Dialog), so sind 500 Nutzpakete/s teils in der einen, teils in der anderen Richtung zu transportieren. 20 gleichzeitige Sprachverbindungen erfordern also bereits eine Transportleistung von 10000 Nutzpaketen/s.

Läßt man eine Sendeverzögerung von 40 ms zu, so wird das Nutzpaket 160 Oktetts lang. Eine Dialog-Sprachverbindung erfordert den Transport von 25 Paketen/s. Die Transportleistung von 10 000 Paketen/s wird bei 400 gleichzeitigen Sprachverbindungen erreicht (Abschnitt 8.1.2). Übliche Werte für derzeitige Paketvermittlungsknoten liegen bei einem Durchsatz von etwa 1000 Paketen/s.

Wesentlicher als die Reduzierung der Bitrate ist offenbar die Erhöhung der Sendeverzögerung, wenn man Sprache in Paketvermittlungsnetzen transportieren will. Dem ist aber – zumindest im weltweiten Fernsprechverkehr, der auch über Satellitenstrecken führt – eine deutliche Grenze gesetzt: Die Gesamtverzögerung in einer Verbindungsrichtung darf 400 ms nicht überschreiten [3.4].

Das schließt die Verwendung paketierter Sprache in besonderen Fällen nicht aus. Ein Übergang vom Durchschalteprinzip zum Paketprinzip dürfte aber als Endziel für den allgemeinen Fernsprechverkehr nicht zweckmäßig sein!

8.3 Das „Integrated Services Digital Network" (ISDN)

8.3.1 Veranlassung

Wie in Abschnitt 3.7 bereits erwähnt, besteht weltweit ein Trend zur Digitalisierung des Fernsprechnetzes, weil ein in Übertragungs- und Vermittlungstechnik integriertes Digitalnetz merklich wirtschaftlicher als das weit verbreitete analoge Fernsprechnetz ist. Für das dem Nahverkehr dienende Regionalnetz (Bezirksnetz) ist das schon seit längerer Zeit bekannt [8.21], denn dort liegen für den Einsatz der Digitaltechnik besonders günstige Bedingungen vor. Neuerdings ergeben sich – bei ständig sinkenden Elektronikkosten – auch Einsatzmöglichkeiten im überregionalen (Weitverkehrs-)Netz [8.22], so daß wir auf weite Sicht ein digitales Fernsprechnetz auf der Basis des 64-kbit/s-PCM-Kanals bekommen werden. Das bedeutet: Digitale Multiplexübertragungsstrecken werden im regionalen und überregionalen Bereich, digitale Vermittlungsstellen zunächst im Fernnetz, darauf folgend – wegen der schwierigeren BORSCHT-Problematik (Bild 6.5) – auch im Ortsnetz eingeführt.

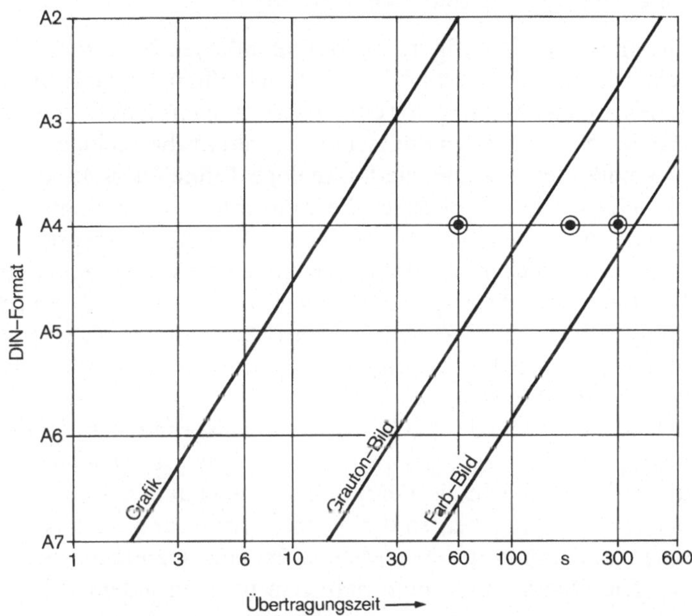

Bild 8.7. Zusammenhang zwischen Format und Übertragungszeit bei einer Auflösung von 4 L/mm für eine Übertragungsrate von 64 kbit/s für Faksimiledienste. ⊙ bestehende Telefaxklassen

Auf diese Weise entsteht ein integriertes digitales Netz (internationale Bezeichnung: IDN, integrated digital network, Abschnitt 3.1), in dem sowohl Übertragungs- als auch Vermittlungstechnik digitalisiert sind. Von einem solchen Netz hat der *Benutzer* keine Vorteile, es sei denn, die Fernmeldeverwaltung gibt eigene wirtschaftliche Vorteile an den Benutzer weiter.

Ein entscheidender Schritt zu verbesserten und neuen Nutzungsmöglichkeiten ist jedoch getan, wenn die Digitalisierung über die Ortsvermittlung hinaus bis zur Teilnehmerstation ausgedehnt wird. Damit steht dort eine Duplexbitrate von 64 kbit/s zur Verfügung, mit der sich zahlreiche Formen der Digitalkommunikation aufwerten lassen. Ein Beispiel zeigt Bild 8.7: Die Faksimileübertragung von Bildern und Dokumenten kann wesentlich schneller als im analogen Fernsprechnetz erfolgen. Mit Punkten sind die heutigen Telefax-Klassen 2 (5 min, 3 min) und 3 (ca. 1 min) eingetragen. Demgegenüber wird bei 64 kbit/s eine Übertragungszeit von etwa 20 s erreicht (ohne Berücksichtigung zusätzlicher Redundanzreduktion). Selbstverständlich ist auch die *Datenübertragung* mit

64 kbit/s in vielen Fällen der Datenfernverarbeitung und Rechnerkopplung von großer Bedeutung. Insgesamt wird die 64-kbit/s-Kommunikation im „Büro der Zukunft" (office of the future) eine wichtige Rolle spielen (Abschnitt 9), wobei die Nutzung des 64-kbit/s-Netzes durch verschiedene Dienste zum *dienstintegrierten* Netz (ISDN, integrated services digital network) führt.

8.3.2 Allgemeine Eigenschaften des ISDN

Die allgemeine Konfiguration des öffentlichen Netzes ISDN zeigt Bild 8.8: Eine sehr wichtige Eigenschaft ist die Anschlußmöglichkeit für digitale Teilnehmerstationen *neben* analogen Teilnehmerstationen! Das bedeutet: Das ISDN ist kein eigenes Netz für Digitalteilnehmer, sondern die digitalen Netzknoten sind gleichermaßen für digitale wie für analoge Teilnehmerstationen geeignet. Damit ist das ISDN Teil des digitalen Fernsprechnetzes, oder später einmal: Das ISDN umfaßt mit seinen Diensten auch das „einfache" Fernsprechen.

Dementsprechend sind die Netzknoten für die Durchschaltung von 64-kbit/s-Bitströme aller Arten geeignet, soweit sie sich an die Konventionen des Verbindungsaufbaus und -Abbaus halten (Ebenen 1 bis 3), (Abschnitt 5.1). Darüber hinaus herrscht „Protokollfreiheit", es sei denn, es handelt sich um standardisierte Dienste (Abschnitt 9.2).

Über diese Durchschaltefunktion hinausgehende Aufgaben lassen sich zu einem großen Teil *auf Anforderung* von *Operationsmodulen* oder *Servicemodulen* übernehmen, die an die Verbindung angeschaltet oder in diese eingeschleift werden. Solche Aufgaben sind z. B. die Vermittlung im Paketmode oder die Zwischenspeicherung der Nachrichten für eine spätere Zustellung (delayed delivery). Die Operationsmodule brauchen nicht in jedem ISDN-Netzknoten eingerichtet zu werden, sondern sie lassen sich in *special service centers* auf einer höheren Stufe der Netzhierarchie zentralisieren, sofern es die Nutzungshäufigkeit zuläßt.

Für den Verkehr mit anderen Netzen sind Netz- oder Dienstübergänge vorgesehen, damit die am ISDN angeschlossenen Teilnehmer nicht auf dieses zunächst kleine Netz beschränkt bleiben (Abschnitt 8.1.4), sondern auch über bestehende Netze weltweite Kommunikation betreiben können (Abschnitt 8.3.5).

Eine wichtige Eigenschaft des ISDN ist darin begründet, daß es sich um ein vollelektronisches Netz handelt: Die Verbindungsaufbau- und -abbauzeiten sind nicht mehr durch elektromechanische Schaltglieder bestimmt! Während die Aufbauzeiten im heutigen analogen Fernsprechnetz im Bereich von 10 s bis einigen 10 s – bei interkontinentaler Wahl – liegen, sollten diese Zeiten im künftigen ISDN wenige Sekunden nicht überschreiten.

Freilich ist zu berücksichtigen, daß es sich im Endzustand um ein Netz mit der Verbreitung des heutigen Fernsprechnetzes handeln wird, in dem allein das Weiterreichen der Signalisierung über zentrale Zeichenkanäle (ZZK) über viele Netzknoten hinweg mit sich summierenden Übertragungs- und Wartezeiten verbunden ist. Eine Abhilfe dagegen könnte ein zumindest regional einzurichtendes eigenständiges, nicht assoziiertes Signalisierungsnetz nach Bild 5.18 (Abschnitt 5.6) sein.

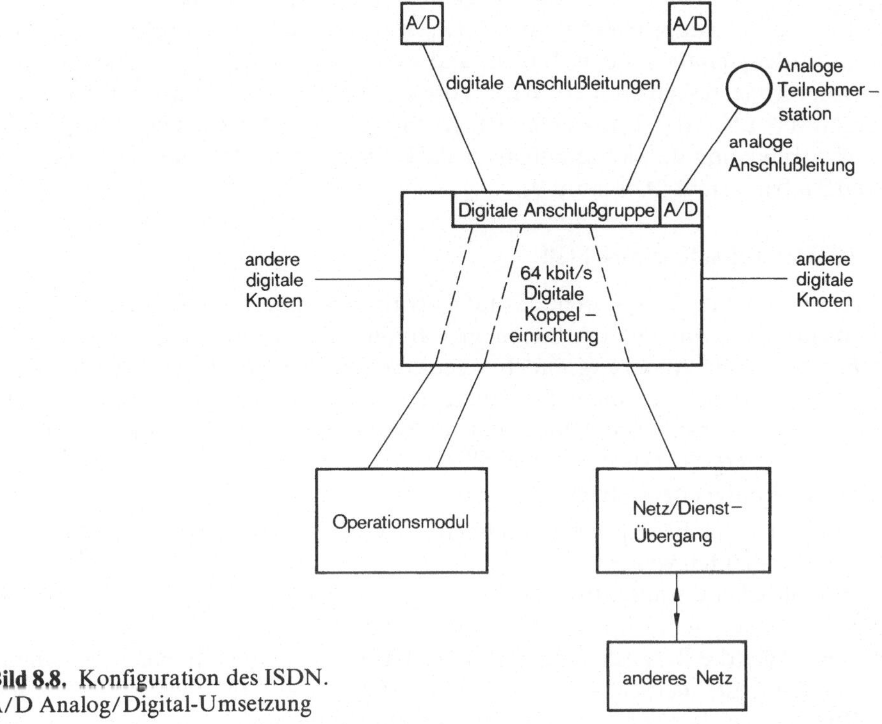

Bild 8.8. Konfiguration des ISDN. A/D Analog/Digital-Umsetzung

Wesentliche und vor allem auch ausbaufähige Eigenschaften des ISDN beruhen auf einer großzügig bemessenen Signalisierungsbitrate von 8 bzw. 16 kbit/s zwischen Teilnehmer und erstem Netzknoten, die *out-slot* und damit auch Außerband (Abschnitt 5.2) übertragen wird. Demgegenüber gibt es im heutigen Fernsprechnetz im allgemeinen nur die im „Start/Stop"-Betrieb übermittelten Wahlimpulszeichen mit einer Schrittgeschwindigkeit von 10 Baud sowie die statischen Zustände „Schleife offen/geschlossen", die zudem z. T. nur in der Verbindungsaufbauphase ausgewertet werden (Signalisierungsrichtung vom Teilnehmer zum Netzknoten). Die im ISDN unvergleichlich vielseitigeren Signalisierungsmöglichkeiten lassen Raum für zahlreiche neue oder erweiterte Dienste und Leistungsmerkmale. Die „out-slot"-Eigenschaft der Signalisierung führt dazu, daß Signale weder Nutzinformation stören noch von dieser gestört werden, so daß sie jederzeit – also auch während der Verbindung – in vollem Umfang übertragbar sind.

Die Nutzkanalbitrate beträgt – wie bereits erwähnt – 64 kbit/s. In einzelnen Fällen kann sie auch höher sein, z. B. 256 kbit/s für ein „Schnellfaksimile". Offen ist derzeit noch die Frage, ob das Netz in diesen Fällen für das Beibehalten der richtigen Oktettreihenfolge (digit sequence integrity, vgl. Bild 4.31) sorgt, oder ob dies Aufgabe der Endeinrichtung ist. Dabei ist zu berücksichtigen, daß das nicht allein eine Problemstellung für Vermittlung und Multiplex-Übertragungsstrecken sondern auch für das Teilnehmeranschlußnetz ist.

Der wohl wichtigste Vorteil des ISDN wird aber leider erst relativ spät wirksam werden, nämlich die im Endzustand weite Verbreitung, die der des heutigen Fernsprechnetzes entspricht. Wir werden dann über eine „Kommunikationssteckdose" überall Zugang zu einem leistungsfähigen Netz haben, das für zahlreiche Telekommunikationsaufgaben im Heim und im Büro ausreichende Leistungen bereitstellt (Abschnitt 9).

8.3.3 Der Teilnehmeranschluß

Ein weiterer wichtiger Vorteil des ISDN wird es sein, wenn man das im heutigen Fernsprechnetz mit seinem hohen Investitionsanteil vorhandene *Teilnehmeranschlußnetz* ohne Änderung und Erweiterung übernehmen kann (Abschnitt 1.1: 39% der Investitionen *ohne* Teilnehmerapparat liegen im Anschlußnetz!), oder wenn sich sogar mit den Mitteln der immer billiger werdenden Elektronik eine Einsparung ergibt. Für den Regelfall – der Ausnahmen zuläßt – wird man also folgende Forderungen stellen:

- Der heute im Fernsprechnetz übliche zweiadrige Anschluß des Teilnehmers soll beibehalten werden.
- Eine mögliche Alternative, die allerdings einen Verlust an Flexibilität bedeutet, wäre der vieradrige Anschluß von zwei Teilnehmern.
- Ideal wäre die Bereitstellung von *zwei* 64-kbit/s-Kanälen für *einen* Teilnehmer auf dem bestehenden zweiadrigen Anschluß.
- Zwischenverstärker je Teilnehmeranschlußleitung müssen aus Aufwandgründen vermieden werden. Das schließt nicht aus, daß man Zwischenverstärker für mehrere Teilnehmeranschlüsse in einem Multiplexübertragungssystem vorsieht.
- In dem Zusammenhang sind Reichweiteforderungen – d. h. die zu überbrückenden Teilnehmeranschlußentfernungen – zu diskutieren. Heute wird verlangt, daß noch Entfernungen von etwa 10 km durch den Standardteilnehmeranschluß ohne Zwischenverstärker abgedeckt werden. Wenn man die in der BR Deutschland vorkommenden Anschlußlängen mit dieser Forderung vergleicht (Bild 8.9), so erscheint das überzogen: Zum Beispiel nur 1% der Teilnehmeranschlußleitungen sind länger als 7 km, – dafür sollte man nicht 99% der Anschlüsse mit etwa notwendigen aufwendigeren Elektronikschaltungen überdimensionieren!

Welches sind die Probleme des digitalen Teilnehmeranschlusses? Da es sich um einen Anschluß an elektronischen Koppeleinrichtungen handelt, wird die in Bild 6.5 gezeigte BORSCHT-Problematik voll wirksam (Abschnitt 6.2.1). Besonders hervorzuheben sind dabei die Notwendigkeit der Vollduplexübertragung über zwei Adern und die Beherrschung der Störbeeinflussung, insbesondere des Nahnebensprechens.

Beim analogen Fernsprechen ist das Problem der Vollduplexübertragung über zwei Adern wirtschaftlich und zufriedenstellend gelöst: Eine einfache Gabel (Bild 2.9) reicht für den zu übertragenden Frequenzbereich von wenigen Kilo-

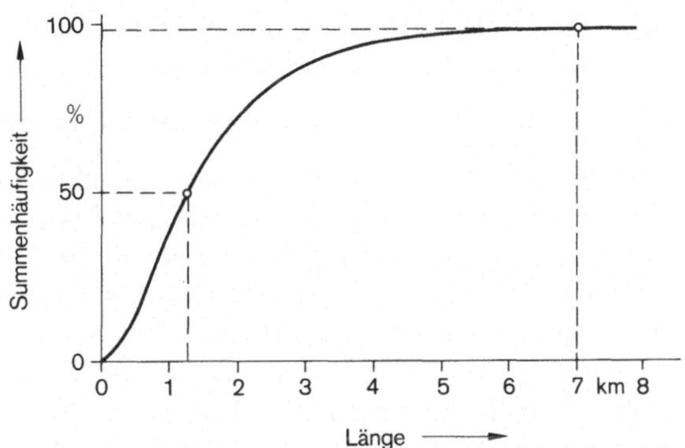

Bild 8.9. Summenhäufigkeitsverteilung für die Länge der Teilnehmeranschlußleitungen in der BR Deutschland

hertz und für die verlangte Nachbildfehlerdämpfung aus (im Fernsprechdialog werden die Sprachsignale ohnehin meist im Halbduplex – d. h. abwechselnd für jede Richtung – ausgesendet). Bei den gleichzeitig in beiden Richtungen zu übertragenden Bitströmen des ISDN mit ihrem weit höheren Frequenzbedarf ist eine solche Gabel bei weitem nicht mehr ausreichend. Mögliche Lösungswege sind [8.23]:

a) Zweidraht-Gleichlage-Verfahren

Gleichlage heißt: Beide Verbindungsrichtungen werden in derselben Frequenzlage übertragen. Das entspricht also den eben beschriebenen Verhältnissen im analogen Fernsprechnetz, jedoch muß die Gabelwirkung wesentlich verbessert werden. Dabei ist die Verschiedenartigkeit der eingesetzten Kabeltypen, Aderndurchmesser – gestaffelt innerhalb einer Anschlußleitung – und Leitungslängen zu berücksichtigen. Wegen dieser unterschiedlichen Parameter sind Gabeln mit fester Nachbildung nur für Anschlußlängen von 1 bis 2 km verwendbar (Bild 2.9). Darüber hinaus muß die Nachbildung N automatisch entsprechend den individuellen Leitungsbedingungen eingeregelt werden.

Eine solche Regelung ist noch nicht in der Lage, Reflexionen der Nutzsignale an den Stoßstellen zwischen verschiedenen Aderndurchmessern zu berücksichtigen. Die gesendeten und zu einem gewissen Teil reflektierten Signale müssen also bei den empfangenen Signalen automatisch kompensiert werden. Mit Schaltungen, die solches teilnehmerindividuell leisten, kann man Verfahren vermeiden, die für den Vollduplexbetrieb wesentlich höhere Frequenzbänder beanspruchen und damit auch störanfälliger werden. Allerdings sind die Schaltungen ziemlich kompliziert, insbesondere wenn man universelle Lösungen über einen großen Entfernungsbereich anstrebt.

b) Zweidraht-Frequenzgetrenntlage-Verfahren

Dabei erfolgt die Richtungstrennung durch Übertragung in verschiedenen Frequenzbändern. Unterschiedliche Bandmittefrequenzen können z. B. 60 und

120 kHz sein. Durch die relativ kleine Bandbreite ergeben sich günstige Verhältnisse für die Beeinflussung durch Fremd- und Störspannungen, jedoch ist der Filteraufwand verhältnismäßig hoch.

c) Zweidraht-Zeitgetrenntlage-Verfahren („Ping-Pong")

Dies ist ein schaltungstechnisch sehr einfaches und deshalb auch weithin propagiertes Verfahren, das aber einen hohen Frequenzbereich für sich in Anspruch nimmt [8.24]. Das Prinzip besteht in der *zeitlich* getrennten Übertragung der Kommunikationsrichtungen (Bild 8.10). Der zentrale Netzknoten (Vermittlungsstelle) synchronisiert und aktiviert den Nachrichtenaustausch. Die verfügbare Übertragungszeit wird in eine erste Phase für den Übertrag vom Vermittlungsknoten zum Teilnehmer und in eine zweite Phase für die Übertragung vom Teilnehmer zum Knoten aufgeteilt. Für diesen Zyklus stehen wenigstens die durch das Abtasttheorem zu fordernden 125 µs zur Verfügung. Wenn man zwei Abtastwerte zu einem 16-bit-Wort zusammenfaßt, erhöht sich die verfügbare Zeit auf 250 µs, verbunden mit einer entsprechend vergrößerten Sendeverzögerung. Im Zusammenhang mit „packetized voice" (Abschnitt 8.2.4) werden allerdings noch wesentlich größere Sendeverzögerungen diskutiert.

Eine Vergrößerung der Sendeverzugszeiten, d. h. die Zusammenfassung von mehreren Abtastwerten zu einem gemeinsam zu übertragenden „Wort", vergrößert den „Wirkungsgrad" der Übertragung gegenüber den für jeden Übertragungsvorgang konstant in Rechnung zu stellenden Belegungs- und Schutzzeiten.

Generell haben Getrenntlage-Verfahren den Vorteil, daß das Nahnebensprechen – also das Überkoppeln von ausgesendeten Signalen hohen Pegels auf empfangene Signale niederen Pegels – im Prinzip vermeidbar ist. Das erfordert beim Zeitgetrenntlage-Verfahren das *gleichzeitige* Aussenden aller Nachrichtenbursts von der Vermittlungsstelle aus, zumindest für die in einem Kabel liegenden Leitungen. Nach dem Empfang werden die in Gegenrichtung auszusendenden Nachrichtenbursts nach einer Schutzzeit von der Station ausgesendet. Die für Zeitgetrenntlage-Verfahren erforderlichen Bitfolgefrequenzen liegen meist im Bereich von 250 kHz.

Anwendungsbeispiele: Die zu übertragende Bruttobitrate sei 80 kbit/s. Sie setzt sich zusammen aus 10 bit je Abtastwert einschließlich Synchronisierung und Signalisierung. Bei einer Übertragungsbitrate von 256 kbit/s beträgt eine

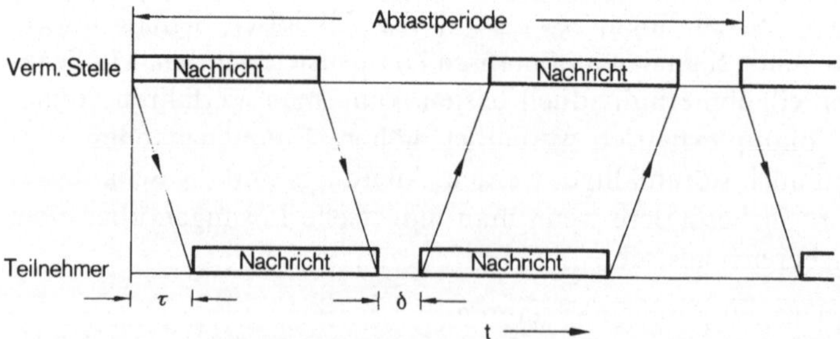

Bild 8.10. Zweidraht-Zeitgetrenntlage-Verfahren. τ Laufzeit auf der Anschlußleitung (5 bis 7 µs/km), δ Schutzintervall

Bitzeit 3,9 μs. Für einen alle 125 μs in jeder Richtung zu übertragenden 10-bit-Burst ergibt sich eine Belegungszeit der Leitung durch 2 · 10 bit von 78 μs. Bei 3 km Leitungslänge ist die zugehörige Laufzeit 2 · 15 μs = 30 μs, insgesamt sind also 108 μs verbraucht, es bleibt eine Reserve von 17 μs. Überträgt man nur alle 250 μs 2 · 8 bit für zwei Abtastwerte, 2 · 1 bit für die Signalisierung und 1 bit für die Synchronisierung – das sind also 19 bit –, so ergibt sich eine Belegungszeit der Leitung durch 2 · 19 bit von 148 μs. Wählt man die Schutzzeit zu 2 · 6 μs, so bleiben für die Laufzeit auf der Leitung 2 · 45 μs, was einer Leitungslänge von 7 bis 9 km entspricht.

Zu den geschilderten Verfahren gibt es weitere Untervarianten. Derzeit ist noch nicht abzusehen, ob eines der Verfahren standardisiert werden wird und welches Verfahren dies dann sein mag.

Allerdings ist der Teilnehmeranschluß nicht allein ein physikalisch technisches Problem. Vielmehr muß die Anschlußschnittstelle auch logisch festgelegt werden. Hier laufen derzeit noch Standardisierungsarbeiten, so daß nur ein vorläufiger Stand wiedergegeben werden kann. Im Prinzip gibt es eine ganze Reihe von Schnittstellen für Einzelteilnehmer, Mehrfachanschlüsse und Nebenstellenanlagen. Den *basic access* [8.25] für den Einzelanschluß zeigt Bild 8.11.

Neu gegenüber bisherigen Schnittstellendefinitionen (z. B. Bild 5.1) ist die zusätzlich zur Endeinrichtungsschnittstelle A_x vorhandene Schnittstelle B_0. Zwischen beiden Schnittstellen gibt es die *network termination* NT, die noch im Verantwortungsbereich des Netzbetreibers liegt. Da – im Gegensatz zu heutigen Netzen – ISDN den Anschluß unterschiedlicher Terminals für verschiedene Dienste über nur *eine* Anschlußleitung erlaubt, dient NT der Verteilung der Anschlußbitrate auf die jeweils betriebenen Terminals.

An der Schnittstelle B_0 wird die Bitrate $b+b+\Delta$ übertragen mit $b=64$ kbit/s. Es handelt sich also um eine *Zweikanal*schnittstelle (zwei unabhängige 64-kbit/s-Kanäle). Der Kanal Δ trägt die Signalisierungsnachrichten (s) für *beide* b-Kanäle, weiterhin sind Telemetrieinformationen (t) etwa zur Zählerablesung oder Energiesteuerung und besondere Daten (d') übertragbar.

Auf der linken Seite von NT sind Endeinrichtungen und bei Bedarf Telemetrieeinrichtungen angeschlossen. Eine Endeinrichtung kann einen oder zwei 64-kbit/s-Kanäle beanspruchen, außerdem benötigt sie einen Δ-Kanal zum NT. Die Bitrate an A_x ist also entweder $b+\Delta$ oder $b+b+\Delta$. In NT werden die Signa-

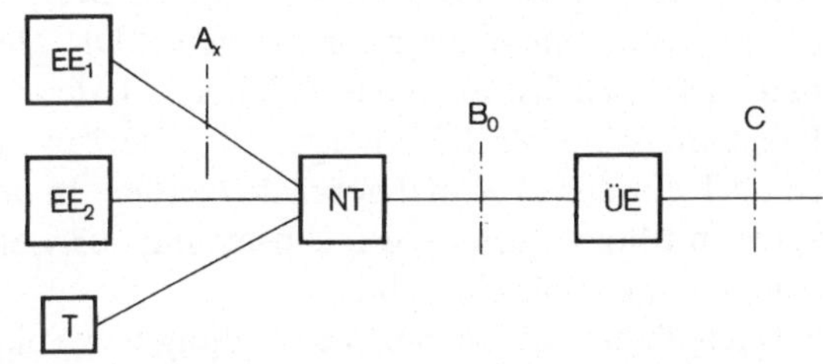

Bild 8.11. Standard-Anschlußschnittstelle im ISDN. EE Endeinrichtung, T Telemetrieeinrichtung, NT network termination, ÜE Übertragungseinrichtung, A_x, B_0, C Schnittstellen

lisierungsnachrichten verschiedener Endeinrichtungen sowie Telemetrienachrichten zusammengefaßt, so daß nur ein Δ-Kanal zwischen B_0 und Vermittlungsstelle geführt wird.

Die Schnittstelle C schließlich muß sich mit der physikalischen Realität auseinandersetzen: Entsprechend den Leitungs- und Anschlußbedingungen sind – zuzüglich Synchronisierungsbitrate – übertragbar:

- $b+\Delta$ (64 kbit/s + 16 kbit/s = 80 kbit/s),
- $b+b'+\Delta$ (mit $b'=\Delta=8$ kbit/s, also 64 kbit/s + 8 kbit/s + 8 kbit/s = 80 kbit/s),
- $b+b+\Delta$ (64 kbit/s + 64 kbit/s + 16 kbit/s = 144 kbit/s).

Die an A_x verfügbare Nutzbitrate ist natürlich letzten Endes durch die physikalisch übertragbare Bitrate bestimmt. Die Übertragung von 144 kbit/s z. B. kann über kurze Entfernungen und ggf. nachgeschaltete Multiplexer mit jedem der vorhergehend beschriebenen Verfahren realisiert werden. Andere Möglichkeiten bestehen in der Verwendung von vier Anschlußadern oder von Lichtwellenleiteranschlüssen.

Wie bereits erwähnt, werden für die Übertragung der Nutzinformation im b-Kanal keine Protokollvorschriften erlassen. Im Gegensatz dazu sind für den Δ-Kanal standardisierte Protokolle notwendig. Festgelegt ist bisher für Ebene 2 die Verwendung von HDLC-Protokollen (Abschnitt 5.4), weitere Standards sind noch in Arbeit.

8.3.4 Nutzungsbeispiele

Die Nutzungsmöglichkeiten des ISDN durch die verschiedenen Telekommunikationsformen sind breit gefächert. Die hohen Übertragungsgeschwindigkeiten für Texte, Daten und Faksimilebilder machen es z. B. möglich, eine bestehende Sprachverbindung kurzzeitig – d. h. Bruchteile einer Sekunde oder wenige Sekunden – für die gesprächsunterstützende Übertragung eines Textes oder Bildes zu unterbrechen, ohne das Gespräch damit nennenswert zu beeinträchtigen. Vielfache Anwendungsmöglichkeiten bietet auch die im Δ-Kanal mitlaufende Telemetrieinformation. Auf allgemeine Nutzungsgesichtspunkte wird in Abschnitt 9 noch ausführlich eingegangen.

Zwei Beispiele für spezielle Anwendungen zeigen das vielfältige Nutzungspotential des ISDN:

a) ISDN als Zubringer zu einem Paketvermittlungsnetz (Bild 8.12)

Der Übergang in das Paketvermittlungsnetz erfolgt in einem „special service center“ SSC, einem zentral gelegenen ISDN-Netzknoten. Zum Verbindungsaufbau wird zunächst in Ebene 1 der X.25 (Abschnitt 5.4) eine Verbindung (a) zur Paketanpassung im SSC hergestellt. Hierzu muß die zugehörige Signalisierung von NT auf den Δ-Kanal gebracht werden. In der Paketanpassung – eine Art Paketvermittlung – erfolgt die Umsetzung aus vielen Teilnehmerkanälen (a) in einen Paketmultiplexweg (b).

Nach dem Aufbau der Verbindung zur Paketanpassung beginnt der Paketaustausch mit der Endeinrichtung EE in Ebene 2 und 3. Die Paketanpassung untersucht die Zielangaben in den Paketen, um die Pakete ggf. an unter-

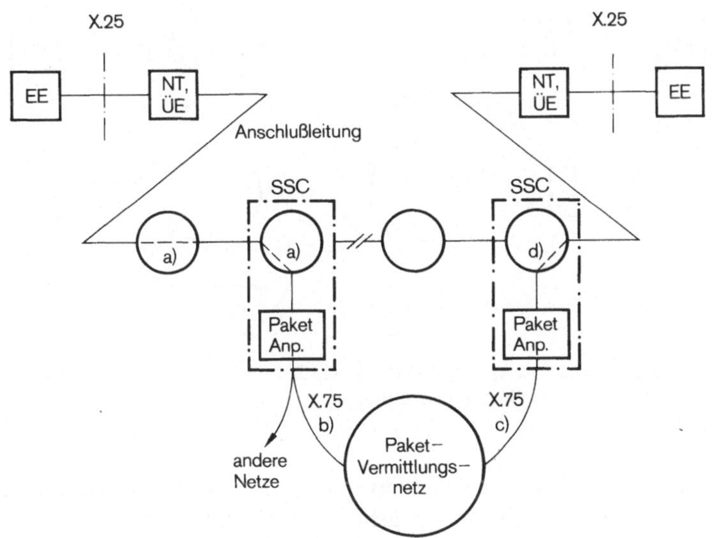

Bild 8.12. ISDN als Zubringer zu Paketvermittlungsnetz. ○ISDN-Vermittlung, - - - - vermittelter 64 kbit/s-Weg, SSC special service center

schiedliche Paketnetze weitergeben zu können. Der Paketaustausch mit dem jeweiligen Paketnetz (b) erfolgt nach den Regeln der Empfehlung X.75.

Umgekehrt muß auch ein Zugang aus Paketvermittlungsnetzen zu ISDN-Teilnehmern möglich sein. Dabei ist die Paketanpassung gewissermaßen ein über c erreichter Sammelanschluß des Paketnetzes, während die ISDN-Teilnehmernummer als Durchwahlnummer dieses Sammelanschlusses anzusehen ist. In der Paketanpassung erfolgt die Umsetzung in die ISDN-Signalisierung und -Numerierung zum Aufbau der Verbindung (d).

Viele Schwierigkeiten lassen sich umgehen, wenn a und d als fest geschaltete Verbindungen ausgeführt werden.

b) Nutzung des b'-Kanals mit 8 kbit/s im ISDN (Bild 8.13)

Wie in Abschnitt 8.3.3 erwähnt, gibt es die Schnittstelle C (Bild 8.11) in der Ausprägung $b+b'+\Delta$, wobei b' mit 8 kbit/s kein vollwertiger Kanal ist. Der in dieser Weise „verstümmelte" Doppelanschluß wird – wenn überhaupt – überall dort angewendet werden, wo der vollwertige Doppelanschluß aufgrund der Netzeigenschaften zu teuer ist. Sicher kann die Verwaltung dem Teilnehmer dafür keinen vollwertigen Anschluß in Rechnung stellen.

Es ist bereits festgelegt, daß 8-kbit/s-Kanäle nicht vermittelt werden. Statt dessen werden solche Kanäle auf 64 kbit/s aufgefüllt und dann wie vollwertige 64-kbit/s-Kanäle in der Koppeleinrichtung durchgeschaltet (a in Bild 8.13).

Sollten derartige „verstümmelte" Doppelanschlüsse in großer Zahl vorkommen (z. B. zur parallelen Nutzung von Bildschirmtext), könnte es sich für die Verwaltung lohnen, die 8-kbit/s-Kanäle als solche auch auf den Multiplexübertragungsstrecken im Netz zu führen. Dazu müssen solche Kanäle zu einem Ope-

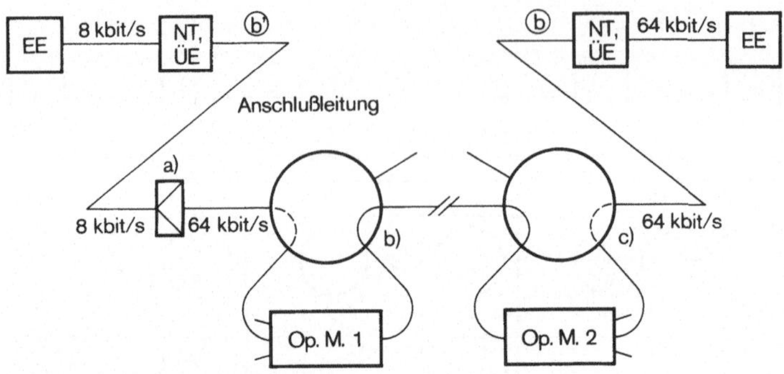

Bild 8.13. Behandlung von 8-kbit/s-Kanälen im ISDN. Op.M. Operationsmodul. - - - vermittelter Weg, —— Standverbindung

rationsmodul (Op.M.) 1 vermittelt werden, in dem die aufgefüllten 8-kbit/s-Kanäle wieder auf die Ausgangsrate zurückgeführt und zu je 8 in einem 64-kbit/s-Kanal gemultiplext werden. In dieser Form geschieht die Durchschaltung durch die Koppeleinrichtung über Standverbindungen und die Verbindung mit dem nächsten Netzknoten (b). Dort erfolgt in einem Operationsmodul 2 die Rückumsetzung auf vermittelbare 64-kbit/s-Kanäle (c), die – wie im Bild als Beispiel gezeigt – nun auch als *b*-Kanäle zum Teilnehmer geführt werden können.

Eine solche Lösung erscheint kompliziert. Sie wird sicher nur dann eingeführt, wenn wirtschaftliche Gründe dafür sprechen. Sie zeigt aber als weiteres Beispiel die vielfältigen Nutzungsmöglichkeiten des ISDN.

8.3.5 Einführungsgesichtspunkte

Einige allgemeine Gesichtspunkte zur Einführung neuer Netze wurden bereits in Abschnitt 8.1.4 behandelt. Dabei spielt die Einführung aus Gründen der Wirtschaftlichkeit eine wesentliche Rolle. Im Fall der Digitalisierung des heute analogen Fernsprechnetzes dominiert zunächst die Frage der Wirtschaftlichkeit: Digitale *Vermittlungen* sind wirtschaftlicher als analoge, digitale *Übertragungsstrecken* sind wirtschaftlicher als analoge insbesondere dann, wenn durch gleichzeitigen Einsatz digitaler Vermittlungen der Aufwand für die Analog/Digital-Umsetzung (und umgekehrt) zu reduzieren ist (*integriertes Digitalnetz* IDN, Abschnitt 8.3.1). Das bedeutet, daß man bei fälligen Netzerweiterungen *digitale* Netzkomponenten – Vermittlungen oder Übertragungsstrecken – einführen wird. Dasselbe gilt, wenn veraltete Netzkomponenten durch neue ersetzt werden müssen. Auf diese Weise entstehen im allgemeinen „digitale Inseln" im analogen Fernsprechnetz (Bild 8.14).

Nun haben digitale Inseln gewisse Nachteile. Der geringste ist das Auftreten zusätzlicher Quantisierungsverzerrungen (Abschnitt 2.1) beim Übergang zur analogen Umgebung und umgekehrt. Da digitale Inseln „Vierdraht-Eigenschaften" (Abschnitt 2.3.1) haben, treten bei ihrem Einfügen in zweidrähtige Ortsnetze Probleme auf, die durch die nicht beliebig hohe Nachbildfehlerdämpfung verursacht werden [8.10]. Schließlich aber ist die Nutzung der von der Digitaltechnik im ISDN angebotenen neuen Leistungsmerkmale nicht möglich oder auf einen nur kleinen Teilnehmerkreis beschränkt.

Ein Weg, der diese Nachteile vermeidet, ist die rasche netzweite Einführung der Digitaltechnik, beginnend in den oberen, vierdrähtigen Ebenen der Netzhierarchie und systematisch anschließend in den darunterliegenden Ebenen. Auf diese Weise entsteht ein zusammenhängender digitaler Kern, der immer weiter wächst und keine „analogen Einschlüsse" hat. Wenn das Wachstum die Ortsvermittlungen erreicht, können dort digital angeschlossene Teilnehmer sofort netzweit digital kommunizieren.

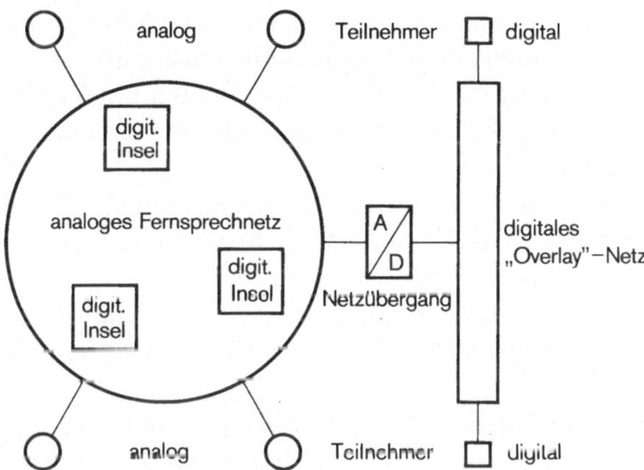

Bild 8.14. Grundsätzliche Einführungsmöglichkeiten von digitalen Komponenten

Nicht immer wird ein solcher Weg gangbar sein. Dann besteht die Möglichkeit, ein ISDN-*Overlaynetz* einzurichten, das sich in seiner Struktur an einen zunächst kleinen, aber rasch wachsenden Teilnehmerkreis laufend anpassen kann (Bild 8.14). Dieses Netz muß von vornherein „flächendeckend" geplant werden, d. h. von jedem Standort aus sollte ein – wenn auch schmaler – Einstieg in das Overlaynetz möglich sein. Damit wird die „Einführungshürde" für die Nutzung des neuen Netzes erniedrigt, interessierte Digitalteilnehmer lassen sich unabhängig vom Ausbauzustand des digitalen Fernsprechnetzes IDN an das Overlaynetz anschließen und können „von jedem zu jedem" kommunizieren.

Erschwerend für die Einrichtung eines Overlaynetzes sind die Forderung nach Wahrung der Wirtschaftlichkeit, die Notwendigkeit, den Teilnehmern am Overlaynetz durch Übergänge zu anderen Netzen weltweite Kommunikation zu ermöglichen (Bild 8.14), und die Auflage, das ISDN-Overlaynetz nicht zu einem eigenständigen Netz werden zu lassen sondern mit dem wachsenden digitalen Fernsprechnetz IDN zusammenzuführen. Sind diese Anforderungen erfüllbar?

Wie eingangs (Abschnitt 8.3.1) bereits erwähnt, wird das Interesse am ISDN zunächst aus dem Bereich der Geschäftskommunikation (office of the future) kommen. Das bedeutet aber, daß die Interessenten hohe Verkehrswerte in das

Netz einbringen, d. h., auch die dem individuellen Anschluß zugeordneten Komponenten des Netzes sind von vornherein gut ausgelastet und damit wirtschaftlich eingesetzt.

Durch die Digitalisierung kann Sprache dämpfungsfrei über beliebige Entfernungen übertragen werden. Der Teilnehmeranschluß braucht also nicht im heute üblichen Einzugsbereich – wenige Kilometer – einer Ortsvermittlungsstelle zu liegen, sondern kann auch z. B. 100 km weit zusammen mit benachbarten Anschlüssen zum nächsten ISDN-Netzknoten geführt werden. Auf diese Weise ist eine freizügige, an die jeweilige Teilnehmerzahl anpaßbare Strukturierung des Overlaynetzes möglich.

Dabei ist zu berücksichtigen, daß ISDN-Teilnehmer bei diesen Umstrukturierungen bis hin zum letztlichen Verschmelzen mit dem IDN ihre ursprüngliche Rufnummer nach Möglichkeit beibehalten sollten. Das ist dadurch weitgehend erreichbar, daß die ISDN-Netzknoten mit Rechnersteuerungen ausgerüstet sind, mit denen Rufnummern unabhängig von den Anschlußlagen zugeordnet werden können.

Warum aber soll das ISDN-Overlaynetz überhaupt mit dem IDN zusammengeführt werden? Weil es nicht wirtschaftlich ist, zwei letzten Endes große 64-kbit/s-Netze nebeneinander bestehen zu lassen (die Netzeigenschaften nach Bild 8.1 überdecken sich weitgehend). Allerdings muß dafür gesorgt werden, daß Zusatzaufwendungen für das ISDN nicht den nach wie vor analog am IDN angeschlossenen Fernsprechteilnehmern angelastet werden. Das ist durch Bildung eigener ISDN-Anschlußgruppen (Abschnitte 7.1 und 7.2) und Verlagerung von ISDN-Funktionen auf Operationsmodule großenteils möglich.

Die Zusammenarbeit mit dem bestehenden analogen Fernsprechnetz wirft einige Probleme auf [8.9]. Die Schwierigkeiten entstehen beim Übergang aus dem dekadisch gegliederten, nicht rechnergesteuerten analogen Fernsprechnetz in das ISDN-Overlaynetz, sie betreffen Numerierungs- und Dämpfungsplan. Etwas vereinfachend erläutert Bild 8.15 die Zusammenhänge:

Zunächst wird es nur wenige *digitale Mutter-Vermittlungsstellen* (VSt) mit ISDN-Eignung im Netz geben (oben rechts). Digitalteilnehmer in fernen Ortsnetzen werden über Multiplexer (MUX) an den Mutterknoten herangeführt. Dasselbe kann aber auch für weiter entfernte Teilnehmer im eigenen Ortsnetz gelten, wie im Bild dargestellt. Digitalteilnehmer im großen Ortsnetz mit der Fernwahlkennzahl 731 erhalten Rufnummern, die z. B. mit 9... beginnen. Sollte eine Dekade (z. B. 9) bei Ortsgruppenwähler (OGW) und I. Gruppenwähler (I. GW) nicht mehr frei sein, werden die Verhältnisse komplizierter [8.9]. Sinngemäß wird auch in kleineren Ortsnetzen verfahren.

Betrachtet wird nun der aus dem analogen Fernnetz zu Digitalteilnehmern fließende Verkehr. Bei Anwahl eines Digitalteilnehmers im großen Ortsnetz steuert die Kennzahl 731 den OGW zum Ortsnetz an. Mit den folgenden Ziffern 9... wird der Mutterknoten und über diesen der gewünschte Digitalteilnehmer erreicht. Wenn der Digitalteilnehmer im kleinen Ortsnetz angewählt wird, erfolgt die Ausscheidung des Ortsnetzes im End-VSt-Gruppenwähler (EGW) der Knotenvermittlungsstelle KVSt. Von dort wird nun – eventuell über eine digitale Übertragungsstrecke – der OGW der Vermittlungsstelle im kleinen Ortsnetz er-

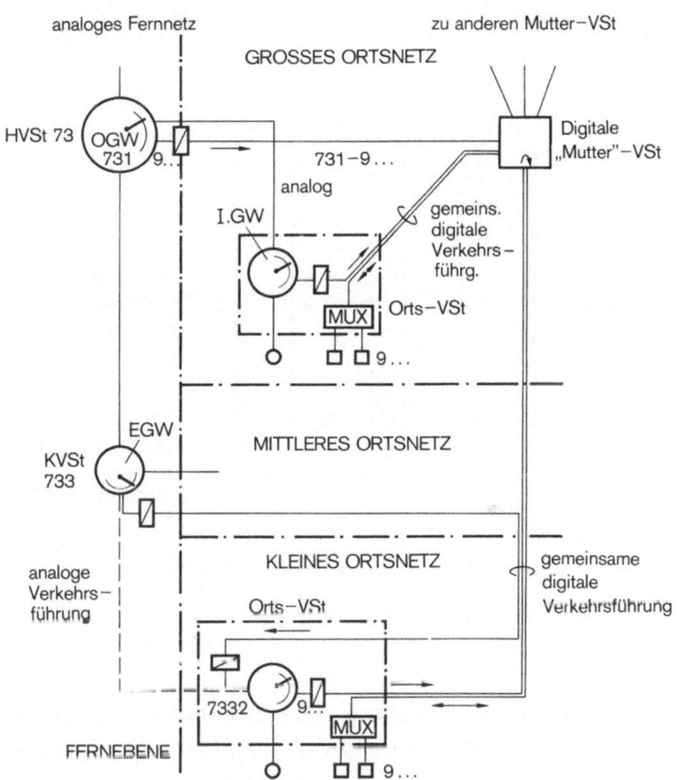

Bild 8.15. Prinzip des Übergangs vom analogen Fernsprechnetz in das digitale Overlaynetz. HVSt Hauptvermittlungsstelle, KVSt Knotenvermittlungsstelle, OGW Ortsgruppenwähler, EGW End-VSt-Gruppenwähler, GW Gruppenwähler; ▭ Analog/Digital-Umsetzung, ○ analoger Teilnehmer, □ digitaler Teilnehmer, ◯analoge Vermittlungsstelle (VSt)

reicht. Durch 9... wird anschließend – wieder über digitale Verkehrsführung zur Reduzierung der Dämpfung – der Mutterknoten angesteuert und der Zielteilnehmer des kleinen Ortsnetzes ausgewählt. Die Übertragung zurück zum Multiplexer im kleinen Ortsnetz erfolgt über einen teilnehmereigenen digitalen Kanal. Die Sprachsignale werden im letztgenannten Fall also bis zu dreimal von analog zu digital bzw. umgekehrt umgesetzt, verbunden mit entsprechenden Zweidraht/Vierdraht-Übergängen. Hierdurch entstehen die erwähnten Dämpfungsprobleme.

In umgekehrter Richtung – aus dem Overlaynetz in das analoge Fernsprechnetz – sind die Probleme geringer. Im Prinzip könnte der Übergang an beliebiger, günstiger Stelle erfolgen, da das ISDN mit seiner Rechnersteuerung genügend Flexibilität zur entsprechenden Verkehrslenkung bietet. Bild 8.16 zeigt interessante Varianten.

Bei Übergang a in der Nähe des *rufenden* Digitalteilnehmers muß beim ISDN-Zielknoten angefragt werden, ob der gerufene Teilnehmer ISDN-Teilneh-

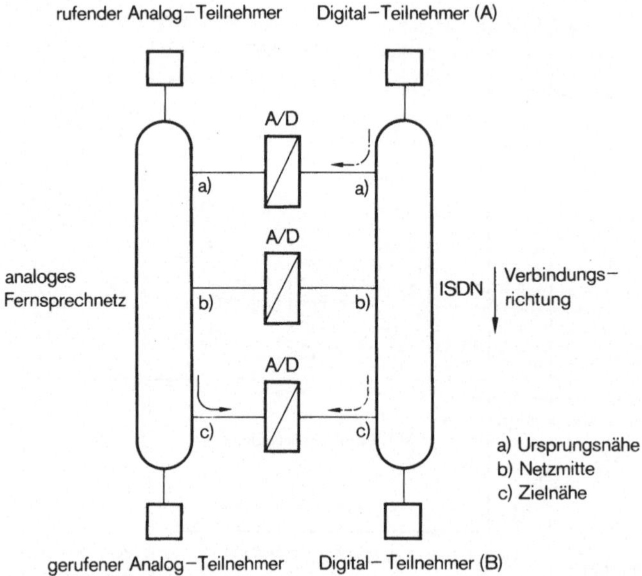

Bild 8.16. Übergangsorte für Fernsprechverkehr im öffentlichen Netz

mer ist oder nicht, da jeder Knoten nur über ein Verzeichnis seiner eigenen Teilnehmer verfügt. Die Anfrage kann von ISDN-Netzknoten zu ISDN-Netzknoten über das Signalisierungsystem No. 7 (vgl. Abschnitt 5.5) abgewickelt werden. Der Vorteil dieses Verfahrens ist, daß das Overlaynetz nur mit dem Verkehr zwischen ISDN-Teilnehmern belastet wird. Dagegen wird bei Übergang c der gesamte Verkehr zunächst innerhalb des ISDN zum Zielknoten geführt, worauf dann im Zielknoten die Ausscheidung von Analog- und Digitalverkehr erfolgt. Das ist steuerungstechnisch einfacher, erhöht aber den über das ISDN zu übertragenden Verkehr beträchtlich. Damit braucht aber kein Nachteil verbunden zu sein, weil dieser Lösungsweg den allgemeinen Trend zur Digitalisierung des analogen Fernsprechnetzes unterstützt.

Wie das hier relativ ausführlich dargestellte Beispiel „ISDN" zeigt, genügt es also nicht, sich neue und leistungsfähige Kommunikationsnetze auszudenken, vielmehr muß man auch die Einführbarkeit berücksichtigen und hierfür geeignete Strategien ausarbeiten!

8.4 Satellitennetze

In Abschnitt 2.2 wurden bereits einige Grundtatsachen zu Fernmeldesatelliten mitgeteilt. Satellitennetze können vorteilhaft zur Überbrückung großer Entfernungen (derzeit z. B. von mehr als etwa 800 km) oder umwegsamen Geländes eingesetzt werden. Sie werden bisher hauptsächlich als „Weitestverkehrsstrecken in öffentlichen Netzen" verwendet (in Deutschland laufen bereits 70% der interkontinentalen Verbindungen über Satelliten), jedoch gibt es in USA auch eine ganze Reihe privater oder „Special common carrier“-Satellitennetze (Abschnitt 8.1.3). Regionale Satellitensysteme findet man nicht nur in ausgedehnten Ländern wie USA und UdSSR, sondern auch in Ländern wie Indonesien und Japan. Zahlreiche Länder betreiben regionale Systeme über gemietete Transponder (Abschnitt 2.2). Satellitensysteme werden sich weiter verbreiten!

Können Satelliten unsere terrestrischen Weitverkehrsstrecken ersetzen? Ein Problem liegt in den Signallaufzeiten: Es müssen zumindest für das Fernsprechen Netzstrukturen gefunden werden, die mehr als eine Satellitenstrecke innerhalb einer Verbindung vermeiden. Das andere ist ein Kapazitätsproblem.

In Zukunft werden mit der Belegung des 20/30-GHz-Bandes ca. 3,5 GHz Nutzbandbreite je Satellit verfügbar sein [2.8]. Eine große Erdefunkstelle kann mit getrennten Antennen Satelliten ansprechen, die im Abstand von 1 bis 3° auf der geostationären Umlaufbahn stehen. So angeordnet haben „nur“ einige 100 Satelliten auf der Bahn Platz.

Als Anwendungsbeispiel werde *Westeuropa* betrachtet. Es sei angenommen, daß ein Bogen von 14° Ost (etwa Berlin) bis 10° West (etwa Lissabon), jeweils im Abstand von 1° mit Satelliten bestückt, für die Bevölkerung dieses Sektors zur Verfügung steht. Mit diesen 25 Satelliten ist eine Gesamtnutzbandbreite von etwa 90 GHz erreichbar. Rechnet man bei einer Digitalumsetzung mit etwa 2 bit/Hz, so entspricht dies einer Kapazität von 180 Gbit/s.

In diese Kapazität müssen sich nun die westeuropäischen Länder entsprechend ihrer Bevölkerungszahl teilen. Deutschland möge 10% der Kapazität zugeteilt bekommen, also 18 Gbit/s. Dieser Kapazität entsprechen 280 000 Kanäle oder 140 000 Sprechkreise zu 64 kbit/s. Damit werden aber nur 10 bis 20% der in den 90er Jahren erwarteten Sprechkreiskapazität abgedeckt. Durch Nichtübertragen von Sprachpausen kann die Sprechkreiskapazität allerdings erhöht werden!

Abgesehen von anderen Problemen ist die Kapazität also kaum hinreichend, insbesondere wenn man an künftige Breitbandkommunikation denkt (Abschnitt 8.5). Satellitennetze können somit terrestrische Weitverkehrsnetze unterstützen – etwa zur Einrichtung eines Overlaynetzes (Abschnitt 8.3.5) –, nicht aber ersetzen. Weniger hohe Kapazitätsanforderungen haben private oder durch „special common carriers“ oder „value-added carriers“ betriebene Satellitennetze. Als Beispiel hierfür soll das *Satellite Business System* (SBS) näher betrachtet werden [8.26].

SBS wird von einer Ende 1975 gegründeten eigenen Gesellschaft mit den Anteilseignern IBM, COMSAT und AETNA (einer Versicherungsgesellschaft) getragen. Hauptaufgabe ist die leistungsfähige Kommunikationsverbindung von weit auseinanderliegenden Standorten großer Firmen. Es wird also Übertragungskapazität für firmeneigene Privatnetze bereitgestellt. Ursprünglich waren nur firmeneigene Bodenstationen beabsichtigt, neuerdings sollen Bodenstationen auch gemeinsam von mehreren Firmen genutzt werden. Der Antennendurchmesser beträgt – abhängig von den Empfangsbedingungen – 5 oder 7 m.

Zunächst sind zwei Satelliten vorgesehen, ein Reservesatellit verbleibt am Boden. Wie derzeit möglich, wird das 12/14-GHz-Band genutzt (Abschnitt 2.2). Jeder Satellit verfügt über 10 „Kanäle". Die übliche Transponderorganisation, nach der ein Transponder aus Empfänger, Frequenzversetzung von höherer Empfangsfrequenz zu niedrigerer Sendefrequenz und aus Sender besteht, wurde hier geändert: Für alle Kanäle ist ein gemeinsamer Breitbandempfänger vorhanden. Für Fehlerfälle befinden sich als Reserve drei Breitbandempfänger und sechs Sender an Bord.

Jeder der 10 Kanäle des Satelliten hat eine Bandbreite von 43 MHz, die zugehörige Kanalbitrate ist zunächst 43 Mbit/s, später – nach geeigneten Erfahrungen – soll sie auf 48 Mbit/s erhöht werden [8.27]. Bild 8.17 zeigt den Frequenzplan. Insgesamt hat der Satellit also eine Kapazität von 430 Mbit/s.

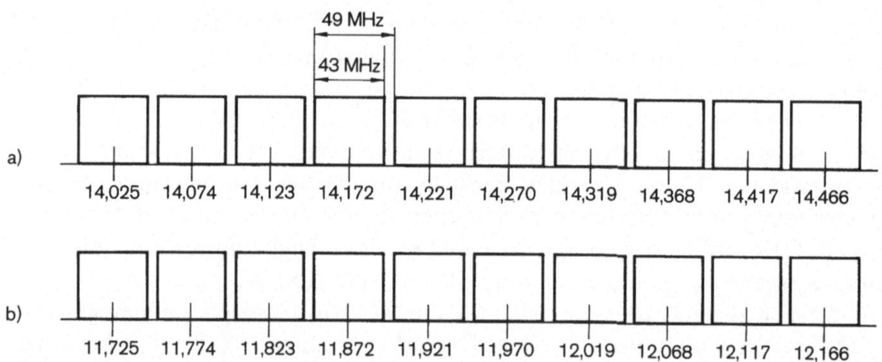

Bild 8.17. SBS-Transponder Frequenzplan 12/14 GHz. **a)** Aufwärtsfrequenzen (GHz); **b)** Abwärtsfrequenzen (GHz)

Diese Kapazität muß auf die verschiedenen Benutzer aufgeteilt werden. Man rechnet mit 20 bis 25 Erdstationen für eine große Firma. Ein Transponder (43 Mbit/s) kann – je nach Kommunikationsbedarf – z. B. durch drei bis sechs verschiedene Firmen genutzt werden. Für große Firmen wird ein Bedarf von 10 bis 30 Mbit/s veranschlagt. Insgesamt sind also 30 bis 60 Benutzer (Firmen) möglich, man rechnet mit anfangs 500, später 1000 Erdstationen.

Die Problematik des Zugriffs zu den Satellitenkanälen ähnelt – mit erschwerenden Bedingungen – der des Zugriffs zu „local computer networks" (Abschnitt 8.2.3). Als Zugriffsprinzip wird *Time Division Multiple Access* (TDMA) verbunden mit *Demand Assignment Multiple Access* (DAMA) verwendet [8.28]. Das Prinzip erläutert Bild 8.18. Das Bild gilt für *einen* Kanal (Transponder).

Innerhalb eines Rahmens von 15 ms wird jeder der n Stationen, die mit dem betrachteten Transponder zusammenarbeiten, einmal das Senderecht zugeteilt. Sie sendet dann Nachrichtenbursts mit den Adressen der empfangenden Stationen aus. Bei 43 Mbit/s sind in einem Rahmen etwa 0,6 Mbit enthalten. Teilen sich z. B. fünf Benutzer (Firmen) in den Kanal, die jeder über 20 Stationen verfügen, so ist $n = 100$. Im Mittel werden in einem Rahmen dann 6 kbit an jede Station verteilt, die mittlere Sendebitrate jeder der 100 Stationen ist 0,43 Mbit/s.

Die tatsächlich jeder Station zugeteilte Bitrate richtet sich aber nach dem Bedarf (DAMA). Deshalb wird in einem Reservepool „Bitrate" bereitgehalten, die dreimal in der Sekunde neu und bedarfsgerecht vergeben werden kann. Ein bestimmtes Zuteilungsmuster besteht also nur für die Dauer eines „Überrahmens" von ca. 330 ms [8.29].

Die Schwierigkeit des TDMA-Verfahrens liegt in der Synchronisierung [8.28]. Positionsschwankungen des Satelliten führen zu Laufzeitänderungen von 50 μs pro Halbtag. Die Änderung je Sekunde liegt bei 2 ns bei Bitzeiten von 10 bis 20 ns! Deshalb sind sorgfältige Positionsmessungen nötig, um die Sendeberechtigungszeiten abzugleichen. Schutzzeiten (Bild 8.18) berücksichtigen Meßfehler

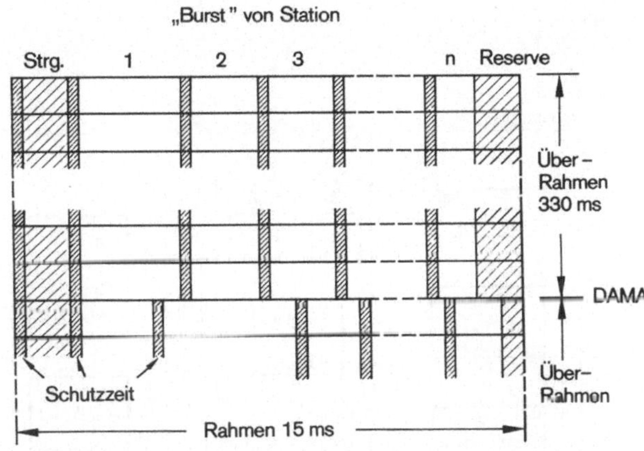

Bild 8.18. Prinzip des Time Division Multiple Access (TDMA). DAMA demand assignment multiple access, Strg. Steuerungsstation

und Schaltungstoleranzen. Ein Synchronisier- und Steuerungskanal hält die Erdstationen im notwendigen Gleichlauf.

Bild 8.19 stellt das Gesamtsystem dar. Links im Bild sind eine Reihe von Erdstationen (ES) gezeigt, von denen eine näher ausgeführt ist. In der Mitte des Bildes befindet sich die Steuerungserdstation (telemetry, tracking & command, TT&C), rechts das Wartungszentrum (system management).

Die Erdstation wird im allgemeinen über ein terrestrisches, vorhandenes Netz mit der Nebenstellenanlage des Firmenstandorts verbunden, in Sonderfällen befindet sich die Erdstation am Ort der Nebenstellenanlage. Der „satellit communications controller" (SCC) bildet die Schnittstelle zum Zubringernetz, er übernimmt die Analog/Digital-Umsetzung von Sprachkanälen. Weiterhin ist er für Ausarbeitung und Ausführung der TDMA-Funktionen zuständig, er bestimmt den Übertragungsbedarf für DAMA. Weitere Steuerungs- und Überwachungsfunktionen sind nicht im einzelnen genannt. Das „TDMA burst modem" übernimmt mit Modulation und Demodulation die Umsetzung der digitalen Signale in die der Station zugeteilten Sende- und Empfangsfrequenzbänder (Bild 8.17) auf TDMA-Basis. Ein 70 MHz breites Interface verbindet das Modem mit dem

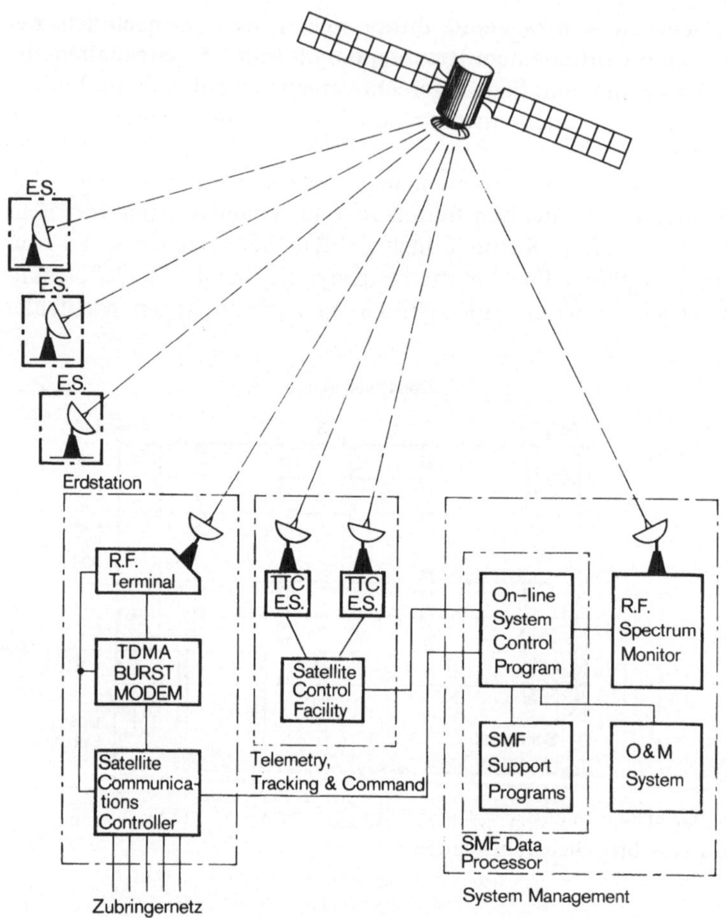

Bild 8.19. SBS-Blockbild

RF-Terminal, dem Empfangs- und Sendebaustein für das 12-GHz-Empfangs- und 14-GHz-Sendeband.

Die Steuerungserdstation (TT&C und satellite control facility) ist das zentrale Steuerungszentrum für alle Aktionen, die den Satelliten betreffen. Sie empfängt Telemetriedaten, verfolgt exakt die Satellitenposition, kann Befehle zur Korrektur der Position und zur Einschaltung von Ersatzeinrichtungen an Bord des Satelliten erteilen.

Das „system management" wird mit einigen speziellen Funktionen wahrgenommen. Die „system management facility" (SMF) überwacht den Zustand der Erdstationen, sammelt Verkehrs- und Gebührendaten, unterstützt Wartung und Betrieb, steuert Änderungen der Systemkonfigurationen. Der Kontakt mit den anderen Erdstationen wird über einen eigenen Steuerungskanal im TDMA-Rahmen hergestellt, über den die Erdstationen abgefragt werden. Außerdem besteht ein Überwachungskreis zu den SCC der Erdstationen im terrestrischen Netz.

Der „RF spectrum monitor" überwacht und synchronisiert das „Timing" der Bursts aller Stationen über die Steuerungskanäle der verschiedenen Transponder (Bild 8.18). Schließlich existiert ein Netz verteilter Maintenance-Zentren (operation & maintenance system, O&M), von denen aus die unbemannten Erdstationen gewartet werden können. Ein Maintenance-Zentrum ist jeweils für 10 bis 20 Erdstationen zuständig, die über maximal 1,5 h Anfahrtdauer erreicht werden sollten. Die Aufgabe besteht im Überwachen der Erdstationen, verbunden mit Störungsdiagnose und -korrektur.

Was bietet SBS dem Benutzer? SBS ist ein flexibles Transportsystem für alle Kommunikationsformen, die entsprechend ihrem aktuellen Bitratebedarf übertragen werden (im Gegensatz zum ISDN mit einem 64-kbit/s-Einheitskanal für alle zu transportierenden Kommunikationsarten). Für die Digitalisierung der Sprache wird nicht Pulscode-, sondern Delta-Modulation mit Silbenkompandierung bei einer Bitrate von 32 kbit/s je Sprachkanal verwendet, durch *voice activity compression* (VAC) wird die Übertragung von Sprachpausen vermieden. Damit läßt sich je Transponder (bei 43 Mbit/s) eine Kapazität von etwa 12 000 Sprechkreisen erreichen. Das ist etwa das 35fache der erreichbaren Kapazität bei Verwendung von Standard-PCM-Vollduplexkanälen, ein erstaunlich hoher Wert. Zur Datenübertragung sind Kanalbitraten nach CCITT-Empfehlung X.1 von 2,4 bis 19,2, weiterhin 56, 112 und 224 kbit/s, darüber hinaus im Mbit/s-Bereich Raten von 1,344, 1,544 und 6,312 Mbit/s zugelassen; die Schnittstellen X.21 und X.25 werden bedient (Abschnitt 5). Mit diesen hohen Bitraten lassen sich auch Festbilder (0,1 bis 0,4 Mbit/s) und sogar Bewegtbilder (6,3 Mbit/s) übertragen. Als Anwendung ist an Telekonferenzen gedacht mit Bewegtbildübertragung am Beginn der Konferenz – zum „Einstimmen" – und anschließend Übertragung von Sprache, Festbild und Daten. Das Kommunikationsprinzip von SBS macht – ähnlich wie bei local computer networks (Abschnitt 8.2.3) – das Verteilen und Rundsenden von Nachrichten auf einfache Weise möglich.

Freilich hat die Satellitentechnik auch mehr den Privatmann oder Privathaushalt interessierende Aspekte als die bisher vorgestellten Anwendungen. Uns allen geläufig ist die Direktübertragung von Fernsehsendungen über Satellit von Sender zu Sender. In Zukunft wird aber auch ein *hauseigener* Empfang von über Satelliten ausgestrahlten Fernsehprogrammen möglich sein, wodurch sich das Angebot nutzbarer Fernsehprogramme erhöht. Voraussetzungen hierfür sind, daß – für Nur-Empfang – *kleine* Antennen eingesetzt werden können (Durchmesser 0,9 bzw. 1,8 m für höhere Ansprüche), daß *feststehende* Antennen verwendbar sind und daß Empfänger *ohne Kühlung* ermöglicht werden. Schließlich und als wichtigstes noch die wirtschaftliche Seite: Die Kosten für Antenne und Vorverstärker werden bei millionenfacher Verbreitung zu unter 1000,– DM geschätzt [8.30].

In der *World Administrative Radio Conference* (WARC) in Genf 1977 wurden Satellitenpositionen und Frequenzbänder für das Satellitenfernsehen vereinbart. Die Kontinente Europa und Afrika wurden zur Region 1 zusammengefaßt, nutzbar sind Frequenzbänder im Bereich von 11,7 bis 12,5 GHz. Dieser 800-MHz-Bereich wurde in 40 Kanäle zu je etwa 20 MHz eingeteilt, jeder Staat erhält fünf Kanäle innerhalb eines 400-MHz-Teilbereichs. Der Abstand der Satelliten, die gleiche Kanäle belegen, muß mindestens 6 Längengrade betragen, damit keine Empfangsstörungen bei den auf eine bestimmte Position ausgerichteten Antennen auftreten. Da jeder Staat natürlich seinen eigenen Satelliten braucht, müssen mehrere Satelliten auf derselben Position stehen. So teilt sich z. B. die BR Deutschland die Position –19° mit sieben weiteren Staaten. Die Ausleuchtung der Regionen durch die Sendeantennen wird so ausgelegt, daß das eigene Land bevorzugt wird (Bild 8.20). Die BR Deutschland kann über die Kanäle 2, 6, 10, 14 und 18 verfügen. Die Sendeleistung des Satelliten beträgt 0,5 kW.

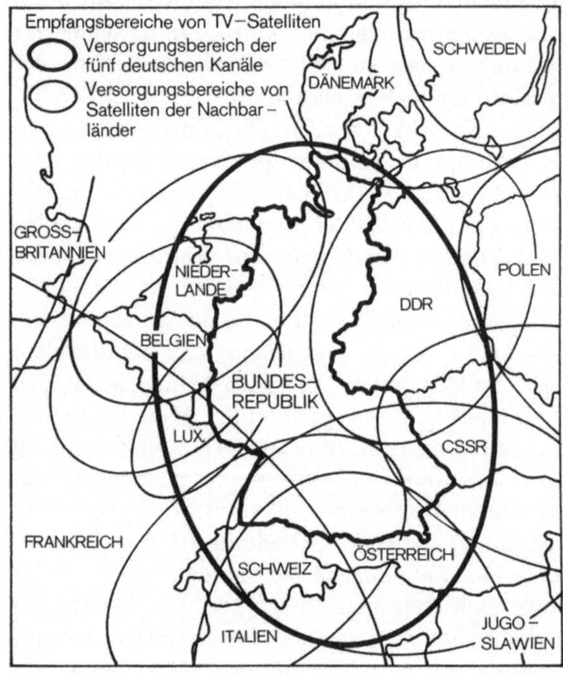

Bild 8.20. Fernsehversorgung über Satelliten

In der BR Deutschland sind somit fünf Programme gut zu empfangen. Der Empfang weiterer Programme aus Nachbarländern ist nur regional auf einfache Weise möglich. Im allgemeinen wird man zur Vermehrung des Programmangebots größere Antennen (1,8 m Durchmesser) oder mehrere auf verschiedene Satellitenpositionen ausgerichtete Antennen benötigen. Damit verbunden ist natürlich ein dementsprechendes Anwachsen des Aufwandes. Somit ist eine in der Presse geäußerte Euphorie, die den Empfang von 60 Fernsehprogrammen durch Satellitenfernsehen in Aussicht stellt, mit Vorsicht zu betrachten.

Noch einige allgemeine Gesichtspunkte: Der Versuchsbetrieb des Satellitenfernsehens beginnt 1983/84. Diese Aktivität läuft parallel und in gewisser Weise in Konkurrenz zur Breitbandversorgung über Lichtwellenleiterkabel, die im nächsten Abschnitt besprochen wird. In dem Zusammenhang muß man wohl darauf hinweisen, daß der „deutsche Satellit" in Norddeutschland 23°, in Süddeutschland 29° über dem Horizont steht. Empfangsabschattungen durch Hochhäuser können damit nicht ausgeschlossen werden.

Eine vorläufige, noch zu vertiefende Bewertung sagt aus: Der Schwerpunkt des „hauseigenen“ Satellitenfernsehempfangs wird in ländlichen, über Verkabelung schwer erreichbaren Bezirken liegen. In Städten und Großstädten aber bietet das *Kabelfernsehen* – ggf. im Verbund mit Satellitengemeinschaftsantennen – eine leistungsfähigere und vielleicht auch wirtschaftlichere Alternative (Abschnitt 8.5) [8.31, 8.32].

8.5 Breitbandnetze

Was heißt Breitband? In „local computer networks“ (Abschnitt 8.2.3) werden Bitraten von einigen Mbit/s bis einigen 10 Mbit/s angeboten, SBS (Abschnitt 8.4) läßt kurzzeitig Bitraten von 6,3 Mbit/s zu. Nun aber soll hier die *Bewegtbildkommunikation* als Breitbandmaßstab gesetzt werden mit wenigstens den Qualitätsansprüchen des Fernsehens (also auch Farbe). Das bedeutet einen Kapazitätsbedarf von 5 MHz oder von einigen Mbit/s bis einigen 10 Mbit/s je Kanal (je nach Redundanzreduktion, derzeit wird ein Wert von 34 Mbit/s bevorzugt).

Wie im vorigen Abschnitt deutlich wurde, bieten Satellitennetze nur begrenzt Möglichkeiten zur Breitbandkommunikation, sie können aber die Einführungsphase unterstützen. Terrestrische Breitbandnetze haben dagegen keine technischen, wohl aber wirtschaftliche Begrenzungen. Wirtschaftliche Grenzen sind abhängig von der Nutzungsform, orientieren sich am Nutzen.

Für Breitbandkommunikation gibt es viele Anwendungsgebiete. Im Vordergrund steht nach wie vor die Breitennutzung durch Fernsehprogrammverteilung. Lokale Anwendungen in Rechnerverbund und Bürokommunikation beginnen eine gewisse Bedeutung zu erlangen. Bedarf für einzelne landesweite oder gar weltweite Breitbandwege besteht immer wieder – z. B. zur Verbindung einer Redaktion mit einer abgesetzten Druckerei –, läßt sich aber häufig wegen der hohen Kosten nicht in die Realität umsetzen. Eine Kostenfrage ist auch das *Bildfernsprechen* oder Fernsehtelephon, das die menschliche Telekommunikation endlich in die Nähe der direkten Kommunikation rücken könnte.

Warum Breitbandkommunikation so teuer ist, wird klar, wenn man sich die Kapazitätsrelationen ansieht (Tabelle 1.2): Im Analognetz bedeutet ein 5-MHz-Bildkanal den ca. 1500fachen Frequenzbandbedarf eines 3,4-kHz-Fernsprechkanals. Im Digitalnetz steht dem 64-kbit/s-Sprachkanal ein Bildkanal mit z. B. 34 Mbit/s, also der etwa 500fachen Bitrate gegenüber. Im Bereich der Breitenkommunikation sind deshalb bisher nur Anwendungen wirtschaftlich, bei denen wenige Breitbandkanäle einer großen Zahl von Teilnehmern zugeordnet werden können, praktisch also die *Verteildienste,* die Fernsehprogramme.

Von dort her kommt ein interessanter Ansatz zur Erweiterung der Verteildienste, der letzten Endes zur Individualbreitbandkommunikation führt. Wie im vorigen Abschnitt gezeigt, ist mit Satelliten-Fernsehprogrammverteilung keineswegs unmittelbar eine Vervielfachung der Empfangsmöglichkeiten verbunden. Dies erfordert erhöhten Empfangsaufwand und führt außerdem zu Verständigungsproblemen durch Sprachbarrieren. Demgegenüber bietet das *Kabelfernsehen* flexiblere Versorgungsmöglichkeiten.

Beim Kabelfernsehen erhalten die Teilnehmer über *Kabel* die gewünschten Programme. Dies leisten bisher meist Baumnetze in „Koax"-Kabeltechnik (Abschnitt 3.6). Kabelfernsehnetze ermöglichen im allgemeinen den Empfang von zahlreichen Programmen, weil höherer Empfangsaufwand auf viele versorgte Teilnehmer aufgeteilt werden kann. Außerdem läßt sich der Empfang in unseren Städten trotz *Abschattungen* durch Hochbauten sicherstellen. Am interessantesten wird aber der Bedarf für *Rückkanäle* zur Reaktion auf Fernsehprogramme oder zur Anforderung von Fernsehprogrammen. Diese Rückkanäle sind über Satelliten von einfachen Fernsehteilnehmern aus nicht realisierbar.

Ein Beispiel für ein Kabelfernsehsystem, das sich schon der Breitbandindividualkommunikation annähert, ist das QUBE III System [8.33]. Betreiber ist die amerikanische Firma Warner Amex. Das System stellt 110 – zuvor 30 – Programmkanäle und 12 – zuvor 5 – Antwortkanäle zur Verfügung, die über eine übersichtliche Bedientastatur aufgerufen werden können. Zum Dienstangebot, auf das in Abschnitt 9.3.3 noch zurückgekommen wird, gehören auch Überwachungsdienste und Notrufe.

Der Hauptaufwand terrestrischer Breitbandnetze liegt im *Zubringer-* oder *Teilnehmeranschlußnetz* (Bild 1.1). Das bestehende Fernsprechkabelnetz ist für allgemeine Breitbandkommunikation technisch nicht ausreichend. Wenn jetzt Kabelfernsehnetze neu eingerichtet werden, um das Fernsehprogrammangebot zu verbessern und zu erweitern, so sollte von vornherein die zukünftige Individualbreitbandkommunikation mit bedacht werden. Das *vermittelnde* Breitbandindividualnetz (Bild 1.1) kann dem Bedarf optimal angepaßt werden, während im *Teilnehmeranschlußnetz* Individualkanäle meist schlecht ausgenutzt sind. Die Optimierung muß also beim Teilnehmeranschlußnetz ansetzen.

Hier ist insbesondere die Aktivität der Deutschen Bundespost hervorzuheben, die 1981 mit einem breit angelegten Großversuch „Breitbandiges Integriertes Glasfaser-Fernmeldeortsnetz" (*BIGFON*) begonnen hat, breitbandige Teilnehmeranschlußnetze in neuer Technologie zu erproben. Mit den Erfahrungen hieraus wird es möglich sein, in der zweiten Hälfte der 80er Jahre mit optimierter Technologie und abgestimmter Technik das Milliarden DM kostende Unternehmen zu beginnen, das Breitbandkommunikationssystem der kommenden Jahrzehnte aufzubauen [8.34].

8.5.1 Das Breitband-Teilnehmeranschlußnetz

Für ein Breitband-Teilnehmeranschlußnetz werden folgende Maximalforderungen erhoben:

- Hohe Übertragungsbandbreite, etwa im 200-MHz-Bereich,
- Reichweiten von mehreren Kilometern,
- Vermeiden von Zwischenverstärkern,
- Fernspeisung,
- teilnehmerindividuelle Kommunikationsmöglichkeiten,
- niedrige Kosten.

Wenn man von der nicht realisierbaren – durch gepufferte Lokalspeisung zu ersetzenden – Fernspeisung absieht, erfüllen Lichtwellenleiter diese Anforderungen am besten, sie haben darüberhinaus weitere interessante Eigenschaften (Abschnitt 2.2). Eine grundsätzliche Frage bei ihrer Einführung ist die der optimalen Netzstruktur. Früher wurden *Baumnetze* mit dezentraler Vermittlung vorgeschlagen [8.35], neuerdings werden allgemein wegen der größeren Flexibilität bei der Nutzung *Sternnetze* bevorzugt [8.36–8.40]. Größere Flexibilität bedeutet: Das Netz ist sowohl für die Verteilung praktisch beliebig vieler Fernsehprogramme als auch für die Vollversorgung mit individuell genutzten Breitbandkanälen, d.h. also für Bildfernsprechen, geeignet.

Die Flexibilität rührt daher, daß auf den Übertragungswegen des Baumnetzes der individuelle gleichzeitige Bandbreite-(Bitrate-)Bedarf *zahlreicher* Teilnehmer, im Sternnetz jedoch nur der individuelle Bedarf *eines* Teilnehmers berücksichtigt werden muß. Und auch über einen Lichtwellenleiter sind nicht beliebig hohe Bandbreiten bzw. Bitraten übertragbar!

Nimmt man zunächst den künftigen Bedarf an Fernsehprogrammen zum Ausgangspunkt, so darf man wohl nicht an heute bereits in zahlreichen Ländern üblichen Kapazitäten vorbeigehen, d. h. ein Angebot von mehreren zehn Programmen sollte technisch möglich sein. Andererseits werden soviele Programme sicherlich nicht *gleichzeitig* in einem Haushalt benötigt, dort kann man die erforderliche Kapazität auf drei bis vier *gleichzeitig* benötigte Breitbandkanäle begrenzen, wobei z. B. einer dieser Kanäle ein Bildfernsprech-*Dialog*-Kanal sein kann. Darüber hinaus sollte der Empfang von qualitativ hochwertigen Hörprogrammen möglich sein, schließlich darf der Anschluß von Fernsprechkanälen sowie von Kanälen zur Sicherung, Telemetrie und Fernsteuerung nicht vergessen werden.

Soll ein *Baumnetz* z. B. ca. 1000 Teilnehmer mit 100 Programmkanälen und 100 Bildfernsprechkanälen versorgen, so sind als Übertragungskapazität vom Vermittlungsknoten zum Teilnehmer 200 Breitbandkanäle zu führen, was einer Übertragungsbandbreite von netto ca. 1000 MHz oder einer Übertragungsbitrate von 7 Gbit/s entspricht. Das überschreitet die Möglichkeiten der Lichtwellenleiterübertragung auf einer Faser! (Übrigens sind für einen analogen Breitbandkanal je nach Modulationstechnik *brutto* 20 bis 40 MHz notwendig.)

Im *Sternnetz* ergibt sich jedoch aus vier Breitbandkanälen je Teilnehmer „nur" eine Übertragungskapazität von netto 20 MHz oder 140 Mbit/s, was relativ einfach beherrschbar ist. Es wird damit aber lediglich der simultane Bedarf *eines* Lichtwellenleiteranschlusses gedeckt. Dabei ist zentral ein Auswahlprozeß nötig, der dem Teilnehmer die gewünschten Kanäle zuteilt. Zur Bezeichnung des auszuwählenden Kanals ist ein Rückkanal vom Teilnehmer zum Netzknoten nötig. Die „Benutzeroberfläche" für den bedienenden Teilnehmer, nämlich die Prozedur der Kanalauswahl, kann aber auch in diesem Fall wie bisher bei dezentraler Kanalauswahl gewohnt erhalten bleiben.

Bild 8.21 stellt ein mögliches derartiges Breitband-Anschlußsternnetz mit zentraler Kanalzuteilung als Beispiel vor. Vereinfachend ist nur die Zuteilung von Breitbandkanälen, nicht aber die der weiteren schmäleren Kanäle für Hörfunk und Fernsprechen gezeigt. Je Teilnehmer werden zwei Lichtwellenleiter für die

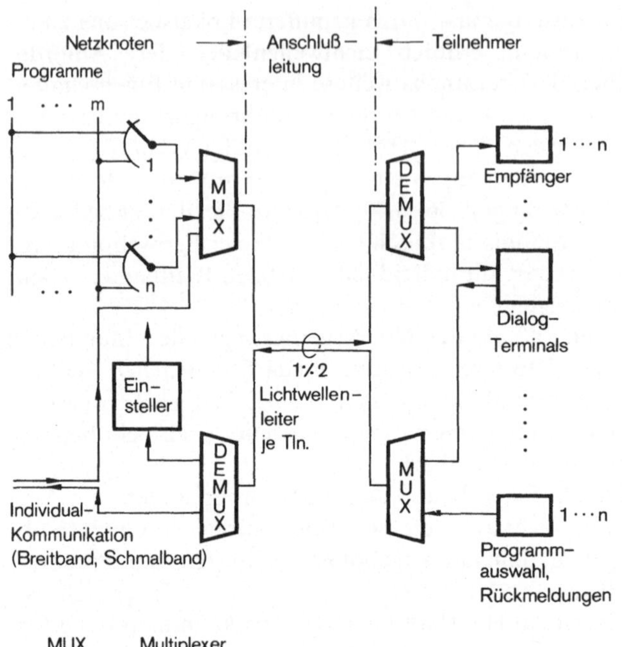

Bild 8.21. Prinzip des Universalteilnehmeranschlusses bei Verwendung von Lichtwellenleitern

Hin- und Rückrichtung verlegt. Später – wenn das sog. *Wellenlängenmultiplex* zuverlässig realisierbar ist – genügt auch ein einziger Lichtwellenleiter (LWL) für beide Richtungen. Die Programmauswahl führt über die Rückrichtung des LWL-Anschlusses zu einem Einsteller, der die teilnehmerindividuellen Koppelpunkte – hier symbolisch als Drehwähler dargestellt – auf die je Empfänger gewünschten Programme einstellt. Hierzu sind an der Koppeleinrichtung auf der linken (Eingangs-)Seite sämtliche verfügbaren m Programme angeschlossen. Auf der Teilnehmerseite der Koppeleinrichtung werden maximal $n+1$ Kanäle je Teilnehmer auf der LWL-Anschlußleitung gemultiplext. Einer dieser Kanäle ist auch für Individualkommunikation, also Bildfernsprechen, nutzbar. Beim Teilnehmer erfolgt das Demultiplexen und die Zuführung zu den gewünschten Breitbandempfängern.

Ein wichtiger Systemparameter ist das Multiplexverfahren auf dem Teilnehmeranschluß. Im Prinzip sind hierfür wiederum (Abschnitt 2.3) Raum-, Zeit- und Frequenzmultiplex möglich.

Raummultiplex bedeutet: Für jeden der drei bis vier Kanäle wird ein eigener Lichtwellenleiter vorgesehen. Dies wird relativ aufwendig, jedoch ist auch das Multiplexen mit Aufwand verbunden. Außerdem können die der Programmverteilung dienenden Lichtwellenleiter in Teilnehmernähe in vorgeschobenen Programmversorgungsknoten abgefangen werden, während nur das LWL-Paar für

Individualkommunikation zum vermittelnden Knoten weitergeführt wird. Wenn man für das Fernsprechen das vorhandene Kupfernetz beibehält, kann man zudem die für das LWL-Netz kritische Fernspeisebedingung entschärfen.

Zeitmultiplex setzt voraus, daß die Bildsignale digital im Teilnehmeranschlußnetz übertragen werden. Das dürfte in weiterer Zukunft ein erfolgversprechender Weg sein, ist aber gegenwärtig wegen der Analog/Digital-Umsetzung und eventuellen Redundanzreduktion je Teilnehmer für Bildsignale noch relativ teuer.

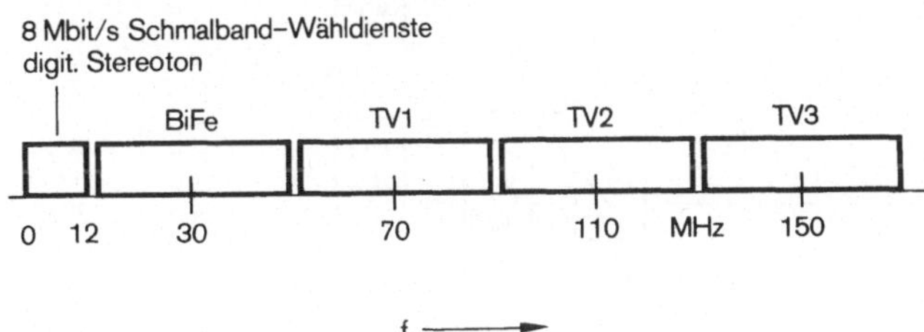

Bild 8.22. Schema eines Frequenzplans für die Multiplexübertragung bei Frequenzmultiplex

Eine häufig vorgeschlagene Multiplexform ist das Frequenzmultiplex. Die notwendigen Brutto-Frequenzbänder zeigt Bild 8.22 als Beispiel. Im Bereich von 0 bis 5 MHz wird ein 2-Mbit/s-System für Schmalbandkanäle und Signalisierung untergebracht. Darüber liegen mit einem erforderlichen Kanalabstand von je 40 MHz vier Breitbandkanäle, von denen einer auch dem Bildfernsprechen dient. Es schließen sich drei Hörfunkkanäle an, die ebenso wie die Bildkanäle zentral zugeteilt werden.

Bild 8.23 erläutert die Übertragung eines Fernsehsignals nach dem Frequenzmultiplexprinzip. In der Stufe ① wird das ankommende VHF-Signal (vgl. Tabelle 2.1) auf ein Video-Basisbandsignal zurückgeführt. Stufe ② setzt das Videosignal in ein FM-(Frequenzmodulation)-Signal um. In dieser Form ist eine einfache Durchschaltung über einen elektronischen Bildkoppler möglich, der nur aus einfachen „ja/nein"-Gattern besteht. Anschließend wird in ③ das Signal auf das für die Frequenzmultiplexübertragung geeignete Band umgesetzt (Bild 8.22). Es folgt in ④ das Multiplexen der verschiedenen Frequenzbänder je Teilnehmer, das resultierende Gesamtband wird über einen elektrooptischen Wandler, über die LWL-Strecke ⑤ und die anschließende optoelektrische Wandlung dem Demultiplexer ⑥ zugeführt. Dort werden die Frequenzbänder der verschiedenen Kanäle wieder isoliert und über den Demodulator ⑧ in das der Sendeseite entsprechende Videobasisband umgesetzt. Dies Signal muß nun über die Modulationsstufe ⑨ in ein AM-Signal transponiert werden, das unmittelbar zum konventionellen Fernsehgerät geführt werden kann. Dieser letzte Schritt kann bei neuen Geräten mit Basisband-Monitoreingang entfallen.

Ob dies die endgültige und damit auch die standardisierte Form des Breitbandübertragungsverfahrens sein wird, ist heute noch nicht abzusehen. Wichtig ist aber, daß große Investitionsvorhaben, wie sie derzeit mit der Einführung von

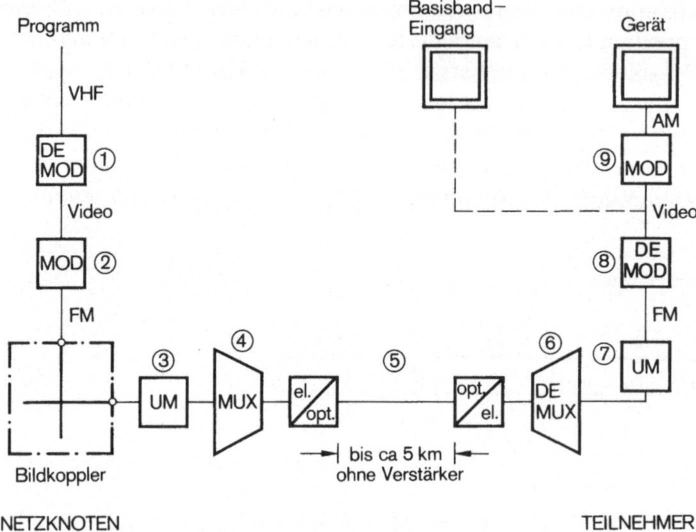

Bild 8.23. Übertragung eines Fernsehsignals

Kabelfernsehnetzen beginnen, bereits in einer Technik ausgeführt werden, die zukunftssicher den Grundstein für das Breitbandkommunikationssystem der nächsten Jahrzehnte legt. Diese Technik wird ein Lichtwellenleiter-Sternnetz für den Teilnehmeranschluß sein!

8.5.2 Gesichtspunkte zur Netzgestaltung

Ein künftiges Breitbandnetz wird zunehmend als wichtige Anwendung die Unterstützung der Sprachkommunikation durch Bewegtbildkommunikation zum Ziel haben. Es handelt sich also – wie beim ISDN (Abschnitt 8.3) – um ein Netz, das nur in Zusammenarbeit und letztlich in gewisser Verschmelzung mit dem Fernsprechnetz lebensfähig sein wird. Erschwerend gegenüber dem ISDN kommt jedoch hinzu, daß eine vorhandene Infrastruktur, wie sie das Fernsprechteilnehmer-Anschlußnetz bietet, fehlt. Um so wichtiger ist es – angesichts einer möglicherweise mühsameren Einführungsphase –, dem Benutzer von vornherein weltweite Kommunikation zu ermöglichen, wenn auch in erster Linie mit „konventionellen“ Teilnehmern am Fernsprechnetz. Mit anderen Worten: Die Zusammenarbeit mit dem Fernsprechnetz ist von essentieller Bedeutung. Dabei kann man *allenfalls* voraussetzen, daß Bildfernsprechen bevorzugt dort eingeführt wird, wo bereits ein ISDN – und über dieses ein Übergang zum analogen Fernsprechnetz – vorhanden ist. Von dieser Voraussetzung wird nachfolgend ausgegangen.

Nun erhebt sich allerdings die Frage, ob man die Netzstruktur des ISDN und die des Breitbandnetzes miteinander koppeln sollte. Besser dürfte es sein, Zahl und Lage der Netzknoten unabhängig voneinander nach Netzgröße, Verkehrswerten und Übertragungskosten zu optimieren. Beispielsweise könnten relativ geringe Verkehrswerte und hohe Übertragungskosten im Breitbandnetz dazu führen, bereits nahe beim Teilnehmer einen ersten konzentrierenden Netzknoten einzurichten im Gegensatz zum ISDN in der Einführungsphase, bei dem der erste Netzknoten z. B. 100 km entfernt sein darf.

In Bild 8.24 b ist hier als Beispiel angenommen, daß der erste, teilnehmernahe Netzknoten noch gemeinsam für Breitband und Schmalband genutzt wird. Der

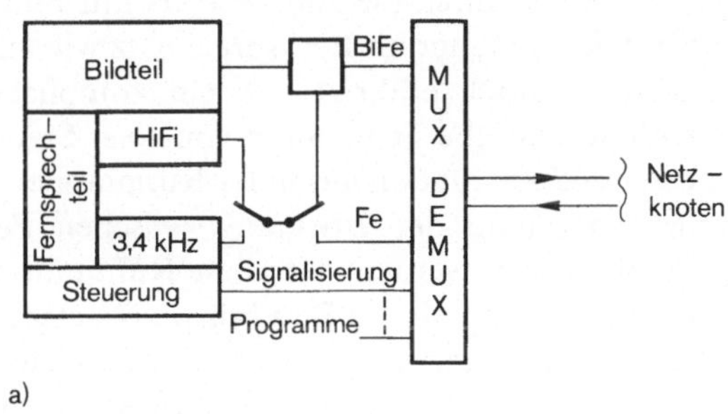

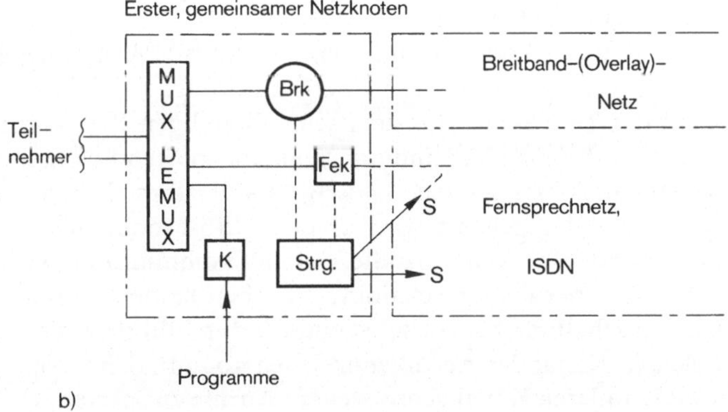

Bild 8.24. Beispiel für Breitbandnetzorganisation. **a)** Teilnehmerseite, BiFe Bildfernsprechen, Fe Fernsprechen); **b)** Netzseite, K Programmkoppler, Brk Breitbandkoppeleinrichtung, Fek Fernsprechkoppeleinrichtung, Strg. gemeinsame Steuerung, S Signalisierung

Netzknoten liegt am Endpunkt der LWL-Übertragungsstrecke, wobei vom Multiplexer/Demultiplexer aus ein Zugang zur Breitbandkoppeleinrichtung Brk, zur Fernsprech-(ISDN-)Koppeleinrichtung Fek und zum Programmkoppler K besteht. Die Steuerung Strg wird für Brk und Fek, eventuell auch für K gemeinsam tätig. Von diesem gemeinsamen Netzknoten aus erfolgt im Beispiel Bild 8.24 b eine Trennung in Breitband- und Schmalbandnetz, so daß eine unabhängige Optimierung im „vermittelnden Netz" (Bild 1.1) möglich ist, die sich nach dem Ausbaustand des jeweiligen Netzes richtet.

Bevor diese Struktur näher begründet wird, ist die Betrachtung der Teilnehmerseite (Bild 8.24 a) notwendig. Sicher sollte man bei den beträchtlichen Aufwendungen für ein Bewegtbildnetz nicht versäumen, den vergleichsweise kleinen, zusätzlichen Schritt zu verbesserter Tonübertragung gleich mitzumachen. So besteht also der Tonteil des Bildfernsprechterminals aus einem konventionellen 3,4-kHz-Modul und aus einem HiFi-Modul, die je nach Bedarf eingeschaltet werden können. Der HiFi-Tonkanal wird auf dem Bildweg mitübertragen und vermittelt.

Wie geschieht nun die eingangs geforderte enge Verflechtung mit dem Fernsprechnetz? Als erstes durch die *Rufnummer.* Ein Bildfernsprechteilnehmer soll unter derselben Rufnummer im Fernsprechnetz wie auch im Bildfernsprechnetz erreichbar sein. Dadurch erübrigt sich ein kompliziertes Informationssystem, nach dem ein und derselbe Teilnehmer von *einer* Station aus unter Rufnummer x und von einer *anderen* Station aus unter Rufnummer y angewählt wird.

Als zweites aber muß der Übergang zwischen Fernsprech- und Bildfernsprechnetz so organisiert werden, daß diese Rufnummernstrategie auch ausführbar ist. Von den Netzknoten des Bildfernsprechnetzes kann man erwarten, daß sie – mit Rechnersteuerung ausgerüstet – eine freizügige Zuordnung von Rufnummern zu Anschlußlagen erlauben, so daß der Verbindungsaufbau innerhalb des Bildnetzes keine Probleme aufwirft. Anders sieht es – wie auch beim ISDN schon erläutert – beim Übergang vom analogen, konventionellen Netz zum Bildfernsprechteilnehmer aus.

Für diesen Übergang wird hier – wie in Bild 8.24 a angedeutet – eine einfache Lösung vorgeschlagen. Der Übergang erfolgt nämlich beim Teilnehmer selbst. Wird der Teilnehmer aus dem schmalbandigen Fernsprechnetz angerufen oder baut er selbst eine Verbindung zu einem solchen Schmalbandteilnehmer auf, so bedient er sich über das 3,4-kHz-Modul eines Schmalbandkanals zum Fernsprechnetz. Umgekehrt wird er den HiFi-Modul mit Breitbandkanal nutzen, wenn er mit einem Breitbandteilnehmer kommunizieren will.

Wie ist aber die Umschaltung zwischen beiden Modulen zu bewerkstelligen? Die Umschaltung bei Anruf ist einfach durchführbar, sie richtet sich danach, auf welchem Kanal das Anrufkennzeichen kommt. Schwieriger ist es allerdings, den jeweils anderen Kanal gegen weitere Anrufe zu sperren, weil dies rückwärtige Signale vom Teilnehmer zum Netzknoten voraussetzt.

Die automatische Umschaltung im abgehenden Verkehr ist weniger einfach. Eine Strategie könnte z. B. darin bestehen, die Verbindung erst im Breitbandnetz aufzubauen und bei Mißerfolg auf das Schmalbandnetz umzuschalten. Eine andere Strategie ließe sich umgekehrt zunächst mit einem Verbindungsaufbau im Schmalbandnetz realisieren, wobei Breitbandpartner dann auf die Breitbandverbindung übergehen.

Alle diese Probleme lassen sich bei freizügigen Signalisierungsmöglichkeiten lösen. Daher stammt die Überlegung, bei Breitbandteilnehmern auch „ISDN-Tüchtigkeit" vorauszusetzen, weil im ISDN diese Möglichkeiten bestehen. Richtet man einen gemeinsamen teilnehmernahen Breitband-ISDN-Netzknoten ein, wie in Bild 8.24 b angedeutet, so lassen sich alle Signalisierungsvorgänge – eventuell einschließlich der für die Steuerung des Programmkopplers K notwendigen – auf einem gemeinsamen Signalisierungskanal abwickeln, also z. B. auf dem Δ-Kanal des ISDN.

Die hier vorgestellten Konzepte und Varianten sind nur ein Teil aller denkbaren oder auch sinnvollen Lösungswege. Das macht deutlich, wie schwierig es sein wird, einen einheitlichen, weltweit standardisierten Lösungsvorschlag zu finden, den wir unbedingt brauchen. Denn wir wollen später einmal weltweit Bewegtbildkommunikation betreiben ohne die heute leider viel zu oft bei der Kommunikation auftretenden Kompatibilitätsprobleme. Wir hoffen, daß das gelingt – das CCITT beginnt sich mit den Problemen zu beschäftigen –, aber es wird kein einfacher und kein kurzer Weg sein!

8.6 Mobilnachrichtennetze

Könnte man als Benutzer – je nach Standpunkt und Weltbild – bereits die Bewegtbildkommunikation als „Krone der Telekommunikation" ansehen, so grenzt die Mobilkommunikation an das *Märchen*, – so die bekannten „zwei Brüder", denen über Länder hinweg ein blankes Messer ihr Wohlbefinden signalisiert! In der Matrix der Benutzersituationen (Tabelle 1.1) ist der Mensch auf Reisen und im Urlaub nicht vergessen, und obgleich man im Urlaub den Kontakt zur gewohnten Umwelt oft auf das Schreiben von Ansichtskarten begrenzen möchte, zeigen doch die vielen Reiserufe in der Urlaubszeit, daß uns auch dort die alte Umgebung nicht losläßt, daß sie Rat und Hilfe von uns braucht.

Auch mit mehr prosaischer Blickrichtung wird man einräumen müssen, daß Mobiltelekommunikation nicht nur nützlich sein kann, sondern auch etwas faszinierendes an sich hat. Die Verbreitung der „Walkie-Talkies" ist ein Beispiel dafür. Dennoch ist auch heute noch Mobilkommunikation – vor allem in ihrer Ausprägung als Individualkommunikation (Abschnitt 1.1) – ein wenig „etwas Besonderes" im Gegensatz zur ortsgebundenen Telekommunikation. Das liegt an zwei Gründen: Erstens steht für Mobilkommunikation praktisch nur der „Äther" als Übertragungsmedium zur Verfügung, und dieser ist durch Unterhaltung, Fernmeldewege und der Versorgung dienende Kommunikationsbenutzer (Polizei, Verkehrsunternehmen usw.) bereits gut besetzt. Zum zweiten erschweren Ausdehnung, Gewicht und Energieversorgung der mobilen Kommunikationsgeräte häufig eine Breitenanwendung. Trotz aller Schwierigkeiten ist mit technologischen Fortschritten aber auch eine weitere Ausdehnung der mobilen Telekommunikation zu erwarten.

Ein erster Schritt war die 1975 durchgeführte Öffnung des 27-MHz-Bandes (*Citizen Band*, CB) für „jedermann" mit eingeschränkten Kommunikationsmöglichkeiten: Individualkommunikation mit nur begrenzter Reichweite und ohne „Exklusivität", d.h., Mitsprechen und Mithören sind möglich.

Eine in anderer Weise begrenzte Form der Individualkommunikation ist seit 1974 der Europäische Funkrufdienst [8.41], *Eurocall* – auch „Europiepser" – genannt (in USA: *radio paging*). Hierfür wird das dicht unter dem Rundfunk-UKW-Bereich liegende 87-MHz-Band verwendet. Eine Bandersparnis ist durch Einschränkung der Vielfalt möglich, wobei dem *individuell* adressierbaren Partner nur maximal vier unterschiedliche Signale übermittelt werden, deren Bedeutung zwischen den Partnern verabredet sein muß, z. B. „zu Hause anrufen". Es existiert nur die *eine* Kommunikationsrichtung vom Sender zum mobilen Empfänger. Die Übermittlung kann von allen Anschlüssen des öffentlichen Fernsprechnetzes aus erfolgen. Im mobilen Funkrufempfänger wird das Signal optisch mit akustischem Begleitsignal angezeigt. Das Codierverfahren läßt mit sechsstelliger Funkrufnummer etwa 1 Million Funkrufteilnehmer zu, von denen 100 000 auf die BR Deutschland entfallen. Als nächster Schritt ist die Erweiterung des Codierschemas auf 7 Millionen Rufnummern möglich, von denen 200 000 in der BR Deutschland zu vergeben sind. Zu ihrer Versorgung genügen drei Funkrufzentralen. Übrigens werden die Rufnummern der Teilnehmer geheimgehalten, um mißbräuchliche Benutzung auszuschließen. Denn bei dieser Form der gerichteten Kommunikation mit wenigen Signalen bestehen nur geringe Möglichkeiten, einen Mißbrauch sofort zu erkennen.

Einen weiteren Schritt zur Vervollkommnung der mobilen Individualkommunikation erlauben die auch der ortsfesten Kommunikation dienenden, in den USA als *packet radio* bekannten Systeme [8.42]. Diese lassen zwei Kommunikationsrichtungen zu, sind aber auf digitalen *bursty traffic* spezialisiert, damit also im wesentlichen für Datenverkehr geeignet. Bursty traffic bedeutet einen nur kurzzeitigen Bedarf an Übertragungskapazität, z. B. 50 ms für die Übertragung eines Bildschirminhalts. Damit bekommen diese Systeme eine sehr große Ähnlichkeit mit den in Abschnitt 8.2.3 erwähnten local computer networks. Eine der dort erwähnten Zugriffsmethoden, das ALOHA-Verfahren, wurde zuerst in einem Packet-radio-System der Universität Hawaii angewandt. In diesem System ist für jede Kommunikationsrichtung ein 100-kHz-Kanal zur Übertragung von 24 kbit/s vorgesehen. Die zugehörigen Trägerfrequenzen liegen im UHF-Band (Tabelle 2.1) bei 407,350 und 413,475 MHz. Es werden Pakete mit der festen Länge von 704 bit verwendet, wobei sich Kanalbelegungszeiten für ein Paket von etwa 29 ms ergeben.

Es gibt zahlreiche andere Systeme mit ähnlichen Parametern. Gemeinsam ist allen die Notwendigkeit, den Zugang zu dem im „Äther" zur Verfügung gestellten Kanal zu regeln. Im Gegensatz zu den in Abschnitt 8.4 geschilderten Verfahren der Satellitenkommunikation kann im allgemeinen die Transponderfunktion der *Frequenzumsetzung* von empfangener zu weitergegebener Information entfallen: Übertragungseinrichtungen empfangen und senden auf derselben Frequenz, wenn die *Vollduplex*kommunikation (gleichzeitiges Senden und Empfangen bei einer Station) zugunsten der *Halbduplex*kommunikation (aufeinanderfolgendes Senden und Empfangen bei einer Station) aufgegeben wird. Dies ist möglich, wenn „Bursts" anstelle kontinuierlicher Signalfolgen übertragen werden. Überschneidungen von Signalfolgen werden durch eine Nachrichtensicherung erkannt, damit kann eine Wiederholung des Sendevorgangs durch die empfangende Station veranlaßt werden.

Wichtige Anwendungen für Paket-radio-Systeme sind mobile, tragbare Terminals, die mit zentralen Datenverarbeitungsanlagen (DVA) kommunizieren müssen.

Die bisher oberste Stufe der mobilen Individualkommunikation wird mit der exklusiven beidseitigen Sprachkommunikation erreicht, wie sie etwa in der BR Deutschland der *öffentliche bewegliche Landfunk* (öbL) bietet. Sprachbandbreite und Exklusivität – also Zuordnung eines eigenen Kanals für jede Verbindung – begrenzen die Zahl der gleichzeitig in einer Region möglichen Verbindungen. Wenn diese Zahl – und damit auch die Zahl der Funkfernsprechteilnehmer – größer wird, müssen die Regionen kleiner werden. Allerdings tritt an den Grenzen einer Region das Problem der Beeinflussung mit den Kanälen der Nachbarregion auf: Dort dürfen sich die Kanalfrequenzen nicht wiederholen. Damit kommt man zur Struktur der *Zellular*-Mobilfunknetze.

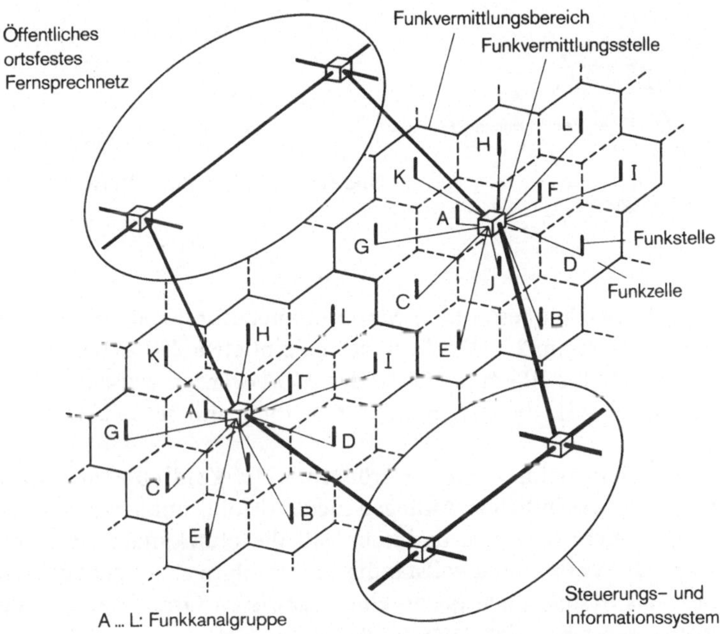

Bild 8.25. Beispiel für die Struktur eines Zellular-Mobilfunknetzes

Bild 8.25 zeigt ein allgemeines *Beispiel* für eine derartige Struktur. Jede *Funkzelle* enthält eine bestimmte Gruppe von Kanälen, die Größe der Zelle ist von der Verkehrsdichte abhängig (im Bild ist überall die gleiche Verkehrsdichte vorausgesetzt). Hier ist in der Mitte jeder Zelle eine Rundstrahl*funkstelle* angenommen. Zwölf Zellen mit unterschiedlichen Funkkanalgruppen bilden den Bereich einer *Funkvermittlungsstelle,* an die die Funkstellen angeschlossen sind. Über die Funkvermittlungsstellen vollzieht sich der Übergang zum ortsfesten Fernsprechnetz. Ein mit den Vermittlungen integriertes oder auch getrenntes Steuerungs- und Informationssystem nimmt zahlreiche betriebliche Aufgaben wahr. Bild 8.26 gibt eine Variante an [8.43]: Die Funkstellen besetzen als Richtstrahlantennen die Zellenecken. Damit ergibt sich eine geringere Beeinflussung der Nachbarbereiche, es sind mehr Kanäle in einer Zelle und damit größere Zellen möglich.

Einige Beispiele für Zellular-Mobilfunknetze: In der BR Deutschland belegt das „B-Netz" 36 Kanäle im 150-MHz-Band. Bei 150 Zellen entfallen etwa 10

Kanäle auf eine Zelle. Im „B2-Netz“ wurde die Kanalzahl von 36 auf 76 erhöht mit einer maximalen Teilnehmerzahl von 15 000 [8.44]. Nun wird das „C-Netz“ für mehr als 100 000 Teilnehmer eingerichtet [8.45]. Dafür stehen im 450-MHz-Bereich 222 Funkkanalpaare zur Verfügung, Sende- und Empfangskanal liegen jeweils im Abstand von 10 MHz auseinander, der Kanalabstand beträgt 20 kHz. Die Zahl der Zellen (Funkzonen) ist nunmehr auf 185 angewachsen, der Zellenradius beträgt in ebenen, unbebautem Gebiet etwa 30 km. In jeweils sieben Zellen können alle 222 Funkkanäle einmal vergeben werden.

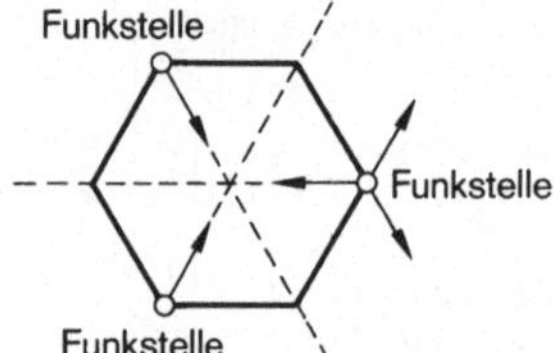

Bild 8.26. Modifikation: Verwendung von Richtantennen

In Schweden besteht ein Mobilfunknetz für 40 000 bis 50 000 Teilnehmer mit 200 Kanälen im 25-kHz-Abstand. Es gibt etwa 250 Zellen mit einem Durchmesser von 20 bis 30 km [8.46]. In den USA werden zwischen 800 und 900 MHz in einem 40 MHz breiten Band 666 Kanäle mit je 30 kHz Kanalabstand belegt [8.43].

Wie man sieht, ist die Vergrößerung der Zahl nutzbarer Kommunikationskanäle ein wesentliches Anliegen neuer Mobilfunknetze. Das erwähnte C-Netz z. B. erreicht dies u. a. dadurch, daß die Nutzkanäle erst dann belegt werden, wenn die Verbindung vollständig und erfolgreich aufgebaut werden kann. Dabei läßt das System auch bis zu einem gewissen Grad Wartebetrieb zu, verbunden mit besserer Kanalauslastung (Abschnitt 3.2).

An einem Beispiel [8.46] sollen nun die verschiedenen Verkehrsarten und Steuerungsfunktionen in einem Zellular-Mobilnetz erläutert werden.

Ankommende Verbindung im Funkvermittlungsbereich des Mobilteilnehmers

Die Rufnummer des gerufenen Mobilteilnehmers wird in *der* Funkvermittlungsstelle aufgenommen, in deren Bereich sich der Teilnehmer befindet. Die Funkvermittlungsstelle gibt die Rufnummer an alle Funkstellen in den Zellen ihres Bereichs weiter, von wo sie auf eigenen „Rufkanälen“ parallel ausgestrahlt wird. Die Rufkanäle sind durch einen bestimmten Code als solche gekennzeichnet.

Solange der Teilnehmer frei ist, schaltet sich die mobile Station *prophylaktisch* auf denjenigen der Rufkanäle auf, der eine gute Übertragungsqualität bietet. Sie ist damit jederzeit in der Lage, einen ankommenden Ruf aufzunehmen. Erkennt die mobile Station einen Ruf, so sendet sie auf dem angeschalteten Rufkanal ein Quittungssignal. Die Funkvermittlungsstelle hat damit die Funkstelle bestimmt, von der aus der Teilnehmer am besten erreicht wird.

Die Funkvermittlungsstelle belegt einen noch freien Nutzkanal der betreffenden Funkstelle und schickt eine entsprechende Mitteilung auf dem zugehörigen

Rufkanal zur Mobilstation. Diese schaltet sich dann auf den angegebenen Nutzkanal auf.

Abgehende Verbindung im Funkvermittlungsbereich des Mobilteilnehmers

Die Wahlinformation wird zunächst zwischengespeichert, damit sie als geschlossener Block zur Funkvermittlungsstelle übertragen werden kann. Außerdem sucht die mobile Station einen freien Nutzkanal in der gerade befahrenen Zelle. Auf dem Rufkanal wird nun eine Steuerungsnachricht über die Funkstelle zur Funkvermittlungsstelle abgesetzt, die den belegten Nutzkanal, die gewünschte Teilnehmernummer und automatisch auch die Rufnummer des Rufenden angibt. Die Funkvermittlungsstelle prüft die Berechtigungen des rufenden Teilnehmers und führt anschließend den Verbindungsaufbau von der Funkstelle des Mobilteilnehmers zum gewünschten Ziel durch.

Bestimmung des Funkvermittlungsbereichs, in dem sich der Mobilteilnehmer befindet

Bisher war vorausgesetzt, daß der für den Mobilteilnehmer zuständige Funkvermittlungsbereich bekannt ist. Dies ist natürlich von vornherein nicht der Fall. Für die Bestimmung des Bereichs gibt es verschiedene Methoden, z. B. das Aussenden der Kennung des Mobilteilnehmers in regelmäßigen Abständen oder aber das Aussenden dieser Kennung beim Wechsel von einem in den anderen Vermittlungsbereich. Dieser Wechsel ist erkennbar aus der Änderung des Bereichscodes, der auf dem Rufkanal von jeder Funkstelle ausgesendet wird.

Wechsel der Funkstelle während der Verbindung

In dem hier erläuterten Beispiel wird die Übertragungsqualität jeder Verbindung mit einem 4-kHz-Pilotton überwacht. Der Pilot wird von der Funkstelle zur Mobilstation übertragen und von dort zur Funkstelle zurückgespiegelt. Das Meßergebnis wird zur Funkvermittlungsstelle übertragen. Bei schlechter Übertragungsqualität veranlaßt die Funkvermittlungsstelle die benachbarten Funkstellen, die Empfangsfeldstärke eben *desselben* Nutzkanals zu messen. Läßt eine andere Funkstelle bessere Übertragungsbedingungen erwarten, prüft die Funkvermittlungsstelle, ob in deren Bereich noch ein freier Nutzkanal zur Verfügung steht. Ist dies der Fall, so geschieht die Umschaltung auf den neuen Nutzkanal durch Mitteilung über den Rufkanal. Auf diese Weise geschieht der Kanalwechsel nicht automatisch beim Verlassen einer Zelle sondern nur dann, wenn die Übertragungsqualität schlecht wird.

Von großer Bedeutung für die Steuerungsfunktionen ist – wie diese Beispiele zeigen – der *Rufkanal*. Dieser hat die Eigenschaften eines gemeinsam genutzten Datenkanals, auf dem digitale Nachrichten mit verabredeten Protokollen übertragen werden. Natürlich treten dabei auch Zugriffkonflikte auf, die z. B. nach dem ALOHA-Prinzip (Abschnitt 8.2.3) gelöst werden können.

Neben diesen „unmittelbaren" Steuerungsfunktionen sind infolge der Mobilität der Teilnehmer weitere administrative Aufgaben zu lösen. Jeder Teilnehmer muß an einer Stelle – der sog. Heimatvermittlung oder Heimatdatei – geführt werden. Die zuständige Heimat ist durch die Rufnummer des Teilnehmers gekennzeichnet. In der Heimatdatei werden z. B. Gebühren und Berechtigungen abgespeichert. Die Heimatvermittlung wird auch über den jeweiligen Aufenthaltsort des Mobilteilnehmers informiert, sie dient bei Anfragen als Auskunfsstelle über den derzeitigen Aufenthaltsort des Teilnehmers.

Dennoch müssen dem Teilnehmer auch in jeder gerade aktuell „besuchten" Vermittlung vorübergehend Speicherplätze zugeordnet werden zur Zwischenspeicherung von Berechtigungen, Gebühren usw. Außer den oben erläuterten lokal in jeder Vermittlung auszuführenden Aufgaben der Signalisierung mit dem Mobilteilnehmer, der Kanalzuteilung, der Messung und Prüfung ergibt sich also ein umfangreicher Meldeverkehr zwischen den Vermittlungsstellen zur Aktualisierung der Aufenthaltsdaten und Übermittlung von Kenndaten.

Die überlokalen Aufgaben können auch aus der regionalen Bindung an „Heimatvermittlungsstellen" herausgenommen werden, wie Bild 8.25 andeutet. Statt dessen läßt sich ein eigenes, nach den Gesichtspunkten raschen Meldungsverkehrs optimiertes Steuerungs- und Informationssystem einrichten, das z. B. die Teilnehmerdatei auch zentral führen kann.

Es ist deutlich geworden, daß die mobile Station zahlreiche Steuerungsfunktionen der Mobilkommunikation übernehmen muß, die weit über den Funktionsumfang etwa einer heutigen Fernsprechstation am ortsfesten analogen Fernsprechnetz hinausgehen. Außerdem muß die für drahtlose Kommunikation erforderliche Sendeleistung aufgebracht werden. Derzeit sind deshalb Mobilstationen durch Umfang, Gewicht und Stromversorgung an Fahrzeuge gebunden. Auf weite Sicht könnte es jedoch auch – entsprechenden Bedarf vorausgesetzt – tragbare „Westentaschen"-Mobilstationen geben. Die zahlreichen Logikfunktionen einer solchen Station lassen sich über die *Größtintegration* (very large scale integration, VLSI) sicher raumsparend und wirtschaftlich realisieren, wenn große Stückzahlen zu erwarten sind. Wegen der geringen Sendeleistung tragbarer Stationen sind in einer Funkzelle dann mehrere Empfangsstationen notwendig [8.47].

Ein solches Zukunftsbild ist sicher technisch keine Utopie, die Realisierung hängt aber – wie erwähnt – vom *Bedarf* ab. Damit ist das Schlüsselwort für die Entwicklung der künftigen Telekommunikation angesprochen!

9 Nutzung, Standardisierung und Dienste der Telekommunikation

9.1 Die Zukunft der Telekommunikation

Es gibt kaum noch Aufgaben auf dem Gebiet der Telekommunikation, die nicht im Prinzip *technisch* lösbar wären. Es gibt viele neue Aufgaben der Telekommunikation, die auch heute schon oder in absehbarer Zukunft *wirtschaftlich* lösbar sind, sofern entsprechender Bedarf für hohe Stückzahlen sorgt. Hohe Stückzahlen sind im Zeitalter der Großintegration von Halbleiterschaltkreisen mehr als je zuvor Voraussetzung für wirtschaftliche Fertigung. Wirtschaftliche Fertigung ist Voraussetzung für entsprechenden Bedarf. Ein „circulus vitiosus"?

Bedarf für technische Neuerungen entsteht oder wird geweckt, wenn wir dafür bereit sind oder durch äußere Umstände dazu gezwungen werden. Gerade an der Bereitschaft fehlt es aber in letzter Zeit häufig, weil vielen „das Böse der Technik" viel deutlicher vor Augen steht als das „Gute", das unbestritten vielerorts zu einem häufig doch als angenehm empfundenen Lebensstandard geführt hat, das aber auch als einziges in der Lage sein wird, die Zukunft der Menschheit auf unserem Planeten zu meistern. – Welche Rolle kann dabei die Telekommunikation übernehmen? Wo kann sie uns helfen, wo Arbeit erleichtern, Energie sparen, unsere Freizeit bereichern, Schutz gewähren?

Aus den Benutzersituationen der Tabelle 1.1, die Einsatzfelder der Telekommunikation sind oder sein können, werden die wichtigsten herausgegriffen. Wie sehen wohl mit Hilfe der Telekommunikation das „Büro der Zukunft" (office of the future, OOF) und das „Heim der Zukunft" aus? Wird die Telekommunikation uns beherrschen oder uns dienen? Alptraum oder Zielsetzung?

9.1.1 Das Büro der Zukunft

In der BR Deutschland sind mehr als 50% der unselbständig Beschäftigten im Bürobereich tätig. In anderen Ländern sind die Verhältnisse ähnlich. Die Büroarbeit vermehrt sich weiter, nicht zuletzt deshalb, weil die zu bearbeitende Papierflut ständig wächst. 1985 bedrucken die Rechner eineinhalbmal soviel Papier wie 1981, um denselben Wert werden die Kopiergeräte ihren Papierverbrauch steigern [9.1]. – Was ist zu tun? Wie kann man die Papierflut eindämmen? Wie kann man relevante von nicht relevanter Information unterscheiden?

Diese Unterscheidung kann die Telekommunikation nicht leisten. Wohl aber kann man mit ihrer Hilfe und mit Hilfe der Datenverarbeitung den Menschen von unproduktiven und zeitraubenden Routinen entlasten. Das ist die Aufgabenstellung für das „Büro der Zukunft". Daran wird weltweit an Hochschulen, in Forschungsinstituten und in den Entwicklungsabteilungen der Industrie gearbeitet. Darüber wird auch sehr viel in Studien und Veröffentlichungen geschrieben, wobei es auch skeptische Stimmen gibt, z. B. [6.5, 9.2]. Dennoch existiert bisher kein geschlossenes und realisierbares Gesamtkonzept. *Kosten* und *Akzeptanz* durch den Benutzer sind die beiden Pole, zwischen denen ein solches Konzept ins Gleichgewicht gebracht werden muß.

Worin liegen die Schwierigkeiten? Um diese Frage etwas transparenter zu machen, wird nachfolgend versucht, Kategorien der Büroarbeit zu definieren.

Zu *entscheiden* ist auf allen Ebenen der Büroarbeit. Seien es Entscheidungen über die Fusion von Unternehmen, sei es Genehmigung oder Ablehnung eines Antrags, sei es der Einkauf bei diesem oder jenem Lieferanten. Entscheidungen müssen vorbereitet sein, es muß *Entscheidungsmaterial* vorliegen. Dies sind Informationen in Gestalt von Papier, Gesprächen, Konferenzen usw.

Das *Sichten* ist ein Prozeß zur Beschaffung von Information, die als Entscheidungsmaterial dienen kann. Informationen aus verschiedenen Bereichen werden nach bestimmten Gesichtspunkten eingeholt und ausgewählt, gesichtet, bewertet, mit Ordnungskennzeichen versehen.

Verwalten bedeutet: Informationen aus verschiedenen Quellen werden zusammengeführt und verarbeitet, z. B. wird ein „Vorgang" mit „Vorschriften" verglichen und ausgewertet. Die Informationen können als Texte, Formulare, Daten usw. vorliegen. Auch Verwalten kann zu Entscheidungsmaterial führen.

Zu *generieren* sind Texte, Programme, Konstruktionspläne usw. Dazu gehört die *Erstgenerierung* aufgrund von kreativen Vorgängen und Entscheidungen, Bewertungen und Verarbeitungsvorgängen. Dabei kann es sich um Diktate, Skizzen, Handschriften o. ä. handeln. Dem folgt die *Dokumentation* in sauberer Schriftform, in elektronischem Speicher usw.

Dem *Verteilen* unterliegen Informationen, die anderen Arbeitsstationen zugänglich gemacht werden müssen.

Archivieren, d. h. nach bestimmten Gesichtspunkten (Thesaurus) ablegen und aufbewahren muß man Informationen, um sie später wieder auffinden zu können (Retrieval).

Zu *vernichten* sind Informationen, die nicht mehr oder nur noch in reduziertem Umfang benötigt werden. Lokal werden sie z. B. in den Papierkorb geworfen. „Überreichlich vernichtet" ist eine Information, die nirgendwo mehr vorhanden oder aber nicht mehr gezielt auffindbar ist.

Büroarbeit ist also im weitesten Sinne der *Umgang mit Information.* In diesem Prozeß spielt der Mensch eine wesentliche Rolle. Bei Entscheidungen sind meist nicht alle Informationen gesichert oder verfügbar, die den Entscheidungsprozeß „automatisieren" könnten. So gibt der Mensch mit Intuition und Erfahrung den Ausschlag. Die gleichen menschlichen Eigenschaften werden beim Sichten von Information für die Bewertung und Kennzeichnung (Thesaurus) gefordert. Beim Generieren neuer Information ist in der Regel Kreativität notwendig, sofern nicht die verfügbaren Informationen automatisch zu neuen Informationen verarbeitet werden können. Arbeitsaufwendig und dabei wenig kreativ und intuitiv ist die Umsetzung von Informationen aus dem Menschen adäquaten Ausdrucksmitteln einer Art (z.B. Diktat) in mensch-adäquate Ausdrucksmittel anderer Art (z.B. Brief) oder in die Maschinensprache. Diese mensch-adäquaten Ausdrucksmittel sind durch Menschen immer noch unvergleichlich besser als durch Maschinen (pattern recognition) zu interpretieren.

Das, was im Büroprozeß noch übrig bleibt, ist im Prinzip automatisierbar durch technische Informationsverarbeitung und Informationsübermittlung. Der Mensch aber bleibt im Mittelpunkt. Die Technik kann jedoch zusätzliche Aufgaben übernehmen: Sie kann dem Menschen bei seinen wesentlichen, im Büroprozeß nicht durch Maschinen ersetzbaren Aufgaben Hilfestellung geben, kann ihn von öden Routinen entlasten, die die typisch menschlichen Fertigkeiten nicht fordern.

Damit schälen sich zwei große Gebiete für den Technikeinsatz im Büro heraus: die *Automatisierung* von Verarbeitungsfunktionen, wie sie etwa beim Verwalten vorkommen, und die technischen *Hilfsmittel* zur Unterstützung des Menschen bei der Büroarbeit.

Die Automatisierung von Verwaltungsfunktionen steht vor einer großen Schwierigkeit: Verwaltungsfunktionen sind nicht nur branchenabhängig sehr unterschiedlich, sie differieren auch innerhalb einer Branche von Organisation zu Organisation, weil sie im Wechselspiel mit gewachsenen – oft viele Jahrzehnte alten – Organisationsstrukturen entstanden sind. Und Eingriffe in solche Strukturen – etwa zur Vereinheitlichung oder besseren Anpassung an die Möglichkeiten der Datenverarbeitung – sind schwierig! So entstehen umfangreiche Systeme anwenderspezifischer Software, die sich nur große Organisationen leisten können und die natürlich auch den in Abschnitt 6.3 geschilderten Schwierigkeiten unterliegen, was bei „Einzelprodukten" besonders schmerzlich ist.

Technische Hilfsmittel zur Unterstützung des Menschen bei der Büroarbeit lassen sich besser – auch branchenunabhängig – vereinheitlichen, weil man bei seinen Wünschen an die optimale *Benutzeroberfläche,* die die Schnittstelle zwischen Mensch und Automaten repräsentiert, im allgemeinen von gleichen Voraussetzungen ausgehen kann. Problematisch ist es aber, diese Benutzeroberfläche so auszustatten, daß sie akzeptiert und als Hilfsmittel mit Erfolg eingesetzt wird. „Erfolg" heißt im allgemeinen, daß notwendige Investitionen durch größere Effektivität ausgeglichen werden.

Es gibt bereits eine Reihe arbeitsunterstützender Hilfsmittel, andere sind in Diskussion. Einige willkürlich herausgegriffene Beispiele:

- Das Diktiergerät ist allgemein bekannt. Ein *Ferndiktat* erfolgt vom Arbeitsplatz zur zentralen Diktatstation.
- Die Text*bearbeitung* gibt allgemein verwendbare Editierhilfen zur Manuskripterstellung. Text*verarbeitungs*systeme ermöglichen das Zusammensetzen von Briefen aus Textbausteinen, die in der Regel branchenabhängig – also nicht allgemein verwendbar – sind.
- *Tele*konferenzen ersparen lange Anreisen, lassen sich deshalb leichter und schneller verabreden, beschleunigen dadurch Entscheidungsprozesse.

- Automatische Terminverfolgung und Terminerinnerung, damit verbunden Hilfen bei der Terminverabredung.
- Archivierung und Retrieval. Papier wird teilweise durch Elektronik ersetzt. Dem Menschen aber bleibt immer noch – wie bereits gesagt – die wichtigste Aufgabe, nämlich die Bestimmung von Ordnungskennzeichen (Aktenzeichen) und Wichtigkeit vorbehalten.
- Vermeiden der mehrfachen Umsetzung von dem Menschen adäquaten Ausdrucksmitteln in maschinell verarbeitbare Ausdrucksmittel und umgekehrt im Verlauf eines Büroprozesses (Darstellungs- oder Präsentationsbrüche).

Welches könnten nun die Merkmale der erwähnten „optimalen Benutzeroberfläche" sein? Auch hier nur einige Beispiele:

Das menschliche Gehirn ist auf „Parallelverarbeitung" ausgerichtet. Eine DIN-A4-Seite – oder ein ähnliches Blatt – ist noch parallel überblickbar. Die ideale Benutzeroberfläche sollte den Überblick über dieses Format mit der Auflösung von etwa 2600 Zeichen erlauben. Auf beliebige dieser 2600 Zeichen muß direkt zugegriffen werden, um z.B. Unterstreichungen, Änderungen oder das Übernehmen auf eine andere Unterlage zu ermöglichen. Koordinatenweises „Herantasten" (z. B. mit *Cursor*) ist schwerfällig, direkter Zugriff z. B. mit *Lichtgriffel* wünschenswert.

Auf dem Schreibtisch des Sachbearbeiters liegen meist mehrere Unterlagen nebeneinander. Von einer Unterlage werden Informationen auf eine andere Unterlage übertragen. Das bedeutet: Nicht allein *eine* DIN-A4-Seite, sondern wenigstens deren *zwei* müssen *parallel* zugreifbar sein. Ein Display entsprechender Größe kann das Papier weitgehend ersetzen.

Aber dies ist noch nicht ausreichend. Auf *einer* Seite nicht verfügbare Information muß ggf. durch „Blättern" aus einem Stapel (Archiv) herausgesucht werden, wenn das Ordnungskennzeichen nicht bekannt oder nicht richtig vergeben ist. Hohe Geschwindigkeit für den Zugriff zu einem elektronischen Archiv ist Voraussetzung.

Das Blättern ist durch den *Suchbaum* zu ersetzen, wenn es sich um das Vordringen zum Detail handelt. Ein Suchbaum muß den raschen und direkten Zugriff zum Detail ermöglichen, etwa durch Kennzeichnung des zu detaillierenden Begriffs mittels Lichtgriffel auf dem Display („elektronische Lupe").

Die Verständigung mit dem Automaten in natürlicher Sprache – auch in Eingaberichtung – ist einer der wichtigsten, aber auch der schwierigsten und aufwendigsten Teile der Benutzeroberfläche. Ersatzweise müssen benutzerfreundliche „Bürosprachen" gefunden werden, die auch eine geeignete *Bedienerführung* (für professionelle und gelegentliche Benutzer) einschließt. Aber auch dies ist ein umfangreiches Softwareproblem!

Schließlich müssen die Arbeitshilfsmittel bequem handhabbar und ergonomisch richtig angeordnet werden. Beispiel: ein großflächiges Display als ebene, leicht geneigte Arbeitsfläche!

Dieses „Idealgemälde" einer Benutzeroberfläche ist heute aus Kostengründen – zumindest für einen Breiteneinsatz – noch nicht erreichbar. Deshalb gibt es das „Akzeptanzproblem": Man versucht, mit bescheideneren Mitteln eine mehr oder weniger gute Annäherung an das Ideal zu erreichen! Wem dies am besten gelingt, der wird den Fortschritt der Bürotechnik bestimmen! Mit der ständigen Weiterentwicklung technologischer Möglichkeiten ist dies ein extrem dynamischer Prozeß, der in den nächsten Jahrzehnten Zug um Zug neue Bereiche der „Bürolandschaft" für die Hilfeleistung durch die Automatik erschließen wird.

Welche Rolle kann die Telekommunikation in dieser Landschaft übernehmen? Die Informationen, die im Büroprozeß gesichtet, geordnet und verarbeitet werden, stehen am Arbeitsplatz nicht a priori zur Verfügung, sie müssen zum Arbeitsplatz hin- und von ihm wieder wegtransportiert werden. Der materielle Transport von Papier durch Post oder Hauspost kann durch den wesentlich schnelleren „elektronischen Transport" von elektronisch dargestellter Information ersetzt werden. Mit dem Einsatz aufwendiger technischer Arbeitshilfsmittel wird häufig eine Zentralisierung verbunden sein, die solche Hilfen aus Kostengründen für viele Benutzer zentralisiert (shared resources). Dies erfordert die technische Telekommunikation zwischen dezentralen und zentralen Komponenten des Bürosystems. Im Detail ist eine weitgehende Integration von Informationsverarbeitung und Informationsübermittlung anzustreben, die wegen der *digitalen Verarbeitung* auch zu einer optimal angepaßten *digitalen Übermittlung* der zu übertragenden Informationen – also zu digitalen Netzen – führt. Dabei sind hohe Übertragungsgeschwindigkeiten, also Transportbitraten im Bereich von vielen kbit/s bis zu Mbit/s vorteilhaft oder notwendig. Leistungsfähige Signalisierungsverfahren zum Austausch von Steuerungsinformationen zwischen Teilnehmer und Netz ermöglichen ein breites Angebot unterstützender Fernmeldedienste, verbunden mit Bedienungskomfort und Bedienerführung. Die in Abschnitt 8 beschriebenen neuen Kommunikationsnetze sind als Träger derartig anspruchsvoller Bürokommunikation weitgehend geeignet.

Erste Schritte in Richtung des „Büro der Zukunft" werden in Abschnitt 9.3 besprochen.

9.1.2 Telekommunikation im Heim

Die Lebenssituationen im Heim sind – glücklicherweise – unvergleichlich vielfältiger als diejenigen im Büro. In buntem Durcheinander gibt es Freizeit, Unterhaltung, Hobbies; auch einen Rest von Büro mit Haushaltsführung, Steuererklärung, Überweisung und „Archivierung" (Abheften) von Rechnungsbeträgen; es gibt ein Informationsbedürfnis mit Zeitungen, Rundfunknachrichten, Briefen, Auskünften, Telefon; es gibt ein Sicherheitsbedürfnis mit Intrusionsschutz, Brandüberwachung, sozialen Hilfen; für Ernährung wird gesorgt durch Einkauf und Zubereitung in der Küche; für Sauberkeit wird gesorgt durch Raumpflege und Wäsche; wir brauchen Energie für Heizung, Licht, Heißwasser; wir brauchen Frischwasser und müssen Brauchwasser wieder „loswerden", wir erziehen Kinder, sind krank, brauchen Hilfe ... und was der Situationen sonst noch sei!

Dieser Vielfalt entsprechen potentielle Anwendungen der Telekommunikation: breit eingeführt schon die Unterhaltung durch Radio und Fernsehen, das Telefon zur „exklusiven Kommunikation", beides mit weitgespannten Möglichkeiten zur Verbesserung und Erweiterung. Fernmessen, Fernüberwachen und

Fernsteuern eröffnen zahlreiche Anwendungen zum Schutz von Haus und Person oder zur Energieersparnis. Lehrprogramme unterstützen die Erziehung. Letzten Endes aber kann die Telekommunikation viele Arbeitsplätze wieder ins Heim verlegen, so wie es einst war, mit weitestreichenden – und hoffentlich positiven – Auswirkungen auf Familie und Energieverbrauch [9.3].

Auch für die Telekommunikation im Heim stellt sich das Akzeptanzproblem, allerdings in völlig anderer Weise als im Büro. Eine Art von Kosten/Nutzen-Verhältnis ist rational nicht erfaßbar! Unterhaltungswert, Mode, Statussymbol sind nicht berechenbare Akzeptanzfaktoren, nicht zu vergessen der chronische Platzmangel in unseren teuren und engen Wohnungen, der Schwierigkeiten bei der Unterbringung von zusätzlichen Geräten bereitet. Äußere Einflüsse wie steigende Kriminalität oder steigende Energiekosten können die Akzeptanzschwelle für Fernüberwachung und kombinierte Fern/Lokal-Steuerung erniedrigen. Wesentlich trägt die Benutzeroberfläche zur Akzeptanz bei: Einfache Bedienung für attraktive Standardfunktionen ist eine Notwendigkeit, für den „Bastler" aber sollten zusätzliche Leistungen zu erschließen sein. Einige Nutzungsbereiche werden nun näher betrachtet.

Bereich „Unterhaltung"

Mit Rundfunk und Fernsehen ist bisher „passive Unterhaltung" die Domäne der Telekommunikation im Heim. Die Auswahlmöglichkeiten lassen sich durch Satelliten- und Kabelfernsehen noch erhöhen, wie in Abschnitt 8 erläutert. Ein vermehrtes Programmangebot, wie es in anderen Ländern bereits üblich ist, bleibt in der BR Deutschland allerdings noch medienpolitisch umstritten [9.4]. Der Nutzer erhält darüber hinaus durch einen *Rückkanal* die Möglichkeit der aktiven Mitwirkung. Über einen „schmalen Rückkanal" kann er sich mit einfachen Rückinformationen an den Sendungen beteiligen, über einen „breiten Rückkanal (offenen Kanal)" kann er selber senden, sich an z. B. lokalen Amateurwettbewerben beteiligen und sich dem Urteil seiner Nachbarschaft stellen.

Bereich „Individualtelekommunikation"

Das Fernsprechen erreicht in den 80er Jahren die *Vollversorgung*, in praktisch jedem Haushalt gibt es dann ein Telefon. In zunehmendem Umfang wird die Telekommunikation im Heim (Heimtelefonanlage) und der Zweitanschluß (Abschnitt 8.3.3) interessant werden. Mit der Einführung der Digitaltechnik ist es im Prinzip auch möglich, die Fernsprechqualität zu verbessern. *Freisprechen* – also Sprechen und Hören ohne „Handapparat" – und höherer Bedienungskomfort bieten sich an.

Bei Einführung dafür *geeigneter* Kabelfernsehnetze (Abschnitt 8.5) wird auch das Bildfernsprechen realisierbar. Vielleicht können dieselben Endgeräte für Unterhaltung (Fernseher, Videokamera) und Individualkommunikation genutzt werden.

Mit preiswerten Terminals für Text- und Datenerstellung und -übertragung lassen sich Briefe schreiben und elektronisch versenden. Der Zugang zu Informations- und Verarbeitungszentren ist möglich. Einfache Drucker erlauben den

Empfang von Briefen und speziellen Zeitungen. Die Voraussetzungen für die Verlegung des Arbeitsplatzes ins Heim können damit geschaffen werden.

Bereich „Fernüberwachen, Fernmessen, Fernsteuern“

Naheliegend ist die Weitergabe von Notrufen und von Alarmmeldungen z. B. der Einbruchsicherung an die zuständigen Dienststellen. Dabei bestehen besondere Anforderungen an das Fernüberwachungssystem zur Sicherung gegen böswilliges Außerbetriebsetzen. Das Fernablesen von Zählern kann die wenig benutzerfreundliche jährliche Ablesung wieder durch monatliche verbrauchsgerechte Abrechnungen ersetzen. Die Fernsteuerung der Energieversorgung erlaubt es, gezielt und lastabhängig bestimmte Verbrauchergruppen (Heißwassergeräte, Waschmaschinen) an- und abzuschalten. Eine Fernsteuerung von Heizung, Licht, Rolläden dient der Energieersparnis und dem Einbruchschutz.

Eine wichtige Aufgabe im „Heim der Zukunft“ ist die Verteilung von Informationen und Steuerungsnachrichten, also die *Verkabelung des Heims.* Für Wasser, Abwasser, Elektrizität ist ein gut dimensioniertes Versorgungs- und Entsorgungssystem selbstverständlich, für Informationen leider noch nicht. Eine *Informationsverkabelung* sollte in allen Neubauten vorgeleistet werden, was natürlich eine Standardisierung voraussetzt. Das Problem ist nicht im entferntesten gelöst! Die Verkabelung muß vielfach verwendbar sein: Schmalband-, Breitband-, Verteil-(Parallel-) und Individualkommunikation mit der Möglichkeit der Einführung von Schaltzentralen im Heim (Heimcomputer).

Die weitere Entwicklung der Telekommunikation im Heim ist stark abhängig von technologischen Fortschritten (wirtschaftliche Massenterminals) und von äußeren Einflüssen: steigende Energiekosten, mehr Freizeit, steigende Kriminalität (hoffentlich nicht) usw. Für die Industrie handelt es sich um einen hochinteressanten Markt mit großen Stückzahlen, aber auch großen Risiken!

Erste Schritte zu einem erweiterten Telekommunikationsangebot werden in Abschnitt 9.3 besprochen.

9.2 Dienste und Standardisierung

Es sei an die „provisorische Definition“ in Abschnitt 1.2 erinnert: *Dienste* sind Kommunikationsleistungen in einem Telekommunikationssystem, die dem Benutzer zur Verfügung gestellt werden. Von wirtschafts- und medienpolitischer Bedeutung sind Dienste insbesondere in öffentlichen Netzen. Dabei sei angemerkt: Es gibt noch kein weltweit einheitliches Verständnis des Begriffs „Dienst“ oder „Service“!

Vorbehaltlich endgültiger internationaler Festlegung erläutert Bild 9.1 die Dienstkategorien und ihre Bedeutung [9.5].

Übermittlungsdienste (connection services)

Die Endeinrichtungen EE liegen in der Funktionsverantwortung der Benutzer. Die Schnittstelle A verabredet lediglich die Protokolle, die für die Übermittlung

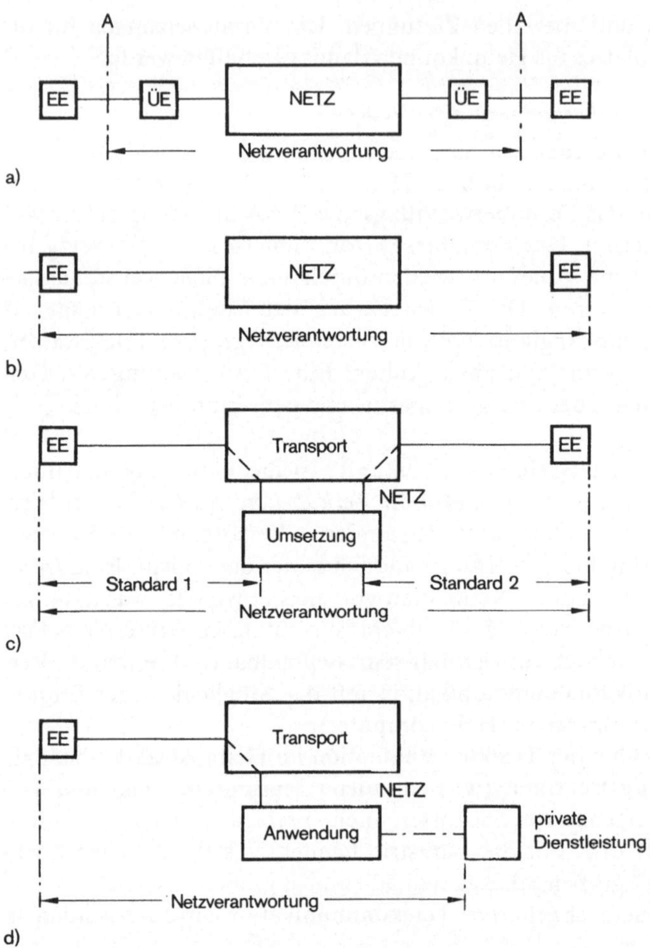

Bild 9.1. Dienstkategorien. **a)** Übermittlungsdienst (connection service); **b)** Standarddienst (unified service); **c)** Kompatibilitätsdienst (conversion service); **d)** Dienst: Teilnehmeranwendung (customer application service). EE Endeinrichtung, ÜE Übertragungseinrichtung

beliebiger Nachrichten über das Netz eingehalten werden müssen (Abschnitt 5). Die Verwaltung als Netzbetreiber garantiert für die Funktionsfähigkeit des Netzes bis zur Schnittstelle A, also einschließlich der Übertragungseinrichtungen ÜE. Absprachen über die höheren Protokolle müssen die Benutzer selbst treffen.

Standarddienste (unified services)

Die Verwaltungsverantwortung schließt die Endeinrichtung EE – zumindest jedoch ihren Kommunikationsteil – mit ein. Es müssen also auch die höheren Kommunikationsprotokolle allgemeingültig verabredet werden, damit die Verwaltung diese Verantwortung übernehmen kann. So wird die Kompatibilität zwischen allen Teilnehmern eines Standarddienstes gewährleistet. Die Teilnehmer können in ein Teilnehmerverzeichnis aufgenommen werden, die Kommunikation „von jedem zu jedem" ist für die Teilnehmer des Standarddienstes möglich. Notwendig ist eine – oft langwierige – Standardisierung.

Kompatibilitätsdienste (conversion services)

Das Netz übernimmt – soweit möglich und sinnvoll – die Anpassung verschiedener Dienste. Dabei wird für Standarddienste die Kompatibilität auf allen Ebenen, für Übermittlungsdienste nur der Transportprotokolle hergestellt. Zur ersten Kategorie (Bild 9.1 c) mag eine Anpassung von „Text"- an „Fax"-Dienste, zur zweiten neben der Umsetzung der Transportprotokolle auch eine Geschwindigkeitsanpassung gehören. Einen noch weitergehenden *advanced communication service* (ACS) bereitet die AT&T vor. Sie will Kompatibilität auf allen Ebenen für eine Vielzahl verschiedener Endeinrichtungen erreichen, die nicht einmal standardisierte Protokolle auf den unteren Ebenen benutzen [6.4].

Teilnehmeranwendungen (customer application services)

Es handelt sich um spezielle Anwendungen wie „Weckdienst", „elektronischer Scheckverkehr", „Bildschirmtext" (Abschnitt 9.3) und vieles andere mehr, bei denen das Netz zusätzliche Leistungen der Datenverarbeitung übernimmt.

Kompatibilitätsdienste und Dienste für Teilnehmeranwendungen sind in den USA als „added values" bekannt (Abschnitt 8.1.3). Unter dem Aspekt der *Dienste* lassen sich die Betrachtungen zu Privat*netzen* ergänzen: Bild 9.2 a zeigt die geläufige Ausführung eines Privatnetzes, das sich fest gemieteter Übertragungswege im öffentlichen Netz bedient. Dagegen aber lassen es Übermittlungsdienste zu, Privatnetze von Fall zu Fall über Wählverbindungen im öffentlichen Netz zusammenzuschalten (Bild 9.2 b). Wie in Abschnitt 8.1.3 bereits erwähnt, sollte es dann aber möglich sein, diese Privatnetze durch Einrichten von „closed user groups" innerhalb des öffentlichen Netzes vor dem Eindringen Unbefugter zu schützen.

Die wichtigsten und in wirtschaftspolitischen Diskussionen immer wieder angesprochenen Dienstkategorien sind die der Übermittlungsdienste und die der Standarddienste. Welche Dienste sind vorzuziehen? Die Argumente gleichen denen der Diskussion um private und öffentliche Netze (Abschnitt 8.1.3). Standarddienste sind überall dort von Bedeutung, wo die Kommunikation unmittelbar oder mittelbar von Mensch zu Mensch erfolgt, also wo die Wahrscheinlichkeit hoch ist, daß Kommunikation nicht auf einen kleinen Kreis begrenzt bleibt. Dazu gehören Sprach-, Text- und Bildkommunikation. Die Öffnung von Kommunikationsinseln liegt hier im Interesse jedes einzelnen und damit auch im Gesamtinteresse [9.6].

Übermittlungsdienste haben dort ihre Berechtigung – oder vielleicht besser gesagt: sie schaden dort nicht sehr –, wo sich die Kommunikation in einem definierten, kleinen Interessenkreis abspielt. Ein wichtiges derartiges Einsatzgebiet ist die Datenfernverarbeitung, die die Kommunikation zwischen Datenterminals und Datenverarbeitungsanlagen erlaubt. Ein anderer Anwendungsfall ist die verteilte Datenverarbeitung, in der Rechner untereinander und mit der Rechner-

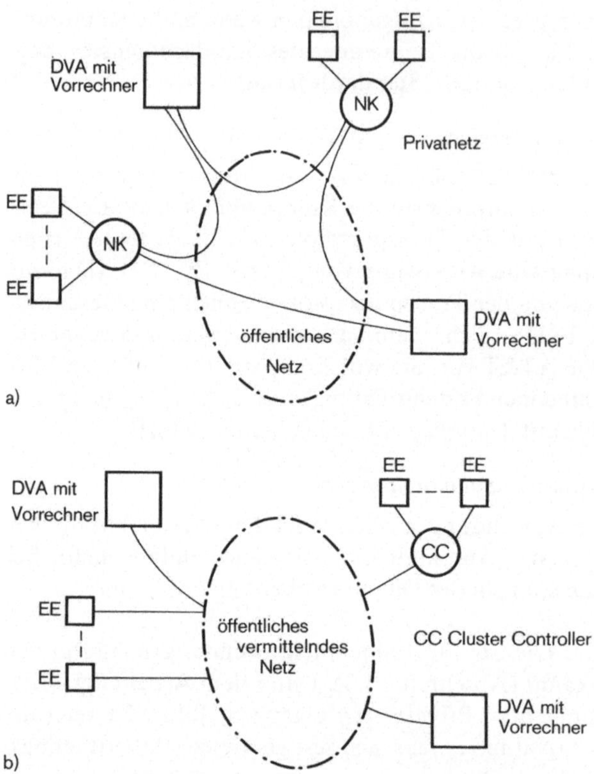

Bild 9.2. Charakteristika von Privatnetzen. **a**) Privatnetz über das öffentliche Netz; **b**) Privatnetz im öffentlichen Netz (closed user group). EE Endeinrichtung, NK Netzknoten, DVA Datenverarbeitungsanlage

peripherie kommunizieren. Immerhin, auch in diesen Fällen würde der Anwender einheitliche Protokolle in allen Ebenen begrüßen, manche Hersteller weniger (Abschnitt 8.1.3).

Es ist damit zu rechnen, daß mit steigendem Dienstangebot (Abschnitt 9.3) der Bedarf an Kompatibilitätsdiensten ebenfalls wachsen wird. Zunehmen werden auch die verschiedenartigen Teilnehmeranwendungen für Büro und Privathaushalt, mithin das Dienstangebot insgesamt sowohl in privaten als auch in öffentlichen Netzen.

9.3 Neue Fernmeldedienste

9.3.1 Allgemeine Entwicklung

Tabelle 9.1 zeigt in eindrucksvoller Weise die eben skizzierte Entwicklung (KTV: Kabelfernsehen, ZKTV: Zweiwegekabelfernsehen, BB-DÜ: Breitband-Datenübertragung). Ohne auf alle angeführten Dienste eingehen zu wollen, läßt sich allgemein eine schnell wachsende Vielfalt konstatieren. Die Ursache für diese „Dienstexplosion“ liegt in der in Abschnitt 9.1 geschilderten „Zukunft der Telekommunikation“. Natürlich ist die Tabelle nicht vollständig. Verbunden mit neuen Diensten ist häufig höherer technischer Anspruch, also höhere Komplexität mit entsprechenden Auswirkungen bei Entwicklung und Betrieb der Netze.

Tabelle 9.1. Die Entwicklung der Kommunikationsdienste

1847	1877	1930	1970	1980	1990
Telegraf	Telefon	Telefon	Telefon	Telefon	Telefon
	Telegraf	Telegraf	Autotelefon	Autotelefon	Autotelefon
		Telex	Telegraf	Funkruf	Funkruf
		Faksimile	Telex	Telegraf	Mobiltelefon
			Faksimile	Telex	Telegraf
			Datel	Teletex	Telex
			BB-DÜ	Telefax	Teletex
			KTV	Bildschirmtext	Telefax
				Telemetrie	Breitenfax
				Datel	Mischfax
				Datex	Farbfax
				BB-DÜ	Schnellfax
				KTV	Telezeitung
				Videotext	Bildschirmtext
					Telemetrie
					Datel
					Datex
					BB-DÜ
					Satelliten-DÜ
					ZKTV
					Videotext
					Bildfernsprechen
					Bildkonferenz

Die Anreicherung der Netze mit technisch anspruchsvolleren „höheren“ Diensten („added values“) betrifft im allgemeinen Kompatibilitätsdienste und Teilnehmeranwendungen. Beispiele hierfür sind:

- Der bereits erwähnte *advanced communication service* ACS [6.4]. Es handelt sich um einen Kompatibilitäsdienst, der in Paketvermittlungsdienste eingebettet ist. Es soll der Anschluß *nicht*standardisierter Terminals und Datenverarbeitungsanlagen verschiedener Hersteller ermöglicht werden. Der Kompatibilitätsdienst erstreckt sich über alle sieben Ebenen des OSI-Architekturmodells. Die Inbetriebnahme hat sich durch Softwareschwierigkeiten verzögert.
- *Electronic Mail* EM [6.5]. Hierunter wird nicht allein der elektronische Nachrichtentransport verstanden, sondern auch die Bereitstellung von elektronischen „Empfangsbriefkästen“ (mail box) und „Aufgabebriefkästen“ durch das Netz. Wenn der Adressat nicht unmittelbar empfangsbereit ist, wird die Nachricht in seinem Empfangsbriefkasten abgelegt. Von dort kann der Empfänger

die Nachricht zu ihm genehmer Zeit abrufen. Dabei mag es sich um Text-, Bild- oder sogar Sprachnachrichten („voice mail") handeln. Umgekehrt lassen sich Nachrichten anstelle der direkten Versendung auch in elektronische Aufgabebriefkästen einlegen, von wo sie z. B. zu gebührengünstigen Zeiten weitergesendet werden („delayed delivery") oder von wo die Verteilung an einen vorgegebenen Verteilerkreis erfolgt (Rundsenden). Beteiligen sich mehrere Partner auf diese Weise an einem Nachrichtenaustausch, so spricht man von einer *Computerkonferenz.* Die Konferenz zieht sich über einen längeren Zeitraum hin, jeder Teilnehmer kann seine Beiträge zu ihm genehmer Zeit liefern.
- *Electronic message system* EMS. „Electronic mail" wird um Entwurfs-, Editier-, Archivierungs- und Retrievalfunktionen erweitert (vgl. Abschnitt 9.1.1, Definition nach [9.7]).

Kompatibilitätsdienste und Teilnehmeranwendungen lassen sich häufig als neue Dienste auch in *bestehende Netze* einbringen und tragen somit zur Aufwertung dieser Netze bei [8.41]. Ausgesprochen *neue Netze* erfordern Dienste wie Kabelfernsehen und Breitbandkommunikation [9.8]. Einige Beispiele werden nachfolgend erläutert.

9.3.2 Neue Dienste der Text- und Festbildkommunikation

Nach den Empfehlungen der CCITT-Vollversammlung vom November 1980 werden Dienste dieser Art im öffentlichen Netz neuerdings „telematic services" genannt. Tabelle 9.2 gibt einen Überblick über die Dienste. Einige Erläuterungen:

Teletex [9.9]

Ziel dieses neuen Dienstes ist es, den altbekannten Fernschreiber aus der zentralen Fernschreibstelle in die Sekretariate zu holen und zur *Kommunikationsschreibmaschine* mit wenigstens dem Zeichenvorrat einer normalen Schreibmaschine umzuwandeln. Oder anders gesagt: Die Sekretariatsschreibmaschine soll kommunikationsfähig werden. Hierfür ist es wichtig, einen *internationalen* Standarddienst „von jedem zu jedem" zu definieren. Dazu müssen auch die höheren Protokollebenen festgelegt sein (Abschnitt 5.4), wie es im CCITT bereits empfohlen worden ist.

Um Groß- und Kleinschreibung sowie zusätzliche Zeichen zu ermöglichen, ist man vom 5-bit-Zeichencode des Telexdienstes zu 8-bit-Zeichen übergegangen. Die Übertragung der Zeichen wird mittels HDLC (vgl. Abschnitt 5.4) gesichert; als Übertragungsgeschwindigkeit hat man 2400 bit/s (gegenüber weniger als 50 bit/s bei Telex) gewählt. Damit liegt die Übertragungsdauer je Textseite zwischen 5 und 10 s.

Außerhalb der Standardisierung können in der Teletexmaschine Lokalfunktionen zur Textbearbeitung und Textverarbeitung realisiert werden. Eine Bedingung besteht jedoch: Es darf keine Behinderung der Textübertragung durch Lokalbetrieb auftreten! Um umgekehrt den Lokalbetrieb nicht durch Textempfang zu stören, wird ein Empfangsspeicher („floppy disk") mit optischer Anzeige

Tabelle 9.2. Gliederung der Text- und Festbildkommunikation nach W. Kaiser

	Elektronische Text- und Festbildkommunikation						
	Wiedergabe auf Papier			Wiedergabe auf Bildschirm			
Telekommunikationsform: Deutsche Bezeichnung	Fernschreiben	Bürofernschreiben	Fern kopieren	Videotext	Bildschirmtext	Kabeltext	Kabeltext-Abruf
Internationale Bezeichnung	Telex	Teletex	Telefax	Broadcast Videotex	Interactive Videotex		
Verbreitet über	Fernschreibnetz mit 50 bit/s	Datennetz mit 2400 bit/s	Fernsprechwählnetz	Austastlücke eines Fernsehsignals	Fernsprechwählnetz	Breitbandverteilnetz	Breitbandnetz mit Rückkanälen
Verkehrsart	Dialog	Dialog	Dialog	Verteilung	Abruf	Verteilung	Abruf
In anderen Ländern verwendete Bezeichnung				GB: Teletext F: Antiope (Didon) S: Text-TV NL: Teletekst	GB: Prestel (früher Viewdata) F: Teletel S: Datavision NL: Viditel Canada: Telidon Japan: Captain Finnland: Telset		

vorgesehen. Darüber hinaus dienen die Speicher der Angleichung von Druck- und Übertragungsgeschwindigkeit.

In Abschnitt 8 wurde die „Einführungshürde" als Schwierigkeit bei der Einführung neuer Netze erwähnt. Dasselbe gilt auch für die Einführung neuer Dienste, sofern man auf Partner angewiesen ist. Man muß deshalb den Teletexteilnehmern die Möglichkeit bieten, Anschluß an das weltweite Telexnetz zu finden. Hierzu wird in der BR Deutschland ein Übergang innerhalb des IDN (Abschnitt 8.2.1) geschaffen, nämlich der sog. Teletex-Telex-Umsetzer (TTU). Natürlich fällt der Teletexverkehr bei Übergang in den Telexdienst auf die Leistungsmerkmale dieses Dienstes zurück (Übertragungsgeschwindigkeit, Zeichenvorrat).

Im März 1981 wurde als „Weltpremiere" in der BR Deutschland der Teletex-Probebetrieb aufgenommen.

Bildschirmtext [9.10, 9.11]

Grundidee ist die Nutzung des praktisch in jedem Haushalt vorhandenen Fernsehapparates als „Datenterminal" für das Heim. Darüber hinaus wird auch an kommerzielle Nutzung in Betrieben, durch Vertreter, im Bildungsbereich usw. gedacht.

Als Zugang vom Teilnehmer zur Datenbank dient das vorhandene analoge Fernsprechnetz. Hierfür wird beim Teilnehmer ein „Billigmodem" eingesetzt mit der Übertragungsgeschwindigkeit von 1200 bit/s von der Datenbank zum Teilnehmer und einem Rückkanal von 75 bit/s vom Teilnehmer zur Datenbank.

Im Fernseher muß ein *Bildschirmtextdecoder* eingesetzt werden, der die empfangenen codierten Zeichen in entsprechende Buchstaben und Grafikelemente für den Bildschirm umsetzt. Die Fernbedienungstastatur muß um einige Zeichen erweitert werden. Je nach Bedarf sind auch alphanumerische Tastatur, Drucker und Aufzeichnungsgeräte anschließbar. Künftig wird auch die Kopplung mit intelligenten Endgeräten (Kleincomputer, Bildplatte, Scheckkartenidentifizierer usw.) möglich sein.

Das zentrale Datenbanksystem besteht aus einer Anzahl von *Bildschirmtextzentralen,* die untereinander im Datenverbund arbeiten. Der Teilnehmer wird über das Fernsprechnetz mit der jeweils nächstgelegenen Bildschirmtext-(Btx)-Zentrale zum Ortstarif verbunden. Dort stellt er sich durch ein teilnehmereigenes „Paßwort" vor, das automatisch vom Modem ausgesendet wird. Je nach Verabredung kann anschließend ein „personenindividuelles Paßwort" übermittelt werden, das bestimmte Funktionen nur personenbezogen ermöglicht.

Die Btx-Zentralen sind untereinander über das öffentliche Paketvermittlungsnetz Datex-P (Abschnitt 8.2.2) verbunden. Für die gegenseitige Verständigung werden auf den unteren Ebenen die Protokolle nach X.25 (Abschnitt 5.4), auf den Ebenen 4 bis 6 *einheitliche höhere Kommunikationsprotokolle* (EHKP) [5.9] verwendet. Eine Zentrale hält allein die Informationen von nur lokaler Bedeutung. Wichtige Informationen werden in verschiedenen Zentralen dupliziert aufbewahrt.

Die Btx-Datenbanken sind nach der „Menütechnik" organisiert, d. h., alle Zugriffe erfolgen durch Auswahlziffern und nicht über die Eingabe von Suchwörtern. Der Benutzer findet eine gewünschte Information entweder durch den unmittelbaren Aufruf einer ihm bekannten „Seitennummer" oder durch schrittweises Abrufen eines der „elektronischen" Verzeichnisse. Btx stellt hierfür eine sachlogische Suchstruktur (Suchbaum), ein Anbieterverzeichnis und ein Schlagwörterverzeichnis zur Verfügung.

Eine Btx-Seite, die einen Bildschirm füllt, besteht aus 24 Zeilen mit je 40 Zeichen, maximal also aus 960 Zeichen. Die Zeichen können in weiß oder in einer von sechs Farben auf dem Bildschirm erscheinen, auch schwarze Zeichen auf einer Hintergrundfarbe sind möglich. Bei einer Übertragungsgeschwindigkeit von 1200 bit/s dauert der Aufbau einer Seite etwa 5 bis 6 s.

Die von Bildschirmtext angebotenen Dienste richten sich an private Haushalte, Beschäftigte bei Banken, Versicherungen, Presse, Verwaltung sowie im Bildungsbereich. In der Industrie werden mittleres und oberes Management angesprochen. Das Dienstangebot läßt sich in drei Kategorien einteilen:

a) Abruf von vorbereiteten Informationsseiten für Viele. Die Informationsseiten werden von *Anbietern* vorbereitet. Zum Angebot können u. a. gehören: Arbeitsvermittlung, Automarkt, Wohnungsangebot, Reisedienst, Fahrpläne, Städteinformationen.

b) Individueller Austausch von Mitteilungen. Hier gibt es die – „electronic mail" (Abschnitt 9.3.1) entsprechende – Möglichkeit, bei Abwesenheit eines Teilnehmers diesem eine Nachricht in der Btx-Zentrale zu hinterlassen. Neben diesem Austausch individueller Nachrichten zwischen Teilnehmern können auch Bestellungen von Produkten bei Firmen getätigt werden, die z. B. als Anbieter zuvor eine Information über ihr Produktspektrum zur Verfügung gestellt hatten. Ein anderes Anwendungsbeispiel ist die Aufgabe von Zeitungsannoncen. Alphanumerische Tastaturen beim eingebenden Teilnehmer sind für diese Anwendungen zweckmäßig.

c) Zugang zur Datenverarbeitung. Fernsehbildschirm und – alphanumerische – Tastatur werden zum Datenverarbeitungsterminal des Wenig- oder Hobbybenutzers! Unzählige Anwendungen sind denkbar: Steuerklärung, Buchführung – eventuell nur der Abruf entsprechender Programme für den „Heimcomputer" –, Computerspiele, Fernunterricht usw. Solche Anwendungen dürften wegen der hohen Übertragungsgeschwindigkeit in neuen Netzen wie dem ISDN (Abschnitt 8.3) noch interessanter werden.

9.3.3 Weitere Fernsehbildschirmdienste

Auch unter dieser Überschrift geht es also um Dienste, die den Fernsehbildschirm einbeziehen. In der einfachsten Form handelt es sich um *Videotext* (Tabelle 9.2) als Verteildienst. Es gibt viele Ähnlichkeiten mit Bildschirmtext, jedoch sind keine individuellen Dienste möglich. In der sog. *Austastlücke,* die alle 20 ms für den Rücklauf des Elektronenstrahls am Ende eines Fernseh-Halbbildes benötigt wird, ist die Bildübertragung für 128 μs (entsprechend zwei Zeilen) unterbrochen. In dieser Zeit können Daten zum Aufbau von Bildschirm„seiten" gesendet werden.

Eine Bildschirmseite besteht – wie beim Bildschirmtext – aus 24 Zeilen mit bis zu 40 Zeichen. Die Übertragungszeit für eine Seite beträgt 0,24 s. 100 Seiten bilden ein *Magazin,* das zyklisch nacheinander übertragen wird. Jede Seite wird also nach 24 s neu ausgesendet. Im Empfangsgerät kann über einen *Selektor* (Decoder) eine beliebige Textseite ausgewählt werden [8.41]. Über die Sendereinstellung sind maximal vier Magazine abrufbar.

Die folgenden Anwendungsbeispiele gelten aber nun *echten* Breitbanddiensten, die die Übertragungskapazität des Fernsehkanals *voll* nutzen im Gegensatz zu den vorgenannten Beispielen. Die erforderlichen Aufwendungen wachsen von Stufe zu Stufe.

Kabeltext (Tabelle 9.2). Die gesamte Kapazität eines Fernsehkanals – nicht nur die Austastlücke wie bei Videotext – steht für die Übertragung zur Verfügung. Deshalb werden nicht nur vier, sondern 100 Magazine zu je 100 Seiten angeboten. Damit sind 800 Seiten/s übertragbar, die mittlere Zugriffszeit auf eine Seite beträgt etwa 6 s. Immer noch handelt es sich aber um einen reinen, einseitig gerichteten Verteildienst.

Pay-TV. Zu bestimmten aller verteilten Programme kann nur mit *Berechtigung* zugegriffen werden, die Programmverteilung wird also für diese Programme auf Abonnenten beschränkt [9.7]. Der Teilnehmer hat keinen Einfluß auf den Programmbeginn. Dieser Dienst ist noch ohne Rückkanal realisierbar.

Sammeln durch Zentrale. Hierzu ist ein Rückkanal nötig (vgl. Abschnitt 8.5). Dabei kann es sich z. B. um Reaktionen auf eine Fernsehsendung handeln. Kennzeichen dieser Kommunikationsform ist die – am Ende einer Sendung – gleichzeitige Übermittlung zahlreicher Informationen sehr einfachen Inhalts – z. B. Zustimmung oder Ablehnung – ohne Identifikation des Absenders. Für diese Art der Kommunikation ist das Prinzip der Leitungsvermittlung (Abschnitt 8.1.2) denkbar ungeeignet, wie es z. B. das weit verbreitete Fernsprechnetz repräsentiert. Weitere Beispiele für Rückinformationen sind Notrufe und Zählerstände. Hierfür kann allerdings auch ein leitungsvermittelndes Netz mit Ursprungsidentifikation eingesetzt werden (z. B. ISDN, Abschnitt 8.3).

Verteilen nach Anforderung (Abschnitt 8.5.1). Programme oder Informationen werden auf Wunsch individuell zur Verfügung gestellt. Ein schmalbandiger Rückkanal zur Anforderung ist ebenso notwendig wie ein je Benutzer individuell belegbarer breitbandiger Verteilkanal.

Dialog mit der Zentrale ist die aktive und individuelle Beteiligung an Frage- und Antwortzyklen, z. B. bei Auskunftsdiensten und Lehrprogrammen. Der Rückkanal hat größeren Informationsinhalt zu transportieren, dessen Herkunft individuell identifizierbar sein muß.

Breitbandiger Rückkanal. Auf dem „offenen Kanal“ können vom Benutzer individuelle Programme gesendet werden. Letzten Endes ist Breitbandindividualkommunikation, also Bildfernsprechen möglich.

Ein gutes Beispiel für das mögliche Dienstangebot bietet das in Abschnitt 8.5 bereits erwähnte QUBE-System [8.33]. *Premium channels* zeigen individuell zu bezahlende Programme wie Filmpremieren, Theateraufführungen, Bildungs- und Erziehungsprogramme u. a. m. *Community channels* führen Programme mit lokalem Charakter, z. B. Politikerbefragungen oder Konsumenteninformationen. *Television channels* bieten die laufenden Programme von acht Fernsehsendern an. Ein *movie channel* bringt täglich 24 h lang wechselnde Kinofilme. Die Benutzer haben fünf Antwortknöpfe, mit denen sie Antworten an die Zentrale geben können, z. B. bei Abstimmungen, Befragungen, Talkshows. Die Antworten werden in der Zentrale ausgewertet und innerhalb weniger Sekunden auf dem Bildschirm sichtbar gemacht. Ein *Securitypaket* meldet Rauch-, Feuer- und Einbrecheralarm. Die Alarmgeber werden alle 15 s auf Funktionsfähigkeit überwacht. Alarme werden automatisch an Feuerwehr, Polizei oder andere zuständige Stellen weitergeleitet.

Tabelle 9.3. Mögliche Dienste für „Zweiwegekabelfernsehen" (HHI)

Klasse A: Allgemeine Dienste
Grunddienste und Dienstevorbestellung
Briefe abrufen
Briefe schreiben
Anschlagbretter/Kleinanzeigen
Lesen und modifizieren von teilnehmerindividuellen Personaldaten
Vorbestellung von Ton- und Filmsequenzen und Tonkonferenzen
Individuelles Verteilen von Tonsequenzen
Individuelles Verteilen von Filmsequenzen
Tonkonferenz
Meinungsumfrage
Objektschutz
Alarmmeldungen/-nachrichten
Interner Bankdienst
Erhebung der Teilnehmerprofile bei konventionellem Fernsehen
Klasse B: Informations- und Bestelldienste
Informationssystem mit kleiner Datenbank
Informationssystem mit Ausdruck
Informationssystem mit Datenbank und Standbildern
Informationssystem mit Filmsequenzen
Bestellung von Veranstaltungskarten
Bestellen nach Katalog
Klasse C: Spiele
Einfache Spiele gegen den Rechner
Komplizierte Spiele gegen den Rechner
Interpersonale Spiele (Rechner führt Spielfeld)
Interpersonale Spiele (Rechner ist Bankhalter)
Klasse D: Adaptive Dialogdienste
Programmieren von Zuhause
Computerunterstützter Unterricht (CUU)
CUU mit auditiver Unterstützung
CUU mit Standbildern
CUU mit Filmsequenzen
Adaptives Lehrsystem mit menschlichem Berater
Klasse E: Externe Dienste
Zugriff auf externe DVA
Bildschirmtext
Kabeltext

Aus dem Heinrich-Hertz-Institut, Berlin, stammt die Tabelle *möglicher* Dienste in einem Zweiwegekabelfernseh-(ZKTV-)System (Tabelle 9.3). Die Tabelle bedarf keiner näheren Erläuterung. Natürlich heißt „möglich" nicht, daß alle diese Dienste eingerichtet werden müssen. Die Entscheidung liegt beim Benutzer, der Aufwand und Nutzen gegeneinander abwägen wird.

9.4 Schlußbemerkung

Ist eine solche Liste nicht beunruhigend? Nähern wir uns damit Orwells „1984"?

Nach einem nicht ganz ernst gemeinten Bericht über den 1. Internationalen Fernsprechkongreß am 1. April 1877 äußerte Prof. E. Cautious starke Bedenken gegen die Einführung des Telefons [9.12]. Er meinte, daß ganze Bevölkerungsschichten dem „Laster Telefon" verfallen und die Sucht entwickeln würden, Tag und Nacht mit anderen Personen in der Ferne zu reden. Klatschsucht und Gerüchte würden sich ausbreiten und die Fundamente der Staaten erschüttern. Psychische und physische Schäden bei den dem Telefonieren verfallenen Personen würden das öffentliche Gesundheitswesen vor ungeahnte Probleme stellen. Neue Hospitäler für Telefonkranke müßten gebaut werden.

Wenn man „Telefon" durch „Kabelfernsehen" oder „Bildfernsprechen" ersetzt, erhält man ein ziemlich genaues Abbild der heutigen Diskussionen.

Das Phänomen der heute verbreiteten allgemeinen Technikfeindlichkeit soll hier nicht diskutiert werden [9.13]. Aber es gibt spezielle Vorwürfe an die Adresse der Telekommunikation:

- Telekommunikation Hand in Hand mit der Datenverarbeitung vernichten Arbeitsplätze durch Rationalisierung.
- Ein vergrößertes Telekommunikationsangebot – Kabelfernsehen mit zusätzlichen Programmen – führt zu einer weiteren Isolierung und Vereinsamung des Menschen einerseits, zu einer Überfütterung mit Negativbildern andererseits.
- Telekommunikation vereinfacht Manipulierbarkeit und Überwachbarkeit des Bürgers.

Zum ersten Gesichtspunkt: Das drastische Anwachsen der Verwaltungsvorgänge und der daraus entstehenden Stapel von bedrucktem Papier läßt uns keine andere Wahl, als durch Automatisierung zu versuchen, die Flut einzudämmen. Hierüber wurde in Abschnitt 9.1 ausführlich gesprochen. Man sollte also besser sagen: Telekommunikation und Datenverarbeitung sind bemüht, den sich gegenseitig beschäftigenden Leerlauf aus unseren Büros so weit zu verdrängen, daß er uns Menschen nicht mehr blockiert.

Zum zweiten Gesichtspunkt: Bisher hat in unserer frei-marktwirtschaftlich orientierten Gesellschaft ein vergrößertes Angebot noch nie geschadet, sondern im Gegenteil stets zur Verbesserung der Qualität und zur marktkonformen Regelung der Preise geführt. Bei den Medien sollten eigentlich die gleichen Gesichtspunkte gelten, allerdings spielen hier noch eine Reihe anderer Einflußgrößen mit, nicht zuletzt auch die Interessen von Institutionen und Verbänden. Diese Schwierigkeiten werden nicht verkannt. Aber sie sollten nicht dazu führen, daß wir uns in unserem Land kommunikationsfeindlicher als andere freiheitliche Länder verhalten. – Und die psychische Gefährdung von Kindern und Jugendlichen durch ein vermehrtes Programmangebot? Der Verfasser glaubt selbst, daß das Fernsehen hier einen ungünstigen Einfluß nehmen kann. Aber leider sind ja unsere bestehenden Rundfunkanstalten mit ihrer Programmgestaltung in dieser Hinsicht auch nicht über jeden Zweifel erhaben. – Doch wird das verstärkte „Schielen nach Einschaltquoten“ in einem kommerzialisierten Fernsehen die Qualität nicht noch weiter drücken? Nun wird das „Roß geprügelt“, während der „Reiter“ gemeint ist. Qualität muß nicht langweilig sein! Aber sie ist nicht bequem, erfordert auch neue Talente und nicht nur etablierte „Master“ der Unterhaltung. So kann z. B. der erwähnte „offene Kanal“ dazu beitragen, neue Talente zu wecken, zu entdecken und zu fördern. Wird nicht auch das gleichgültige Nebeneinander in unseren Großstädten durch diese Möglichkeiten der Telekommunikation lebendiger, wenn wir z. B. feststellen, daß der Nachbar im übernächsten Haus sich mit denselben Problemen und Hobbies beschäftigt wie wir selbst? Nun soll keine „rosarote Telekommunikationszukunft“ entworfen werden. Aber es gibt offensichtlich auch positive Argumente in der Diskussion um das künftige Telekommunikationsangebot!

Und zum dritten, gesellschaftspolitisch heikelsten Argument gegen die Tele kommunikation muß gesagt werden: Die Manipulation des „mündigen Bürgers“ läßt sich durch Telekommunikation nicht besser, sondern häufig schlechter erreichen als durch bedrucktes Papier, das man z.B. auch in Omnibus oder Straßenbahn auf dem Weg zur Arbeitsstätte lesen kann. Die Telekommunikation hat gegenüber dem Papier aber den Vorteil der Lebendigkeit: In Rede und Gegenrede lassen sich unterschiedliche Standpunkte unmittelbar in die Wohnstuben der Bürger tragen, die sich aus den Argumenten ihr eigenes Bild formen können. Die Chance zur Bildung politischen Bewußtseins liegt also gerade in der Telekommunikation!

Und was hat es auf sich mit Orwells Alptraum der totalen Kontrolle? Die ist heute bereits genauso gut auszuüben wie morgen, die technischen Möglichkeiten existieren!

Welche Schlußfolgerungen können wir ziehen? Es ist bei der Telekommunikation wie überall in unserer technischen Welt: Die Technik ist bereit, eine dienende und helfende Rolle zu übernehmen. Ob sie aber dies tut, oder ob sie sich als Werkzeug Weniger zu einer „Geißel der Menschheit“ entwickelt, liegt allein im Verantwortungsbewußtsein dieser Wenigen. Wer die Macht hat und wer noch mehr Macht will, wird immer einen Weg finden, Technik zu „machen“ und für seine Zwecke zu benutzen.

Literaturverzeichnis

E.1. Feyerabend, E.: Der Telegraph von Gauß und Weber im Werden der elektrischen Telegraphie. Berlin: Reichsportministerium 1933
E.2. Smith, A. B.; Aldendorff, F.: Automatische Fernsprechsysteme. Berlin: Heimann & Sohn 1910
E.3. Küpfmüller, K.; Storch: Fernsprechen und Fernschreiben. Europ. Fernsprechdienst, 51. Folge (1939)
E.4. Beiträge zur Entwicklung der Fernsprech-Vermittlungstechnik. Berlin, München: Siemens AG, Best.-Nr. 2-3000-006
E.5. Etzel, F.: Fernsprech-Wähltechnik in der Welt. Berlin, München: Siemens & Halske AG, Wernerwerk für Fernsprechtechnik, Best.-Nr. 1-3100-007
1.1. Kommission für den Ausbau des technischen Kommunikationssystems: Anlageband 3 zum Telekommunikationsbericht. Bonn: Bundesministerium für das Post- und Fernmeldewesen 1976
1.2. Internationale Fernsprechstatistik 1979. Berlin, München: Siemens AG 1980
2.1. Fischer, G.; Grunow, D.: Modem für die Parallel-Übertragung von Daten über die Fernsprechwählnetze. Siemes-Z., 43 (1969) 129–135
2.2. Bacher W.; Grunow D.; Schierenbeck F.: Datenübertragung. Berlin, München: Siemens AG 1978, S. 252 ff.
2.3. Hölzler, E.; Holzwarth, H.: Pulstechnik, Bd. II. Berlin, Heidelberg, New York: Springer 1976
2.4. CCITT: Yellow Book, Vol. III. 3, Recomm. G. 711. Genf: Intern. Telecomm. Union 1981
2.5. Bergmann, K.: Lehrbuch der Fernmeldetechnik. Berlin: Schiele & Schön 1970
2.6. Gier, J.; Kügler, E.; Seiffert, W. D.: Nachrichtenübertragung mit Lichtwellenleitern. telcom report 1 (1978) 34–39
2.7. v. Kienlin, U.; Köhler, K.: Grundsätzliches zur Richtfunktechnik. Siemens-Z. 45 (1971), Beiheft „Nachrichten-Übertragungstechnik", S. 133–134
2.8. Martin, J.: Communications Satellite Systems. Englewood Cliffs: Prentice-Hall 1978
2.9. Holzwarth, H.: Entwicklungstendenzen in der Nachrichten-Übertragungstechnik. Siemens-Z. 45 (1971) Beiheft „Nachrichten-Übertragungstechnik", S. 6–8
2.10. CCITT: Yellow Book, Vol. III. 3, Recomm, G. 732 and G. 733. Genf: Intern. Telecomm. Union 1981
2.11. Auer, W.; Schweizer, L.: Hierarchie der Digital-Übertragungssysteme und CCITT-Normen. telcom report 2 (1979), Beiheft „Digital-Übertragungstechnik", S. 16–20
2.12. Brodhage, H.; Noack, W.: Planungsgrundlagen für den Einsatz von Richtfunksystemen. telcom report 2 (1979), Beiheft „Digital-Übertragungstechnik", S. 123–127
2.13. Fraser, J. M.; Bullock, D. B.; Long, N. G.: Over-all Characteristics of a TASI System. Bell Syst. Tech. J. 41 (1962) 1439–1454
Leopold, G. R.: TASI B: A system for restoration and expansion of overseas circuits. Bell Lab. Rec. 48 (1970) No. 10, p. 299–306
2.14. CCITT: Yellow Book, Vol. VIII. 2, Recomm. X.25. Genf: Intern. Telecomm. Union 1981

3.1. Brockmeyer, E.; Halstrøm H. L.; Jensen, A.: The life and works of A. K. Erlang. Trans. Dan. Acad. Tech. Sci. (1948) No. 2
3.2. CCITT: Yellow Book, Vol. II. 2, Recomm. E. 100, Genf: Intern. Telecomm. Union 1981
Oehme, F.: Über die Bedeutung der Hauptverkehrsstunde im Fernsprechverkehr. Nachr.-techn. Z. 19 (1966) 705–712
3.3. Tabellenbuch Fernsprechverkehrstheorie, Teil 1, Berlin, München: Siemens AG 1970
3.4. CCITT: Yellow Book, Vol. III. 1, Recomm. G. 114. Genf: Intern. Telecomm. Union 1981
3.5. Bocker, P.: Datenübertragung, Bd. II. Berlin, Heidelberg, New York: Springer 1977
3.6. Schenkel, K. D.: Ein integriertes 300-Mbit/s-Zeitmultiplex-Nachrichtensystem mit dezentraler Vermittlung. Nachr.-techn. Z. 27 (1974) 283–291
3.7. Inose, H.: An introduction to digital integrated communications systems. Stevenage: Peregrinus 1979
3.8. Economic analysis of integrated DOD voice and data networks. Great Neck: Network Analysis Corp. Sept. 1978
4.1. Fischer, K.; Nitsch, R.; Eder, H.; Langsdorff, W.: Schaltelemente für elektronische Fernsprech-Vermittlungssysteme mit gespeichertem Steuerprogramm. Inform. Fernspr.-Vermittl.-tech. 5 (1969) 175–185
4.2. Hettwig, E.: Fernsprech-Wählanlagen. München: Oldenbourg 1942
4.3. Schmitt, G.: Einführung in die Vermittlungstechnik. München, Wien: Oldenbourg 1965
4.4. Gerke, P. R.: Rechnergesteuerte Vermittlungssysteme. Berlin, Heidelberg, New York: Springer 1972
4.5. Clos, C.: A study of non-blocking switching networks. Bell Syst. Tech. J 32 (1953) 406–424
4.6. Lotze, A.; Röder, A.; Thierer, G.: NIK-CHARTS for the design of link systems operating in the point-to-point selection mode or point-to-group selection mode. Univ. Stuttgart: Inst. Nachr.-Vermittl. u. Datenverarb. 1976
4.7. Lotze, A.; Röder, A.; Thierer, G.: PPL – A reliable method for the calculation of point-to-point loss. Proc. 8th Intern. Telecomm. Conf. Melbourne 1976
4.8. Lee, C. Y.: Analysis of switching networks. Bell Syst. Tech. J. 34 (1955) 1287–1315
4.9. Hofstetter, H.; Rohrbach, W.: Das Verkehrsverhalten der Umkehrgruppierung für Fernsprech-Ortsvermittlungen des Systems IV. Inform. Fernspr.-Vermittl.-tech. 7 (1971) 15–21
4.10. Körber, U.: Die Serien-Wegesuche im praktischen Einsatz bei zentralgesteuerten Vermittlungssystemen. Nachr.-tech. Z. 22 (1969) Nr. 1
4.11. Gerke, P.: Der Einfluß des Koppelelements auf die Struktur von Fernsprech-Vermittlungssystemen. telefon report 9 (1973) 111–124
4.12. Lotze, A.; Rothmaier, K.; Scheller, R.: PCM-charts for the design of economic PCM switching arrays operating in the point-to-point selection mode. Univers. Stuttgart: Inst. Nachr.-Vermittl. u. Datenverarb. 1979
4.13. Bocker P.: Datenübertragung, Bd. II. Berlin, Heidelberg, New York: Springer 1977
4.14. CCITT: Yellow Book, Vol. VIII. 2, Recomm. Genf: Intern. Telecomm. Union 1981
4.15. Thompson, R. A.: An experimental user-resident communications controller supporting sub-rate circuit-switched service. NTG-Fachber. 73 (1980) 68–71
4.16. Harris, C. R.; Hare, A. G.: Local network evolution to meet future telecommunications needs. NTG-Fachber. 73 (1980) 146–154
4.17. Ross, M. J.; Gottschalck, J. H.; Harrington, E. A.: An architecture for a flexible integrated voice/data switch. Proc. Intern. Comm. Conf. 1980, Seattle. p. 21.6.1–21.6.4
4.18. CCITT: Yellow Book, Vol. VI. 5, Recomm. Q.503, Genf: Intern. Telecomm. Union 1981
4.19. Hartmann, H. L.: Vergleich der Taktbetriebsarten integrierter PCM-Netze. Nachr.-tech. Fachber. 42 (1972) 297–310

4.20. Hartmann, H. L.; Lang, H.: Probleme der Zwischenspeicherung für asynchron oder synchron betriebene Multiplexeinrichtungen digitaler Signale. Nachr.-tech. Z. 23 (1970) Nr. 12
5.1. Die Bibel, 1. Mose 11, 7
5.2. Zimmermann, H.: The ISO reference model for open systems interconnection. Informatik-Fachber. 40. Berlin, Heidelberg, New York: Springer 1981, S. 39–57
5.3. Choffat, H.; Tiffe, R.: Einführung in Rechnernetze. telcom report 3 (1980) 67–74
5.4. CCITT: Yellow Book, Vol. VIII. 2, Recomm. X. 21. Genf: Intern. Telecomm. Union 1981
5.5. CCITT: Yellow Book, Vol. VIII, 1, Recomm. V. 3. Genf: Intern. Telecomm. Union 1981
5.6. Hegenbarth, M.: Stand der Normung im CCITT, Ebenen 2–6. Informatik-Fachber. 40. Berlin, Heidelberg, New York: Springer 1981, S. 95–125
5.7. Swoboda, J.: Codierung zur Fehlerkorrektur und Fehlererkennung. München, Wien: Oldenbourg 1973
5.8. Schenke, K.: Teletex – ein neuer internationaler Fernmeldedienst für die Textkommunikation. Informatik-Fachber. 40. Berlin, Heidelberg, New York: Springer 1981, S. 318–334
5.9. Wortmann, H.: Sachstand der Festlegung „Einheitlicher Höherer Kommunikationsprotokolle" (EHKP) als nationale Zwischenlösung. Informatik-Fachber. 40. Berlin, Heidelberg, New York: Springer 1981, S. 126–140
5.10. Hlawa, F.; Stoll, A.: Der Zentrale Zeichenkanal nach dem CCITT-System No. 7. telcom report 2 (1979) 394–401
5.11. CCITT: Yellow Book Vol. VIII. 3, Recomm. X. 61. Genf: Intern. Telecomm. Union 1981
5.12. Ebner, G. C.; Tomko, L. A.: CCIS: Signaling the future of stored program control. Telephony (May 1979)
5.13. Frerking, R. F.: Enhanced signaling for new customer services and network features. National Telecomm. Conf., Birmingham/Alab., Dec. 1978, p. 31.2.1–31.2.3
6.1. CCITT: Yellow Book Vol. VI. 7, Recomm. Z. 311–Z. 341. Genf: Intern. Telecomm. Union 1981
6.2. CEPT Working Group "Services and Facilities": Handbook on services and facilities offered to the subscribers in modern telephone systems, 3rd ed. 1980, Sect. II, Part 2
6.3. Added Values. Telecomm. 12 (1978) No. 7, p. 36–71
6.4. Rinder, R.: ACS is coming. Datamation (Dec. 1978) 95–99
6.5. Arndt, G.; Németh, K.; Tantow, R.: Das Phänomen Electronic Mail. Nachr.-techn. Z. 33 (1980) 378–382
6.6. Uhlig, R. P.; Farber, D. J.; Bair, J. H.: The office of the future. Amsterdam: North-Holland 1979
6.7. Brandmaier, K.; Werr, W.: Zentrale Bedienung und Wartung der EWS-Ämter in Luxemburg. telcom report 3 (1980) 165–171
6.8. Kühn, P. J.: Analysis of switching system control structures by decomposition. Arch. elektr. Übertrag. 52–59
Kühn, P.: Tabellen für Wartesysteme. Univ. Stuttgart: Inst. Nachr.-Vermittl. u. Datenverarb. 1976
6.9. Zscherpe, E.-C.: Grundbegriffe der Zuverlässigkeitstechnik. Fernmeldepraxis 57 (1980) 401–408
6.10. Applebaum, S. P.: Steady state reliability of systems of utility independent subsystems. IEEE Trans. on Reliability, Vol. 1/14, p. 23
6.11. No. 1 Electronic switching system. Bell Syst. Tech. J. 43 (1964) 1830–2609
6.12. Wehrig, H.: Mehrrechnersysteme. Elektronik (1969) 217–220
6.13. Kobus, S.; Kruithof, A.; Viellevoye, L.: Grundzüge der Zentralsteuerung für das Vermittlungssystem Metaconta L. Elektr. Nachr.-Wes. 47 (1972) 157–161
6.14. Färber, G.: Prozeßrechnertechnik. Berlin, Heidelberg, New York: Springer 1979
6.15. Tahy, A.: Das Betriebssystem für das Fernsprechsystem EWSD. telcom report 3 (1980) 160–164

6.16. CCITT Doc. AP VII No. 20, Draft Recomm. Z. 101–Z. 105, Annex C: SDL user guidelines. Genf: Intern. Telecomm. Union 1980
6.17. Langenbach-Belz, M: Achieving cost effectiveness in small local exchanges with digital techniques. Proc. telecom 1979, Genf, p. 2.5.2.1–2.5.2.7
6.18. Latin, R. V.; Slatter, R. C.: Application of telecommunications network architecture to multi-service terminal equipment. NTG-Fachber. 73 (1980) 104–108
6.19. Nassi, I.; Shneiderman, B.: Flow chart techniques for structured programming. SIGPLAN notices 8 (1973) No. 8, p. 12–26
6.20. Baker, F. T.: System quality through structured programming. AFIPS Fall Joint Comp. Conf. 1972, p. 339–343.
Dahl, O. J.; Dijkstra, E. W.; Hoare, C. A. R.: Structured programming. London: Academic Press 1972
6.21. CCITT: Yellow Book, Vol. VI. 7, Recomm. Z. 101–Z. 104. Genf: Intern. Telecomm. Union 1980
6.22. Baker, F. T.: Chief programmer team management of production programming. IBM Syst. J. 1 (1970) 56–73
6.23. CCITT: Yellow Book, Vol. VI. 8, Recomm. Z. 200. Genf: Intern. Telecomm. Union 1981
6.24. Bürger, W.; Sorgenfrei, H.: Einführung in die CCITT high level programming language für SPC-Systeme CHILL. Berlin, München: Siemens AG 1978
7.1. Pinet, A.: Electronic switching system E 10. L'Echo des Recherches (June 1973) 58–70
Lucas, P.: Les progrès de la commutation électronique dans le monde. Commutat. & Electron. 44 (1974) 3–49
7.2. No. 4 ESS. Bell Syst. Tech. J. 56 (1977) 1015–1331
7.3. Botsch, D.: Das System EWSD. telcom report 4 (1981), Beiheft „Digitalvermittlungssystem EWSD", S. 7–12
7.4. Borger, R.; Hlawa, F.; Periphere Anschlußgruppen im System EWSD. telcom report 4 (1981), Beiheft „Digitalvermittlungssystem EWSD", S. 19–27
7.5. Neufang, K. H.: Das Digitalkoppelnetz im System EWSD. telcom report 4 (1981), Beiheft „Digitalvermittlungssystem EWSD", S. 28–32
7.6. Berndt, H.: SSP 112 D – mikroelektronisches Zentralsteuerwerk für Digitalkommunikationssysteme. telcom report 4 (1981), Beiheft „Digitalvermittlungssystem EWSD", S. 33–37
7.7. Eberding, H.: Die Software im System EWSD. telcom report 4 (1981), Beiheft „Digitalvermittlungssystem EWSD", S. 13–18
7.8. Cookson, A. E.: Nachrichtennetz 2000: ein Überblick. Elektr. Nachr.-Wes. 54 (1979) 176–179
7.9. Richards, P. C.: Kostengünstige Digital-Vermittlungsstelle für bis zu 100 000 Teilnehmeranschlüsse. Elektr. Nachr.-Wes. 54 (1979) 227–237
7.10. Guilarte, W.; Wang, F. C.: Maintenance advantages for a distributed System. Proc. Intern. Comm. Conf. 1980, Seattle. p. 46.5.1–46.5.7
7.11. Cotton, J. M.: Hardware für mittelgroße bis große Digital-Vermittlungsstellen. Elektr. Nachr.-Wes. 54 (1979) 238–247
7.12. Cotton, J. M.; Giesken, K.; Lawrence, A.; Upp, D.: An expandable distributed control digital switching network, Proc. Intern. Comm. Conf. ICC 1980, Seattle, p. 46.2.1–46.2.7
7.13. Lawson, D. A.: Softwarestruktur. Elektr. Nachr.-Wes. 54 (1979) 248–253
7.14. Siemens System EDX-P, Übersichtsbeschreibung. Berlin, München: Siemens AG, Best.-Nr. A22350-X68-A100-1-18
8.1. Johnson, T.: Vorzüge der Paketvermittlung bei der Datenfernübertragung. Nachr.-tech. Z. 29 (1976) 436–439
8.2. Hughes, C. J.; Atkins, J. W.: Virtual circuit switching for multiservice operation. Proc. Intern. Switch. Symp. 1979, Paris, p. 344–350
8.3. Maruyama, T.; Ikeda, Y.; Mori, H.; Evolution of integrated digital network and service integration. Proc. telecom 1979, Genf, p. 1.1.4.1–1.1.4.6

8.4. Guenin, J. P.; Ghillebaert, B.: Evolution of data circuit switching networks. Proc. Intern. Switch. Symp. 1979, Paris p. 441–446
8.5. Weinstein, C. J.; McLanghlin, A. J.; Bially, T.: Efficient multiplexing of voice and data in integrated digital networks. Proc. Intern. Comm. Conf. 1980, Seattle, p. 21.1.1–21.1.7
8.6. Bocker P.: Möglichkeiten und Grenzen von Paketvermittlungsnetzen. telcom report 2 (1978) 110–117
Fleischmann, F.: Grundlagen des flächendeckenden DV-Großprojekts „START“. telcom report 3 (1980) 155–159
8.7. Ausschuß für Fragen der Datenverarbeitung beim Fernmeldetechnischen Zentralamt: Neue Regelungen für die Datenübertragung: Das öffentliche Direktrufnetz für digitale Nachrichtenübertragung. Z. Post- u. Fernmeldewes. 26 (1974) 283–286
8.8. Darlington, R.: A British view of the american telecommunication system. Telecomm. (March 1981) 40–48
8.9. Gerke, P. R.: Digital-Ortsnetze. telcom report 3 (1980) 320–328
8.10. Schweizer, L.: Planung von Niederfrequenzübertragung im Digital-Fernsprechnetz und im gemischten Analog-Digital-Netz. telcom report 2 (1979) 254–269
8.11. Gabler, H.; Staudinger, W.: Das deutsche Datennetz mit dem elektronischen Datenvermittlungssystem (EDS). Fernmelde-Ing. 26 (1972) Nr. 6, S. 2–39
8.12. Gabler, H.: Das öffentliche Fernschreib- und Datennetz der Deutschen Bundespost. Revue FITCE 2 (1975) 5–10
8.13. Andrews, M. C.: Computer network architectures and operating experience of data network at ICCC ’78: Promise and practice. Computer Netw. 4 (1980) 77–85
8.14. Hillebrand, F.: Der Datex-Dienst mit Paketvermittlung (DATEX-P). Informatik-Fachber. 22. Berlin, Heidelberg, New York: Springer 1979, S. 1–34
8.15. CCITT: Yellow Book, Vol. VIII. 2. Genf: Intern. Telecomm. Union 1981
8.16. CCITT: Yellow Book, Vol. VIII. 3, Recomm. X. 75. Genf: Intern. Telecomm. Union 1981
8.17. Metcalfe, R. M.; Shoch, J. F.: McGraw-Hill Conference on local computer networks, London 1980. Data Comm. Mag., p. 1–452
8.18. Hsi, P.; Lissak, T.: Local networks’ consensus: High speed. Data Comm. (Dec. 1980) 56–66
8.19. The Ethernet. A local area network, data link layer and physical layer specifications. Digital Equipment Corp., Intel Corp., Xerox Corp., Sept. 1980
8.20. Proc. Conf. local computer networks, London, May 1980
8.21. Kunze, H.: Möglichkeiten für den Übergang auf ein digitales Fernsprechnetz. NTG-Fachber. 64. Berlin: VDE-Verlag 1978, S. 29–35
8.22. Dingeldey, R.: Die Fernmeldeübertragungstechnik wird digital. Fernmeldepraxis 57 (1980) 441–455
8.23. Besier, H.: Der Übergang zum digitalen Ortsnetz. Nachr.-tech. Z. 33 (1980) 646–652
8.24. Hirschmann, P.; Wintzer, K.: Design concept and features of digital subscriber sets. Intern. Zürich Seminar 1978, p. D1.1–D1.4
8.25. CEPT, Special group ISDN (GSI): Report of meeting No. 4 of special group ISDN (GSI). Lausanne, Oct. 1980, Doc. T/CCH (80) 13, Doc. T/GSI (80) 92
8.26. Barnla, J. D.; Zitzmann, F. R.: The SBS digital communications satellite system. Proc. Electron. a. Aerospace Syst. Conf., Washington, Sept. 1977
8.27. CEPT, Working Group T/No 11, CS, Brussels, March 79, T/CS (79) 32
8.28. Martin, J.: Communications satellite systems. Englewood Cliffs: Prentice-Hall 1978
8.29. Uttal, B.: IBM reaches for a golden future in the heavens. Fortune (June 1977)
8.30. Rostow, E. V.: A survey of telecommunications technology. President’s Task Force on Comm. Policy, Staff Paper No. 1. Washington 1969
8.31. Schönborn, R.: TV-SAT-Heimempfangsanlage für Satelliten Fernsehdirektempfang im Frequenzbereich um 12 GHz. DFVLR-Mitt. PT-KS 2
8.32. Licht, H.: Kritische Betrachtung zum geplanten Satellitenrundfunk in der Bundesrepublik Deutschland. telcom report 4 (1981) 58–65
8.33. This is Columbus, the wired city. Rev. nacional de telecom. (May 1980) 156–159

8.34. Bundespostminister G[illegible] startet Großversuche mit Glasfaserkabeln. Bonn: Bundesministerium für das Post- und Fernmeldewesen [illegible]
8.35. Schenkel, K. D.: Ein integriertes 300-Mbit/s-Zeitmultiplex-Nachrichtensystem mit dezentraler Vermittlung. Nachr.-tech. Z. 27 (1974) 283–291
8.36. Bauch, H.: Künftige Kommunikationstechnik mit Lichtwellenleitern. Nachr.-tech. Z. 32 (1979) 150–153
8.37. Okano, V.; Asatani, K.; Miki, T.: A design concept on fiber optic wavelength division multiplexing subscriber loop system. NTG-Fachber. 73 ("issls 80") 41–45
8.38. Brace, D. J.; Heatley, D. J.: Optical fiber transmission in the BPO local distribution network. NTG-Fachber. 73 ("issels 80") 228–232
8.39. Welzenbach, M.; Wiest, B.: The application of optical systems for cable TV. NTG-Fachber. 73 ("issls 80") 46–50
8.40. Senmoto, S.; Miki, T.; Kataoka, M.; Asatani, K.: A fiber optics application to subscriber loops. NTG-Fachber. 73 ("issls 80") 51–55
8.41. Kommission für den Ausbau des technischen Kommunikationssystems: Neue Telekommunikationsformen in bestehenden Netzen, Anlageband 4. Bonn: Bundesministerium für das Post- und Fernmeldewesen 1976
8.42. Abramson, N.: The ALOHA system – another alternative for computer communication. AFIPS Conf. Proc. Vol. 37, 1970
8.43. Advanced mobile phone service. Bell Syst. Tech. J. 58 (1979) No. 1
8.44. Pernice, F.: Die Erweiterung des Funkfernsprechnetzes B der Deutschen Bundespost. Z. Phys. (1980) Nr. 5, S. 32–35
8.45. Öffentlicher Funkfernsprechdienst: Das Netz C der Deutschen Bundespost. Berlin, München: Siemens AG, Best.-Nr. A42020-S128-A1-2-29
8.46. Billström, O.; Troili, B.: A Public automatic mobile telephone system. Ericsson Rev. 57 (1980) 26–35
8.47. Martin J.: Future developments in telecommunications, 2nd ed. Englewood Cliffs: Prentice Hall 1977
9.1. Papierloses Büro: Zukunftsvision. Computer-Ztg. 11 (1981) Nr. 3, S. 4
9.2. Sherwood, H. F.: Technologischer Hintergrund – was macht Büroautomation möglich. Comp. Mag. 9 (1980) Nr. 4, S. 68–70, 72–73
9.3. Martin, J.: The wired society. Englewood Cliffs: Prentice Hall 1978
9.4. Telekommunikation für den Menschen, individuelle und gesellschaftliche Wirkungen. Telekomm. Bd. 3. Berlin, Heidelberg, New York: Springer 1980
9.5. CEPT Working group SF: Draft recommendation – services and facilities aspects of an integrated services digital network. Doc. T/SGT SF 2 (80) 64, Rev. 2, Kopenhagen 1980
9.6. Haist, W.: Die Rolle der Post in einer sich ändernden Kommunikationsumwelt. Informat.-Verarb. u. Komm. München, Wien: Oldenbourg 1979, S. 261–292
9.7. Computer world, Nr. 34 vom 25. August 1980
9.8. Kommission für den Ausbau des technischen Kommunikationssystems: Kabelfernsehen, Anlageband 5. Bonn: Bundesministerium für das Post- und Fernmeldewesen 1976
Kommission für den Ausbau des technischen Kommunikationssystems: Breitbandkommunikation, Anlageband 6. Bonn: Bundesministerium für das Post- und Fernmeldewesen 1976
9.9. Bergmann, O.; Weidner, P.: Der geplante Teletex-Dienst mit Telex-Netzübergang. Nachr.-tech. Z. 33 (1980) 214–220
9.10. Zimmermann, R.: Bildschirmtext und die anderen neuen Medien der 80er Jahre. Nachr.-tech. Z. 34 (1981) 360–365
9.11. Tschöp, P.: Neue Dienstleistungen bei der Deutschen Bundespost. Ing. d. Deutschen Bundespost 28 (1979) 232–234
9.12. Gleeburg, J. E.: Bericht über den 1. Internationalen Fernsprechkongreß vom 1. April 1877. Nachr.-tech. Z. 34 (1981) 252
9.13. Witte, E.: Euphorie und Fortschrittsangst – am Beispiel der Telekommunikation. Elektrotech. Z. 101 (1980) 1434–1443

Sachverzeichnis